KB268778

중국
주영신
교육문집
10

시와 이성

詩意與理性

중국교육 문답록

주영신 지음 ● 최영준 옮김

어문학사

2002년 11월, 심천에서 열린 '세계에서 가장 활력 있는 도시 및 지역 창
조와 그 학습 과정'이란 제목의 국제 토론회장에서 개회사를 발표하고
있는 저자

2002년 1월 19일, 요르단 국왕 압둘라 2세가 주중 대사 천용롱(陳永龍)과 함께
수저우(蘇州)시를 방문했다. 저자가 요르단 국왕에게 수저우 전통 문화를 소개
하고 있다.

1998년 6월 1일 세계 어린이날, 저자가 쑤저우시 창랑(滄浪) 유치원 원생들과 함께한 자리

저자가 장쑤(江蘇)성 창주(常州)시 후탕교(湖塘橋) 센터 초등학교를 방문해 학생들의 방과 후 독서 현장을 살펴보고 있다

2003년 3월 2일, 전국 양회의 개회식을 앞두고 시나닷컴의 초청으로 정치협의회위원들이 시나닷컴 접견실에 모였다. 대기실에서 찍은 저자의 독사진

1990년 10월, 저자가 독일어권 문화 연구소 연구원 역임 당시 고위급 학자 자격으로 일본 상지(上智)대를 방문해 일본 초등학교 교사들과 함께 찍은 사진

우리 출판사는 '교육에 이바지하고 학술을 발전시키며 문화 인프라를 구축한다服務敎育, 繁榮學術, 積累文化.'는 목표 아래,《차이위안페이 연보장편蔡元培年譜長篇》,《예성타오 교육문집葉聖陶敎育文集》,《우바이쑤 문집吳伯簫文集》,《류정 문집劉征文集》,《량형 문집梁衡文集》등 여러 권의 중점 도서를 기획 출판하여 사회에 커다란 영향을 미쳤다. 이 가운데서 많은 도서들이 국가도서상, 중국도서상, 국무원 각 부와 각 위원회급 우수상 등을 수상하였다. 이를 바탕으로 본 출판사는 다시《十五》출판 계획의 중점 프로젝트로서 중점도서를 기획하였는데,《주영신교육문집朱永新敎育文集》이 바로 이중 하나이다.

주영신朱永新 교수는 일찍이 쑤저우대학蘇州大學 교무처장, 교육과학부 주임, 중국심리학회 상임이사 겸 이론심리학·심리학사 전문위원회 부주임, 대만 잡지《본토심리학 연구》의 학술고문, 일본 조치대학上智大學 연구원 등을 역임했다. 지금은 중국 인민정치협상회中國人民政治協商會議의 전국위원회 상무위원, 중국 민주건국회의 중앙위원회 상무위원, 쑤저우시蘇州市 인민정부 부시장, 쑤저우대학 교수, 박사학위 지도교수, 북경사범대학 등의 겸임교수, 교육부 교사교육 전문가위원회 위원, 고등교육기관 심리학 교수지도위원회 위원을 맡고 있다. 주영신 교수는 교육정책, 중국교육사, 중국심리학사, 일본교육 등의 영역에 관한 연구가 깊고, 그가 추진한 신교육 실험은 이미 중국의 수백 개 초·중고등학교에서 전개되고 있다. 이렇게 바쁜 업무 가운데서도 그는 집필 활동을 멈추지 않고, 《중화교육사상 연구》, 《곤경과 초월－당대 중국교육 논평》, 《영혼의 자취－중국 본토심리학 초고》, 《나의 교육이상》, 《신교육의 꿈》 등 영향력 있는 저서를 저술하였고, 《당대 일본교육 총서》 등 30여 권의 편집을 주관하였다. 이 밖에도 《신세기 교육문고》《교육과학 우수교재 번역집》의 편집·출판을 주재하면서, 중국 및 외국 학술지에 300여 편의 논문을 발표했다. 또한 주영신 교수는 일찍이 여러 차례 유네스코에서 위탁한 연구 프로젝트, 국가 자연과학기금 프로젝트, 국가 사회과학기금 프로젝트, 성급省級, 부급部級 연구 프로젝트를 진행하였다. 이러한 저서들은 국가도서상의 노미네이트상, 중국도서상, 중국 우수 대중정치이론 도서 1등상, 장쑤성江蘇省과 산시성山西省의 《오개일五個一》 프로젝트상, 국가 자연과학기금 프로젝트 우수성과상 등을 수상했다.

《주영신 교육문집》은 전 10권으로 구성되어 있다.

1. 1권은 총론으로, 작가가 교육에 대한 거시적인 사고와 이상적인 교육에 대한 청사진을 그린 것이다.
2. 2권~4권은 작가의 중국 교육사상에 관한 연구로, 상고시대부터 당대까지의 중국교육과학의 성과와 공헌을 논술하였다.
3. 5권, 6권은 중외中外 교육문제에 관한 작가의 분석과 논평으로 이루어져 있으며, 교육 정책에 대한 연구와 건의가 포함되어 있다.
4. 7권, 8권은 중국 심리학과 교육심리학에 대한 작가의 연구 성과를

담은 저작물이다.

5. 9권, 10권은 작가의 교육수필과 중국 각지 교사들의 답변, 기자와
   네티즌의 다양한 물음에 대한 기록 등을 담고 있다.

인민교육출판사

2004년 1월

쉬자루許嘉璐

　주영신朱永新 교수 문집 출판을 앞두고, 주영신 교수는 제게 문집의 서문을 써달라고 부탁했습니다. 아마도 제가 교육에 관심이 많아 자주 교육에 대한 견해를 발표하는 것을 보았거나, 혹은 우리가 마쉬룬馬敍倫, 저우졘런周建人, 예성타오葉聖陶, 뢰이졔충雷潔瓊 등과 함께 중국 민주촉진회의 후진들이기 때문일 것입니다. 우리는 중국 민주촉진회의 회원입니다. 주영신 교수가 어떻게 생각할는지 모르지만, 저는 그의 학술적 성취에 탄복하였고 또한 젊은 학자에 대한 사랑과 교육에 대한 관심으로 그 제안을 응낙하게 되었습니다. 하지만 제가 직접 서문을 써도 좋겠다는 생각을 한 것은 단지 이것 때문만은 아닙니다. 교육 분야에 줄곧 관심을 가진 비전문가의 안목으로써 이 문집과 작품에 대한 견해를 말하는 것이, 어쩌면 더욱 냉정하고 객관적일 수 있기 때문입니다.

　저는 누구나 중국교육에 대해 말할 수 있다고 이야기한 적이 있습니다. 왜냐하면 교육문제 자체가 너무 복잡하고, 특히 중국의 교육문제는 더욱 심각한 수준이기 때문입니다. 중국이 개발도상국가로서의 미약한 실력으로 세계에서 가장 규모가 큰 교육을 실시하고 있다는 사실은 차치하고라도 지금 중국이 시대적 전환기를 맞아 도시와 농촌, 동부와 서부 사이에 불균형이 심각하고, 몇 세대 간의 사상과 관념이 서로 부딪히고 요동치고 있는 것 자체만으로도, 오늘날 세계에서 찾아볼 수 없는 유일무이唯一無二한 현상이 벌어지고 있다고 말할 수 있습니다.

교육 보급률이 향상됨에 따라 교육에 대한 평론을 발표하는 사람들도 당연히 증가하고, 거의 집집마다 항상 논의할 정도로 많아지고 있습니다. 이렇게 교육과 유관한 연구에 많은 것을 제기하는 것은 어쩌면 다른 나라에서는 별로 부각되지 않는 문제일 것입니다. 저는 이 가운데서 두 가지 문제가 가장 시급하다고 생각합니다. 하나는, 교육에 관한 일은 머리카락 한 올만 뽑아도 몸 전체가 움직이는 것처럼 교육만을 가지고 교육을 논할 수 없는 일이며, 교육의 일부분만을 논하고 다른 부분을 고려하지 않아 사람들의 일상적인 담론에서 벗어나서는 더욱 안 된다는 것입니다. 다른 하나는, 교육학이 어떻게 하면 협소한 교육이론의 틀을 벗어나 더욱 많은 사람들이 그것을 이해하고, 평론하고, 실천하게 하며, 더욱 큰 범위 내에서 일반 대중들에게 받아들일 수 있을지를 검증함으로써 전문가와 사회가 쉽게 공감대를 형성하도록 하는 것입니다. 주영신 교수의 이 문집은 바로 이 두 가지 문제에서 저에게 큰 기쁨과 위안을 주었습니다.

주영신 교수는 이 문집에서 국내외 정치·경제·사회·문화, 고금古今의 넓은 시각으로 중국의 교육 문제에 대해 면밀히 고찰하고 생각하였습니다. 주영신의 논술은 교육을 받은 사람이면 누구나 경험한 전반적인 교육 과정에 두루 걸쳐 있습니다. 크게는 교육이념과 원칙, 그리고 작게는 수업시간의 개혁 및 방과 후 활동에 이르기까지, 그는 이 모든 것에 대해 진지하게 생각하고, 체계적으로 조사하고, 성실하게 실험함으로써 언제나 체계적인 이론적 과정까지 끌어올렸습니다. 심리학은 교육학과 밀접하게 관련되어, 중국교육을 연구할 때 동시에 전개되는 국제교육에 대한 인식과 분석을 필요로 하는데, 이러한 내용 또한 그가 언급한 범위 내에 있습니다.

주영신 교수는 결코 '순수한' 학자는 아니지만, 교육이론연구만큼은 그가 진행하는 많은 업무 가운데서 언제나 머릿속을 맴도는 핵심 내용입니다. 주영신 교수는 교사, 고급공무원, 그리고 연구자로서 일인 삼역을 해오다, 아이가 태어남에 따라 학부형이라는 또 하나의 신분을 갖게 되었습니다. 이를 계기로, 그는 교육체계를 연구할 때 어느 한 단락 혹은 어느 한 방면만을 관찰할 수 없게 되었으며, 반드시 전면적이고 다각적이며 과정적인 연구를 해야만 했습니다. 나는 그가 극도로 지쳤을 때의 모습을 보고서 '이것은 하늘이 장차 이 사람에게 큰 임무를 맡기려는 시험인가, 아니면 그의 '운명'이 이와 같아서 어쩔 수 없는 것일까?'라고 마음속으로 생각한 적이 있었습니다. 그러나 사실 이것은 바로, 다른 사람은 얻기 어려운 절호의 연구 환경과 조건을 그에게 제공해 준 셈입니다. 언제나 역할을 바꾸게 되면 생각의 각도와 방법을 바꾸고, 거시적 안목과 미시적 안목을 자연스럽게 결합하는 시간들이 켜켜이 쌓여야 하는데, 그만의 독특한 연구 방법과 스타일은 이렇게 만들어진 것입니다.

우리가 어떤 사물에 대해 연구할 때 이성적인 추진력은 있으나 그 사물에 대한 깊은 인식에 기초하여 나오는 지극한 애정이 없다면, 즉 연구 대상에 대한 폭넓은 애착이 없다면 사물을 창조적이고 특색 있게 만들어 낼 수 없습니다. 주영신 교수의 교육연구의 특징 중 하나는 바로 전심전력으로 몰두한다는 것입니다. 몸은 하나의 신분으로서 세 가지 역할을 맡아야 했기에, 그는 자연히 역할을 완수하기 위해 모든 시간과 정력을 쏟아야 했습니다. 마음은 볼 수 없는 것이지만 그의 모든 일에 꿰어져 있고, 그의 모든 논저에 표현되어 있는 선명한 사랑은 가장 좋은 증거라 할 수 있습니다.

그는 "교육은 한 편의 시다"라고 말하고, 그의 교육문집 제10권을 '시와 이성詩意與理性'으로 명명하였습니다. 그는 시적인 언어로 교육을 노래하였으며, 그의 교육사상을 표현하였습니다.

교육은 한 편의 시
이 시의 이름은 열애.
모든 아이들의 눈동자 속에
어머니의 마음이 있듯이,
교육은 한 편의 시
이 시의 이름은 미래.
문명을 계승하는 긴 강 위에
파도 헤치는 한 척 배처럼.

만약 너무도 이성적이기만 하고 넘쳐흘러 억제할 수 없는 감정이 없다면, 어떻게 이러한 시적 정서를 뿜어낼 수 있겠습니까? 그러나 그는 낭만주의자는 아닙니다. 그는 원래 매우 바빴습니다. 하지만 오히려 솔선수범하여 자비를 들여서 교육 웹사이트를 개설하고, 여기저기 교육 개혁 일선에서 분투하는 많은 네티즌의 친구가 되었습니다. 그는 날마다 피곤한 발걸음을 이끌고서 집으로 돌아온 후에 인터넷 사이트 쪽지와 메일을 한 편씩 차례로 검색하고 일일이 리플을 달아주었습니다. 사실 이것은 사서하는 고생입니다. 그러나 그는 이것을 "시적 감성이 이성과 함께 하는 동행"이며 "즐거움이자 행복"이라고 여겼습니다.

그는 '인간 세상의 천당人間天堂'이라 불리는 쑤저우蘇州에서 일하고, 생활하며, 이곳에서 이미 12년 동안 교육을 널리 펼쳤습니다. 지금은 대학교육을 보급하는 목표를 추진하고 있는데, 전체 도시의 문교사업을 주관하는 부시장이면서도 마음은 오히려 서부 지역에 가 있습니다. 그는 어떻게 하면 동·서부 간의 교육 격차를 축소할 수 있을지 숙고하며 끊임없이 외치고 있습니다……. 그는 어떻게 이렇게 오랫동안 활동할 수 있었을까! 저는 그 가장 큰 원동력은 바로 '위대한 사랑'이라고 생각합니다.

감성과 이성을 빈틈없이 연결하려는 노력은 교육사업과 교육이론 연구를 오로지 돈벌이 사업으로 간주하는 태도와 구별되는 가장 큰 차이점이며 또한 성공의 요소입니다.

교육은 인류사회가 끊임없이 발전하게 할 수 있는 근본적인 보장입니다. 사람이 사람답고 다른 동물과 구별되는 까닭은 어떤 의미로 말하자면, 서로 다른 경로를 통해서 서로 다른 수준과 내용의 교육을 받은 결과입니다. 한 국가로 말하자면, 교육은 바로 국가가 발전하고 강대해지는 것을 보장하는 기초적인 프로젝트입니다. 이러한 견해는 이미 우리의 공통된 인식입니다. 그러나 교육은 지극히 복잡하고 방대한 시스템으로서 많은 교육이론 전문가와 관리 전문가를 필요로 합니다. 왜냐하면 교육에 몸담고 있는 사람은 그 안에서 즐거움을 찾겠지만, 제3자의 입장에서 볼 때 교육이론연구는 무미건조하고 어려운 것이기 때문입니다. 지나치게 많은 교육학 저서도 사람들의 이러한 느낌을 더욱 확실히 강화시켰습니다.

관리업무가 사람들에게 주는 인상은 번잡하고 자질구레합니다. 이러한 느낌과 인상은 종종 교육이론연구가, 관리자와 포괄적 교육 참여자(학부모와 학생, 그리고 방관자를 포함함)가 서로 거리감을 느끼도록 만드는 원인 중 하나였습니다. 우리 사회는 이론 연구와 관리를 한 몸에 집중시키고, 자신의 교육에 대한 애착심을 사회의 학자들에게 전달함으로써 사람들과 함께 교육이라는 바다에서 노니는 즐거움과 행복을 누리기를 바라고 있습니다. 그러나 오늘날 이러한 저서와 학자는 너무도 적습니다.

우리는 교육이론과 같은 인문사회과학의 이른바 '학문'에 대해 오해하였습니다. '오로지 특정한 전문 용어를 사용하고, 산더미 같은 술어와 독자들이 반복적으로 음미해야 알 수 있는 문장을 포함하고 있어야 학술인 것일까? 아니면 가장 명확한 언어로 복잡한 사물을 표현하는 데 뛰어난 사람이 그다지 많지 않아서일까? 그렇지 않으면, 교육이론은 확실히 오묘하고 깊어 예측하기 어려운 학문이기 때문에 반드시 사회관습을 '초월'하는 언어를 사용해야 분명하게 말할 수 있어서일까?' 라고 생각했던 것입니다. 하지만 나는 진리는 언제나 매우 소박하고 지극히 간단하다는 이치를 굳게 확신합니다. 진정한 '대가大家'는 분명 심오한 사상과 복잡한 법칙을 쉽고도 생동감 있는 언어로 표현할 수 있는 능력을 갖추고 있으며, 역사상으로도 그러한 예는 적지 않습니다.

주영신 교수는 젊은 교육이론가로서 이러한 목표를 향해 노력하고 있으며, 게다가 이미 자신의 스타일을 만들어냈습니다. 논술, 서정, 문답의 병용, 논리적이고 엄밀한 이성적 언어, 보통 사람들이 듣고 말하는 것에 습관화된 통속적 구어, 생각이 통통 튀며 열정이 넘치는 시구 등을 구비하여 생각이 이르는 곳, 감정이 머무는 곳, 글이 필요한 곳에 그것들을 펼쳐냈습니다. 어떤 문장은 읽을 때에는 엄숙하고 경건해지고, 어떤 것은 감탄을 금치 못하며, 어떤 것은 반복해서 음미해야 했습니다. 더욱 값진 것은, 이러한 글들이 결코 그가 고심하여 쓴 것이 아니라 천성이 이러하여 자연스럽게 드러난 것이라는 점입니다. 이러한 천성은 바로 그의 교육 사업에 대한 사랑이며 그 귀결점은 바로 국민에 대한 사랑인 것입니다.

어떤 스타일이 이미 사회에 만연하고 많은 사람들에게 익숙해져 그들의 잠재의식 속으로 스며들 때 또 다른 종류의 스타일이 출현하게 되는데, 초기에는 그런 스타일이 언제나 '다른 종류'(나는 잠시 '이단'이란 말을 쓰지 않겠다)'로 간주됩니다. 주 교수도 이러한 경험이 있었는지는 모릅니다. 저는 진정 설사 누군가 "이것은 논문이 아니다." 라고 하더라도 그가 흔들리지 않기를 간절히 바랍니다. 왜냐하면 학술적 생명력의 강하고 약함은 최후에 가서 사람들이 판단하는 것이지, 결코 작은 학술 그룹에 의해 단정 지어지는 것이 아니기 때문입니다. 저는 또한 그가 이 방면에서 끊임없이 단련하여 교육이론계에 신선한 바람을 계속 불어넣기를 바랍니다.

사람들의 생활과 밀접하게 관련되어 있는 다른 모든 사물과 마찬가지로 교육은 민감하게 시대의 흐름을 바짝 따르고 사람들의 수요에 찰싹 달라붙어 시대에 따라 달라지고 지역에 따라 맞춰집니다. 주영신 교수의 문집은 주로 그가 교육학 분야에 발을 들여놓은 때부터 2003년까지 발표한 논문과 저서들을 수록하고 있습니다. 이것은 중국 개혁개방 이래 교육영역의 이론연구와 실천과정을 반영한 것입니다.

"전투는 어려운 시기에는 일어나지 않는 법이다." 기본적으로 먹고 살만한 수준小康의 사회에서, 대체적으로 먹고 살만한 수준의 사회로 접어든 20여 년 동안 한도 끝도 없는 교육문제가 대량으로 나타났습니다. 이를 해결해야 했기 때문에 끊임없이 관찰하고 생각하고 연구해야 했습니다. 중국의 교육학은 이러한 과정에서 발전하고 성장하고 있습니다. 중국만의 특색을 지닌 교육학도 이러한 시기에 형성된 것입니다.

주영신 교수는 한창 나이인데다 이름인 '永新'처럼 영원히 새로울 것입니다. 백 년에 한 번 있을까 말까 한 이 기회를 절대 놓치지 말고 반드시 자신의 연구를 심화하고 넓혀 나감으로써 중국교육 사업을 위해서, 그리고 중국의 교육이론을 위해서 자신의 모든 재주와 지혜를 바쳐서 더욱 훌륭하고 많은 글을 써내길 바랍니다.

우리는 기대하고 있겠습니다.

이것으로 서序를 대신합니다.

2003년 12월 14일

日讀一卷(날마다 책 한 권을 읽는) 서재에서

　혼히 교육은 '백년지대계百年之大計'라고 한다. 인재 양성은 '백 년 앞을 내다보는 원대한 계획'으로서 국가와 사회 발전의 근본 초석이 되며, 그 영향 또한 지대하기 때문이다. 그래서 어느 나라, 어느 사회, 어느 가정에서든지 교육에 대한 관심과 열정은 그만큼 뜨겁다.

　중국은 유구한 역사만큼이나 교육의 역사도 깊고 그 내용도 매우 풍부하다. 특히 교육에 대한 문제의식과 문제의 해결 방법도 우리와 놀라우리만치 비슷한 점을 많이 갖고 있다. 이러한 중국의 교육제도, 교육철학, 교육이론, 교육현황 등을 살펴보는 것은 우리의 교육을 되돌아보고 가다듬는 데도 매우 유익한 일이 아닐까 여겨진다.

　역자는 대학에서 '중국어교수법연구' '중국어교과교재연구 및 지도법' '중국어교육론' 등을 강의하면서 우리 사회에 중국의 교육에 대한 전문서적이 매우 드물다는 것을 늘 안타깝게 생각해왔다. 이에 대해 고민하던 중 중국 교육학 대가인 주영신 교수의 《교육문집敎育文集》을 접하게 되었고, 중국교육 연구에 대한 서광을 발견한 기쁨을 느꼈다. 그의 저서는 교육 철학, 교육 사상, 교육 역사, 교육 심리, 교육 평론, 교육 수필, 교육 상담 등 중국교육 전반에 대해 체계적이고 일목요연하게 기술하여, 중국교육 연구에 대해 충분한 내재적 가치를 포함하고 있었기 때문이다.

　저자 주영신 교수는 중국 쑤저우대학苏州大学 교무처장, 쑤저우시 인민정부 부시장 등을 역임하였으며, 심리학자이자 교육학자 그리고 교

육 실천가로서 중국에 널리 알려진 저명인사이다. 지금은 중국의 전국
정협상위全国政协常委 민진중앙상위民进中央常委의 부위원장으로서 정치
활동뿐만 아니라 교육 관련 활동으로 각계의 주목을 받고 있다. 그는
《주영신교육문집朱永新敎育文集》 10권외에, 《당대일본교육총서當代日本
敎育叢書》, 《교육온라인문고敎育在線文庫》 등 30여 종을 주편하였고, 《신
세기교육문고新世紀敎育文庫》 편집과 출판을 주관하였으며, 국내외 학술
간행물에 200여 편의 논문을 발표하기도 하였다. 이 가운데서 역자는
주영신 교수의 《주영신교육문집朱永新敎育文集》 10권을 번역 텍스트로
삼았는데, 그 내용은 다음과 같다.

1권: 《신교육의 꿈—이상적인 도덕교육》은 도덕교육, 지식교육, 체육
교육, 심미교육, 노동기술교육에 대한 이상理想과 해법을 제시하고 있
으며, 이상적인 학교·교사·교장·학생·학부모 등 상호 유기적인 역할
관계를 분석하고 있다.

2권: 《근원과 찬란—중국고대교육사상사》는 중국고대교육사상의 기원
과 주요 특징, 이론적 기초, 고대 덕육관, 고대 교학론, 고대 교사론, 과
거제도, 고대의 독서법, 서원, 몽학 등을 다루고 있다.

3권: 《소통과 융합—중국근현대近現代교육사상사》는 중서中西교육사상
의 교류와 융합, 양무교육사상, 유신교육사상과 중국 현대의 개성 교
육, 직업 교육, 평민 교육, 농촌 교육, 생활 교육, 산 교육 사상, 그리고
혁명교육사상을 다루고 있다.

4권: 《변천과 구조—중국당대當代교육사상사》는 당대 교육사상의 변천

과정, 마오쩌둥, 덩샤오핑 등 지도자의 교육이상, 당대 도덕교육사상, 당대 교육심리사상, 당대 교육개혁이론, 당대 교육발전전략, 당대 교육과학 등을 다루고 있다.

5권: 《곤경과 초월－중국교육문제 분석》은 중국교육의 성과, 학업에 대한 심리적 분석, 가정교육 문제점, 의무교육, 독서, 시험, 인터넷 등 교육문제를 분석하고 있다.

6권: 《반성과 배움－중외中外교육 평론》은 중국교육 평론에서 거시교육 정책, 중국교육 주제 연구, 지역교육 발전 연구를 다루었고, 외국교육 평론에서는 비교교육 연구, 일본교육 연구, 교육사상 연구 등을 다루고 있다.

7권: 《마음의 궤적－중국심리학 연구》는 응용심리에서 중국 고대 교육심리, 인재심리, 범죄심리, 군사심리, 의학심리, 관리심리, 꿈에 관한 학설, 근대 교육심리 사상을 다루었으며, 인물학파에서는 이정二程, 주희朱熹, 육구연陸九淵, 왕정상王廷相, 왕부지王夫之, 안원顔元, 현학자玄學者의 심리 사상을 다루었다. 그리고 종합평론에서는 지의志意의 본질, 중국인의 사회 정치 심리분석, 중국인의 '파리스 콤플렉스', 중국 고대 학자의 대뇌 연구, 중국 사회개혁 심리 연구 및 중국심리학사 연구를 다루고 있다.

8권: 《교정의 파수꾼－중국교육심리학 논문》은 '학교 심리 상담'에서 학교 심리 상담의 정의·준비·실제, 학습 심리, 진로 선택, 정신 건강, 상담의 원칙, 심리 측정, 심리 치료 등을 다루었고, '학생들과의 서신 상담'에서는 올바른 자기 인식을 위한 조언, 강한 의지를 기르는 방법,

원만한 관계 형성법, 능률 학습법 등을 다루었다. 그리고 '주영신 교수의 연구 논문'에서는 현대 학습 이론, 학습동기 소고, 협동 학습과 집단 심리학, 대학 커리큘럼의 심리적 기초 등을 다루고 있다.

9권: 《누림과 행복―중국교육수필 선집》은 성장과 깨달음, 교단에 대한 평가, 과학적 연구에 관한 이야기, 명사들과의 대화, 인터넷에 대한 단상, 교육의 법칙 등에 관한 수필들을 다루고 있다.

10권: 《시와 이성―중국교육 문답록》은 교사와의 대화, 교사의 새로운 사고, 이슈 토론, 초점 토론, 교육 방침에 관한 토론 등 질문과 응답 방식을 통해 교육에 관한 문제를 알기 쉽게 다루고 있다.

이처럼 주영신 교수의 《교육문집敎育文集》 10권은 중국교육 전반에 대한 이론과 실제, 그리고 담론을 거시적인 안목으로 총체적으로 망라하고 있다. 이러한 이유만으로도 그의 저서는 중국교육 연구의 중요한 지침서가 되기에 충분하다고 생각한다. 따라서 중국교육에 관심 있는 사람이라면 누구나 일독해 볼만한 책으로 망설임 없이 추천하고자 한다.

역자로서는 중국교육에 대한 역사성, 이론성, 현실성 등을 분명하게 전달하고자 하는 원저자의 저작 의도를 최대한 존중하면서도, 이념적 배경과 사회적 환경에 의한 정서적 충돌을 줄이기 위해서 부득이하게 일부 선역과 우회적 번역이 불가피했음을 밝혀둔다. 또한 짧은 시간에 방대한 분량의 책을 번역하여 충분한 검토를 거치지 못한 상태에서 출판에 임하여, 번역의 오류와 역주의 미진한 부분들이 발견될 가능성이 높다는 점을 부인할 수 없다. 앞으로 발견되는 문제점들은 향후 철저한 수정 보완 작업을 통하여 보다 완벽한 역서로 재출간한다는 계획으로 위안을 삼고자 한다.

끝으로 이 책을 번역하여 세상에 내놓는 데는 많은 분들의 도움이 있었다. 우선 중국어 교육 등을 공부하면서 번역 수업에 함께 참여했던 교직이수 학부생, 교육대학원생, 그리고 직 간접적으로 참여했던 여러 번역자들에게 진심으로 감사드린다. 아울러 번역 교정에 수고를 아끼지 않은 성은기, 조아라, 서조원 석사생과 이경훈, 이은영, 이승매, 김영 선생에게 깊은 감사의 마음을 전한다. 또한 훌륭한 저서의 번역을 허락해주신 주영신 교수님, 중국 인민출판사 관계자에게 감사드리며, 특히 여러 가지 어려운 상황을 무릅쓰고 중국교육 관련 역서를 정성 들여 출판해주신 어문학사 윤석전 사장님과 편집부 직원 여러분께 심심한 감사를 드린다.

2009년 11월

최영준

차 례

02 교사의 새로운 사고 127

교육은 시와 같다(서문을 대신하여)

교육은 한 편의 시다.
시의 이름은 청춘
불안한 듯 흔들리는 영혼 속에
젊은 꿈이 있다.

교육은 한 편의 시다.
시의 이름은 격정
봄바람과 봄비로 가득한 교실 안에
영원한 미소가 있다.

교육은 한 편의 시다.
시의 이름은 창조
지식을 찾고 탐구하는 밀림 속에
개개인의 깃발이 있다.

교육은 한 편의 시다.
시의 이름은 뜨거운 사랑
아이들 하나하나의 눈동자 속에
어머니의 마음이 있다.

교육은 한 편의 시다.
시의 이름은 지혜
문제로 가득 찬 시험지 안에
해답을 찾는 두 눈이 있다.

교육은 한 편의 시다.
시의 이름은 미래
문명이 흐르는 긴 강 속에
파도를 헤쳐 나가는 배가 있다.

상편

교사와의 대화

01

꿈의 대화

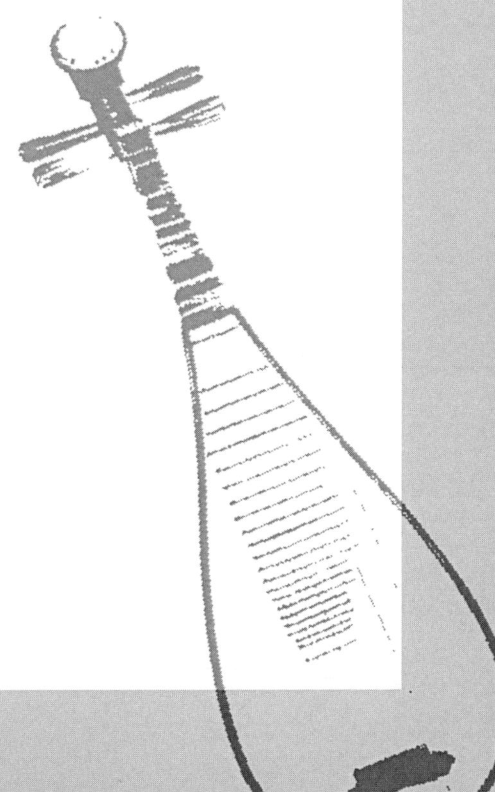

슘페터Joseph Alois Schumpeter는 "자신의 책과 이론만으로 백 년을 살기엔 인생이 너무 무미건조합니다. 가장 의미 있는 삶은 누군가의 인생을 바꾸는 것입니다."라고 말했습니다. 이 말에 공감하고 자극을 받은 주영신 교수는 교사와 제자의 삶에 변화를 주기 위해 신교육실험을 실시했습니다. 주 교수는 교육이라는 특별한 생활방식을 더욱 풍부하고 다채로우며 의미 있게 변화시키길 원했습니다.

최근 들어 크게 유행하고 있는 신교육실험은 공공교육으로서 광범위한 영향을 일으키고 있습니다. 신교육실험은 과거에 없던 새 교육이념이 아닌 새로운 '실험'을 의미합니다. 중국의 교육 현실에서는 이론이 끊이지 않고 등장하는데 그중 일부는 소리 없이 사라지기도 합니다. 실험의 관념과 이론은 대부분 당시대 교육의 필요에서 나온 것으로 중국의 우수한 전통교육사상이기도 합니다. 즉 그것은 교육의 본질적 규율에 대한 일종의 회귀이자, 교육적 '상식'을 처음부터 하나하나 짚어가며 되새기고 실천하는 것입니다. 이러한 '회귀'와 '실천'은 병든 중국 교육현실에서 수많은 도전을 받고 있으며, 심지어는 심각하고 치열한 '배신'을 당하기도 합니다. 이러한 의미에서, 그것은 현실에 대한 '쇄

신'이며, 규율에 대한 진실한 '실험'이라고 할 수 있습니다.

신교육실험의 밑바탕에 깔린 사상은 '행동주의'입니다. 즉 "행동해야 비로소 결과를 얻을 수 있다."는 것입니다. 주 교수는 교사와 대화를 통해 학생의 행동규칙을 지도하는 것에 대한 진실한 답변을 들을 수 있었습니다. 그는 교육 및 신교육실험과 관련해 이념을 추상적으로 이해하는 것보다 이를 '행동'으로 보여주는 것이 중요하다는 점을 강조했습니다.

> 1. 선생님은 《나의 마음속 이상적인 선생님我心目中的理想敎師》, 《마음속 이상적인 교장선생님我心目中的理想敎長》, 《마음속 이상적인 인성교육我心目中的理想敎育》, 《마음속 이상적인 지혜 교육我心目中的理想智育》 등 많은 저술에서 '이상'이라는 말을 언급했습니다. 선생님은 적극적으로 이상을 실천하고 있지만, 사실 이상과 현실은 서로 상충되지 않습니까. 그렇다면, 이상을 실현하려면 구체적으로 어떻게 해야 하는 걸까요?

인민출판사人民出版社에서 출판한 《신교육의 꿈》이란 책에는 제가 쓴 10편의 이상교육에 관한 글이 수록되어 있습니다. 대부분의 사람들은 이상과 현실의 차이가 매우 크다고 생각하지만, 저는 두 가지가 서로 상충된다고 보지 않습니다. 이상과 현실은 두 가지 범주에서 서로 같은 목표를 추구하고 있습니다.

　이상은 왜 실현하기 어려울까요? 그것은 우리가 이상에 크게 집착하지 않고, 이상을 신념이나 일로 여기지 않기 때문입니다. 하지만 실험학교에서는 직접 실험을 통해 이상을 실현하기 위해 노력하고 있습니다. 아마도 조만간에 실질적인 성과를 거둘 것입니다. 일부에서는 '입시교육'은 현실적인 교육, '인성교육'은 이상적인 교육이기 때문에 이 두 가지를 현실과 이상이 충돌하는 잘못된 조합으로 보고 있습니다. 하지만 저는 이와는 다른 생각을 가지고 있습니다.

　현재 우리 실험학교에서는 5가지 실험항목을 실시하고 있습니다. 그 중에는 학생들이 100권의 책을 읽고 일기형식의 독후감을 작성하는 독서실험이 있습니다. 교육의 가장 기초가 되는 독서를 꾸준히 하게 되면 이상도 실현하고 입시도 문제없을 거라고 생각합니다. 물론 아이의 인성에도 도움이 될 것입니다. 이러한 면에서 교육은 그 자체로 이상적인 일이라고 생각합니다.

　《신교육의 꿈》의 서문인 《꿈이 현실이 되다》는 노력만 하면 이상을 실현할 수 있다는 의미를 담고 있습니다. 우리 교사들은 학생들 마음속에 이상을 심어주고, 자신의 마음에도 같은 이상을 품고 있습니다. 교사와 학생이 같은 이상을 갖고 함께 노력하기 때문에 꿈을 실현할 수 있다고 믿습니다.

　때문에 교사와 학생이 이상을 실현하는 과정에서 가장 중요한 것이 바로 꾸준한 노력입니다. 열정을 다해 이상을 사랑하고 끊임없이 추구해야 합니다. 하지만 일부 교장과 교사들에게는 더 이상 '이상'은 무의

미한 것처럼 보입니다. 현 시대를 이상이 없는 시대라고 하는 사람들도 있습니다. 하지만 어느 시대든지 사람이 사는 곳에는 늘 이상이 함께 있습니다. 물질만능시대에서 사람들은 쉽게 이상을 포기해 버리지만, 이는 잠시일 뿐 영원히 포기한 것은 아닙니다.

"하늘 일을 예측할 수 없듯이, 사람의 일도 예측할 수 없다."라는 속담처럼 현실에서는 이런저런 문제가 발생할 수 있기 때문입니다. 하지만 어느 순간 잃어버린 이상에 대해 반성하는 때가 올 것입니다. "편안할 때 위험을 미리 생각하고 경계해야 한다."라는 성어가 있듯이 우리가 평화롭게 사는 이 시대에 가슴에 이상을 품고 늘 준비하는 자세를 가져야 합니다. 이상이 없는 농민은 수확을 포기한 것과 같고, 이상이 없는 가정은 부를 포기한 것이며, 이상이 없는 국가는 영토를 포기한 것과 같습니다.

최근에 곰에게 황산을 뿌린 사건, 교사의 지나친 체벌, 대학생의 투신자살, 일본의 옴진리교 사건, 테러조직의 무차별 사살 등의 무서운 사건들이 줄지어 발생했습니다. 돌이켜보면, 이러한 사건들은 우리가 다시 깨어나 이상을 품어야 한다는 것을 일깨워 주고 있습니다. 현실에 대한 이러한 해석을 통해 이상을 수립하고 실현하기 위해 노력함으로써 새로운 활력을 불어넣을 수 있습니다.

물론 현실과 이상의 괴리 때문에 많은 교사들이 힘들어하고 있습니다. 이럴 때에는 이상을 가진 사람이 곁에 있어야 합니다. 마음속에 이상을 가진 사람은 아무리 나쁜 상황 속에서도 실현시킬 수 있는 힘을 가지고 있기 때문입니다.

제 목표인 이상적인 그룹 만들기는 현재 순조롭게 잘 진행되고 있습니다. '교육온라인' 사이트를 통해 교육에 이상을 가지고 있는 패기 넘치는 사람들을 모으고 있습니다. 열정으로 가득 찬 그분들이 교육에 대한 책임을 새롭게 다짐하는 모습을 보면 저절로 힘이 솟고 행복합니다. 앞으로도 현실과 이상의 괴리를 해소하고 적극적으로 문제를 해결해나갈 것입니다. 그리고 이를 통해 교사들도 자신의 이상을 다시 세우고 함께 적극적으로 행동해 나갈 것입니다.

이상은 수립에서 실현하기까지 계속 보완하고 완성해 가는 하나의 과정입니다. 시간이 갈수록 새로운 목표와 이상이 생깁니다. 우리가 생각하고 있는 이상들은 교육의 규율과 발전 방향에 부합한 것이라고 생각합니다. 교육은 이상적인 것입니다. 때문에 교육을 사랑하는 사람들은 교육의 이상을 계속 추구함으로써 그 속에서 실천에 필요한 동기와 활력을 얻고 생존하고 발전할 수 있을 것입니다.

교장과 교사의 출발점은 비슷한데, 누구는 중요한 역할을 맡고 누구는 평범한 역할을 하는 걸까요? 중요한 역할을 담당하길 원하는 것은 많은 지도자들의 공통점입니다. 현실과 이상의 충돌 속에서 이상을 지키고 적극적인 실천을 통해 이상을 실현하는 것은 우리의 당연한 선택입니다. 저는 우리 모두가 교육 실험을 통해 꿈을 실현하고, 또 모든 사람들이 진정한 교육을 받았으면 하는 바람입니다.

2. 사실 교육이 늘 이상적일 수만은 없습니다. 이상적이지 못한 경우가 전체 교육의 99%를 차지하고 있는 것이 사실입니다. 현실과 이상은 얼마나 먼 것일까요? 그 속에서 교사는 어떻게 진정한 발언권을 얻을 수 있을까요?

현실과 이상은 늘 모순되기 마련입니다. 그만큼 어렵기 때문에 이상이 생존할 토양과 필요와 가능성이 있는 것입니다. 우리는 '힘들수록 앞으로 전진'해야 합니다. 방금 99%라는 말씀에 대해 저는 그다지 동의하지 않습니다. 우리의 교육 현실이 그토록 어둡지는 않기 때문입니다. 교장이 개혁에 대해 이념을 세우고 실천하기 위해서는 교사와 학부모의 동의를 얻어야 합니다. 이를 위해서는 많은 노력과 시간, 땀이 필요합니다.

현 정부 사람들은 우리가 생각하는 것처럼 그렇게 능력 없지도, 우매하지도 않습니다. 그들 중에는 이상을 추구하는 사람도 많습니다. 그렇지 않다면 중국이 이처럼 빠르게 발전할 수 없었을 것입니다. 현 교육 행정부의 잘못을 꼽는다면, 아마도 지나친 간섭과 관리일 것입니다.

원사院士(국가가 설립한 과학기술원의 회원—역주)가 많았던 시대나 우수한 인재를 배출한 지역에는 늘 열심히 맡은 책임을 다하는 교사들이 있었고, 중고등학교 교사였다가 대학 교수가 된 경우도 있었습니다. 인재는 어쩌다 우연히 한 명 배출되는 경우가 대부분입니다. 하지만 한 번에 많은 인재를 배출하기 위해서는 필연적인 요소가 있어야 합니다.

여기서 필연적인 요소란 바로 교장과 교사들입니다.

발언권에 대해 말씀드리겠습니다. 교사가 교육에 관해 발언할 수 있는 부분은 극히 적고, 용기 있게 말할 수 있는 사람도 얼마 되지 않습니다. 따라서 솔직한 대화와 교류, 연구와 토론이 뒷받침되지 않는다면, 우리가 추구하는 목표에서 점점 멀어지고 결국은 그 목표를 상실하게 될 것입니다. 교사가 발언권을 갖기 위해서는 모두의 노력이 필요합니다. 일선 교사에게 발언할 기회를 주어서 서로의 생각을 교환하고 그 속에서 지혜를 모아야 합니다.

우리는 현재 미디어의 효과를 활용해서 침묵하고 있는 교사들을 깨우기 위해 《중국정협신문의 '교육온라인' 주간잡지中國政協報·敎育在線週刊》와 《교사의 친구敎師之友》라는 잡지를 계획하고 있습니다. 그리고 현 교육의 단점을 개선하고 개혁을 추진할 수 있도록 신교육실험을 적극 권장하고 있습니다. 현재 민간차원에서 자발적으로 실험에 참여하고 있고, 이미 많은 학교와 교사들이 자발적으로 참여했습니다. 실험 과정에서 교사들은 새로운 것을 창조하고 실제 행동으로 옮기고 이상교육의 밝은 비전을 그려내고 있습니다. 우리는 국가 교육의 현실에 대해 공동의 책임을 지고 있습니다. 중요한 것은 바로 실질적으로 행동하는 것이라는 점을 늘 잊지 말아야 합니다.

3. 오래 전부터 교육이론은 교육 일선에서 분리되어 있었습니다.
   교육이론가들은 실제 교사들과 너무나 먼 존재이고, 허울뿐인
   교육 실험도 자주 볼 수 있습니다. 선생님은 진정한 교육실험
   이란 과연 무엇이라고 생각하십니까?

매우 예리하고 현실적인 질문입니다. 교육의 이론과 현실이 분리된
원인에는 여러 가지가 있습니다. 이론가들이 심도 있는 실천을 멀리한
채 순수 이론만을 추구했기 때문이기도 하고, 실천가들이 이론을 소홀
히 하여 이론에 대한 사고와 감각이 부족해서이기도 합니다.

오래 전부터 교육계에서는 이론과 실천의 일탈현상에 대해 반성의
목소리가 있어 왔습니다. 그 일환으로 최근 몇 년 동안 청소년 교육이
론에 관한 전문가들이 교육개혁실험을 실시하고 교육이론을 정립하는
등 적극적인 실천을 모색하고, 교육과학의 생명은 바로 실천에 있다고
강조해왔습니다.

사실 1896년 듀이John Dewey가 시카고 대학 부속 실험학교를 설립하
면서, "시스템 연구교육의 장으로서, 철학과 심리학의 사상으로 이루어
진 가설을 실험할 것"이라고 발표한 적이 있습니다. 그는 실험학교가
'모범학교'나 '실습학교'가 아닌, 실험을 통해 교육과학을 창조하고 신
교육관을 세우는 곳임을 강조했습니다. 실험학교에서는 교사의 장점과
시설의 장점, 과학적 연구의 장점 등을 충분히 살려 과감하고 혁신적인
탐구를 통해 새롭게 창조를 해야 합니다. 그동안 누구도 가보지 않은

길을 개척하여 새로운 규칙과 새로운 사고를 계발해야 합니다. 단순히 기존의 것을 검증하는 것이 아니라 진보적인 실험을 실천해야 합니다. 현재의 사실이 아니라 앞으로 10년, 20년 후의 미래 사회발전을 위해 필요한 교육을 설계하고 앞을 내다볼 수 있는 예지능력을 발휘해야 합니다. 아이들에게 제일 중요한 것이 무엇인지, 아이의 평생 발전에 무엇이 유용한지, 유용하지 않은지 등과 같은 문제를 충분히 고려해야 합니다.

신교육실험을 기획하고 설계하는 초기 단계에서는 지나치게 크고 완벽한 것을 바라지 않습니다. 아이의 평생 발전에 가장 필요한 것이 무엇인지, 교사와 학교 발전에 가장 중요한 것이 무엇인지부터 차근차근 고려합니다.

저 역시 실험을 실행하는 과정에서 온갖 노력을 기울입니다. 그래서 아무리 바빠도 꼭 시간을 내서 매달마다 첫 실험학교인 '쿤샨위평실험학교昆山玉峰實驗學校'를 방문합니다. 저는 실험의 성공 여부와 상관없이 교사들과 진심으로 대화하고 함께 목표를 추구하는 것이 중요하다고 생각합니다. 기존의 교육이 '따로따로'식이었다면, 이제는 달라져야 합니다. 신교육실험은 단순히 논문작성을 위해 실시하는 것이 아니라, 아이들 한 명 한 명의 소양을 위해 실질적이고 진정한 교육을 실시하는 것입니다. 실험학교에서 교장과 교사, 학생이 함께 진심으로 노력한다면 분명 좋은 성과를 거둘 수 있을 것입니다.

칭다오青島의 한 교사는 실험에 참여한 지 3년 만에 반 학생들로부터 자작시를 선물 받았습니다. 정말 아름답고 감동스럽지 않습니까? 시와 이성은 그 무엇과도 바꿀 수 없는 소중한 것입니다. 신교육실험이 바로 시와 이성의 결합이자, 참가자 한 사람 한 사람의 시 같은 아름다운 인성을 대변해 주고 있습니다. 이 시가 바로 진정한 교육입니다.

오늘날 허울뿐인 교육이 너무나도 많습니다. 여러분도 알다시피 리전시李鎭西 선생의 《가짜교육폭탄》에서도 그러한 현실을 잘 말해주고 있습니다. 우리가 실시하는 신교육실험은 가짜가 아닙니다. 절대 가짜가 용납되지 않습니다. 만약 실험에 참가하는 학교 중 진실 된 실천의지가 없거나 겉모양만 번지르르한 실험을 실시한다면, 바로 참가대상에서 제외시킬 것입니다. 신교육실험은 반드시 진심으로 실시해야 합니다. 실험과정에서 나타날 수 있는 문제나 모순은 두렵지 않습니다. 저는 늘 교사들과 문제에 직면했을 때 어떻게 해결할 것인가 대해 함께 대화하고 고민합니다.

진실한 교육은 바로 진실한 인생이며, 진실한 교육이야말로 훌륭한 인재와 교사를 양성해낼 수 있습니다. 이러한 진심이 있기 때문에 '신교육실험'을 완성할 수 있을 것입니다.

4. 현재 전국적으로 신교과개혁운동이 실시되고, 여기에 교육 관련 부서들이 적극적인 모습을 보이고 있습니다. 교육부가 실시하는 신교과개혁과 선생님의 신교육실험은 서로 융합될 수 있는 것인가요?

신교과개혁이 유일한 방법은 아닙니다. 사실 '손봐야 할 새로운 것'들이 많이 있습니다. 중요한 것은 '조화'입니다. 현재 화제가 되고 있는 것은 '신교과개혁'과 몇 년 전에 시작한 예란葉瀾의 '신기초교육실험'입니다.

현재 저 역시 신교육실험이라는 새로운 것에 도전하고 있습니다. 처음에는 이상교육실험이라고 이름 붙였는데, 너무 이상만 추구하는 것처럼 비춰질 것 같아서 《신교육의 꿈》을 출판한 후 '신교육실험'으로 명칭을 바꾸었습니다. 사실 시대를 막론하고 항상 신교육이 있었습니다. 중국 근대의 차이웬페이蔡元培나, 예성타오葉聖陶, 타오싱즈陶行知 모두 당시대 신교육에 관한 저술을 편찬했습니다. 이 중에서 타오싱즈는 《신교육과 구교육의 이견新教育與舊教育之分岐》이라는 글을 발표했습니다.

신교과개혁은 교과구조나 내용, 방법 등에 제한되어 있습니다. 물론 교육행정부에서 교과과정에 대한 개혁을 교육 전반으로 확대 실시할 수도 있습니다. 신교과개혁은 교과과정에 관한 것이고, 예란의 개혁은 교실 내에서 이루어지는 현 교육방식에 대한 개혁입니다. 이 두 가지의 핵심을 모아놓은 것이 바로 우리가 실시하고 있는 신교육실험입니다. 그렇다고 신기초교육실험이 교실에 활력을 불어 넣을 수 있는 점과 신교과개혁이 기존 과정에 대한 개혁이라는 점을 완전히 배제하자는 것은 아닙니다. 신교육실험에는 몇 가지 장점이 있습니다.

첫째, 신교육실험은 지나치게 이론을 강조하기보다는 융통성을 중요시합니다. 예를 들어, 일기쓰기는 바로 오늘부터 시작할 수 있습니다. 독서나 보고서 작성도 바로 오늘부터 시작할 수 있습니다. 구체적인 실험 내용도 더 수월하게 조정할 수 있습니다. 신교육실험의 첫 번째 이념이 바로 융통성 있는 실험입니다.

둘째, 신교육실험은 기초를 튼튼하게 다지는 것입니다. 신교육실험은 인생의 기초를 닦는 것에서 출발하고, 교육이라는 큰 건물의 기초를 하나하나씩 닦아 나가는 실험입니다. 실험 기간이 길어질수록 효과도 더 뚜렷하게 나타납니다. 교사와 학생이 함께 실험을 조정해나가며 같이 성장하는 것에 중점을 두고 있습니다.

셋째, 신교육실험은 각기 다른 실험 간의 융합을 중시합니다. 신교육실험은 교과개혁과 같은 점도 있고 다른 점도 있지만, 추구하는 가치는 같습니다. 두 가지 모두 학생의 발전, 나아가 중국의 발전을 위한 실험입니다. 하지만 구체적인 실천방식이나 방법, 중점 분야에서 약간의 차이가 있습니다.

예를 들면, 신교과개혁은 교과변화를 통해 교육혁명을 실현하는 '교과과정'에 초점을 맞추고 있지만, 우리의 신교육실험은 '학교' 자체에 초점을 두고 있습니다. 기획 단계부터 실무적인 것이 중점을 두고, 현재 여건과 필요에서 볼 때 실천 가능한 교육정책을 선택하여 '학교'와 '사회' 전체에 실시하고 있습니다. 때문에 우리가 제시하는 '6대 실천 항목'은 자유롭게 조정할 수 있습니다.

이처럼 신교육실험은 교과개혁과의 차이를 두면서도 조화를 추구하기 때문에 한 학교에 두 가지 실험을 동시에 실시해도 전혀 문제될 것이 없습니다. 오히려 상호보완이 되면서 더욱 좋은 효과를 낼 수 있습니다. 예를 들어, 신교과개혁과정에서는 학습형 학교 건설 및 학습형 교사 양성이 문제가 될 수 있습니다. 일부 학교에서는 교사를 대상으로 교육을 실시하고 강좌도 개설하고 있지만 그 효과가 크지 않습니다. 그 이유는 대부분 일시적이고 구시대적인 학습토론방식이기 때문입니다.

여기에 신교육실험 중 '책향기 학교'와 '일기학교' 항목은 좋은 해결책이 될 수 있습니다. 실제로 실험 결과 신교육실험을 통해 학습형 교사 양성과 학습형 학교 만들기가 가능하다는 것이 증명되었습니다. 이렇게 만들어진 학교나 교사는 주도권과 창의력을 갖고 앞장서서 교과개혁을 직접 이끌고 나갈 수가 있습니다. 또한, 교재개발을 할 때도 신교육실험의 다양한 프로그램을 선택할 수 있습니다. 현재 실험을 진행하고 있는 학교 중에는, 신교육실험을 기획해서 교과과정의 일부분으로 실시하는가 하면, 《중화경전암독본中華經典誦讀本》과 같은 구체적인 프로그램은 특별과정으로 개설하기도 합니다.

교육부도 실험의 효과를 높이 평가하고 있고, 또 학교의 교과개혁 특징이 되어 교육에 활력을 불어넣고 있습니다. 이처럼 신교육실험은 신교과개혁에 전적으로 의존하기보다는 그것과 상호 유기적으로 조화를 이루고, 학교와 개인이 참여하여 협력함으로써 효과적으로 교육개혁을 추진하기 위한 것입니다.

5. 현재 신교육실험, 신기초교육실험, 신교과개혁 등 많은 실험과 개혁이 있습니다. 이들 사이의 관계와 차이에 대해서 소개해 주시기 바랍니다.

최근 들어 그런 질문을 자주 받고 있습니다. '새로운' 실험에 관해 질문하면서 신기초교육실험과 신교과개혁, 신교육 사이의 관계에 대해 궁금해 합니다. 사실 교육사를 공부했다면 알 수 있듯이, 어느 시대이건 신교육을 둘러싸고 많은 논쟁이 있었습니다.

즉 신교육과 구교육은 항상 같이 맞물려 있습니다. 최근의 예를 들어 보겠습니다. 근현대 교육사의 상징적인 인물인 듀이는 1899년에 그의 대표작으로 꼽히는 《학교와 사회學校與社會》라는 책을 출판했습니다. 《민주주의와 교육民主主義與教育》과 함께 교육사의 한 획을 그은 이 책에는 세 차례의 강의를 정리한 내용이 담겨 있습니다. 강의 내용을 살펴보면 신교육의 명확한 개념과 구교육의 상대적인 개념이 설명되어 있습니다.

그로부터 20년이 지나 그의 제자인 타오싱즈 선생도 1919년에 《실험주의와 신교육試驗主義與新教育》이란 글에서 신교육에 대해 명확한 정의를 내린 바 있습니다. "무릇 교육의 진리란 끝이 없어서, 발명할 수 있는 것은 새로운 것이며, 발명할 수 없는 것은 오래된 것이다. 발명 능력이 있는 사람은 기존의 것도 새로울 수 있지만, 발명 능력이 없는 사람은 새로운 것도 오래된 것이다. 고로 신교육이 새로운 것인지, 구교육이 오래된 것인지는 그 사람의 발명 능력에 달려 있다."

그와 같은 시대를 살았던 사람들은 신구교육에 대해 저마다 다른 견해를 가지고 있었습니다. 예를 들어, 차이웬페이 선생은 《신교육과 구교육의 시작에 관하여論新教育和舊教育之起點》라는 글을 발표했고, 천허친陳鶴琴 선생은 특별히 신교육을 정의내리지 않았지만, 살아있는 교육을 구교육과 대립되는 개념으로 제시했습니다. 황예페이 선생도 많은 저술을 통해 신구교육의 개념을 정리했습니다.

1949년 마오쩌둥은 중국의 국가교육방침 및 교육 문제에 대해 다음과 같이 지적했습니다. "신교육은 구해방지역의 신교육경험을 기초로, 구교육의 유용한 점을 흡수해야 한다." 새 시대에 들어서면서 신교육에 대한 다양한 정의가 등장하고 있습니다.

대표적으로 예란 선생은 최근 몇 년 동안 적극적인 태도와 상호작용, 교사와 학생의 생명적 가치실현을 강조하는 《교실에 생명력을讓課堂煥發著生命的活力》을 발표하는 등, 생명교육을 핵심으로 하는 신기초교육실험에 주력하고 있습니다.

저는 그분의 실험에 감동을 받은 후 앞으로 우리가 해야 할 일은 무엇일지에 대해 생각해 보았습니다. 현재 일선에 있는 교사들에게 있어서 생명에 대한 이해나 분석이 부족하다는 점은 차치하고라도, 진정한

'노력'이 부족합니다. 예란 선생은 비전과 생명, 사회성, 그리고 학생에게는 잠재력과 능동적인 자세, 차별성을 강조하고, 실험 목표로 학생의 인지력, 도덕성, 정신력 향상을 제시하고 있습니다.

주요 관점은 다음과 같습니다. "교실을 학생에게 돌려주고, 생명력을 불어 넣자. 학급을 학생에게 돌려주고, 성장력을 불어 넣자. 교사에게 창의력을 돌려주고, 지혜와 도전을 가득 채우자. 교사와 학생에게 정신력의 주도권을 돌려주고, 활력을 불어넣자." 많은 학교의 벽이나 칠판에 걸린 이 네 문장을 보면 교실에 중점을 두고, 학생 한 명 한 명의 발전을 추구한다는 것을 알 수 있습니다. 즉 예란 선생의 실험은 학생의 발전, 나아가 중국 국민의 부흥을 위한 것입니다. 그녀가 추구하는 가치는 5가지가 있습니다. 민주적인 교육, 국제관계에 대한 이해, 생활 속 연관성, 자연주의적인 것, 개성의 발전입니다. 그리고 지식의 관점에서 교과목표를 위한 지식 습득에서 벗어나, 습득 과정과 방법, 인성교육, 가치관을 주요 관점으로 강조하고 있습니다.

이번 신교과개혁에도 신지식관을 중심으로 하는 다양한 교재 편집과 교육과 생활의 연관성을 강조하고 있습니다. 다시 말하자면, 신교과개혁의 중심은 교과과정이고, 예란 선생의 중심은 교실에 있습니다. 하지만 교실과 교과과정이 교육의 전부가 될 수 없고, 교육의 모든 내용을 포괄할 수는 없습니다. 그리고 제일 중요한 부분이 아닌 경우도 있습니다. 그래서 저는 이를 통해 그들의 사고방식을 배우면서 우리가 해온 일을 돌아볼 수 있었습니다.

신기초교육과 신교과개혁 모두 민족 부흥과 학생의 발전, 지식과 인성, 가치관, 정신세계, 도덕성을 강조하는 매우 좋은 시도입니다. 하지만 몇 가지 문제점도 있습니다.

첫째, 두 실험은 주로 교실과 교과과정에만 국한되어 있습니다. 둘째, 각 특징에 맞게 조정할 수 있는 융통성이 부족해서 실천에 어려움이 따를 수 있습니다. 신교육실험이 추구하는 가치는 두 실험과 일치하지만, 구체적인 부분에서 차이가 있습니다. 우리는 실험에서 융통성과 개방성, 생산성을 중요시합니다. 가장 가능한 부분, 가장 필요한 부분, 가장 기초적인 부분, 가장 발전 가능성이 있는 부분부터 진정한 교육을 강조하고 실행합니다. 그렇기 때문에 우리는 신기초교육실험과 신교과개혁의 장점을 알림과 동시에, 다른 채널을 통해 공동으로 중국교육의 개혁을 추진하고 있다고 말할 수 있습니다.

6. 신교육실험을 하게 된 이유가 무엇입니까? 현재 신교육실험은 어떻게 진행되고 있습니까?

1999년 하반기부터 신교육에 관한 글을 써 왔습니다. 맨 처음 쓴 글은 이상적인 교사에 관한 것이었지요. 1999년 타이후Lake of Tai에서 한 차례 강연을 한 적이 있습니다. 당시 잡지 《신교육》에서 개최한 회의였는데, 백여 명 정도 참석한 그 회의에서 무려 4시간 반 동안 강연을 했습니다. 그때는 강연 한 차례 한 것 가지고 무슨 효과를 기대하겠는가 하고 생각했는데, 나중에 강연 원고를 정리해서 발표했더니 각 신문사마다 기재하겠다고 난리를 피우더군요. 그 글이 바로 《중국교육보》 헤드라인에 실렸습니다.

그 뒤로도 이상적인 학교, 이상적인 교장, 이상적인 학생, 이상적인 부모 등 여러 가지 주제에 대해 글을 써왔고, 2000년에는 그 글들을 다 모아서 《나의 교육이상》이란 책을 펴냈습니다. 하지만 책을 읽은 사람들은 하나같이 입을 모아 강연도 좋고 글도 좋지만, 교육계에서 실현할 수는 없을 거라고 했습니다. 그런 말들이 제게는 큰 자극제가 됐습니다. 말만 늘어놓고 행동하지 않는 이론가가 아닌 직접 발로 뛰는 사람이 되기로 결심했습니다. 그리고 계속 그 문제를 연구하고, 이상적인 도덕교육과 지성교육, 체육교육, 미술교육, 기술교육 등 새로운 이상 시리즈를 기획하고 쓰면서 마침내 《신교육의 꿈》이란 책을 출판했습니다. 한 교사는 그 글에 대해 《광명일보》에 《휘날리는 유토피아Utopia》라는 제목을 달아 평론했습니다. 사실 제 글을 긍정적으로 보는 글이었는데, 그럼에도 불구하고 "유토피아"라는 제목 때문에 실현 불가능한 이미지가 각인되었습니다. 제게 직접적으로 "선생님께서는 과거에는 이상을, 현재는 꿈을 얘기하고 있는데 너무 심오해서 이해하기 어렵습니다. 현실로 돌아와서 선생님의 꿈을 실현시킬 수는 없습니까?"라고 물어오는 사람도 있었습니다. 그 말 역시 제가 신교육실험의 시스템을 만드는 중요한 촉진제가 되었습니다.

2002년 6월 18일 드디어 지인들과 함께 홈페이지를 정식으로 개설했습니다. '교육온라인教育在線'(www.eduol.cn)이라는 사이트인데, 교사들 사이에서 입소문이 나더니 지금은 중국 전체뿐만 아니라, 미국, 일본, 프랑스 친구들까지 토론에 적극 참여하고 있습니다. 홈페이지에는 '신교육실험'이라는 메뉴가 있습니다. 처음 실험을 시작했을 때에는 새 커리큘럼처럼 명확하지도 않았고, 새 기초교육실험처럼 어떤 구호가 있었던 것도 아니었습니다. 처음 이상교육실험이라는 이름을 신교육실험으로 바꾸고 탐색하는 시간을 가졌습니다. 하지만 실험이 진행되면서 신교육의 희망을 보았고, 생명력을 느꼈으며, 미래의 희망을 보았습니다. 그중 하나의 예가 바로 교사들이 사이트를 통해 빠르게 성장하고 있다는 점입니다.

2002년 10월 정식으로 실험학교를 세웠는데, 사실 그 이전부터 이미 많은 학교에서 많은 일을 해 오고 있을 때였습니다. 그래서 반년 동안 정식으로 가맹을 맺은 학교만도 이미 20곳이 넘었습니다. 우장吳江의 농촌지역 일반 학교인 진자베이金家貝 소학교가 있는데, 그 학교 교장도 흔쾌히 가맹을 하면서 자신의 학교에서 실험이 성공한다면 중국의 모든 학교들에서도 성공할 수 있을 거라고 말했습니다. 정말 그 말이 맞는 것 같습니다. 쑤저우에서 가장 좋은 학교에서 가장 뛰어난 교사와 학생들에게 교육실험을 실시하여 성공한다고 해도, 사실 일반적인 경우가 아니기 때문에 보급성이 떨어지겠지요. 하지만 농촌 학교에서 실시하여 성공한다면 그 효과는 더욱 좋을 거라고 생각합니다.

현재 이 실험은 이미 쑤저우 외부지역으로 보급되고 있습니다. 우시武錫의 난양南洋국제학교와 창저우常州의 후탕챠오湖塘橋 실험 초등학교, 닝보寧波의 완리萬裏국제학교, 칭다오靑島, 하얼빈哈爾濱의 몇몇 학교들 모두 적극적으로 신청을 준비하고 있고 이미 시작한 곳도 있습니다. 저는 중국교육에 제가 할 수 있는 모든 일을 할 것이며, 아이들과 교사들에게 더욱 유익한 일이 무엇인지 찾기 위해 제 남은 인생을 모두 바칠 것입니다.

사실 처음 신교육실험을 시작했을 때에는 시스템적으로 잘 정리되지 않았습니다. 처음에 우리는 몇 가지 실험항목을 정했고, 실험을 실행하는 과정에서 계속 정리하고 다듬었습니다. 하지만 제가 《신교육의 꿈》에 제시한 핵심적인 부분들은 모두 포함되어 있고, 실험 과정에서 계속 개선되고 다듬어지면서 현재 시스템화 되어 가고 있습니다. 핵심이념은 모든 사람을 위해서, 사람의 모든 것을 위한 교육을 추진하는 것입니다.

특별히 학생만을 위한 발전이 아닌 까닭은 무엇일까요? 그것은 교사의 발전이 없으면 학생의 발전도 없기 때문입니다. 그렇다면 왜 교사라고 안하고 사람을 위해서라고 했을까요? 왜냐하면 교육은 하나의 큰 개념이기 때문입니다. 학부모의 발전 없이 학생의 발전이 가능할까요? 불가능합니다! 그래서 우리가 제시하는 교육의 핵심이념이 바로 모든 사람들 위해서인 것입니다.

교육은 바로 사람을 위한 것이고, 인문정신의 핵심은 사람의 생존상태를 주시하고, 사람의 발전공간을 주시하는 것입니다. 때문에 모든 사람을 위해서라고 말하는 것입니다. 우리는 교사뿐만 아니라 모든 사람에게 관심을 가져야 합니다. 교장을 돕고 학부모를 돕고 사회의 모든 사람의 발전을 도와야 합니다. 그가 가난하든 부자이든 간에, 우매하든 지혜롭든 간에, 건강하든 장애가 있든 간에, 교육은 무조건 모든 사람을 위해서, 그리고 사람의 모든 것을 위한 것이어야 합니다. 학생의 점수만 올리는 것이 아니라, 학생이 좋은 학교에 가기 위해서여야 합니다.

우리가 제시한 '6대 활동'에는 학생을 위한 것, 교사를 위한 것, 학교를 위한 것, 그리고 사회를 위한 것이 포함되어 있습니다. 우리는 10대 영역에서 깊이 있는 실험을 실시합니다. 10대 영역이란, 이상적인 도덕교육, 이상적인 지혜교육, 이상적인 신체교육, 이상적인 미적 교육, 이상적인 노동기술교육, 이상적인 학교, 이상적인 교사, 이상적인 교장, 이상적인 학생, 이상적인 가장을 말합니다. 우리가 추구하는 실험목표는 "이상을 추구하고 나를 뛰어 넘는다."입니다.

아시다시피, 처음에는 신교육실험의 명칭을 '이상적인 교육실험'이라고 정했다가 '신교육'이라는 개념으로 바꾸었습니다. 그러나 명칭과 상관없이 우리가 추구하는 목표는 "이상을 추구하고 나를 뛰어 넘는다."입니다. 이것이 우리가 실험에서 추구하는 가장 중요한 목표입니다. 이상을 추구하고 나를 뛰어넘어야만 비로소 적극적으로 인식하는 태도를 기를 수 있고, 진정으로 교사와 학생과 학교가 함께 성장할 수 있습니다.

우리 실험에 참여하는 모든 학교의 교사는 반드시 자신의 꿈이 있어야 하며, 자신의 용기에 도전하고 자신을 뛰어넘는 정신을 지녀야 합니다. 각각의 교사와 학생이 성공하고 성취감을 만끽해야 합니다. 상당 부분의 교사와 학생에게는 성공할 수 있는 재능이 있기 때문에 분명 성공할 수 있을 거라 믿습니다. 실험에 참여하는 사람들은 모두 자신이 부단히 진보하고 있고 성장하면서 기쁨을 느껴야 합니다. 이것이 우리가 추구하는 일종의 '경지境地'입니다.

우리의 가치추구는 행동의 추구입니다. 행동해야 수확할 수 있지, 가만히 앉아서 이론만 공부해서는 안 됩니다. 직접 일어나서 행동해야 하며, 그럴 때 비로소 성공할 수 있습니다. 과거에 얽매이거나 지나치게 미래를 걱정해서 망설이고 방황해서는 안 됩니다. 실험에 참여하는 그 순간부터 행동해야 합니다. 우리의 관점 중 하나는 학생과 교사의 잠재력을 무한대로 믿는 것입니다. 왜냐하면 아이와 교사가 가진 잠재력은 어떤 식으로 평가해도 지나치지 않기 때문입니다.

저는 주영신의 교육 규칙을 만들었습니다. 첫 번째 규칙은 "태도가 모든 것을 결정한다."입니다. 이는 보라 밀루티노비치'Bora' Milutinovic가 당시 중국 축구팀 모자에 'Attitude is everything.'이라고 썼던 말입니다. 물론 그도 성공할 때가 있는가 하면 좌절했던 때도 있었습니다. 하지만 어찌됐든 우리는 그를 통해 즐거운 축구란 과연 무엇인지 알게 되었고, 마지막에는 실망을 안겨 주기도 했지만 "태도가 모든 것을 결정 한다"라는 명언을 남겼습니다.

두 번째 규칙은 "스스로가 된다고 말하면 성공할 수 있다"입니다. 이 것은 학생과 교사의 잠재력을 무한대로 믿는 것을 뜻합니다. 우리의 대상, 즉 교육대상과 서비스대상을 믿고, 그가 가진 무한한 발전 가능성을 믿을 때, 비로소 충분한 열정을 품고 그를 대하고 격려하며 자극할 수 있습니다. 학생에 대한 믿음을 잃게 되면, 사실상의 교육은 이미 끝난 거나 마찬가지입니다. 그때는 아무리 많은 노력을 기울인다고 해도 교육의 대상인 아이는 더 이상 발전의 여지가 남아 있지 않습니다. 왜나하면 당신의 마음속에서 이미 아이에게 '사형' 판결을 내린 상태이기 때문입니다.

저는 학생들과 아주 고전적인 교육적 실례를 선별해서 《교육의 기적 教育的奇跡》이라는 책을 냈습니다. 이들 실례들은 사실 매우 불가능한 일이라도 사람에게는 실현할 수 있는 잠재적인 발전 능력이 있다는 것을 말해주고 있습니다. 그중 학생들에게 추천하고 싶은 《오체불만족》이라는 책은 매우 유익한 내용을 담고 있습니다. 이 책의 주인공은 일본인으로 팔과 다리가 없어서 오체불만족이라고 부릅니다. 많은 사람들, 심지어 그의 부모까지도 그의 장애 때문에 그에게 아무런 기대나 믿음을 갖지 않았습니다. 하지만 오히려 그는 스스로 강해지기 위해서 끊임없이 노력했고, 그 결과 일본의 명문대학교인 와세다 대학에 입학했으며 성적도 매우 우수했습니다.

우리의 실험은 바로 사람이 갖고 있는 잠재적 능력을 정확히 이해하고 발굴함으로써 모든 사람이 교육이라는 여행 속에서 성공을 누리고,

우리의 학생과 교사와 학교가 함께 성장하도록 하기 위한 것입니다.

2003년 전국 '양회' 기간에 저는 신교육실험학교와 '교육온라인' 사이트를 대표해서 제안서를 제출했습니다. 제안서에는 국가적으로 독서의 날을 제정하고 인류의 숭고한 정신과 대화를 하자는 희망이 담겨 있었습니다. 언론에서도 많은 관심을 보이면서,《중국교육보》에서 큰 면을 할애하여 그 제안서를 싣고, 큰 제목은《이상적인 도서관理想的圖書館》, 소제목은《전국정협위원 주영신이 제시하는 책 향기 나는 학교 개념全國政協委員朱永新提出書香校園概念》이라고 달았습니다. 물론 그것은 제가 처음으로 제시한 것이 아니지만, 이렇게 독서에만 집중해서 실험을 실시한 경우도 없었습니다.

새 교과과정은 커리큘럼과 새 교재에 집중돼 있습니다. 실험은 실험학교의 모든 아이들이 학습 기간 내내 총 100권의 책을 읽어야 하며, 교사 역시 100권의 책을 반드시 읽는 것입니다. 그렇게 하는 것이야말로 우리가 생각하는 이상적인 학교라고 생각합니다.

사람이 어떻게 성장한다고 생각하십니까? 저는 첫 번째는 유전에 의해서, 두 번째는 후천적으로 음식과 영양, 조화에 의해서 성장한다고 생각합니다. 그렇다면 정신적 성장은 어떻게 완성되는 것일까요? 유전적인 것일까요? 어떤 사람은 용은 용을 낳고, 봉황은 봉황을 낳으며, 쥐의 새끼는 구멍을 뚫을 수 있고, 교사의 아이는 독서를 할 줄 안다고 말합니다. 물론 확률로 보면 교사의 자녀들이 다른 사람들보다 독서를 많이 할 수 있겠죠. 하지만 그것이 정말 유전적인 이유에서 기인한 것일까요? 아니면, 후천적인 환경에서 부모의 영향을 받아서 된 것일까요? 어떤 시대이건 그 시대의 숭고한 정신은 모두 당시대의 거장이 쓴 저작에 응집되어 있습니다. 인류의 문명이 지속되기 위해서는 중요한 단계들을 그냥 뛰어넘어서는 안 됩니다. 뛰어넘게 되면 정신적 성장이 중간에 끊어질 수 있으니까요. 그렇기 때문에 체계적으로 독서를 해야 합니다.

저명한 교육가 수호믈린스키B. A. Сухомлинский는 독서가 없는 교육은 무용지물이며, 교사가 없는 학교는 있을 수 있지만, 책이 없는 학교는 있을 수 없다고 말했습니다. 약간의 무리가 있는 말이기는 하지만, 절대적인 진리라고 생각합니다. 지난 번 베이징에서 "책을 가까이 하자"라는 세미나 활동을 열고, 작가 덩요우메이鄧友梅 선생님을 초대했습니다. 그때 강연내용이 생각납니다. "나는 3, 4년 정도의 교육밖에 받지 않았지만, 그 3, 4년이 지금의 작가 인생을 만들었다. 하지만 내가 읽은 책의 양은 그 어떤 대학생보다 많았다. 그러므로 학교를 다닌 시간이 길다고 해서 공부의 내공이 그만큼 쌓였다고 할 수는 없는 것이다. 독서학습이야말로 성공의 비법이다." 즉 어떻게 독서를 하는가 이것이 바로 신교육실험의 가장 실질적이고 중요한 문제입니다. 새 교과과정 개혁 속에서도 가장 중요하게 생각하는 부분입니다.

"인생에는 끝이 있지만, 공부는 끝이 없다"라는 말이 있습니다. 그렇기 때문에 가장 좋은 것을 골라 아이들과 교사에게 주어야 하는 것입니다. 이것이야말로 과학적인 교육법입니다. 그동안 우리는 교사들과 아이들에게 좋은 것들을 추천해왔습니다. 하지만 진정한 의미에 맞는 학생과 교사의 필독서를 없었습니다. 도서관에서 구매하는 서적들만 봐도, 어떤 권위 있는 기구에서 연구와 토론을 거쳐 선별 추천하는 과정도 없습니다. 이는 옳지 않습니다. 그래서 저는 일반인으로써 어떠한 사리사욕도 없는 추천서 목록을 만들고 싶었습니다. 금년에 정식으로 내놓을 《신세기교육문고新世紀敎育文庫》에는 초등학생 100권, 중학생 100권, 교사 100권이 나와 있습니다. 우리가 운영하는 실험학교에서 먼저 실시할 것입니다. 물론 우리는 추천만 할 뿐이지, 어떤 책을 읽을 것인지 그 결정권은 읽는 사람에게 있습니다. 실험학교에서 독서 분위기를 잘 조성해서 아이들에게 진정한 독서를 할 수 있도록 하고 싶습니다.

초등학교에서는 2, 30권의 책은 반드시 읽어야 되는 것, 나머지는 각자 자신이 읽고 싶은 책을 읽을 수 있지만, 반드시 100권 이상이어야 합니다. 그리고 그중 한 권은 반드시 암기해야 합니다. 그 한 권이 바로 장중싱張中行 선생님이 선정하신 《중화경전명편송독본中華經典名篇誦讀

本》입니다. 우리는 중국 고대의 시, 산문, 명편 및 명인의 명언을 한 권의 책으로 만들어 모든 아이들이 암기할 수 있도록 하고 있습니다.

쑤저우 대학에 국문학 대가인 첸중롄錢仲聯 선생님이 계신데, 이분은 사서오경을 전부 외우십니다. 그리고 상대가 무슨 말을 하면 그 말을 절대 잊어버리지 않고 모두 기억하십니다. 그분이 지도하는 박사생들이 민국民國 몇 년의 어떤 잡지를 읽는지, 몇 페이지 몇 단락까지 읽었는지도 또렷하게 기억하시고 계십니다. 그런 대단한 기억력은 어떻게 가능한 것일까요? 바로 어렸을 때부터 기억력 훈련을 했기 때문입니다. 중국의 몽학蒙學, 계몽啓蒙 교육에서 좋은 부분들이 좋지 않은 부분들과 함께 버려졌습니다. 매우 안타깝죠. 우리가 반드시 계승하고 발전시켜야 합니다.

중학교에서도 100권의 책 읽기를 의무적으로 시행하는데, 중학생들은 《영문명평송독본英文名篇誦讀本》을 암기해야 합니다. 영문 중에서 좋은 속담, 명언, 연설, 산문, 시 등을 암송본으로 엮은 책입니다. 저는 기초교육단계에서 이 책 두 권을 암기할 수 있다면, 중서양의 문화적 기초를 매우 잘 닦을 수 있다고 생각합니다. 이러한 경전 서적들은 아이들의 일생에 매우 유용할 것입니다. 진정한 독서의 황금기간은 학교에 다닐 때이며, 대뇌에 오래도록 남아 평생 그 효과를 보는 것 역시 학교 다닐 때 한 독서입니다.

먼저 독서는 일종의 의식입니다. 한 교장은 저에게 이렇게 말했습니다. "저 역시 학생들이 독서를 했으면 합니다. 하지만 교과교육만으로도 시간이 빠듯해서 도저히 독서할 시간이 없습니다." 사실 시간은 만드는 것입니다. 학교의 수업시간도 단축하고 조정할 수 있습니다. 아니면, 독서수업을 새로 만들 수도 있습니다. 어떤 사람은 교사 일이 너무 많고 힘들어서 독서할 시간이 없다고 말합니다. 하지만 솔직히 말해서 교사들이 대부분 집에 가서 TV 시청만 하지 않습니까? '교육온라인'사이트에서도 한 교사가 정말 너무 바빠서 책 읽을 시간이 없다고 글을 올렸길래, "저보다 바쁘십니까?"라고 했습니다. 나중에 이 말이 네티즌 사이에서 명언으로 유행하기도 했습니다. 사실이 그렇습니다. 아침에 30분 정도 일찍 일어나면 독서할 수 있지 않나요? 매일 TV 시청시간을 30분 줄이고 그 시간에 독서할 수 있지 않습니까? 시간은 어떻게 쓰느냐가 중요한 것입니다. 스펀지 물처럼 뽑아서 쓸 수 있는 것이 바로 시간입니다.

또한 독서는 과학적인 조직이 중요합니다. 우리는 단순히 필독서 목록을 제시하는 것뿐만 아니라, 실험학교와 적극적으로 다양한 독서활동과 효과적인 독서방법을 연구하고 있습니다. 쿤산昆山의 바이루栢廬 초등학교는 《중화경전명편송독본》 암기를 실시하고 있는 "책 향기 나는 학교" 운동의 대표적인 모델입니다. 바이루 초등학교는 실험 과정에서 효과적인 독서활동을 다양하게 실시했습니다. 우장 진자베이 초등학교의 많은 아이들은 사계 시 암송을 하고 있습니다. 예를 들면, 상대방이 봄을 노래하는 시를 암송하면, 다음 차례가 겨울을 노래하는 시를 암송하는 것입니다. 이렇게 하면 자연스럽게 학습에 흥미가 높아집니다. 바이루학교 교장이 온라인을 통해 편지를 보냈는데, 현재 아이들의 독서 덕분에 학부모들까지 독서를 하게 됐다고 합니다. 왜냐하면 아이들이 집에서 대화하는 수준이 높아져서 걸핏하면 시를 암송하고 하니까, 학부모들이 거기에 부담을 느껴서 같이 시를 암송하기 시작했고, 매일 저녁 아이들끼리 시 암송 시합을 한다고 합니다. 이것이야말로 학습형 가정 아니겠습니까? 실험학교의 계획은 1학년에서 조금, 2학년 돼서 다시 조금씩 외워서 6년 동안 한 권을 다 외우는 것입니다. 그런데 그중에는 2, 3학년 때 《중화경전명편송독본》을 다 외우는 학생들도 적지 않습니다. 교사와 아이들은 독서 속에서 무한한 열정과 창조력을 기르게 되고 이를 통해 잠재적인 발전력을 발휘하고 있습니다.

9. 신교육실험에서 가장 눈에 띄는 부분이 바로 일기교육인데요, 일기교육 때문에 교사들과 학생들의 부담이 상당히 클 것이라고 생각됩니다. 특히 국어 교사는 수업도 해야 되고, 아이들의 일기도 고쳐줘야 하고, 게다가 교사도 일기를 써야 하니까 가장 부담스러울 것 같습니다. 선생님께서 교사와 학생들의 일기 쓰기를 강조하시는 이유는 무엇입니까?

이야기가 좀 깁니다. 일기는 제가 찾은 가장 좋은 교육방법입니다. 제 아이에게도 실험한 적이 있습니다. 저는 아이에게 1학년 때부터 일기를 쓰도록 했습니다. 아마도 그때 아이가 병음을 익힌 지 얼마 되지 않을 때였던 것 같습니다. 당시 아이는 병음을 배우기 전에 이미 쓸 줄 아는 글자가 몇 개 있었습니다. 처음에는 누런 콩 종류에 대해서 21편의 일기를 썼습니다. 그러다가 일기를 쓰면서 조금씩 관찰을 하기 시작했습니다. 그리고 학교 친구 50여 명에 대해 한 사람당 한 편의 일기를 썼고, 그 다음은 동물에 대해서, 식물에 대해서, 집 안의 물건에 대해서, 책을 읽은 후 독후감을 쓰게 됐습니다. 많이 쓰게 되면서 쓸 줄 알게 됐고, 그렇게 써 온 일기가 벌써 30권이 되었습니다. 제 아이는 정말 일기를 쓰면서 쓸 줄 알게 된 경우입니다. 그래서 '교육온라인'을 개설한 후 "주영신의 성공보험회사朱永新成功保險會社"를 만들었습니다. 성공하고 싶다면 저희 보험에 가입하십시오. 가입 조건은 단 하나, 매일 한 편의 일기를 쓰는 것입니다. 현재 우리 교사들이 매일 약 천 자의 일기를 한 편씩 쓴다면, 아니 글자 수에 상관없이 매일 한 편의 글을 쓴다면, 10년이면 3,650편이 되고, 총 300여만 자가 됩니다. 그렇게 된다면 성공 안 하려야 안할 수 없을 것입니다. 실험에 참여하고 있는 장쑤 옌청江蘇 鹽城의 장상양張向陽 선생은 평범한 농촌 초등학교 교사로, 전에는 어떤 글도 발표한 적이 없는데, 인터넷을 시작한 지 4개월 만에 지금까지 '교육온라인'에 무려 10만 자 이상의 글을 쓰고, 40여 편의 글을 발표했으며, 《인민교육人民敎育》 등 언론에도 글이 실렸습니다. 물론 일기를 쓰는 목적은 발표나, 발표만을 위해서가 아닙니다. 사실 우리 교사와 학생들이 일기를 쓸 때는 자신과 대화를 할 수 있습니다. 저는 자신과 대화를 하는 것이야말로 인류가 성장하는 데 있어 가장 중요한 방법이라고 생각합니다. 누구나 항상 외부 압력을 받거나 외부적인 요구에 의해서만 살 수는 없습니다. 사람은 자아성장의 방법을 찾아야 비로소 끊임없이 발전할 수 있는 원동력을 가질 수 있습니다. 매일 조금씩 일기를 써 내려가면, 매일 기뻤던 일, 슬펐던 일 등을 기록하고, 자신과 아이가 함께 즐거워하고 고민했던 일, 자신의 생활들을 기록하는 것이야말로 가장 좋은 과학적 교육의 원리입니다. 초중등학교 교사에 대해서 심오한 이론을 연구하라고 강조하지는 않습니다. 대부분의 교사들의 과학적 연구는 일기 형식으로 할 수 있습니다. 타오싱즈, 수호믈린스키 같은 대교육가들도 자유 형식의 글쓰기를 즐겨 했습니다.

어떤 사람은 일기가 안전하지 않다고 생각합니다. 물론 일기 때문에 불행한 일이 발생한 적도 있었죠. "문화혁명" 기간에는 일기를 비판의 대상으로 여겼지만, 그런 시대는 다시 오지 않는다고 확신합니다. 설령 '문화혁명' 때 힘든 일을 겪었다고 해도, 그런 일기들은 이미 중요한 역사자료가 되고 있습니다. 어떤 가정은 1930년대부터 80년대까지 가계부를 썼는데, 나중에 박물관에서 높은 가격에 매입했다고 합니다. 그런 것이 바로 귀중한 사회학 자료가 아니겠습니까!

학생들은 일기를 통해서 문장력을 기를 수 있을 뿐만 아니라, 필체가 더욱 아름다워질 것입니다. 그리고 가장 중요한 것은 일기를 통해 도덕적 함양을 기르고, 자신의 의지를 단련하고 자아 성찰의 방법을 배울 수 있다는 점입니다. 만일 모든 교사가 매일 매일 일기를 쓴다면, 앞으로 나올 대교육가들이 중국교육을 연구하는 데 있어 매우 좋은 자료가 될 것입니다.

고명하신 리전시李鎭西 선생은 특히 교육일기를 꾸준히 써 오신 분입니다. 그분은 생활이 매우 세심한 분입니다. 그렇게 많은 책을 쓰셨는데 그게 다 어디서 나왔다고 생각하십니까? 20여 년 동안 써 온 일기에서 나온 것입니다. 일기의 소재는 아픈 기억일 수도 있고 정확하게 기억이 나지 않을 수도 있습니다. 만일 우리가 시시때때로 우리의 사고와 느낌을 기록할 수 있다면, 인생에 있어서 가장 귀중한 재산이 될 것입니다.

저는 자유로운 글쓰기를 통해 교사도 아이들과 함께 성장할 수 있다고 생각합니다. 제가 교사와 학생의 공동 활동을 강조하는 이유는 바로 교사가 먼저 모범이 되어 자극을 줄 수 없다면, 아이들에게 독서를 지도할 수도 없고, 일기를 쓰도록 할 수도 없다고 생각하기 때문입니다. 독서와 글쓰기는 분위기가 필요하고, 어떠한 감흥이 필요합니다. 실험에 참가했던 많은 학생들이 교사들에게 이렇게 물어왔습니다. "선생님께서는 일기를 쓰라고 하시는데, 그럼 선생님도 쓰시나요?" 그렇기 때문에 우리가 운영하는 실험학교에서는 학생들에게 일기 쓰기를 지도하는 수업을 별도로 개설했습니다. 학생들은 공책에 일기를 쓰고, 교사들은 컴퓨터에 일기를 씁니다. 일기 쓰기는 상호적으로 영향을 미치고, 함께 성장할 수 있는 방법입니다. 우리는 온라인을 통해 이미 젊은 일기 고수들을 양성했습니다. 많은 교사들이 인터넷에 자신의 전문 칼럼을 연재하면서, 자기 일기와 함께 학생들의 일기를 올리고 있습니다. 분명 저는 정말 꽃이 피는 소리와 그 과정을 생생하게 듣고 보았습니다. 많은 교사와 학생들이 일기를 쓰는 과정에서 성장하였고, 그 속도는 매우 빨랐습니다. "우리가 일기를 쓰면 성공할 수 있는 가능성이 어느 정도 되나요?" 라고 물어오는 사람이 있는데, 사실 그것은 얼마만큼의 노력과 정성을 기울이냐에 달려 있다고 봅니다. 20%의 노력만 했다면, 성공 가능성이 20%밖에 되지 않을 것입니다. 하지만 일단 제대로 하기만 한다면 정말 성공할 수 있습니다. 쓰고 안 쓰고는 천지차이입니다.

현재 학교들은 모두 과학적 연구를 중시합니다. 각 학교마다 과학연구를 실시하고, 개개인마다 과제가 있습니다. 하지만 교사들에게 성장할 수 있는 과학적 연구 방법에 시간과 정성을 투자할 시간이 매우 부족합니다. 하지만 지속적으로 꾸준히 교육 일기를 쓴다면, 한 두 달 만에 변화를 느낄 수 있을 것입니다. 어떤 실험학교에서는 일기실험을 실시한 후, 교장이 아주 짧은 시간이었음에도 교사들의 정신이 전과 달라졌다는 것을 느꼈다고 합니다. 교사가 더욱 적극적으로 진심을 가지고 교육에 임하게 되었다는 것입니다.

전에 장인江陰의 한 학교에서 신교육실험을 실시하기 전에 강연을 한 적이 있습니다. 그때 일기 쓰기를 강조했는데, 반년 후 아이들의 일기 공책이 2권이 됐습니다. 저는 《그들에게 희망을放飛希望》라는 책 이름을 지어주었습니다. 그 학교의 교사가 제게 말했습니다. "예전에는 아이들이 일기 쓰는 것을 굉장히 싫어했는데, 지금은 싫어하지 않습니다. 전에는 치약을 짜는 것 같이 쥐어짜낸 소재라는 느낌이 들었는데, 지금은 마음속에서 우러나오는 대상에 대해 일기를 씁니다." 저는 마음 저 깊은 곳에서 우러나오는 것이야말로 바로 문자의 정신이고, 풍부한 감성이며, 사고의 불꽃이라고 생각합니다. 학생도, 교사도 마찬가지입니다. 일기교육은 바로 그렇게 신기한 매력을 가지고 있습니다. 우리는 신교육실험을 통해 더 많은 학생과 교사들이 그 신기한 매력을 느끼고 체험해야 하도록 할 것입니다.

오랫동안 우리 교사와 아이들은 사실상 상대적으로 폐쇄적인 학교에서 생활했습니다. 특히 학생들은 사회 전체가 아닌, 누군가에 의해 선별된 사회의 단면만을 보고 자랐습니다. 공부를 잘해야 시험에서 좋은 점수를 얻어 좋은 대학에 진학하고 좋은 직장에 취직할 수 있다는 선생님과 부모님의 말만 들으면서 자란 아이들은 사회로 나가면 밥그릇을 놓고 경쟁하게 될 것입니다. 하지만 밥그릇도 한정되어 있기 때문에 결국은 다시 교육문제로 돌아오고 있습니다. 2003년 '양회' 기간에도 취업문제가 이슈화되었습니다. 제가 생각하기에 취업의 개념이 모호한 것 같습니다. 만일 졸업생 중 50%가 창업을 한다면, 밥그릇을 놓고 경쟁하는 것이 아닌, 스스로 밥그릇을 만들게 되겠죠. 그렇게 되면, 다른 50%의 학생들에게, 혹은 10, 20%의 학생들에게 취업의 기회를 제공할 것이고, 취업 압력은 자연히 감소하게 될 것입니다. 빌 게이츠는 대학교 1학년 때 무수한 일자리를 창출하는 창업자가 되었습니다.

왜 중국에는 그런 창업자가 부족한 것일까요? 그 이유는 교육에 있습니다. 우리는 초등학교 때부터 아이들에게 어떻게 시험을 보는지, 어떻게 취업을 할 수 있는지는 가르치고, 진정한 의미의 창업 교육을 실시하지 않습니다. 그렇다면 창업의 동기와 열정은 어디서 비롯될 수 있을까요? 대부분은 외부의 자극에 반응하게 된 결과입니다. 사실 대부분의 선생님들은 창업을 해 본 적이 없기 때문에 아이들에게 창업에 대해 가르치기에 어려움이 있습니다. 그래서 저는 아이들에게 외부의 소리를 들려주기 위해서 사회의 유명 인사와 기업가의 초청강연을 적극 제안하고 있습니다. 그런 강연 활동을 통해 학생들은 자연스럽게 사회와 접촉하게 되고, 다양한 성공 사례들을 배울 수 있습니다.

우리 역시 아이들이 학교를 다니는 동안 100회 이상의 강연회에 참석할 수 있도록 하자는 대략적인 목표를 가지고 있습니다. 전에 실험학교 중 하나인 쿤샨 위펑玉峰 학교 교장에게 이런 제안을 한 적이 있습니다. "쿤샨에는 해외기업이 많으니, 최고 경영자를 초청해 봅시다. 그게 어려우면, 생산 관리자나 부서 관리자라면 가능하지 않겠습니까? 그들을 모시고 창업 이야기를 들어 봅시다." 아무리 큰 대기업도 작은 것에서부터 시작합니다. 회사 경영자를 초청하여 창업하기까지의 과정과 대기업으로 성장하기까지의 역사, 그리고 인생사 등을 듣는다는 것은 정말 매우 소중한 기회입니다. 그런 이야기는 담임선생님이 말로 가르칠 수 없는 살아 숨 쉬는 생생한 이야기입니다. 기업가를 초청한 다음에는 예술가를 초청하여 예술 이야기를 들어 보는 것도 좋습니다. 아이들은 아마도 교실에서보다 더 큰 흥미를 보일 것입니다. 그렇게 많은 강연을 듣다 보면 그중에 아이들의 마음을 두드리는 이야기가 나오기 마련입니다. 더 나아가 아이들의 운명을 바꿔놓기도 하지요. 사람은 인생 여정에 있어서 노정표가 필요합니다. 아무런 방향 제시도 없는 세계에서 살 수는 없습니다. 책만으로, 학교교육만으로 부족한 부분은 학교 밖의 것을 통해 아이들이 더 많은 사고를 하고 그것을 귀감으로 삼고 스스로 선택할 수 있도록 해야 합니다.

사회 인사를 초청하는 문제를 걱정하는 사람도 있지만, 초청하고 싶은 마음만 있다면 초청 못할 인사도 없습니다. 전에 쑤저우 교장에게 말한 적이 있습니다. "쑤저우에는 세계 500대 기업이 모두 모여 있으니 그분들을 초청해 보십시오." "초청 못할 것도 없지요! 해 보겠습니다." 교장이 즉각 이렇게 말했습니다. 다음 날 학교 측에서 기업에 연락을 취해 강연을 부탁하니, 모두들 흔쾌히 강연 초청을 수락했습니다. 게다가 "우리 같은 대기업이 빈손으로 갈 수야 없지요. 컴퓨터 20대를 기증하고 싶은데 적지는 않으십니까?"라며 강연에 온 기업도 있었습니다.

쑤저우는 처음부터 2개 국어 교육 실험을 실시했습니다. 당시 영어 교사가 적은 편이었는데, 제가 쑤저우에는 외국 기업이 많으니까 그곳 부인회와 연결해서 그분들을 선생님으로 모시자고 제안했습니다. 그 결과 부인회 회원들이 흔쾌히 영어 수업을 진행해 주셨고, 심지어 자비로 교과서와 초콜릿을 구입해서 학생들에게 나눠 주시기도 했습니다. 제가 감사의 말씀을 전하자, 오히려 중국을 더 잘 이해하고 중국 아이들을 알게 되었으며, 자신이 사회를 위해 무언가를 할 수 있어서 기쁘다고 학교 측에 전해주셨습니다. 초청하고 싶은 사회 명사가 있다면 주저하지 마십시오. 일단 초청 요청이 들어오면, 그분들도 교육과 아이들을 위해 거절하기 어려울 것입니다. "우리는 농촌에 있는 학교인데, 세계 500대 기업이 있을 리가 없다."고 하실 수도 있습니다. 그런 학교를 위해 우리들은 별도로 강연 기록 자료를 만들고 있습니다.

학생들이 강연을 들을 때 교사들도 참석해야 합니다. 물론 학교는 교사들이 전문가와 학자, 명사의 강연을 들을 수 있는 환경을 만들어야 합니다. 교사들이 시야를 넓히고 더 많은 열정을 느낄 수 있도록 방향 제시를 해야 합니다. 학교의 문을 활짝 열어 교사와 학생들이 더 많은 경험을 할 수 있도록 해야 학교도 발전할 수 있습니다.

11. 평생 한 번도 해외에 나가본 적이 없는 사람들도 많습니다. 특히 농촌에서 외국어 교육을 접하기란 하늘의 별따기처럼 어렵습니다. 능력 있는 교사가 턱없이 부족하다는 것이 가장 큰 문제입니다. 선생님의 신교육실험은 왜 2개 국어 교육을 강조하십니까?

2개 국어 교육실험이 아닌 2개 국어 숙달을 강조하는 이유가 무엇일까요? 사실 이는 우리의 2개 국어 교육 목표관을 보여주고 있습니다.

우리의 목표는 바로 조건이 갖추어진 실험학교에서 교사들이 최대한 정확한 모국어로 아이들을 가르치고, 아이들이 제대로 된 모국어를 배운 상태에서 영어 회화능력을 길러주는 것입니다. 모국어는 가장 기본 중의 기본입니다. 하지만 세계화 속에서 영어가 이미 세계 공통어가 되었기 때문에 장래 발전을 위해 필수언어로 중시되고 있습니다.

언어 능력이란 단순히 단어나 어법을 공부하고, 기계적으로 시험을 쳐서 기를 수 있는 것이 아닙니다. 이보다 중요한 것이 바로 실질적인 회화능력을 기르는 것입니다. 가장 기본적으로 대화를 할 수 있어야 하고, 사람들과 교류하는 데 지장이 없어야 합니다.

말하는 능력은 인생에서 가장 유용한 능력입니다. 자신의 재능을 보여줄 수 있고, 다른 사람을 정복할 수도 있으며, 다른 사람의 관심을 끌어낼 수 있는 매우 중요한 능력입니다.

먼저 제대로 된 중국어를 할 수 있어야 합니다. 하지만 오늘날의 아이들은 모국어 실력조차 매우 부족합니다. 이는 국어교육의 큰 실패입니다. 아이들의 언어 능력을 중요하게 생각하지 않아서 실어증이 생기는 경우도 있습니다. 아이들은 학교 교실에서 주체적인 발언권 없이 선생님의 지시만 따르고, 집에 가서는 부모님들과 거의 대화를 나누지 않습니다. 이런 상태가 지속되면 자신의 생각조차 제대로 표현하기 어려워지고, 어떤 현상에 대해서 묘사하는 능력이나 집중하는 능력이 매우 떨어집니다. 심할 경우 말없는 벙어리 신세가 될 수도 있습니다. 이 문제는 아이들뿐만 아니라 성인에게도 나타나고 있습니다.

최근 대만의 한 교장 대표단과 쑤저우 교장이 교류하는 자리가 있었는데, 저도 그 자리에 참석하게 되었습니다. 대만 교장들은 모두 중년의 나이였지만, 우리는 과감히 젊은 인재를 교장으로 채용했기 때문에 나이 차이가 좀 있었습니다. 나이로 봤을 때 우리의 젊은 교장들이 좀 더 우세해 보였지만, 대화를 나누다 보니 젊은 교장들의 언어 능력이 문제되었습니다. 대만 교장들은 말이 술술 나오고 표현이 능숙한 데 반해, 우리의 젊은 교장들은 말도 잘 안 나오고 표현도 매우 서툴러서 좋은 이념과 방법을 알고 있으면서도 제대로 설명하지 못했습니다. 젊은 교장들에게 국어 수업으로 보충 수업을 해야겠다고 바로 제안했습니다. 필요하다면 아이들뿐만 아니라 성인들도 공부해야 합니다. 지금부터 시작해도 늦지 않았습니다.

실험학교에서는 수업 시간에 선생님의 강의가 1/2을 넘지 않도록 규정하고 있습니다. 신 교과과정 개혁에서는 아이들에게 수업시간을 돌려주는 것이 중요하기 때문입니다. 다시 말해 아이들이 수업시간에 자유롭게 토론하고 발언할 수 있는 기회를 주는 것입니다. 학교는 교실에서의 발언 기회 외에도, 교실 밖에서도 말할 수 있는 기회를 만들어 줘야 합니다. 예를 들면, 학생 포럼을 열거나, 발표회, 토론회 같은 활동을 주최해서 아이들이 말할 수 있는 기회를 열어줘야 합니다. 여기서 그치는 것이 아니라, 일단 기회를 만들었으면 아이들이 자신감을 갖고 제대로 말할 수 있도록 지도해야 합니다. 지금의 아이들은 목소리도 너무 작고 여립니다. 그런 점은 반드시 고쳐줘야 합니다. 목소리에 힘이 들어가야 합니다. 목소리 크기는 자신감과 직접적인 관계가 있습니다. 일본의 한 회사는 채용 면접 때 누구의 목소리가 크고 누가 말을 잘하는지를 유심히 본다고 합니다. 50m 떨어져 앉은 자리에서 목소리가 들리면 합격이고 들리지 않으면 불합격입니다. 전에 이 얘기를 경영심리학 교과서에 쓴 적이 있습니다. 현재 중국에 있는 해외기업들도 채용을 할 때 발표능력을 우선시한다고 합니다.

물론 마찬가지로 상대방의 말을 듣는 자세도 중요합니다. 그렇기 때문에 듣고 말하고 읽고 쓰기라고 하는 것입니다. 왜 말하고 읽고 쓰고 듣기라고 하지 않는 것일까요? 하느님이 우리에게 두 개의 귀와 하나의 입을 주신 까닭은 다른 사람의 이야기를 더 많이 듣고 귀 기울이라는 이유에서입니다. 듣는 능력을 길러야 표현 능력을 기를 수 있고, 들은 다음에 그에 대해서 반응할 수 있습니다. 중국어도 그렇고, 영어도 마찬가지입니다.

영어교육에 관해서 저는 시스템적인 어법 교육을 강조하지 않습니다. 생활 속 영어를 통해 아이들이 회화능력을 길러서 교류할 수 있는 것이 중요합니다. 예전에 일본과 미국에서 체류한 적이 있습니다. 당시 그 나라 언어를 전혀 몰랐을 때였는데, 단어 한두 개 던졌을 뿐인데도 외국인 친구가 바로 알아듣는 것이었습니다. 언어는 대화를 위한 것이기 때문에, 저와 외국인 친구는 자주 단어로 대화를 해도 별 문제가 없었습니다. 그러면서 단어가 모여서 점차 문장이 되고 그러다 보니 자연스럽게 언어를 익히게 됐습니다. 초등학교와 중학교 때 교육은 기초를 다지기 위한 것이므로, 좋은 책을 암기할 것을 권하고 있습니다. 이는 아이들이 어느 정도의 기초를 다진 후에 그것을 응용하여 자신의 생각을 표현하고 원하는 것을 제대로 전달할 수 있도록 하기 위해서입니다.

중요한 것은 응용하고 표현하는 것입니다. 이것이 우리가 실시하는 2개 국어 교육 지도관입니다. 그러한 실험 교육을 통해 학생들과 교사들이 표현 기술과 도구를 익혀서 교류를 넓히고 대화의 장을 열어 더 크게 발전할 수 있기를 기대합니다.

12. 신교육실험이 각 실험학교에서 활발히 이루어지고 있습니다. 실험학교 선생님들이 적극적으로 참여할 수만 있으면 결과도 매우 만족스러운 걸로 알고 있습니다. 그중에서도 학생들의 일기쓰기와 교사들의 교육일기에 대한 성과가 매우 눈에 띕니다. 최근에는 신교육실험에 디지털 커뮤니티를 조성할 것이라는 얘기가 들리는데요, 신교육실험에 어떤 의미가 있나요?

교육발전 흐름에 있어서 정보화는 일종의 형식일 뿐만 아니라, 교육의 상황, 나아가 교육의 본질에까지 영향을 미치고 있습니다. 2003년 "양회" 기간에 국가적으로 교육정보플랫폼을 만들고 PC방을 정보화 커뮤니티화 하자는 제안서를 제출했습니다. 구체적으로 정부에서 정보 플랫폼을 만들어 가장 뛰어난 전문가를 초빙하여 교육정보 소프트웨어를 개발하고, 모든 학교와 PC방, 가정에 무료로 보급하는 내용을 담고 있습니다. 지금은 학교에 인트라넷을 설치하기는 쉽지만, 학교 재정으로는 소프트웨어를 구비하기 매우 부족합니다.

사실 학교마다 모두 소프트웨어를 구입하거나, 교사 각자가 소프트웨어를 만들 필요가 없습니다. 교사가 소프트웨어 개발에 많은 시간을 사용하는 것은 본말이 전도된 격입니다. 교사는 학생과 교류하고 대화하는 데 집중해야 합니다. 교재를 연구하거나 교육이론을 습득하는 데 있어서 교사는 필요한 정보기술만 익히면 됩니다. 지역적, 학과적인 성격의 정보자료는 교육부가 전문가 팀을 조직하여 개발하고 모두가 공유하도록 보급해야 합니다.

디지털 커뮤니티를 세운 후에는 교사와 학생들의 정보의식과 정보능력을 기르는 데 힘써야 합니다. 현재 우리는 정보화 사회에 살고 있고, 지식이 폭발적으로 증가하는 시대에 살고 있으므로, 정보능력이 부족하면 사회의 변화에 제대로 적응할 수 없게 되어 발전은 고사하고 심각한 생존 위기에 놓일 수 있다는 것을 학생들과 교사들이 정확히 인식하고 있어야 합니다. 정보능력에는 많은 요소가 포함되지만, 주로 두 가지 방면으로 나누어 볼 수 있습니다.

첫째, 필요한 정보를 빨리 확보해서 충분히 이용할 수 있는 능력입니다. 사실 빠른 습득 능력은 쉽게 배울 수 있습니다. 저는 오늘 아침에도 7시에 일어나 신교육과 구교육의 차이를 알고 싶어서 인터넷 구글 사이트에서 검색어를 입력하자마자 필요한 자료를 바로 찾을 수 있었습니다. 더 자세히 알고 싶으면 타오싱즈 선생님의 신 교육관을 별도로 찾아보면 됩니다. 정말 예전보다 얼마나 빠르고 쉽게 찾을 수 있는지 놀라울 정도입니다. 인터넷에는 이처럼 이용할 수 있는 자료가 무궁무진합니다. 여기서 중요한 것이 바로 학생들이 선택적으로 잘 이용하도록 지도해야 한다는 점입니다. 예를 들어, 학생들에게 교량橋梁에 관한 글짓기 과제를 내 주고, 30분 만에 자료를 찾아 글을 쓸 수 있도록 훈련을 시키는 것입니다. 이렇게 훈련하다 보면, 정보를 찾아서 편집하고 조합하는 능력을 갖추게 될 것입니다. 정보는 우리가 어떤 사물을 더 잘 알도록 도와주는 역할을 합니다. 하지만 중요한 것은 필요한 정보를 제대로 이용할 줄 아는 능력이지요.

둘째, 인터넷을 통해 교류하는 능력입니다. 아이들에게 인터넷을 통한 교류능력을 길러줄 수 있는 가장 좋은 방법이 무엇이라고 생각하십니까? 바로 개인 홈페이지를 개설하는 것입니다. 학생들의 인터넷 사용능력은 웬만한 성인보다 월등합니다. 때문에 학생들이 어려워서 배우지 못할 것이라는 걱정은 하지 마십시오. 하지만 학생들이 제대로 사용할 수 있도록 지도하는 것이 필요합니다. 실험학교에서는 학생들 중 상당수가 개인 홈페이지를 개설하고 운영하고 있습니다. 그 아이들은 홈페이지를 통해 자신을 홍보하고 표현하는 법을 배우며, 끊임없이 투자하고 발전하고 있습니다. 이 과정에서 컴퓨터 활용능력과 기타 방면의 종합적인 능력이 길러집니다.

전에 쑤저우 대학에서 교무처장직에 있을 때, 교사와 학생들을 데리고 한 학기 동안 컴퓨터 활용을 배운 적이 있습니다. 교사들의 활용 능력은 대체적으로 괜찮은 편이었으나, 일부는 이론만 알고 실제 활용능력이 떨어지는 경우도 있었습니다. 하지만 배움의 근본적인 목적은 활용에 있습니다. 때문에 정보기술을 응용할 수 있는 능력을 길러야 합니다. 학생들이 흥미가 있다면, 학교에서 나서서 소그룹을 조직하여 시스템적인 이론학습과 깊이 있는 연구를 실시해야 합니다. 모든 학습은 실질적인 활용에 중점을 두고, 교사와 학생의 수요를 목표로 해야 합니다. 이것이 바로 디지털 커뮤니티가 추구하는 지향점입니다.

13. 특색 교육 열풍이 시작된 지도 시간이 꽤 지나서 학교들마다 특색 있는 교육 프로그램을 만들고 있습니다. 예를 들어, "선학후교先學後敎"를 내세운 양쓰洋思 중학교나, 글짓기 교육을 강조하는 학교가 있습니다. 신교육실험학교에서 특색 있는 교육 프로그램을 강조하는 이유가 무엇입니까?

우리는 각 실험학교마다 자신의 개성을 살리고 교육 브랜드를 키워나갈 수 있길 바랍니다. 예를 들어, 우리의 진자베이나 통리얼샤오同裏二小의 경우, 학교 브랜드로 글자교육을 강조하고 있습니다. 두 학교 교사와 학생들 모두 필체가 매우 아름답습니다. 저는 그 학교 선생님들께 이렇게 말씀드렸습니다. "글씨체를 잘 쓰고 못 쓰는 것은 결코 작은 일이 아닙니다. 좋은 필체를 가지고 있다는 것은 인생의 큰 재산과도 같습니다!"

우리들 부모님은 우리에게 얼굴을 주셨습니다. 하지만 모든 사람들에게는 두 번째 얼굴이 있는데, 그것이 바로 글씨입니다. 아름다운 필체는 인생을 통째로 바꿔놓을 수도 있습니다. 실제로 좋은 필체를 갖고 있던 사람이 좋은 직업을 갖게 되어 자신이 꿈꾸던 일을 하게 된 경우도 있습니다. 한자 자체가 바로 중화문명을 대표하는 부호인데, 우리가 쓰는 글자가 예쁘지 않으면, 그것은 바로 우리들 문화의 이미지에 손상이 가는 일입니다. 특히 지금과 같은 현대화 시대에는 컴퓨터를 사용하기 때문에 손글씨에 대한 중요도가 떨어지고 그만큼 예쁜 글씨를 쓰는 사람들이 많이 줄어들고 있습니다. 하지만 최근 들어 필체가 하나의 장점으로 부각되고 있습니다.

사회의 희소한 물건이야말로 가장 가치 있게 여겨지지, 기계 생산이나 대량 제작, 개성 없는 상품들은 가치가 없습니다. 손글씨가 그 예 중에 하나입니다. 물론 사람마다 각자 가지고 있는 장점이 다르고, 학교마다 각기 다른 특징을 가지고 있습니다. 특색이 바로 개성이고, 특기이며, 다른 무엇보다 뛰어난 점입니다.

학교가 특색을 갖추려면 전제 조건이 필요합니다. 교사들이 개성을 가져야 하고, 학생들도 특기를 만들어야 합니다. 저는 언젠가 우리 실험학교의 모든 아이들이 공놀이도 잘하고, 글씨도 잘 쓰고, 춤도 잘 출수 있길 기대하고 있습니다. 백화제방처럼 각자의 개성이 묻어나길 바랍니다. 입시 주의 교육에서는 1등이 한 명이지만, 실험학교처럼 특색 있는 학교에서는 모든 아이들이 1등이 될 수 있습니다. 하느님이 인간을 세상에 보내셨을 때 영웅이 될 수 있는 가능성을 주셨는데, 모든 사람에게 성공의 비밀번호를 설정해 놓았다고 합니다. 그 비밀번호를 찾는 것이 바로 성공의 열쇠입니다. 그것을 찾기 위해 노력하고 마침내 비밀번호를 찾아 누르는 순간 우리는 성공을 거두는 것입니다. 저는 늘 말합니다. "역사는 얼마나 힘들었는지를 기억해 주지 않는다. 다만 그 공로를 기억할 뿐이다." 때문에 우리 실험학교에서는 자신의 브랜드를 찾고 쌓아나가고 창조함으로써 자신의 교육 문화를 세우고, 학교의 특별한 전통을 이어나갈 수 있도록 힘쓰고 있습니다. 우리의 모든 교사와 학생들 모두 자신만의 특기와 자신이 발전할 수 있는 방향을 위해 노력하고 있습니다.

14. 신교육실험에 대한 열기가 매우 뜨겁습니다. 리전시李鎭西 선생님과 개설한 '교육온라인' 사이트에 대한 인기가 특히 대단합니다. 신교육실험에 참여하는 일에 어떤 기준이나 제한이 있습니까? 저희들도 참여할 수 있나요?

이 실험은 다른 실험과 다릅니다. 개방적인 연구, 성장하는 연구, 움직이는 연구가 가장 중요한 특징이지요.

먼저, 실험 사고와 실험 이념을 개방에 두고 있습니다. 끊임없이 개선을 추구하는 과정에서는 모두에게 어떠한 제약도 가하지 않습니다. 둘째, 성장하는 연구입니다. 실험 첫날부터 우리 학교의 교사와 학생들은 매일 성장하고 있습니다. 실험 자체가 바로 성장입니다. 학생도 성장하고, 교사도 성장하고, 나아가 학교도 함께 성장합니다. 셋째, 행동하는 실험입니다. 우리의 사회와 학교, 학부모, 학생, 교사들이 이

실험에 참여한다는 것은 실질적으로 행동하기 시작했다는 것을 의미합니다.

많은 교사들이 제게 참여할 수 있는지에 대해 물어봅니다. 물론 가능합니다. 하지만 말뿐인 참여는 원치 않습니다. 실질적으로 행동해야 합니다. 그래서 요구사항이 있습니다. 먼저 교장이 전체 교사토론회를 열어 토론을 통해 가입 여부를 결정합니다. 교장 한 사람의 생각으로는 부족합니다. 전체 교사가 참여하지 않는다면 실험은 성공할 수 없습니다. 우리가 실시하는 실험은 "밥 먹고 노는 과학 연구"가 아닙니다. 현재 많은 교육과학에 대한 연구는 모두 "밥 먹고 노는 연구"에 지나지 않습니다. 다들 보고서 발표 교를 열고 전문가를 모서 한 차례 토론을 한 다음 식사 한 번 하고 OK 사인을 내립니다. 그럼 프로젝트 신청은 누가 작성할까요? 일반적으로 교육과학실 주임이 작성하고, 과제 책임자는 보통 교장입니다. 그 뒤로 2, 3년 정도 지나면 프로젝트가 끝납니다. 이런 식으로 프로젝트를 시작하고 끝나는 게 사실 잘 이해가 되지 않습니다. 일단 프로젝트를 실시하면 시작 단계에 이미 모든 비용을 써버리지 않습니까. 생각해 보십시오. 그렇게 많은 전문가를 초빙할 때 사용되는 교통비, 숙소비, 교비를 연구비용에서 내는데, 사실 연구비용 자체가 결코 많지 않습니다. 그러면 앞으로 프로젝트는 무슨 돈으로 실시하겠습니까.

예전에 일본에서 일본과학협회의 큰 프로젝트를 맡은 적이 있습니다. 당시 책정된 프로젝트 비용이 200만이였는데, 프로젝트 시작을 알리는 행사조차 열지 않았습니다. 이미 프로젝트 기획서가 나와 있고,

이제 계획대로 실시하다가 문제가 생기면 전문가에게 조언을 구하면 되지 않습니까. 사실 프로젝트가 통과된 것만으로 더 이상의 논쟁은 필요 없습니다. 더 보완하고 싶으면 그때 자문을 구하면 되는 것이지, 그런 형식적인 행사가 왜 필요합니까. 그 후 2, 3년이 지나면, 교과실 주임이 그동안 있었던 일에 대해 최종 보고서를 작성하고, 전문가와 함께 식사 한 번 하면 바로 통과입니다.

세계적으로 중국만큼 교육과학연구 프로젝트가 많은 나라가 없습니다. 또 중국만큼 실험 성공률이 높은 나라도 없습니다. 중국은 성공 못한 프로젝트가 존재하지 않습니다. 이러한 과학 연구는 교과실 주임 개인이나 소수의 사람들이 모여서 실시한 과학연구이지, 근본적으로 모든 교사들이 참여한 연구가 아닙니다. 우리는 그러한 연구는 사절입니다. 모든 교사와 학생이 함께 참여하기를 바랍니다. 또한 우리는 실험반과 대조반을 만들지 않습니다. 누가 봐도 유용한 것인데 무엇 때문에 실험반과 대조반을 따로 만들겠습니까. 우리의 모든 학교들은 실험에 참여할 수 있고, 비교 실시 가능한 실시방안을 제시할 수 있습니다. 교사들 사이에서 통과되면 신청하고 참여할 수 있으며, 실험학교의 가맹학교가 될 수 있습니다. 실험 시작 후 상당 기간이 지났을 때, 어느 정도 성과가 나타났다고 생각되면, 정식 회원을 신청하여 신교육실험학교가 될 수 있습니다.

우리는 어떤 학교에서도 소위 실험비 명목으로 어떠한 돈도 받지 않지만 실험을 위한 지도교육을 실시하고 있습니다. 정식 간판을 걸었다고 만사가 형통한 것은 아닙니다. 지속적으로 긴밀한 교류가 있어야 합

니다. 만일 잘못된 점이 발견되면, 정식 간판을 내려야 합니다. 그 후
관련 언론을 통해 정식으로 신교육실험학교가 더 이상 아님을 발표합
니다. 때문에 우리는 상호 약속하는 체제를 실시합니다. 일부 교사들은
개인적으로 신교육실험에 참여 신청을 하기도 합니다. 예를 들어, 독서
후 자유롭게 글쓰기와 같은 실험이 있는데, 물론 참여할 수 있고, 마찬
가지로 정식으로 개인 참여 신청을 받고 있습니다. 개인은 실험교와 같
은 권리의 의무를 지니고 있습니다. 신교육실험의 문은 중국교육의 발
전을 바라는 모든 학교와 개인에게 늘 활짝 열려 있습니다. 우리가 함
께 어깨를 모아 힘을 합한다면, 신교육의 꿈이 이루어질 것이라고 믿습
니다.

**15. 선생님은 사제 간의 독서를 매우 강조하시는데, 사실 우리 중
고등학교 도서관은 교육적인 기능을 제대로 발휘하지 못하고
있습니다. 도서관은 교사와 학생의 발전에 어떻게 정신적인
양분을 줄 수 있을까요?**

먼저 책을 사랑하고 이해할 줄 아는 사람에게 책을 권하고 관리하도
록 해야 합니다. 현재 국가에서는 중고등학교 도서관에 대해 장서의 규
모 관리 정도만 하고, 나머지 부대적인 구조나 장서 내용에 대해서는
어떠한 관리도 하지 않고 있습니다. 그리고 도서 시장도 판매 위주일

뿐, 좋은 양서를 공급할 수 있는 시스템이 부족합니다.

우리는 아이들에게 인류문화의 정수를 가르쳐야 하고, 가장 유익한 책을 가장 쉽게 볼 수 있는 환경을 마련해줘야 합니다. 때문에 양서를 추천할 수 있는 권위 있는 전문가로 구성된 민간기구가 필요합니다. 그리고 좋은 책을 선정하고 출판하는 데 진심으로 노력해야 합니다. 나아가 이 기구를 통해 정기적으로 교사와 학생에게 가치 있는 도서를 추천하고, 교사와 아이들의 수요를 만족시키고 정신적인 양분을 공급해야 합니다.

중국의 많은 중고등학교 도서관을 관리하는 사람들은 전문적인 교육을 받은 사람들이 아닙니다. 일부 학교에서는 심지어 교육에 부적합한 교사가 도서관 관리를 하고 있는 경우도 있습니다. 일부 경제가 덜 발전한 지역의 학교의 경우 전문 관리인조차 없는 곳도 있습니다. 해외 대학의 도서관 관장은 모두 덕망이 높은 학자이거나, 공공도서관 같은 경우 사회적으로 명망 있는 사람이 관리를 하고 있습니다.

저는 중고등학교 도서관을 관리하는 사람은 학문을 갖춘 사람이어야 한다고 생각합니다. 책을 이해하고 사랑할 줄 아는 사람이어야 책에 감정을 가질 수 있기 때문입니다. 장지아강張家港 고급 중학교 등 몇몇 학교 도서관은 매우 잘 운영되고 있습니다. 대부분 교장이 먼저 책에 대해 잘 알고 있기 때문에 도서관 관리자도 책을 사랑하고 이용할 줄 아는 사람을 뽑습니다.

책을 이용하는 방법에 있어서, 먼저 제때 제시간에 맞게 아이들에게 도서관을 개방해야 합니다. 초중등학교에서 한 교실을 도서관이나 열람실로 사용하는 것도 좋은 방법이지만, 개방된 공간에서 충분한 양서를 학생에게 공급하여 언제든지 독서할 수 있도록 한다면 절차상의 번거로움을 없애고 시간상의 제약을 피할 수 있습니다. 이것이야말로 학교 도서관의 이상적인 모습입니다.

일부에서는 그렇게 하면 관리하기도 힘들고 책을 잃어버릴 수도 있다고 하지만, 사실 별 문제가 안 됩니다. 우리가 아이들을 믿으면 되기 때문입니다. 한발 양보해서, 비록 정말 책을 집으로 가져가는 아이가 있다고 해도, 그건 아이가 그만큼 그 책을 좋아한다는 뜻인데, 사실 아이가 책을 좋아하는 건 좋은 일이지 않습니까? 또한 도서관은 어떠한 주제를 갖고 독서를 할 수 있는 곳이기도 합니다. 그래서 단순히 도서관에 책을 소장해 두는 것이 아니라, 각 학과의 교사가 주제를 선정하고 조직해서 도서관의 서적을 실질적으로 활용하고 효과를 낼 수 있도록 해야 합니다.

우리의 학교도서관에 학교 교사와 학생을 위한 공간을 만드는 건 어떨까요? 교사와 학생이 독후감이나 일기를 쓰고, 그러한 소중한 작품들을 학교에 전시공간을 만들어 전시하고 보관하여 훌륭한 성과를 남기는 것입니다. 해마다 쌓이고 쌓이게 되면 도서관의 새로운 명물이 되고 매력적인 정신적 자원이 될 수 있을 것입니다.

독서와 활동, 창작 등은 체험을 통해 생각하고 혁신하는 과정을 거쳐 완전한 정신적인 활동이 되며, 비로소 인류문명의 교육가, 조언가, 발명가 역할을 발휘하며, 인류의 전방위적 작용을 발전시키는 활동입니다. 그리고 그때 학교도서관도 자기 사명을 완성할 수 있습니다.

16. 저는 독서란 친구를 사귀는 것과 같다고 생각합니다. 어떤 사람은 사귈 수 있지만 어떤 사람은 사귈 수 없고 또 어떤 경우는 반드시 사귀어야 합니다. 책도 마찬가지로 반드시 읽어야 할 책이 있고, 볼 수 없는 책이 있고, 읽지 말아야 할 책이 있습니다. 어떤 여학생이 치옹야오瓊瑤의 책을 읽은 후 거기에 심취해서 책 내용처럼 모방했던 경우가 있었습니다. 우리는 학생들에게 반드시 읽어야 할 책과 읽지 말아야 할 책 등에 대해 교육을 합니다. 선생님은 이러한 관점에 대해 어떤 견해를 갖고 계십니까?

전체적으로 보면 맞는 말입니다. 독서는 구별해서 해야 합니다. 구체적으로 말해서 유익하고 유익하지 않은 것, 때에 맞는 것과 맞지 않는 것을 잘 구분해야 합니다. 이는 우리가 학생에게 독서를 권할 때 반드시 고려해야 할 부분입니다. 어떤 책은 반드시 봐야 하기 때문에 필독 서목록에 넣습니다. 이러한 책은 시간적인 고려와 실천적인 고려에서 나온 것입니다. 필독서인 이유는 학생에게 좋은 기초를 닦을 수 있는 책이고 기초를 단단하게 해주기 때문입니다.

교사는 어떤 부분에서 학생의 독서를 지도해야 할까요? 우리는 학생들이 반드시 읽어야 할 책을 지도해주어야 합니다. 읽을 수 있어도 읽어서는 안 되는 경우가 있는데, 이는 두 가지 요소에 따라 결정됩니다. 전체적으로 보면 분명 유익한 책입니다. 학생에게 도움이 되는 책이고 일부는 생활에 유익한 책이기도 합니다. 하지만 학생의 정력과 시간은 한계가 있기 때문에 우선적으로 고려하지 않는 것입니다. 그래서 이 과정에서 우리는 잘 선별을 해야 합니다.

김용의 책을 예로 들어볼까요? 지금 중학생에게 책을 추천할 때 누구나 김용의 책을 추천할 것입니다. 그중에 한 권만 추천하라면 어떤 책을 추천할까요? 《사조영웅전射雕英雄傳》인가요? 전문가들은 대부분 《사조영웅전》을 선택할 것입니다. 제 아이는 겨울 방학을 이용해서 《김용전집金庸全集》을 읽었고, 김용 저작을 평론하는 글을 썼습니다. 아주 재미있는 과정이었습니다. 우리는 독서할 때 잘 선별해야 하고 특히 교사의 지도역할을 강화해야 합니다. 학교에서 독서활동을 할 때 반드시 선별된 책 내에서 읽도록 해야 합니다.

하지만 사실 아이의 독서를 제한하기는 매우 어렵습니다. 인터넷의 보급과 아이들의 생활공간이 확대되면서 접하게 되는 서적도 각자 다릅니다. 그렇기 때문에 여학생이 치웅야오의 책을 읽고 있다고 해서 걱정할 필요가 없습니다. 여학생이 치웅야오를 좋아하는 것은 매우 정상입니다. 치웅야오의 책이 아무 쓸데가 없다고는 할 수 없습니다. 감성을 자라게 하고 책이 담고 있는 세상을 이해하는 데 분명 도움이 됩니다.

중요한 것은 우리의 아이들이 어떻게 그런 현상을 이해하고 있는지에 대해 토론할 수 있는 공간을 만들어 주는 것입니다. 같은 영화, 같은 소설을 보더라도 각자가 받는 느낌은 다르기 때문입니다. 우리가 필독서로 추천할 때도 중학생에게 적합한지 초등학생에게 적합한지, 또 대학생에게 적합한지 고려해야 합니다. 물론 우리가 만드는 목록은 참고용일 뿐입니다. 학교와 교사가 직접 자신의 실천을 조합해서 거기에 맞는 목록을 만들어도 됩니다. 물론 어떤 책들은 읽을 수 없는 것도 있습니다. 최소한 읽기에 적합한 시기가 따로 있는 책도 있습니다. 이런 상황에 대해 우리는 학생에게 분명하게 얘기해서 적절한 지도와 제한을 해야 합니다. 끝으로 독서는 교제와 같습니다. 어떤 때에 어떤 책을 읽는 것은 학생에게 매우 중요합니다. 교사의 역할은 학생의 흥미를 유발하고, 좋은 책을 많이 읽도록 지도하는 것입니다.

17. 선생님이 발표하신 많은 보고서들과 기사들, 《신교육의 꿈》을 읽은 적이 있습니다. 선생님께서는 학생들에게 일기의 중요성을 수차례 강조하시고, 또 교사 역시 일기를 써야 한다고 말씀하시는데, 그 이유는 무엇입니까?

저는 늘 일기쓰기를 매우 효과적인 교육방식이라고 생각해 왔습니다. 인성교육에 도움이 될 뿐만 아니라 좋은 습관을 기를 수 있어서, 학생의 성장, 나아가 교사의 발전에도 좋습니다.

예전에 《장쑤교육신문江蘇教育報》에 교육연구방법에 관해 기고를 한 적이 있습니다. 그때 소련의 유명한 교육자 수호믈린스키에 대해 소개했습니다. 그가 한 번도 학교를 떠나본 적이 없다는 점에서 우리가 알고 있는 대부분의 교장과 비슷합니다. 교장으로서 그는 매일 일기를 써 왔습니다. 그래서 가능하다면 모든 분들에게 일기쓰기를 권하고 있습니다. 그렇게 한다면 아마도 5년 안에 큰 성과를 거둘 수 있을 것입니다. 일기쓰기를 하게 되면 교사 자신도 계속 사고를 해야 하고, 독서를 할 수 밖에 없습니다. 그러는 동안 계속 자신의 교육 방식이나 모습들을 반성하게 됩니다. 확실히 어떤 일이든지 생각하고 안하고의 차이는 매우 큽니다.

저는 많은 사람들이 교육자와 일보 차이밖에 안 난다고 생각합니다. 교육효과로 본다면, 저는 쑤저우의 많은 교사들이 유명한 교사들과 교육 수준에서 그렇게 차이가 난다고 생각하지 않습니다. 마찬가지로 여러분께 한 반의 담임을 맡겼을 때, 교육수준이 그들보다 떨어지지 않을 것입니다. 그런데 어째서 유명해진다거나 전국적으로 큰 영향을 일으키지 못하는 것일까요?

여러분들은 단지 의식적으로, 심지어 무의식적으로 교육을 하고, 반에서 여러 뛰어난 학생들을 배출했지만, 어떤 유행을 일으키거나 사상을 만들지는 못하는 경우가 있습니다. 그것은 총체적으로 정리하지 않고, 어떠한 훈련이나 사고를 하지 않았기 때문입니다. 이것은 교육과정에서 사고가 없었다는 것이 아니라, 계속 생각하지 않았다는 뜻입니다. 그래서 바로 지금부터 일기를 쓰기 시작할 것을 권하고 싶습니다. 수호믈린스키는 늘 일기를 써 왔고, 그의 수많은 저작들도 그의 교육일기에서 나온 것입니다. 우리가 일기를 계속 쓴다면 여러분의 발전에 분명 좋은 점이 있을 것입니다.

많은 교사들이 아침부터 저녁까지 매우 열심히 일하고 노력합니다. 이런 교사들은 좋은 교사가 아닙니까? 물론 좋은 교사입니다. 하지만 만약 같은 시간에 더 많은 문제를 생각하고, 독서와 사고에 더 많은 시간을 투자하고, 학생과 자신의 발전에 더 많은 공을 들인다면, 분명 더 나은 교사가 될 것입니다. 일을 잘 하는가 못하는가는 교사라는 직업을 열정적으로 사랑하고, 발전하려고 하는지, 배움에 열정을 갖고 있는지에 달려 있습니다.

쑤저우에서는 교사를 위한 저서 출판기금을 설립했습니다. 교사들이 쓴 좋은 교육일기 문집이 있다면 우리는 기꺼이 출판할 것입니다. 기회는 모두에게 열려 있습니다. 이 역시 정책 방침 중 하나입니다.

18. 9년 동안 학생들은 지식을 배우고 다양한 능력을 기릅니다. 학교에서 실시하는 교과과정만으로도 이미 충분한데, 아이들을 위한 강연회를 100회나 열고, 책 100권을 읽게 하는 이유가 무엇입니까? 이로 인해 학생들의 부담만 커지는 것은 아닐까요?

현재 학교에서 개설한 교과과정이 많은 것은 사실입니다. 하지만 이러한 교과과정이 아이들의 미래 발전에 착안한 것일까요? 현재 신 교과과정 개혁의 중요한 목표 중 하나가 바로 기계적으로 경색된 교과과정을 개혁하고 아이들을 해방시켜서 그들의 실질적인 성장과 발전을 위해, 그리고 미래 기반을 닦을 수 있는 일에 더 많은 시간과 노력을 쏟을 수 있도록 하는 것입니다.

9년간 강연회 100번을 들으면, 해마다 10번, 달마다 1번 듣는 셈이기 때문에 그다지 부담이 되지 않을 거라고 생각합니다. 중요한 것은 학교가 강연의 의미를 충분히 인식하고 있는지, 합리적으로 시간을 안배하고, 과학적으로 각 활동을 조직하는지 입니다. 학교는 교사의 것도 아니고, 교장의 것도 아닙니다. 학교는 사회 전체의 것이어야 합니다. 우리는 학교의 문을 개방해서 외부 세계의 공기를 학교 안으로 흡수해서 학생들이 학교 밖 세계를 경험하고 느낄 수 있도록 해야 합니다. 학교 안에는 저마다 다른 소리가 있어야 합니다. 일방적으로 교사의 소리만 듣는 것은 결코 좋은 방법이 아닙니다. 저는 이와 비슷한 질문을 받을 때마다 늘 강조합니다. 지금 중국교육 현실에는 큰 위기가 숨어 있습니다. 대학생이 너무 많아서 취업 압박이 커지고 있습니다. 앞으로의 아이들은 일자리를 직접 만들어야 합니다. 기업과 경영자의 창업 역사가 바로 교재입니다. 학교는 사회자원을 잘 이용해야 합니다. 하지만 우리는 사회 자원을 찾고 활용하는 것이 아직도 많이 부족합니다. 물론 강연도 단순히 창업 과정에 대한 발표에 그치는 것이 아니라 다양한 내용을 포함해야 합니다. 즉 아이들이 각종 강연회를 통해 다양한 세계를 보고 학교와 다른 사회를 이해하고 사고할 수 있도록 해야 합니다. 그래서 모든 기회를 이용하여 아이들이 교사 외에 다른 사람의 소리를 듣도록 하자고 강조하는 것입니다. 학부모 중에서 우수한 분, 사회에서 우수한 분, 학교에서 우수한 학생, 그 밖에 초청할 수 있는 모든 인사들을 학교로 모셔와 아이들과 소통할 수 있도록 해야 합니다. 매달 한 차례 실시하는 이러한 소통이야말로 매우 가치 있다고 생각합니다.

인류의 정신이 계승되기 위해서는 무엇이 필요하다고 생각하십니까? 바로 책입니다! 책이 없었다면, 공자의 정신도, 프랑스 작가 위고의 《노트르담 드 파리》도 몰랐을 겁니다. 인류의 정신은 위대한 경전을 통해 이어져 내려오고 있습니다. 아이들은 독서를 통해 문명을 계승하고 성인이 됩니다. 독서를 하지 않으면, 정신이 고양되지 않습니다. 사람의 품위, 이상, 추구하는 목표 역시 낮을 수밖에 없고, 이는 진정한 교육을 받았다고 할 수도 없습니다. 또한 무분별하게 독서를 하거나 경전을 읽는다면, 그것은 단지 교과서 읽기 훈련에 지나지 않을 뿐이고, 마치 서커스단에서 훈련 받는 것과 전혀 다를 바 없습니다. 그것은 교육이 아닙니다.

우리는 이미 오랜 세월 동안 끊임없이 실천하고 연구하면서 학생들을 위한 경전 목록을 완성했습니다. 물론 학생의 시간은 정말 소중한 것이고, 쏟을 수 있는 노력도 한정되어 있습니다. 때문에 우리는 좋은 것 중에서도 가장 좋은 것만을 골라서 학생을 위한 필독서 100권을 마련했고, 마찬가지로 실험학교의 학생들은 6년 동안 100권을 모두 읽고 있습니다. 우리가 제대로 조직하기만 한다면 분명 실현가능하며 학생들에게 어떠한 부담도 주지 않을 것이라고 생각합니다.

19. 선생님께서는 학교의 특색은 학교를 대표하는 제2의 얼굴이
    며 특색이 최고를 만들고 인재를 만든다고 강조해 오셨습니
    다. 학교의 특색을 만드는 것에 대해 더욱 구체적으로 알고
    싶습니다.

미국의 《뉴스위크Newsweek》는 전 세계에서 일어나는 사건 사고를 자주 싣고 있습니다. 작년에는 쑤저우 사람들을 기쁘게 하는 소식이 실렸습니다. 세계 9대 신흥 과학기술도시를 선정했는데 아시아에서 유일하게 쑤저우가 선정된 것입니다. 선전深圳이나 다롄大蓮, 칭다오青島, 상하이上海, 베이징北京같은 유명한 도시는 하나도 없었습니다. 아시아에서 유명한 도시도 하나도 없었습니다. 중국의 작은 도시 쑤저우가 바로 선정된 것입니다. 물론 쑤저우 사람들도 매우 기뻐했습니다. 쑤저우가 가장 좋아서가 아니라 특색이 있기 때문에 선정된 것입니다.

쑤저우의 특색이 무엇입니까? 바로 고대 문화와 현대 과학기술이 완벽하게 조화를 이루어 양 날개처럼 도시 전체를 잘 감싸고 있기 때문입니다. 뛰어난 정밀 가공방식과 심오한 역사 문화, 현대 문명이 조화를 이루고, 금융 중심이자 항구중심인 상하이까지 한 시간 거리에 위치해 있습니다. 최근 많은 사람들이 최우선으로 쑤저우를 투자 지역으로 꼽고 있습니다. 세계 500대 기업이 쑤저우에 180개의 대형 회사를 세웠습니다. 현재 쑤저우에는 9,000여 개의 해외 기업이 모여 있고, 해외 투자자가 쑤저우에 투자한 외자규모가 400억 달러가 넘습니다. 이는 위

안화로 3,000억 위안이 넘는 규모입니다. 비교해 보자면, 2001년 한 해 동안 중국의 재정수입이 9,000여억 위안이었습니다.

《뉴스위크지》에서 세계 10대 우수학교를 선정했습니다. 《나의 교육이상》에도 10대 학교를 소개하고 있습니다. 이 10대 학교들은 대입 시험 1등을 배출한 학교가 아니라, 모두 저마다 교육 특색을 갖춘 학교들이었습니다.

특색은 발전 과정에서 점차 만들어지는 것입니다. 학생과 교사의 개성이 발휘되는 과정에서 점차 만들어 집니다. 또한, 특색은 학교와 사회가 함께 노력해야 발전할 수 있습니다. 학교의 특색을 만들기 위해 우리가 할 수 있는 일은 매우 많습니다. 특색은 학생의 평생 발전에 도움이 되어야 합니다. 학생들마다 개성이 다르기 때문에 학교의 특색도 다양해야 합니다. 예를 들어, 음악을 싫어하는 아이에게 반드시 음악을 좋아하라고 강요할 수 있겠습니까? 미술을 싫어하는 아이가 왜 반드시 미술을 좋아해야 합니까? 우리가 실시하는 교육 연구는 때로는 순조롭게 진행되지만, 가끔은 지도가 필요하기도 합니다. 자신이 가지고 있는 천성이 무엇인지 누가 알겠습니까?

《부뇌가서傅雷家書》라는 책을 보면, 푸총傅聰은 어렸을 때 피아노를 배우면서 수없이 울지 않았습니까! 그러나 그렇게 엄격한 지도를 받지 않았다면, 푸총은 유명한 음악가가 될 수 없었을 겁니다. 학생의 평생에 도움이 되는 일을 해야 합니다. 예를 들어, 글씨를 잘 쓰도록 지도하는 것은 매우 좋은 일입니다. 제 부친 역시 초등학교 교장이셨는데, 어렸을 때 매일 5시에 저를 깨워 글쓰기를 시키셨습니다. 제 필체는 좋진 않은데 특징이 있습니다. 그리고 이로 인해 받은 부상이 있습니다. 최근에 쓴 《부친의 선물父親的禮物》이란 책에서 제가 받은 부상에 대해 말했습니다. 저는 부친의 영향으로 생체 시간이 매일 5시로 맞춰져 있습니다. 매일 5시만 되면 어김없이 일어나 일을 시작합니다. 그래서 매일 다른 사람들보다 적어도 2시간 이상 더 일합니다. 계산해 보면, 지금껏 다른 사람들보다 약 4년이나 더 일한 셈입니다. 이것이 매일 아침 글쓰기가 가져온 부상입니다.

특색을 만들고 발전하기 위해서는 환경이 필요합니다. 학교의 특색을 만들기 위해서는 모든 사람의 참여가 필요합니다. 학교 선생님 한두 사람 혹은 교장 혼자서는 할 수 없습니다. 시작할 때는 약간의 강제성도 필요합니다. 물론 강제성에는 학생의 개성을 존중해야 한다는 전제가 깔려 있습니다. 다른 것을 좋아할 수도 있지만, 반드시 자신이 좋아하는 것이 있어야 한다는 전제입니다. 독서를 좋아하는 것도 좋고, 만들기를 좋아하는 것도 좋은데, 어찌됐건 반드시 무언가 좋아하는 것을 갖고 있어야 한다는 것이지요. 특색은 자신감을 불어 넣어주고, 개성을 키워줄 수 있습니다! 똑같은 교육 방식으로 모든 학생을 교육하는 방식은 해로운 교육이고, 생명이 없는 교육입니다. 단순히 진학률만 높이려는 학교는 진학률이 높을 수는 있어도 일류 학교가 될 수는 없습니다. 일본에는 "시험지옥"이라는 말이 있다고 합니다. 그런데 그들은 단순히 진학률만 추구하는 것이 아닙니다. 도쿄대, 와세다대 등 세계 일류 대학의 교육에서도, 일본의 수많은 초중등학교의 교육에서도 알 수 있습니다. 이는 세계적으로 유명한 일류대학들 모두 다른 학교에는 없는 각자의 특징을 갖고 있기 때문입니다. 이러한 학교들의 교육은 한 세대 사람들과 본교 교사, 학생들에게 깨달음을 주고, 나아가 사회 전체, 전 세계에 영향을 주고 있습니다.

수호믈린스키는 크게 쓰는 사람을 양성해야 한다고 강조해 왔습니다. 특징이 있다면 그 아이는 바로 큰 인물이 될 인재입니다. 시험을 잘 보는 사람도 있고, 춤을 잘 추는 사람도 있고, 글씨를 잘 쓰는 사람도 있습니다. 그 누구도 다른 누군가에게 뒤처지지 않습니다. 이렇게 된다면, 우리의 인격도 분열되지 않을 것이며, 우리의 정신도 위축되지 않을 것입니다. 개인마다 특색을 갖게 되면, 더 많은 심층적인 것들이 생깁니다. 사회적 행위도 그만큼 규범화됩니다. 때문에 사람은 특징이 없어서는 안 되고, 학교는 특징이 없어서는 안 됩니다.

특색은 자연적으로 형성되고 축적되는 것이며, 일종의 훈련과 양성이라고 볼 수 있습니다. 자연적으로 형성하기 위해서는 우리가 무언가를 귀중하게 여기고 발전시키는 것이 필요합니다. 특히 한교에게 있어서 어느 정도의 특색이 생긴 후에는 그것을 계속 업그레이드하고 혁신해야 합니다. 작은 싹이 크게 자라고, 희미했던 것이 밝아지고, 일시적인 것이 영원해 지도록 만들어야 합니다. 그러한 목적을 갖고 추진하는 학교는 뚜렷한 계획과 실행 가능한 일을 추진하는 추진력이 있어야 합니다. 사공이 많아 배가 산으로 간다거나, 비현실적인 것을 억지로 밀어 붙이는 식이 되어서는 안 됩니다. 진지하게 분석적으로 연구하여 오랜 시간에 걸쳐 특색을 만들어야 합니다. 단시간 안에 만들려고 한다면 한낱 에피소드로 그칠 것입니다. 끊임없이 꾸준한 노력을 통해 모든 학교가 자신만의 교육적 특색을 가지고 저마다 중요한 역할을 담당할 수 있길 바랍니다.

우리는 과학에 멀리 떨어져 있지 않고, 또 멀리 떨어져 있을 수도 없습니다. 신교육실험의 정보기술교육은 자연과학에 속하지 않습니까? 사실 교육이념의 개혁은 단계마다 모두 조정기간을 겪습니다. 사실 현재 교육계에서 전체적으로 부족한 것은 인문입니다. 그렇기 때문에 인문을 보완해야 한다고 강조하는 것입니다.

저 역시 20세기를 찬미하는 글을 썼습니다. 하지만 돌아보고 생각해 보니 20세기에는 과학정신이 인문정신보다 훨씬 강조되었습니다. 실제로 르네상스 이후로 인문정신이 어느 시대의 주류가 된 적은 없었습니다. 학교 전체나 교육 전체에서, 또 심지어 사회 전체적으로 쉽게 성공하려는 분위기가 짙게 깔려 있습니다. 그동안 우리가 인문에 대한 교육이 너무 부족했기 때문입니다. 만일 우리가 더 이상 인문에 주력하지 않고, 정신세계를 재구축하지 않는다면, 이상, 도덕, 신념, 세계관, 인생관 등에 있어서 예상하지 못했던 큰 문제가 발생할 수 있고, 또 사회 발전을 가로막는 상황이 생길 수도 있습니다.

덩샤오핑鄧小平은 "과학기술은 제일의 생명력이다."라고 말했습니다. 즉 인문과학, 사회과학, 인문과학 등 모든 과학은 가장 뛰어난 생산력입니다. 인문과 자연을 새의 양 날개에 비유한다면, 인류는 이미 한쪽 날개가 잘린 상태에서 오랫동안 비행해 왔습니다. 우리가 이제 다시 인문에 관심을 갖고 중점적으로 인문교육을 실시하는 것은 부러진 한쪽 날개를 치료하는 것이라고 할 수 있습니다. 부러진 한쪽 날개의 건강을 회복해서 두 날개로 다시 높게 비행하기 위해서입니다. 그렇기 때문에 기회가 되는 대로 독서를, 전 민족이 독서를 해야 한다고 강조하는 것입니다.

또한 학교에서 아이들이 외부세계의 다양한 목소리를 들을 수 있도록 해야 합니다. 그리고 교사로서 풍부한 인문정신을 갖는 것이 매우 중요합니다. 예를 들어, 신교육실험에 참여하는 교사들 중에서 옌청鹽城의 수학 교사인 장상양張向陽은 신교육 실험을 통해 인문정신과 과학의식이 놀랍도록 향상했습니다.

물론 신교육실험은 신기초교육실험이나 신교과개혁과는 다른 차원의 실험으로, 물리적으로 어떻게 신교육실험을 실시하고 화학적으로 어떻게 신교육실험을 실시하는 세분화된 면은 없습니다. 그러나 우리는 물리 교사와 화학 교사에게 교육적 반성을 장려하고 교육일기를 쓰도록 합니다. 그리고 교육이념경전을 읽음으로써 교육과정을 직접 혁신하도록 합니다. 과학 교사는 실험 속에서 이념교육의 필요성과 함께 문과교사와 마찬가지로 인문정신이 필요하다는 것을 깨닫고 있습니다.

인문정신은 누구에게나 열려 있어야 합니다. 실제로 인문정신은 인간 됨됨이를 이루는 기초적인 부분이기 때문에 이 바탕이 잘 깔려 있어야 합니다.

또한 실험에서는 인문과 과학의 조화, 두 가지의 상호 보완적인 부분을 중시하고 있습니다. 예를 들어 독서의 경우, 문학작품 외에도 과학적 발견이나 발명이야기를 포함해서 다양한 과학서적을 읽습니다. 그리고 많은 자연과학 서적을 아이들에게 제공합니다. 이는 과연 인문정신일까요, 아니면 과학정신일까요?

정답은 물론 과학정신입니다. 독서는 인문적인 활동이지만 실제로 독서를 인위적으로 과학과 구분 지을 수 없습니다. 이렇듯 신교육실험은 인문을 중시할 뿐만 아니라, 과학적인 면도 중시하고 있습니다.

21. 선생님의 신교육이념은 현재 주로 기초교육단계에서 실험하고 있습니다. 그렇다면 중급, 고급단계에서도 신교육이론의 실험이 가능한가요? 또, 논문을 써서 책을 출판할 수 있는 교사가 좋은 교사인지에 대해서도 말씀해주시기 바랍니다.

논문을 출판하는 교사가 좋은 교사인지에 대해서는, 중요한 것은 어떤 책을 내고 어떤 논문을 쓰느냐에 달려 있습니다. 만약 그 논문과 책이 학교생활의 희로애락을 기록하고 반영하고 있다면, 분명 좋은 교사입니다. 하지만 대충대충 쓴, 속 빈 강정 같은 논문이라면 분명 성공한 교사가 아닐 것입니다. 또한, 교사가 논문을 쓰고 책을 출판하는 것은 당연히 좋은 일입니다.

저는 교사들에게 매일 천 자 이상의 교육기록을 작성할 것을 반복해서 강조하고 있습니다. 만약 10년 동안 꾸준히 해 나간다면 분명 성공할 것입니다. 그렇게 할 수 있는 교사라면, 분명 좋은 논문을 쓸 수 있을 것이고, 그가 출판한 책은 많은 독자의 사랑을 받을 것입니다.

저는 중고등학교 교사들의 평가에 논문이 포함되는 문제를 둘러싸고 논쟁이 일고 있다는 얘기를 들었습니다. 하지만 아직까지는 어느 지역에서도 이 조항을 없애지 않고 있습니다. 왜일까요? 간단합니다. 교사가 논문조차 잘 쓰지 못한다면, 어찌 교육에 적합하고 우수한 교사라고 할 수 있겠습니까? 그런 교사를 고급 지식을 갖춘 교사라고 누가 믿을 수 있겠습니까?

교육부에서 실시한 정규논문수집프로그램을 통해 많은 중고등학교 교사들이 뜨거운 열정을 갖고 있고, 논문상 수상자가 역시 우수한 교사가 되고 유명해지고 있다는 점에 주목해야 합니다. 이런 교사들은 그저 논문만 쓰는 것이 아니라, 교육실천에 대해 깊이 생각하고 고민합니다.

만약 그들이 자신의 교육적 생각과 행동을 기록하지 않는다면, 나중에 시간이 오래 지났을 때도 그들이 교육에 대해 여전히 열정을 갖고 있다고 할 수 있을까요? 그래서 논문을 쓰고 책을 내는 것이 교육을 실천하는 사람이 자신의 열정과 행동을 기록한 것이라고 할 수 있는 것입니다. 어느 교사가 열정이 없는 교사일까요? 어떤 교사가 행동이 없는 교사일까요? 교사는 반드시 매일매일 자신의 교육적 생각과 실천을 기록해야 합니다.

신교육실험이 중등교육과 고등교육단계에서도 가능한지에 대한 질문에 대해서는, 저는 가능하다고 생각합니다. 신교육실험을 신기초교육실험이라고 부르지 않는 까닭을 무엇이라고 생각하십니까? 그것은 신교육실험이 중고등교육 단계뿐만 아니라, 대학교에서도 실행 가능하며 성공할 수 있기 때문입니다.

실제로 저는 쑤저우 대학에서 교무처장으로 5년간 일하면서 쌓은 경험들을 통해 많은 생각을 하게 되었습니다. 당시 저는 여러 가지 문제에 대해 많은 생각을 했습니다. 대학의 고등교육과 기초교육은 요구하는 수준이 다릅니다. 고등학교와 중학교, 초등학교의 상황도 각각 다릅니다. 고등학교에서도 교육실험을 실시할 수 있지만, 초등학교에 비해 실행하기가 더욱 어렵습니다. 즉 고등학교의 경우 진학에 대학 압박이 더욱 크고, 성적에 대한 중압감이 크기 때문에, 학교 자체에서 갑자기 교육실험을 선뜻 실시하지 못하고 있습니다. 고등학교 교장과 교사가 참여한다면, 우리는 더욱 많은 지원을 아끼지 않을 것입니다.

많은 교사들이 교육실험이 시험과 진학에 영향을 주지 않는지에 대해 물어봅니다. 이는 고등학교 교장선생님과 선생님이 특히 우려하고 있는 문제일 것입니다. 저는 신교육실험이 만약 시험에 영향을 준다면 신교육실험이라고 부르지 않는다고 말한 적이 있습니다. 고등학교 교장선생님과 교사들은 반드시 먼저 이 점을 알아야 합니다.

신교육실험은 매우 다양한 내용을 포괄하고 있습니다. 이것은 '교육온라인敎育在線'라는 교육사이트의 신교육실험 전문포럼에서 찾아볼 수 있습니다. 교사와 학생이 책을 읽고 일기를 쓰고 인터넷을 사용하고 제2외국어를 공부하고 강좌를 듣는 것은 고등학생의 성적에 어떠한 영향도 주지 않을 것입니다. 단지 고등학교 교육내용과 이러한 형식을 통합하고 조정하는 과정이 필요합니다. 잘 조정하고 통합한다면, 학생들은 과거의 입시 압박에서 벗어날 수 있을 것입니다.

지금 고등학교에 다니는 아이들은 너무 힘들고 고된 생활을 하고 있습니다. 그 힘들고 고된 생활에 그들에게 약간의 여흥을 더해주는 것이 필요하다고 생각합니다. 신교육실험은 아이들에게 즐거움과 여유, 기쁨을 주어 개성을 끌어 올리고 창의력을 기름으로써 더욱 능동적인 학습과 더욱 충실한 생활을 통해 발전 가능성을 더욱 키울 수 있을 것입니다.

저는 취학 전 교육에 대해 여러 번 강의한 적이 있습니다. 전에 우스갯소리로, 만일 제가 기초교육을 실시한다면, 그리고 9년 의무교육을 실시할 수 있다면, 유치원 3년, 초등학교 6년을 실시하겠다고 말한 적이 있습니다. 다시 말해, 저는 유치원 교육이 매우 중요하다고 생각합니다. 가장 필요한 의무교육이야말로 바로 유치원교육입니다. 취학 전 3년은 정말 중요합니다. 사실 사람의 많은 이념과 습관, 인지방식은 이때 기본적으로 형성됩니다. 때문에 유치원 교사의 수준과 이념이 상당히 중요합니다.

우리는 모교에 다시 가보자는 말은 자주 하는데, 전에 다니던 유치원을 가자고 말한다거나 그때의 선생님을 기억하는 사람은 매우 드뭅니다. 사실 이것은 너무 이상하고도 비정상적인 상황입니다. 저는 취학 전 교육을 얼마나 중시하는지는 교육이념의 깊이를 보면 알 수 있다고 생각합니다. 사실 유아원 교육에서 아동은 많은 것을 배울 수 있습니다.

비록 일부는 취학 전 아이의 글자 익히기 능력에 의구심을 갖고 있거나 부정적이지만, 많은 전문가들이 발표한 많은 글을 보면 유치원 때 아무런 부담이 없는 환경에서 아이들이 많은 것들을 배울 수 있다는 것을 알 수 있습니다. 유치원 아이들이 그린 그림을 보면, 그 뛰어난 창작성에 깜짝 놀라곤 합니다. 그중에는 신문을 읽을 줄 아는 아이도 있었습니다. 이는 우리의 기초교육의 많은 부분을 자연스러운 교육환경 속에서 익힐 수 있다는 것을 말해줍니다. 그래서 유치원이 있는 학교는 유치원과 초등학교 간에 긴밀한 교류활동을 실시하기도 합니다.

신교육실험은 남의 것을 도입하는 것입니다. 남의 것에서 좋은 점은 모두 가져와서 신교육실험의 부분이 될 수 있습니다. 이것은 저 혼자 무에서 유를 창조하는 발명이 아닙니다. 좋은 점들을 취합하고 조합해서 더 좋고 크게 만들 수 있는 것이 바로 신교육실험입니다. 하지만 현재까지는 취학 전 교육을 어떻게 실시할지에 대해 고려하지 않았고, 모범이 될 만한 모델도 없었습니다. 지금 제게 이런 질문을 던지신 것 자체가 제게 하나의 자극이 되었으니, 앞으로 그 분야에도 노력을 기울여야 될 것 같습니다.

'교육 온라인'에서 우리는 가정교육과 유치원교육 포럼을 개설했습니다. 이 포럼 역시 신교육실험의 한 형식입니다. 그곳의 유치원교사가 적은 댓글 중에서 그녀들이 신교육실험의 일부 이론을 사용하고 있으며, 신교육실험이 유아원까지 넓혀지고 있다는 것을 알 수 있습니다.

사실 유아교육은 매우 중요한 영역이며, 그것은 유아단계는 일생에서 매우 중요하기 때문입니다. 유아교육은 새싹을 기르는 교육으로, 이 싹을 어떻게 기를지가 앞으로 성장과 직접적인 관계가 있습니다. 그래서 신교육실험은 반드시 유아교육에까지 그 촉각을 곤두세워야 합니다. 저는 진정으로 모두가 함께 실험에 참여하고 우리들의 공동 노력을 통해서 그리고 공동의 시도를 통해서, 모두의 지혜가 더해진다면 취학 전 신교육의 신천지를 창조할 수 있을 거라고 생각합니다.

23. 한 중국 어머니가 딸을 데리고 외국에 갔습니다. 딸이 그곳의 학교에 다닌 지 이틀 정도 지나자 딸이 영어를 잘 못하니까 학교에서 혹시 정신적 충격을 받을까 봐 염려한 엄마가 아이에게 학교에 가지 말라고 했습니다. 그런데 아이는 이미 그 학교가 좋아졌기 때문에 엄마 말을 듣지 않았다고 합니다. 선생님께서는 이런 일이 중국의 학교에서도 가능하다고 보십니까? 신교육실험에서는 다른 좋은 방법이 있나요?

아이가 정말 마음에서 우러나와 우리 실험학교를 좋아하도록 하는 것은 제가 바라는 일이고 또 그럴 수 있다고 믿습니다. 왜냐하면 신교육의 이념이 곧 교사와 학생과 학교가 함께 성장하고 우리의 아이들이 학습의 즐거움을 즐길 수 있도록 하자는 것이기 때문입니다. 제 책 중 《교육을 즐기자享受教育》의 서문이 자작시 한 편으로 시작되는데, 2003년 1기 《인민교육人民教育》에도 발표한 적이 있습니다. 저는 이 시를 하나의 구호라고 말하고 싶습니다. 저는 교육을 즐기는 마음가짐으로 교육을 대해야 학생과 교사 모두 성공할 수 있다고 생각합니다. 사실 교육이든 생활이든 어떠한 마음가짐으로 사물을 대하느냐에 따라 다른 체험을 할 수 있습니다. 그래서 해외 교육의 가장 중요한 점이 바로 성적으로 판단하지 않고, 학생의 성장, 학생의 생활을 학교의 주요 임무로 생각한다는 것입니다. 그래서 방금 말씀하신 사례 속의 아이는 비록 말은 알아듣지 못하지만 학교생활이 즐거웠던 것이지요. 외국 학교에는 교실뿐 아니라, 과외 특별 활동 같은 것이 있습니다. 학생들은 그러한 활동에서 아이로서 누릴 수 있는 즐거움을 체험하고 느끼게 되는 것이지요.

신교육실험에서 저는 실험학교에 모든 아이들이 학교에서 충분한 즐거움을 느낄 수 있도록 해야 한다고 강조합니다. 학교는 즐거운 세계로써, 아이들이 학습의 행복을 느껴야 하는 곳입니다. 저 역시 이러한 개혁에는 아주 많은 부분들이 필요하다는 것을 잘 알고 있습니다. 전통적인 관념이 아직 많이 남아 있고, 단순히 시험 성적 향상에 급급한 사고 방식은 금방 사라지지 않기 때문입니다. 하지만 자신 있습니다. 물론 수많은 '교육온라인' 회원들의 글을 보면 일부 교사들에게 아직 이러한 관념과 생각, 방법들이 남아 있다는 것을 발견하곤 합니다. 하지만 시간이 지날수록, 교육에 대한 교사의 이해가 깊어지고, 세계의 선진교육 이념을 받아들이게 되면서 모든 학생들이 학교에서 즐거움을 느낄 수 있다고 생각합니다.

아이들은 성장해야 합니다. 교사 역시 마찬가지입니다. 아이들이 학교에서 즐거워야 한다고 하지만, 사실 교사와 교장도 학교에서 즐거워야 합니다. 아이들이 학교를 사랑해야 하지만, 교직원들도 학교를 사랑해야 합니다. 이 점 역시 실험학교의 교육적 관념입니다. 몇 년 전 신문에서 많은 학생들이 "새벽에 일찍 일어나면 화약이 들은 가방을 메고 학교를 폭발시켜야지……" 라는 노래를 유행가처럼 부르고 있다는 기사를 본 적이 있습니다. 유행하는 가요를 개사한 것으로 꽤 유행했었죠. 그 기사가 시사하는 바는 무엇인가요? 바로 아이들이 학교를 싫어하고 있다는 점입니다. 또 한 고등학생이 시험이 끝나자 책을 모두 찢어버렸다는 이야기를 들은 적이 있는데, 이것 역시 좋은 현상이 아닙니다. 이런 아이들에게서는 어떠한 기쁨도, 성공도 읽을 수 없습니다. 이런 학교에는 좋은 교사도, 전문가 같은 교사도, 학자형 교사도, 교육가형 교사도 아주 적을 것입니다. 우리의 신교육실험은 먼저 아이들이 성장하여 개성을 가진 아이로 자랄 수 있도록 하는 것이 목표입니다. 둘째로는 교사들이 자신의 직업을 사랑하고, 자신을 우수한 교사, 교육가형 교사로 발전시킬 수 있도록 하는 것입니다.

학교의 교육목표에 즐거움이라는 지표가 없다면, 그 학교 역시 부적합한 학교입니다. 예전에 일부 학교에 대한 평가기준을 조사한 적이 있는데, 대부분 그런 즐거움의 지표가 없었습니다. 하지만 저는 즐거움 지표는 모범학교를 평가하는 기준으로써 필요조건이라고 생각합니다. 이런 조건이 있다면, 학교도 더 나은 목표를 세울 수 있을 것입니다. 즐거움은 인간에게 매우 필요한 요소입니다. 인간이 생존하는 데 꼭 필요한 요소이지요. 아이들에게서 즐거움을 빼앗는 것은 자신 역시 즐거움을 잃는 것과 같습니다. 아이들을 행복하게 해 주고, 이 세계를 사랑하게 해 주는 것, 이것이야말로 우리 스스로 행복해지고 자신의 생활을 사랑할 수 있는 방법입니다.

이 질문을 다른 각도에서 보면, 이처럼 고등, 대학교 입시 속에서 제 꿈을 실현할 수 있겠느냐는 질문이지요? 첫째, 그 어떤 제도에서도 반드시 제 꿈을 실현할 수 있습니다. 수갑을 차고 있어도 춤을 출 수 있고, 어쩌면 더 잘 출 수도 있습니다. 물론 움직임이 아주 자유롭진 않겠지요. 우리는 같은 배경과 정책 속에 있는데 어째서 어떤 교사들만 출중하고 뛰어난 것일까요? 최근 몇 년간 알려진 우수교사들 수만 해도 매우 많습니다. 또 젊은 세대의 교사들도 성장하고 있고, 그 속도도 매우 빠릅니다. 인터넷 시대에서 교사 역시 과거와 비교할 수 없을 정도로 다양해졌습니다. 이전의 교육적 교류는 아직 작은 범위 속에만 국한되어 있었지만, 지금은 다릅니다. 인터넷만 접속하면 세계 어느 곳에 있는 그 누구와도 대화하고 토론할 수 있습니다. 그래서 인터넷 시대에서는 많은 사람들이 빠른 속도로 성장합니다. 마치 어려움 문제를 푸는 것처럼 과거에는 많은 시간이 필요했지만 이제는 달라졌습니다. 인터넷으로 자신의 꿈을 공유할 수 있게 된 것이지요. 그래서 저는 고등입시, 대학 입시는 우수한 교사의 발전을 막을 수 없지만, 아직 많은 사람들이 여전히 하늘을 원망하고 땅을 원망하고 있다고 생각합니다. 저는 우리가 사회를 바꿀 수 없다면 먼저 스스로가 변해야 한다고 생각합니다. 우리가 현실을 바꿀 수 없을 때 먼저 우리 자신을 바꿔야 합니다. 모든 사람이 자신을 바꿀 때, 동시에 사회도 바꿀 수 있습니다. 아마 이 말에 모두가 동의하진 않겠지요. 많은 사람들이 우리가 무능하다고 말해도 무슨 소용이 있습니까? 저 한사람이 말해도 소용없고, 열 명이 말해도 소용없을 것입니다. 백 명이 말해도 소용없겠지요. 하지만 수천, 수만 명이 동시에 말하고, 동시에 행동한다면, 분명 효과가 있을 것입니다. 단지 우리 모두가 말도 안하고 행동도 하지 않을 뿐입니다. 우리는 끊임없이 고등입시와 대학입시를 원망합니다. 그렇다면 어째서 바꾸려고 하지 않는 것입니까? 어째서 더 좋은 방법을 제시하는 교사가 없는 것일까요? 문제를 보기만 하고 해결하려고 하지 않기 때문입니다. 이것은 우리에게 혁신 의식이 부족하기 때문입니다. 만일 우리 모두가 적극적으로 탐색할 수 있다면, 분명 좋은 방법을 찾을 수 있을 것입니다. 그래서 이 문제를 통해 우리는 반드시 자신이 가지고 있는 수많은 문제점들을 찾아내야 합니다. 신교육의 꿈을 실현하는 것도 자신의 혁신능력에 달려 있습니다. 만일 아직도 전처럼 문제를 보기만 하고 생각도 안하고 해결방법을 찾으려고 하지 않는다면, 이 꿈 역시 영원히 실현할 수 없을 것입니다.

그렇다면 어떻게 해야 할까요? 우리 자신부터, 바로 오늘부터, 교실에서부터, 그리고 우리들 아이들부터 시작해야 합니다. 저는 우리가 많은 일을 할 수 있다고 생각합니다. 우선 시험제도를 바꿔야 합니다. 시험을 바꾸지 않으면 교육도 발전할 수 없습니다. 그래서 먼저 시험을 개혁해야 합니다. 올해 "21세기 교육포럼"의 화제 역시 시험입니다. 작년 교육포럼에서 민간 교육의 입법화를 위해 모든 전력을 쏟았던 것처럼, 금년에는 입시문제를 연구할 것입니다. 우리는 전 사회적으로 입시개혁에 대한 목소리를 높이고, 입시 개혁의 이념, 입시 개혁의 건의 사항 등을 교육부에 제출할 것입니다. 이미 《인민정협보人民政協報》와 함께 《'교육온라인' 위크지敎育在線週刊》를 만들었습니다. 우리는 일선의 목소리를 높이고, 약자의 목소리를 높이고, 지성인의 목소리를 멀리까지 전파할 수 있도록 할 것입니다. 이것이 바로 우리 잡지의 이념입니다. 또한 쓰촨四川 교육출판사와 함께 《교사의 친구敎師之友》 잡지를 만들어서 중국 최고의 교육 잡지로 만들 계획입니다. 나아가 교육개혁실험을 통해 중국교육의 선진화를 촉진하고, 각종 방법을 동원하여 개혁 목소리를 높일 것입니다. 저는 우리 모두가 노력한다면, 우리의 교육도 끊임없이 바뀌고 발전하여 이상적인 경지에 오를 수 있을 것이라고 생각합니다.

25. 이상교육실현에 영향을 미치는 요소는 매우 많습니다. 그중에서 진학률 문제가 가장 큰데, 이 때문에 교사들의 사고범위가 좁아질 수밖에 없는 상황입니다. 이 문제를 어떻게 보십니까?

교육은 시험에서 벗어나기 어렵습니다. 이미 시험은 교육의 대명사처럼 변했습니다. 시험이 바뀌지 않는다면 교육은 새로워지기 어렵습니다. 전에 우스갯소리로 교육부의 가장 큰 잘못은 아마도 시험제도에 관여해서 시험을 통합한 것에 있다고 말한 적이 있습니다. 이것은 모든 죄를 자신에게 덮어씌운 것이나 마찬가지입니다.

다른 나라에서는 정부가 이 임무를 민간 기구에 맡기고 있습니다. 그들의 방식을 살펴보면, 그곳 학생들도 우리 못지않게 자주 시험을 봅니다. 하지만 학생들은 어떠한 부담감도 느끼지 않고, 교사들이 시험 때문에 몸을 사리는 모습도 없습니다. 반대로 교사들이 교육에 있어 더 많은 창의력을 발휘하고, 교실도 활기가 넘칩니다. 그래서 지금 우리의 시험제도를 개혁해야 한다고 말하는 것입니다. 개혁하지 않는다면 교육 역시 발전하기 어려울 것입니다. 시험이 불필요하다는 것이 아닙니다. 시험을 폐지하는 것은 근본적으로 비현실적입니다. 중요한 것은 개혁입니다.

시험에 대해 저는 두 가지의 기본적인 생각을 가지고 있습니다. 첫째, 최소의 시간에 최고의 효율을 내야 합니다. 많은 연습문제를 풀거나 소모적인 시험을 실시하는 것에 반대합니다. 확실히 시험은 시간이 오래 걸릴수록 좋은 것이 결코 아닙니다. 핵심만 뽑아서 과학적으로 실시하는 것이 제대로 된 시험제도입니다.

둘째, 기본기에 충실한 학생은 시험을 두려워하지 않습니다. 때문에 많은 교사들은 반드시 자신의 교육 방식부터 반성하고, 자신의 교실이 시간만 낭비하고 효율은 없는 것이 아닌지 생각해야 합니다. 우리가 이러한 문제를 진지하게 고려하고 합리적으로 해결한다면, 과연 아이들이 시험을 두려워할까요. 아이들이 시험 때문에 부담스럽다고 할까요. 사회 각계 인사들이 우리의 교육은 중압감이 크고 창의력이 부족하다고 말할 수 있을까요?

신교육실험학교는 아이들에게 많은 경전을 읽게 합니다. 즉 경륜經綸에 대한 교육을 실시합니다. 평소 하루 한 편씩 일기를 쓰기 때문에 천 자 분량의 작문을 쓰는 것은 아무런 문제가 되지 않습니다. 신교육실험은 아이들에게 많은 원작을 읽게 하기 때문에 아이들이 언어시험을 두려워할 일도 없습니다. 제 아들은 작문수업을 안 듣고, 원작과 명작을 읽습니다. 시험성적도 매우 우수하여 쑤저우 중학교 국제반에 진학했습니다.

인성교육과 입시교육은 결코 상충되지 않습니다. 하지만 우리는 과학적인 시험을 실시해야 하고, 아이들이 납득할 수 있는, 심적으로 즐거울 수 있는 시험을 실시해야 합니다. 우리가 개혁해야 할 것은 학생들을 지치게 하는 시험, 인성교육에 나쁜 영향을 미치는 시험입니다. 그래서 저는 시험은 소양교육에 도움이 될 수 있는, 진정으로 인성을 중시하는 시험을 실시해야 한다고 생각합니다.

우리의 입시제도가 좋은 방향으로 계속 개혁되고 있다는 것은 매우 기쁜 일입니다. 다만 진전이 느리고, 많은 이의 기대와는 좀 거리가 있지만, 분명 바뀌고 있습니다. 대학교육도 개혁되고 있습니다. 대학에서의 공부는 이후에는 더욱 자주적으로 바뀔 것입니다. 대학의 편입생문제도 의사일정에 포함되어 있습니다. 앞으로는 일반 대학에 입학 후, 정해진 루트를 통해서 베이징 대학이나 칭화 대학으로 편입할 수 있게 됩니다. 때문에 중고등학교에서부터 명문대에 가려고 지나치게 힘들어 하지 않아도 됩니다.

우리의 고등교육은 학생의 높은 인성형성에 더욱 주안점을 두어야 합니다. 예를 들어, 학생들이 인생관과 가치관, 세계관을 형성할 수 있도록 하고, 창의력을 길러주며, 스스로 자신감을 갖고 공부할 수 있도록 도와줘야 합니다.

현재 우리의 학교들은 진학률 차이만 있을 뿐입니다. 하지만 학교에 있어 가장 중요한 것은 고유한 특색을 갖는 것입니다. 만약 우리의 초중등학교가 모두 똑같다면 우리의 교육은 미래가 없을 것입니다.

그렇다면 개성 있는 학교란 무엇일까요. 간단히 말해서, 다른 학교와 다른 특색을 갖추는 것입니다. 신교육실험이 많은 내용을 담고 있다 하더라도, 그것이 학교의 특색에 따라 세워져야 하는 것이지, 단순히 통일된 규정만 따른다면 천편일률적인 학교만 만들어질 것입니다. 저는 교사들이 좀 더 사고의 틀을 넓히고, 인성교육과 발전에 힘쓰고, 교육의 이상을 실현하는 데에 좀 더 많은 용기를 내길 바랍니다.

매우 좋은 질문입니다. 실험은 일정한 주기가 있기 때문에 실험학교에서 실시하는 프로젝트 모두가 뚜렷한 효과를 아직은 보이지 않고 있습니다. 전체적으로 교육일기와 학생일기 두 가지가 비교적 성공을 해서 좋은 성과를 거두었습니다. 다른 프로젝트는 아직 실시하지 않고 있습니다. 아직 2개월 밖에 지나지 않았는데 금방 크고 눈부신 효과를 기대할 순 없지 않겠습니까? 그리고 성과가 어느 정도 쌓이려면 좀 더 기다려야 되겠죠.

그렇지만 우리는 적극적으로 실험을 실시하고 있습니다. 그동안 줄곧 아이들에게 유창한 영어실력을 위한 교육을 강조하는 동시에, 유창한 중국어 실력과 발표실력을 강조해 왔습니다. 우리는 교실 안에서 아이들에게 발표를 시키고, 다양한 과외활동을 통해 학생학회에게 발표기회를 열어주고 있습니다. 그리고 나중에 학생들이 자율적으로 그들의 생각을 발표하게 합니다. 이 역시 신교육실험의 큰 목표 중 하나입니다. 교사는 반드시 이 부분을 많이 연구하고 고려해야 합니다.

저는 이 실험에 대해 강한 자신감을 갖고 있습니다. 우리의 실험학교는 실험을 원하는 교사는 누구나 저와 같은 자신감을 갖고 있습니다.

일부는 이것은 이상에 불과하다고 말합니다. 이상이란 말은 맞습니다. 이상 없는 교육은 분명 훌륭한 교육이 아닐 것입니다.

저는 2002년《언어교학통신》9기에 첫 머리글로《아이에게 발표를 시키자》를 발표하고, 또《언어교육의 원래의 모습대로》라는 글을 통해 말하기의 중요성을 강조한 적이 있습니다. 저는 국어교사와 함께 대화를 나누면서 그들이 듣기, 말하기, 읽기, 쓰기를 어떻게 이해하고 분석하고 있는지 들어 봤습니다. 교사들은 교실에서 아이들에게 읽기와 쓰기만을 강조하고, 듣기와 말하기를 상대적으로 덜 강조하고 있으며, 국어시험에서도 듣기와 말하기 시험이 상대적으로 매우 부족하다는 문제점을 지적했습니다. 이것은 매우 잘못된 모국어 교육입니다. 반드시 듣기와 말하기를 읽기와 쓰기와 함께 중요시해야 합니다.

신교육실험의 실시과정에서는 이 부분의 실험을 강화하려고 노력하고 있습니다. '말할 줄 알면 할 수 있다能設會道'라는 성어가 있습니다. 만약 십여 년 동안의 언어교육이 이 점을 무시해 왔다면, 분명 모국어 교육의 실패입니다. 저 역시 현재 언어수업의 수준을 알고 있고, 듣기와 말하기 부분에 대한 교육이 매우 부족하다는 것을 발견했습니다. 특히 듣기와 말하기에 대한 인식이 부족하고, 평가하는 데도 맹점이 있습니다.

우리는 아이들의 듣기와 말하기를 테스트해야 합니다. 그래서 아이들이 자신이 왜 '말할 줄 알면 할 수 있는' 사람이 되는지, 어떻게 될 수 있는지를 깨닫도록 해야 합니다. 이 부분에서 우리의 실험이 효과를 거두고, 어느 정도의 경험을 축적하게 되면, 그때는 정부에 모국어 듣기,

말하기 등 등급별 테스트를 실시할 것을 건의할 것입니다. 학생에게 있어 매우 중요하고 필수적인 소양 테스트로써 아이들 모두 기준에 부합해야 할 것입니다.

결론적으로 유창한 발표실력은 우리가 추구하는 일종의 '경지境地'입니다. 우리의 교육은 반드시 각 아이들이 말도 잘하고 실천도 잘 하는 사람이 되는 것입니다. 이는 아이들이 사회에서 생존하는 데 있어 반드시 필요한 양분이자, 미래를 창조하는 중요한 시작입니다. 그래서 저는 학교에서 가장 먼저 해야 할 것이 이 부분에서 성과를 내는 것이고, 평가방안을 제정하고 평가 시스템을 세우는 것이라고 생각합니다.

27. 현재 학자형 교장은 매우 드뭅니다. 이는 신교육실험 추진에 많은 영향을 주고 있습니다. 선생님은 이 문제를 어떻게 보십니까?

저 역시 그런 고민을 이해할 수 있습니다. 저는 《나의 이상적인 교장선생님》이란 글의 제일 첫 문장을 이렇게 시작했습니다. "좋은 교장이 바로 좋은 학교이다." 학교가 제대로 되지 않는다면 좋은 교장이 아니기 때문입니다. 간단합니다.

그러나 오늘 당장에 당신이 교장으로 있는 당신의 학교가 좋은 학교라고 판단할 수는 없습니다. 어느 한 부분을 잘못했다고 나쁜 교장이라고 할 수 없습니다. 그에게 수정할 수 있는 시간을 주어야 합니다. 그렇다면 얼마나 긴 시간과 과정이 필요할까요. 제 생각엔 최소 3~5년이 필요합니다. 1~2년 만에 한 학교를 바꾸고, 환골탈태하는 것은 불가능합니다. 그렇기 때문에 우리는 교장에 대해 인내심을 갖고 또 어느 정도의 기대를 가져야 합니다. 지나치게 단기간 내에 평가하려고 해서는 안 됩니다.

현재 교장집단에는 여러 가지 문제가 있습니다. 어떤 교장들은 교장으로서 학교를 발전시켜야 하는 역할에 대해 인식은 부족하면서, 가장 높은 위치에서 학교를 통치하려고 합니다. 때문에 우리는 교장 선출에 있어서 더욱 엄격해야 하며, 반드시 교육적 책임감과 열정을 갖고 있는 교사들 중에서 선출해야 합니다.

또한, 교장은 행정형 교장에서 직업형 교장으로 바뀌어야 합니다. 현재 교육에서 행정형 교장은 교육발전을 방해가 되고 있습니다. 예를 들면, 그들은 행정 때문에 자신의 이념을 교육에 실천하지 못하고 있으며, 과감하게 낡은 틀을 깨버리지 못합니다. 교사에 대해서도 서비스의식이 부족하며, 자신의 사무와 급여에만 급급하고, 진정한 교육에 소홀합니다. 때문에 행정형 교장은 교육가로 성장하기 어렵습니다.

미국, 프랑스, 일본 등 선진국의 교장의 경우, 초중등학교의 교장 중 교육자가 매우 많은 수를 차지하고 있다는 사실을 알 수 있습니다. 그들은 행정상으로 직급이 분류되는 것이 아니라, 교장을 일종의 직업으로 분류합니다. 이렇게 되면 교장은 전문교육가가 되어 이상적인 교육을 실시할 수 있습니다. 교장을 직업형 교육가로 만드는 것 역시 21세기 교육의 목표입니다.

또 하나 살펴봐야 할 것은, 학자형 교장의 수가 현재 많아지고 있다는 사실입니다. 왜냐하면 교장들의 절대다수가 모두 교사 중에서 선출되기 때문입니다. 일단 발전방향이 명확하고, 교육 관리에 자신을 희생할 수 있는 의지가 확고하다면, 그들은 분명 자신의 능력을 충분히 발휘하여 교육개혁의 선봉대가 될 것입니다.

신교육실험학교의 많은 교장들이 모두 그 명성 그대로의 학과와 학술의 리더입니다. 그들은 실험을 기획하고 조직하는 실천가로서 모범이 되는 역할을 잘 해내고 있습니다. 이렇게 실천하는 교장이기 때문에 교육개혁에도 의지를 갖고 실험에 참가할 수 있는 것입니다. 이러한 교장과 이러한 학교는 많습니다. 그렇기 때문에 그들의 신뢰, 지원, 참여가 있는 것이고, 나 역시 신교육실험의 보급에 자신감을 가질 수 있고, 나아가 신교육실험이 우리가 기대한 만큼의 좋은 성과를 거둘 수 있다는 자신도 있습니다.

02

교사의 새로운 사고

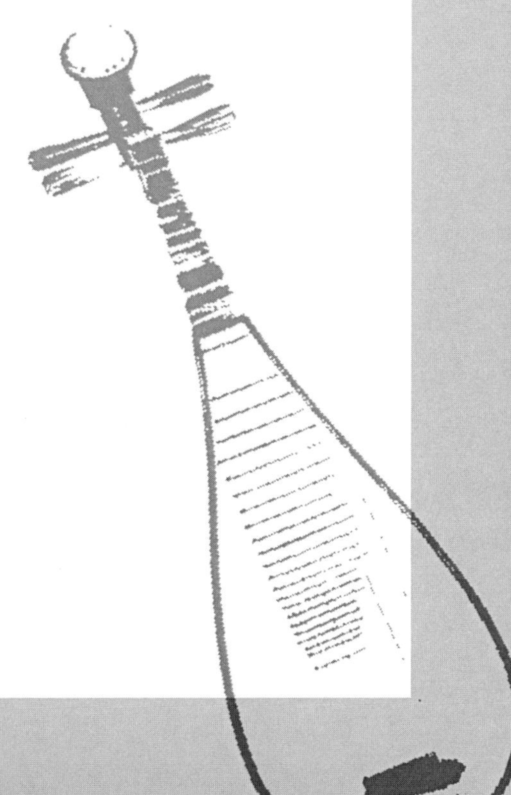

어떤 의미에서 주영신 교수는 교육 이상주의자이지만, 또 다른 의미에서 작가는 또한 교육 현실주의자입니다. 이상과 현실이라는 두 측면이 합쳐지는 부분에 어쩌면 교사의 자리가 아닐까요? 교육의 이상은 반드시 교사의 이상과 이상적인 교사를 통해 실현되어야 합니다. 교사나 교육의 이상은 또한 교사의 실질적인 교육에 기반을 두어야 하며, 현실적인 교육의 토양에 뿌리를 내려야 합니다.

주 교수는 이상적인 교사를 꿈꾸고 있습니다. 그는 교육의 기초, 일선인 교실, 즉 무한한 교육의 생기가 넘치는 곳에서 움직이고 행동합니다. 이곳에서 그는 마음속으로 이상적인 교사를 그리고, 나아가 평범한 교사가 이상적인 교사가 될 수 있다는 신념에 불을 붙이고, 최대한 그들의 이상을 위해 기반을 닦고, 이를 위한 플랫폼을 만들기 위해 노력하고 있습니다.

교사에게 가장 중요한 것은 무엇일까요? 물론 자신이 어떻게 성장하고, 교사와 학생이 어떻게 협력하여 함께 노력하고 발전하는가 일 것입니다. 그래서 주 교수는 이 두 가지 측면에 대해 문제를 제기하고 있습니다. 어떤 문제들은 비교적 거시적이지만, 주 교수는 문제들에 대한 요점을 제시하고 바로 본질적인 문제에 접근하고 있습니다.

어떤 문제들은 구체적이면서 세세한데, 교수는 이들을 분석하여 분류하고 새로운 의미를 이끌어 내고 있습니다. 까다로운 문제에도 주 교수는 결코 회피하지 않고 자신의 의견을 개진하며 과감히 새로운 이론을 펼칩니다. 주 교수의 의견에 완전히 동의하지 않는 독자라도 그의 깊은 교육적 사고에 탄복할 것입니다. "풍부한 학식과 덕을 배운 것 같다." 이는 대화에 참여했던 많은 교사들의 느낌이었습니다. 일부 교사들은 이러한 대화와 느낌, 수확, 그리고 그 이후에 참신한 교육적 영역을 자신이 추구하는 목표로 삼고, 끊임없이 추구하고 성장하고 있습니다.

이상적인 교사는 나부터, 일선에서부터 만들어집니다. 이는 주영신 교수가 교육전문가이자 교육행정관으로서 즐겁게 임하고 있는 부분이며, 열정과 시적인 마음을 갖고 있는 생활방식이기도 합니다.

28. 현실의 교육과 이상적인 교육의 근본적인 차이는 무엇입니까? 어떻게 하면 그 차이를 없애고 현실교육을 이상적인 경지로 끌어올릴 수 있을까요? 이상적인 교사는 어떻게 만들어지는 것입니까?

우리가 하고 있는 일 전부가 미래를 위한 준비 작업입니다. 우리의 교육은 미래의 교육을 위한 것이며, 아이의 평생을 위한 교육입니다. 새로운 세기는 반드시 이를 핵심이념으로 하는 신교육이 있어야 합니다. 중화민족이 함께 새로운 희망을 품고, 새로운 세기의 중화민족의 영웅을 만들어야 합니다! 이것이 바로 심오한 바람이자, 영광스러운 꿈이고, 웅대한 이상입니다. 하지만 사실 현실 교육의 이상 교육에는 어느 정도의 차이가 있습니다.

이상 교육은 늘 비교적 단일적으로 교육 규칙 자체의 영향을 고려하지만, 현실 교육은 각종 요소의 영향을 받기 때문에 비교적 복잡합니다. 현실 교육과 이상 교육의 차이는 교육 기능에 대한 다른 이해와 실천에서 나타납니다. 두 가지 사이의 차이를 없애기 위해서는 교육 이상을 세워서 이상을 실현하도록 노력하고 행동하는 것이 중요합니다. 교육의 이상을 꿈꾸는 것이야말로 교육자로서 자신의 직업을 진지하게 사랑하는 사람입니다. "爲伊消得人憔悴, 衣帶漸寬終不悔(모든 몸과 마음을 쏟을 정도로 전력을 기울여야 후회가 없고 성공할 수 있다)" 교육이상을 실현하는 것은 교육에 대한 사랑이고 집착입니다. 교육이상은 교사가 끊임없이 노력해야 하는 목표이자, 건강하게 성장할 수 있는 원동력입니다. 교육이상은 먼저 교육 전체에 대한 관찰에서 시작됩니다. 눈앞의 것만 봐서는 원대한 교육이상을 실현할 수 없습니다.

교육은 인간의 이상적인 활동을 보여줍니다. 폴란드의 한 철학가는 이렇게 말했습니다. "미래를 바라보는 교육은 이러한 신념을 보여준다: 지금의 현실은 결코 유일한 현실이 아니며, 교육의 유일한 기준이 될 수 없다." 교육이상은 현실과 동떨어져서는 안 됩니다. 교육이상은 교육자가 고난 속에서 발견한 희망이며, 비판 속에서 창조하는 새로운 생명이자, 현실을 직시하는 가운데 새롭게 추구하는 것입니다. 우리는 최고를 추구하고 일류를 실현할 수 있다는 것을 믿어야 합니다. 교육은 바로 평범한 것에 대한 도전입니다; 최고는 없지만, 더 나은 것은 있습니다. 교육은 바로 성공을 뛰어넘는 것입니다; 현재에 서서 미래를 바라보는, 교육이야말로 영원히 오늘을 위한 것이며, 더욱이 미래를 위한 준비입니다.

우리가 이러한 교육 이상을 세운다면, 이상은 바로 인문주의의 지혜와 헌신의 정신을 발휘할 것입니다. 이것은 모든 교사의 마음을 깨끗이 하는 것과 같으며, 교직에 대한 엄숙함, 신성함의 근간입니다. 또 교육 이상은 교사 각자가 부단히 정립하고 규범을 정해야 하는 것입니다. 나폴레옹이 유명한 말을 남겼죠. "총사령관을 꿈꾸지 않는 사병은 좋은 사병이 될 수 없다." 교사가 원대한 이상을 갖고 있지 않다면, 어떠한 창조적인 성공도 할 수 없을 것입니다. 교육 이상 하나하나가 교사의 교육적 행위를 규범하며, 그의 교육적 활동을 다양하게 발전시킬 수 있으며, 나아가 그의 교육적 품위를 향상시킬 수 있습니다.

물론 우리가 주목해야 할 점은 시대의 수요, 교육적 발전 및 교사의 풍부한 경험이 교사 각자의 이상을 확립하는 데 있어서 단계적이고 확장적이며 연속적인 특징을 지니고 있다는 사실입니다. 교사가 자신의 단계적인 교육이상을 실현했을 때, 그는 자기만족과 함께 자아도취에 빠질 수 있습니다. 그의 교육적 추구 역시 제자리에서 머물고, 교육 생명도 그 자리에서 끝나버릴 것입니다. 하지만 끊임없이 새로운 교육적

이상을 추구한다면, 교사는 영원히 전진할 수 있는 동력을 얻게 될 것입니다. 그래서 저는 《교육의 이상과 이상적인 교육敎育的理想與理想的敎育》이라는 글에서 열정, 시의, 기지, 항심에 대해 언급한 것입니다. 우리의 일선 교사들은 이상적인 교사에서 출발하여 이상적인 교육을 실현시키기 위해 자신의 지혜와 기치를 충분히 발휘해야 합니다.

29. 선생님의 저작과 보고서 중에는 교사의 자질 향상과 관련한 문제들이 비교적 많습니다. 교사의 자질 향상은 현 교육에 있어서 제일 중요한 문제라고도 생각할 수 있겠는데요, 중국은 세계적으로 가장 많은 교사가 있는 나라입니다. 교사의 자질을 향상시키는 것은 그만큼 매우 어려운 일이 될 것 같습니다. 그렇다면 선생님께서는 교사의 자질 향상을 위해 무엇이 중요하다고 생각하십니까?

교사의 자질 향상을 위해 해야 할 일들이 정말 많습니다. 먼저 교사들의 독서를 장려해야 합니다. 많은 조사를 통해 초중등학교 교사들이 독서에 있어 많은 문제점을 갖고 있다는 것을 알게 되었습니다. 가장 두드러지는 점은 바로 어느 정도 기준에 맞는 교육이론에 대한 지식이 부족하다는 것이었습니다. 그래서 우리는 교사 필독서 목록을 만들어 중국의 경전 등 교육방면에 있어 세계적으로 유명한 경전을 꼽았습니다. 5년 동안 노력해서 《신세기교육문고新世紀敎育文庫》를 만들어 중국 교사들에게 100권의 추천서를 제시했습니다. 2003년 말에는 중국 교사를 위한 필독서가 나올 것입니다. 저는 독서를 하지 않는다면 그 어떤 권위자와도 대화가 되지 않으므로 자질을 향상시킬 수 없다고 생각합니다. 사실 초중등학교 교사들은 독서에 대한 의지가 매우 강합니다. 하지만 요즘 나오는 책들은 너무 복잡하고, 교사들의 일도 많기 때문에 양서를 골라서 읽을 시간이 매우 부족한 것이 사실입니다 그래서 우리는 전문가와 학자들을 통해 추천을 받고, 일선 교사들과 광범위한 토론을 벌여 교사들이 시간을 절약하고 가장 우수한 책만을 읽어서 학생들과 함께 독서 친구가 되어 함께 발전할 수 있도록 많은 노력을 기울였습니다.

둘째, 교사 양성제도를 개혁해야 합니다. 현재 교사 양성제도에는 큰 문제점이 있습니다. 실직적인 수요에 맞게 양성하지 않고, 또 교사 양성 기관 설립 등 양성을 위한 시스템 문제가 해결되지 않는다면, 교사 자질 양성은 단순히 형식적으로만 남게 될 것입니다. 저는 전국적으로 우수한 학교에 교사 양성기관을 만들어야 한다고 생각합니다. 위치는 다른 교과과정보다 교사들이 관리해야 할 부분들이 특히 많은 초중등학교 현장에 세우는 것이 적절합니다. 저는 다원적인 교육양성 기구를 만들어 민간 차원에서 교육 양성을 실시함으로써, 양성 교육 자격을 갖춘 민간 기구가 만들어져 기존의 양성체제와 선의의 경쟁을 하게 된다면, 양성교육의 질도 분명 변화가 생길 것이고, 교사의 자질도 분명 향상될 수 있다고 생각합니다.

그 외에도 우리는 "중국교사의 지속적인 교육영상자료보관소中國敎師繼續音像資料庫"를 만들어야 합니다. 전국적으로 그렇게 많은 우수한 전문가와 교사들이 발표한 소중한 보고서를 모두 대형 자료보관소에 보관해 교사양성을 위한 기반을 닦아야 합니다. 그러나 현재 기초적인 건설이 다 끝나지도 않았는데, 제도 이야기부터 언급되고 있습니다. 이로 인해 기초 건설이 제도 건설을 따라가지 못하고 있습니다. 사실 반드시 기초건설부터 시작해야 합니다. 우리는 "중국교사지속교육네트워크中國敎師繼續敎育網" 구축을 건의하였습니다. 사실 현재 교육온라인 역시 어떤 의미에서 보면 이미 "교사 지속적인 교육네트워크敎師繼續敎育網"의 기능을 담당하고 있습니다. 좋은 교사 네트워크란 투자는 낮고 효율은 높으며 생명력이 강한 양성시스템입니다. 그래서 저 역시 '교육온라인'을 중국 교사의 지속 교육의 형식으로 실시할 수 있길 바랍니다. 우리들 홈페이지는 개설한 지 2개월 만에 몇 만 건의 답글이 달렸으며, 《인민정협보人民政協報》가 반 이상의 지면을 할애하여《이 사이트는 어째서 교사들의 방문이 끊이지 않는 걸지這個網站爲什麽讓敎師如此留連》라는 제목으로 우리 홈페이지에 대해 보도했습니다. 또한 장쑤 교육출판사와 함께《교육과학정품교재역총敎育科學精品敎材譯叢》을 출판하였습니다. 세계적으로 가장 뛰어난 교육학과 심리학교재들을 번역하고, 해외 교재들을 중국의 같은 종류 교재들과 비교하여 좀 더 현실적이고 살아있는 교재를 선택하기 위해 매우 많은 노력을 기울였습니다.

셋째, 교사들에게 그들의 개성을 살릴 수 있는 자유로운 교육 환경을 제공해야 합니다. 현재 교사들은 너무나 많은 제한 속에 갇혀 있기 때문에 그들이 갖고 있는 창조성과 주동성, 적극성이 충분히 발휘되지 못하고 있습니다. 교사들에게 자신의 개성을 발휘할 수 있는 자유로운 교육환경이 없다면, 제한 속에 묻혀서 교사들도 학생을 압박하게 되고 아이들에게도 개성을 발휘할 수 있는 자유로운 환경을 주지 못할 것입니다. 이것 역시 하나의 악순환이라고 볼 수 있지요. 그래서 저는 이것이 바로 파괴력을 가진 관리행위라고 생각합니다. 즉 신교육 관리이념에서 반드시 버려야 할 부분입니다. 우리가 학생에게 책임을 다한다는 것은 사실 아이들의 평생을 위해 책임을 진다는 말이며, 아이들이 미래를 책임진다는 것입니다. 그러나 만일 교사에게 개성화된 자유 환경이 보장되지 않는다면, 아이들 역시 세계 경쟁 속에서 적극성과 창조성을 발휘하지 못할 것입니다.

30. 교사 집단의 전체적인 자질은 어느 정도 향상되고 있지만, 우수한 교사들 중에는 기회가 있을 때마다 직장을 옮기는 사람들이 있습니다. 이에 대해 어떻게 생각하십니까?

중국 사범교육제는 확실히 문제가 있습니다. 이것 역시 우리 체제와 관련이 있습니다. 미국, 일본, 한국 등 선진국은 다릅니다. 그들은 모두 우수한 사람이 교사를 맡으며, 교사라는 직업을 영광스럽게 생각합니다. 그런 교사들은 "교사는 태양 아래 가장 빛나는 직업"이라고 생각하고, "교사는 영혼의 뿌리를 내리는 직업"이라고 생각할 것입니다.

중국의 사범교육을 살펴보면, 중학교 교사들은 최소한 고등학교 교사보다는 덜 힘들 것 같습니다. 고등학교 3학년 교사들은 입시 준비 때문에 그만큼 힘들다고 느낄 수 있기 때문입니다. 초중등학교에서 설문조사를 한 적이 있습니다. 대부분의 학생들은 교사라는 직업을 좋게 생각하고, 교사가 되려는 꿈을 갖고 있었습니다. 그런데 고등학생은 교사에 대한 인식이 좋지 않았습니다. 일부 고등학생은 사범대에 입학하기는 하지만, 그것이 어쩔 수 없는 선택인 경우가 많았습니다. 이러한 현실은 정말 가슴이 아픕니다! 우리 사회 모두 가슴 아파해야 할 현실입니다!

우수한 학생들은 사범대에 입학하지 않습니다. 이는 우리 고등학교 교사들과도 관계가 있습니다. 이러한 모든 것들에 대한 개혁이 전면적으로 이루어져야 합니다. 베이징 대학은 다른 학과를 마치면 다시 1년간 사범교육을 받을 수 있는 교육대학원을 만들었습니다. 교육이 발전함에 따라 사회적으로 많은 우수한 인재들이 교사가 될 필요가 있습니다. 교사 자격 인증을 통해 교육에 헌신하려는 의지가 있는 사람들이 교사 집단에 새로운 피를 주입해야 합니다. 현재 이미 그러한 움직임이 시작되었습니다. 매우 좋은 시작입니다. 이것은 과거 교사 교육에 대한 반성입니다. 저는 우리 교사 교육이 반드시 달라져야 하며, 교사 집단도 다원화되어야 한다고 생각합니다. 특히 중국 경제가 발전함에 따라 반드시 큰 변화가 필요합니다.

마지막으로는 교사의 위치에 따라 결정됩니다. 교사는 비록 태양 아래 가장 빛나는 직업이지만, 역시 공무원보다 낮은 직업이 되어서는 안 됩니다! 교사에 대한 대우는 공무원 대우의 평균 이상이어야 합니다. 전에 《정변우사定邊憂思》라는 책에 교사의 월급이 한 달에 150위안에 불과하며, 그래도 그들은 열심히 일하고 있다고 쓴 적이 있습니다. 이러한 예를 통해, 저는 교사는 먼저 자신이 자신의 위치를 볼 줄 알아야 하고, 자신의 직업이 위대한 일이라는 것을 깨달아야 한다고 생각합니다. 이것 역시 자신감 문제입니다. 만일 우리가 이러한 자신감이 없다면 노력하지 않을 것입니다. 자신의 노력이 없다면, 사회의 인정을 받을 수 없고, 자신의 인생 가치도 실현될 수 없습니다. 그래서 저는 줄곧 어떻게 하면 교사들이 노력할 수 있는 동기를 만들 수 없을까 하는 생각을 했습니다.

'교육온라인'을 방문한 교사들은 제가 쓴 《주영신 성공보험회사 공고문朱永新成功保險公司開張啓事》을 본 적이 있을 겁니다. 10년이라는 시간 동안 한 사람의 성공을 만들 수 있습니다. 우리가 노력하고 꾸준히 하기만 한다면 말입니다! 이미 교사가 된 이상, 힘들어하기보다는 이 일에 마음을 열고 포용하는 것이 낫지 않겠습니까? 평범하고 무료하게 살기보다는, 착실하고 충실하게 하는 것이 좋지 않겠습니까? 매일 30분에서 한 시간 정도 교육을 위한 투자를 할 수 있지 않나요? 교육하는 곳에서 교육을 위해 모든 것을 바칠 수 있는 열정을 가져야 한다고 생각합니다.

31. 교육을 하다 보면 이상과 현실이 충돌하고 모순되는 상황에
    부딪치게 됩니다. 교육 효과가 예상보다 낮거나, 시간이 지
    나면서 교육에 대한 열정이 줄어들기도 합니다. 이러한 모순
    과 충돌은 어떻게 해결할 수 있을까요?

교사의 창의적인 정신은 교육의 대상에서 실현되는데, 그 대상은 생명 없는 물건이나 부품이 아니라, 사고하고 감정을 가지고 살아 숨 쉬는 아이들입니다. 교사는 엔지니어처럼 미리 설계된 도안에 따라서 그들을 가공할 수 없습니다.

교육의 과정은 복잡하고 장기적이며 능동적입니다. 교육자는 이 과정이 길고 길다는 것을 알아야 합니다. 결코 조급한 마음을 가져서는 안 됩니다. 학생과 감정적으로 통하기 위해서는 한두 번의 무서운 설교나, 사랑이 가득 담긴 관심만으로는 부족합니다. 교육은 하나의 예술이며, 예술은 하루아침에 되는 것이 아닙니다.

사실 학생은 교사가 갖고 있는 뜨거운 열정에 대해 그다지 관심이 없습니다. 그 이유가 무엇인지 자신에게 물어봐야 할까요? 속담에 "열쇠 하나로 자물쇠 하나를 연다."라는 말이 있습니다. 우리가 맞는 처방전을 쓰는 게 아닌 걸까요. 우리가 학생의 감정에 불을 붙일 수 있는 도화선을 제대로 찾은 게 아닌 걸까요. 만약 아니라고 해도, 결코 상심해서 안 됩니다. 오히려 더욱 자신 있게 전과 같이 지속해 나가야 합니다.

이상과 현실의 충돌에 부딪쳤을 때, 교사는 방황하게 되는데 이는 자

신감이 부족하다는 것을 말해줍니다. 저는 우리가 성공하기 위해서는 두 가지 전제 조건이 필요하다고 생각합니다. 하나는 성공을 추구하는 것이고, 다른 하나는 자신이 성공할 거란 믿음입니다.

교사로서 반드시 성공을 추구하고 설계해야 합니다. 더욱 중요한 것은 성공에 부딪치는 것입니다. 교사는 다양한 시도를 하고 싶은 충동을 갖고 있어야 합니다. 이렇게 하기란 매우 쉽지 않습니다. 교사가 시도를 멈춘다는 것은 생활의 의미를 잃는 것이며, 자신의 존재에 대해 자신감을 상실하는 것입니다.

저는 중학생과 자신감 문제에 대해 얘기해 왔습니다. 진정으로 이상적인 선진적 이념은 우리에게 감동을 주는 것이고, 학생들이 받아들일 수 있는 것이어야 합니다. 문제는 우리의 교육방식을 학생들이 받아들일 수 있는지의 여부입니다.

인성교육 역시 쉽지 않습니다. 중국 학생들은 전 세계적으로 가장 힘듭니다. 쑤저우의 한 교장은 학생들이 공부에 대한 부담을 줄일 수 있도록 쉬는 시간을 조정해서 아이들이 좀 더 잘 수 있도록 했습니다. 그런데 결과적으로 학부모들의 강한 반대에 부딪혔습니다. 당연합니다. 지금의 학부모들은 자녀가 좋은 교육을 받길 원하지만, 어떻게 아이들을 교육하는지 모르고 있으며, 심지어는 '좋은 마음으로 나쁜 일을 하는' 상황이 벌어지고 있습니다.

학부모 역시 교육이 필요하고, 학교와의 소통이 필요합니다. 이렇게 본다면, 우리 교사들은 어깨의 책임감이 더 커질 것입니다. 아이들 교육에, 필요할 땐 학부모와 생각을 교류해야 하기 때문입니다.

좋은 교육은 분명 모두의 지지와 환영을 받습니다. 여기엔 별 문제 없습니다. 때때로 학생들이 별 흥미를 보이지 않고 무덤덤해 보이는 까닭은, 교사가 적절한 교육방법을 찾지 못하고, 아이들의 마음에 진심으로 다가가지 않았기 때문입니다.

지금의 학교에서는 어떻게 아이들을 교육하고 있나요? 교사가 아이들이 원하는 것을 제대로 이해할 때, 비로소 아이들이 교사를 따를 수 있습니다. 물론 아이들을 종용하거나 억지로 이끌어서는 안 됩니다. 아이들의 세세한 부분까지 주의를 기울이고 세심하게 지도를 해야 만이 '소리 없이 촉촉이 만물을 적시는' 경지에 이를 수 있습니다.

결론적으로 교육에 대한 사랑은 원천이며, 성공적인 교육의 기초입니다. 교사들은 매일 아이들을 가르칩니다. 하지만 가르치는 과정에서 기쁨을 찾지 못하기 때문에 아이들을 사랑하는 마음이 솟아나지 않습니다. 이러한 교사는 영원히 교육적으로 성공하지 못할 것이며, 교육의 진리를 깨닫지 못할 것입니다. 인내를 갖고 이 사랑의 마라톤을 끝까지 지속하는 사람에게만이, 성공이 문을 열 것이며, 그의 교육도 비로소 아이들의 마음속 깊이 스며들 것입니다.

32. 《신교육의 꿈》에서 한 사람의 우수한 교사가 먼저 솔선수범
하여 최고를 추구하고 혁신하는 정신을 갖춰야 한다고 말씀
하셨습니다. 교사의 의지란 정말 저렇게 크게 작용하는 것입
니까?

우수한 교사는 현재와 미래의 발전 관계를 잘 조절할 줄 알아야 합니
다. 우수한 교사란 하나의 전제가 따릅니다. 바로 우환의식과 위기감을
갖고 있는가 입니다. 우수한 교사는 반드시 무언가를 추구하는 교사입
니다. 대부분 위험을 걱정하지 않으면 가까운 곳에 위험이 있다고 말하
지요. 사실 많은 교사들은 현재에만 관심을 가질 뿐, 미래에는 무관심
합니다. 현재 자신이 어떻게 사는지에 대해만 관심을 갖고, 앞으로 자
신이 어떻게 더 잘할 수 있을지에 대해서는 깊이 생각하지 않습니다.
기존의 작은 성과에만 만족하고, 자아도취에 잘 빠지고 쉽게 만족하지
만, 모든 일에는 최고가 없다는 사실을 인지하지 못하고, 더 나은 목표
와 더 높은 경지를 추구하지 않습니다. 송나라 때 장자이張載라는 유명
한 학자가 있었습니다. 장자이는 자주 이렇게 말했습니다. "의지가 크
면 재능이 크고, 사업이 커진다志大, 則才大, 事業大" "의지가 오래 지속되
면, 기운과 덕이 오래 지속된다志大, 則氣久, 德性久." 사람의 의지는 크고
굳어야 합니다. 또한 그러한 의지가 오래도록 지속되어야 호연한 정기
를 얻을 수 있고, 올바른 인격을 기를 수 있습니다. 즉 "기운이 크고, 덕
이 큽니다氣久, 德性久." 정말 멋진 말이라고 생각합니다. 끊임없이 자신

을 뛰어넘고 자신을 부정한다면, 그리고 앞으로를 걱정하는 의식이 강하다면, 분명 직업적으로 큰 빛을 볼 수 있으며, 큰 성공을 얻을 것입니다. 그래서 어떻게 자신과 현실을 뛰어넘을 것인지, 어떻게 자신에게 더 높은 인생의 목표를 설정한 것인지, 이것이 바로 교사로서 반드시 시시각각 생각해야 할 실질적인 문제라고 생각합니다. 특히 우수한 교사들의 경우, 이미 30세에 고급高級교사나, 특급特級교사가 된 분들도 있습니다. 다른 일반 교사들과 비교하면 그런 교사들은 이미 훨씬 많이 앞서 있습니다. 때문에 '최고' '뛰어난' 등 온갖 미사여구에 도취되기 쉽습니다. 대학 교수들을 포함해서 우리들 중 많은 사람들이 그런 문제를 갖고 있습니다. '교수'라는 명함을 달고 난 후에는 이렇다 할 성과를 만들기 위해 노력하지 않습니다. '교수'가 되기 전에는 매일 연구하고 논문쓰기에 열심이던 사람도, 교수가 되고 나면 이내 시들어 버리고 동기를 잃는 경우가 많습니다. 이러한 때에는 무언가 뛰어넘을 만한 목표가 있어야 합니다. 최근 상하이 한 구區의 구장區長은 구장 직책을 버리고 교장이 되었다고 합니다. 그는 교육적인 사업을 하고 싶은 꿈을 갖고 있었습니다. 그에게 정협政協 주석主席이 되어 달라는 요청이 들어왔지만, 그 제안을 거절하고 교육일에 종사했습니다. 우리가 교육을 하려면 이처럼 교육에 헌신하고 최고를 추구하는 정신이 있어야 합니다. 이 점도 하나의 전제입니다. 우리 자신에게 더 높은 목표를 설정할 때 끊임없이 발전할 수 있습니다.

33. 선생님께서는 "우수한 교육가는 끊임없이 탐색하고 혁신하는
사람이자, 교육적인 마음을 가진 사람이어야 한다."라고 말씀
하셨습니다. 또한 "교육가와 교서장敎書匠의 가장 큰 차이는
바로 교육가로서 최고를 추구하는 정신과 혁신하는 정신을
가졌다는 점이다."라는 말씀도 하셨습니다. 교사가 교육에서
어떻게 혁신을 할 수 있는지에 관해 말씀해 주시기 바랍니다.

저는 비교적 일찍 교육 혁신과 혁신 교육 문제에 관심을 가지기 시작
했습니다. 1999년에 《혁신교육논강創新敎育論綱》이라는 글을 썼고, 《교
육연구敎育硏究》에 발표했습니다. 2001년 초에는 《혁신교육론創新敎育
論》이라는 책을 출판하여 혁신교육과 교육혁신의 관계에 대해 논술했
습니다. 오늘은 미시적인 관점에서 이야기 두 가지를 통해 제가 이해하
고 있는 교육혁신에 대해 말씀드리고 싶습니다. 지금부터 말씀드릴 이
야기는 이미 단편으로 쓴 적이 있습니다. 하나는 《교육의 "반역자"를
위하여爲敎育"叛逆者"叫好》이고, 다른 한 편은 《교육의 기적을 창조하는
젊은이創造敎育奇跡的年輕人》입니다. 최근에 '교육온라인' 사이트 논단에
발표했습니다.

《교육의 "반역자"를 위하여》는 《남방주말南方週末》이 보도한 위엔
칭다오原靑島시 이중어문二中語文 교사인 왕저자오王澤釗의 반역행위와
그 결과에 관한 글을 읽고 쓴 후기입니다. 보도 내용을 살펴보면, 왕
선생님은 수업시간에 "규정에 맞지 않는 부분"이 매우 많았다고 합니

다. 일반적으로 수업 교재로 사용하는 인교人敎판 교재는 개학 후 3주 만에 끝내 놓고, 나머지 시간에는 자신이 고른 교과서 외의 책을 가지고 수업을 한다고 합니다. 수업 시간에 학생들은 기립 인사를 하지 않아도 되고, 수시로 수업 중간에 선생님의 말을 끊고 반박할 수 있습니다. 왕 선생님의 수업은 때로는 독서시간이었다가도, 대화를 하거나 변론시간이 될 때도 있고, 공연을 할 때도 있습니다. 그가 지도한 17회 졸업생 모두 우수한 학생이었고, 그가 편저한 150만 자의 교재도 곧 작가출판사作家出版社에서 출판할 예정이었지만, 현행 교육체제에서는 용납되지 않았습니다. 한 교사는 "그는 학생들을 잘못 인도하고 있다! 교사로서 그가 교육일을 하는 것을 반대한다!"라면 눈물로 "성토"했습니다. 승진 경쟁에서 그는 누락되고, "강등降崗"되었습니다. 하지만 제가 보기엔 이러한 교육반역자야말로 교육 혁신자입니다. 어떤 의미에서 보면, 교육혁신은 바로 교육 반역이며, 교육전통에 대한 일종의 변혁입니다. 오랜 세월 교육을 실천하면서 이런 저런 체계가 생겼고, 우리의 손발을 구속했습니다. 교사의 잠재력과 아이의 잠재력, 교사의 창조성과 아이의 창조성을 속박했습니다. 사실 우리는 교육은 전혀 다른 방법을 사용해서 동반 자살 같은 결과를 초래할 수 있습니다. 하지만 교육 현실에서 왕저자오 선생님과 같은 '반역' 교사는 대부분 같은 불운을 피할 수 없습니다. 교육혁신 과정에서 우리는 이러한 교육반역자들을 더 많이 이해하고 포용해야 합니다. 나아가 그들을 위해 길을 열어주어야 합니다.

다른 한 편은 《교육의 기적을 창조하는 젊은이》입니다. 쑤징蘇靜이라는 이 젊은이 역시 칭다오에 살고 있습니다. 그녀는 전문대를 졸업하고, 초등학교 5학년을 가르치고 있습니다. 교사가 된 지 1년 정도 지났는데, 아이들이 벌써 시를 쓸 줄 안다고 합니다. 아동시뿐만 아니라 시여구詞도 쓸 줄 압니다. 교육부처 사람들도 믿지 못해서 일부러 시찰을 나갔는데, 스톱워치로 재보니 학생들이 2분 만에 시여구를 지었다고 합니다. 한 젊은 교사가 이러한 기적을 만들어낼 수 있다는 것은 정말 쉽지 않습니다. 《중국교육보中國敎育報》에서 지면 한 페이지 전체에 쑤징에 관한 기사를 실었습니다. 이미 잊어버린 사람들도 있겠지만, 저는 잊지 않았습니다. 제가 '교육온라인' 사이트 개설회를 열었을 때, 그녀를 특별손님으로 쑤저우에 초대했습니다. 그녀를 통해 우리 초중등학교의 우수한 교장들과 교사들의 시야가 넓어졌습니다. 그녀는 교직 1년 만에 이렇게 할 수 있었지만, 우리 교사들은 20년 30년이 되어도 그러한 경지에는 오르지 못했습니다. 저는 그녀가 교육 혁신의 모범이라고 생각합니다. 우리는 그녀와 깊은 대화를 나누면서 몇 가지 중요한 점을 발견했습니다. 첫째, 그녀의 독서량은 놀라울 정도로 많았습니다. 대학 때 철학, 문학, 교육 방면의 많은 서적을 탐독했으며, 시인이기도 했습니다. 이처럼 내공이 쌓여야 합니다. 혁신 능력을 가진 사람 모두 좋은 기초를 가진 사람입니다. 기초가 없으면 혁신도 없습니다. 둘째, 그녀는 젊기 때문에 두려운 것이 없었습니다. 학교에서는 그녀에게 연륜 있는 교사 수업을 청강할 것을 요구하지 않았습니다. 만일 노교사가 자신의 방식 그대로 따라하라고 했다면 지금 같은 일을 해낼 수 없었을 것입니다. 지금의 교육을 전수하는 것에 대해서는 적절한 연구가 필요합니다. 왜냐하면 그중에는 좋은 것도 있고 나쁜 것도 있기 때문입니다. 청강을 하고, 교안 작성법을 배우고, 수업방식을 배우고 나서 그러한 방식들과 맞지 않는 부분들은 잘라버린다면, 혁신이란 것은 아예 불가능해집니다. 저는 젊은 교사들이 자유롭게 탐색하고 찾을 수 있도록 장려해야 한다고 생각합니다. 쑤징을 통해 교육 기적은 창조될 수 있다는 것을 깨달았습니다. 이러한 기적이야말로 교육적 혁신입니다.

34. "학생에게 물 한 컵을 주고 싶다면, 교사에게는 물 한 통이 있어야 한다."고 말합니다. 교사가 된 이후로, 내가 갖고 있는 지식들이 갈수록 학생들의 학구열을 만족시켜 주기에 부족하다는 생각이 듭니다. 평소 어떻게 자기 수련을 위해 노력해야 할까요?

현대사회의 교사로서 늘 공부하고 자기계발을 해야 합니다. 늘 배우고 발전하는 것은 우리가 성장할 수 있는 근본적인 동력입니다. 예전의 학교 다닐 때 쌓은 기초나 지식으로는 오늘날 사회에 적용하기 어렵습니다. 왜냐하면 정보화 사회에서는 순간순간마다 빠르게 변하기 때문입니다. 새로운 지식의 등장으로 기존의 지식이 과거가 되는 상황이 갈수록 빨라지고 있습니다.

미국에서 실시한 한 통계조사에 따르면, 학교에서 배운 지식은 직장에서 5년이 지나면 그중 75%는 갱신을 해야 하고, 갱신하는 비율이 갈수록 커지고 있다고 합니다. 물론 이 결론이 맞느냐 틀리냐를 가름할 수 있는 정확한 기준은 없습니다. 하지만 어느 정도 일리가 있는 말입니다.

교사는 지식을 풍부하게 쌓아야 합니다. 왜냐하면 학생에게 존경스러운 교사의 이미지를 심어주기 위해서는 반드시 교사로서 다양하고 풍부한 지식을 갖고 있다는 명망을 쌓아야 하기 때문입니다. 이것은 저학년일수록 더욱 필요합니다. 수학 문제 같은 경우 이미 중고생들은 국어교사에게 물어볼 수 없다는 것을 알고 있습니다.

하지만 초등학생은 다릅니다. 초등학생에게 교사는 무슨 문제든지 다 아는 만능입니다. 천문에서 지리까지 어떤 문제든지 교사에게 질문할 수 있습니다. 만약 초등학생이 한 질문에 선생님이 모른다고 대답하고, 다음날 같은 질문에도 답을 정확히 모른다고 대답하고, 며칠이 지난 후에도 역시 답을 알려주지 못한다면 어떻게 될까요? 아마 이런 상황이 반복되면 될수록 학생이 갖고 있던 교사의 이미지는 크게 추락할 것입니다. 그러나 교사가 수업시간에 광범위한 지식이나 정보를 인용하고, 어려운 내용을 쉽게 풀어서 설명해준다면 교사의 위신은 충분히 세울 수 있습니다. 교육은 원래 종합예술이기 때문에 다양한 교과의 풍부한 지식이 필요합니다. 우수한 교육자가 되기 위해서는 먼저 자신의 생존과 발전에 적합한 모델을 찾아야 합니다. 그러기 위해서는 다방면에 대한 탐색이 필요합니다.

많은 교육가가 자신의 교육적 풍모와 교육이론을 만들 때, 많은 시도를 하고 탐색을 합니다. 그리고 이 과정은 다양한 학과에 대한 종합적 탐색이고, 이 과정을 통해 비로소 자신의 이미지를 형성할 수 있습니다. 그렇기 때문에 우리에게 교육이론은 매우 중요하며 또한 그것을 철학, 자연, 과학, 인문 등과 함께 결합시키고 확대시켜 나가야 합니다.

눈앞에 바로 성공이 보일지라도, 이 한 발을 내딛어야 비로소 진정으로 우수한 교사가 될 수 있습니다. 그러기 위해서는 또한 어렵고도 힘든 노력들이 필요합니다.

35. 교육일기는 신교육실험의 중요한 프로젝트이자 특색입니다. 선생님 역시 교육일기가 성공을 보장하는 일종의 보험과 같은 것이라고 하셨는데, 그렇다면 중고등학교 교사들이 어떻게 해야 교육일기를 잘 쓸 수 있을까요?

중고등학교 교사의 교육일기는 자신을 반성하고 자아를 성숙시킬 수 있는 좋은 방법입니다. 성공한 많은 교사와 학교를 살펴보면, 교사가 자각적으로 자신의 교육일기를 쓰고, 학교 역시 교육일기를 적극 권장했다는 공통점을 갖고 있습니다. 왜냐하면 이것은 교육과학연구의 발전을 추진할 수 있는 효과적인 방법이기 때문입니다.

전에 여러 번 강연을 하면서 교사들에게 '주영신 교육성공보험회사'에 가입할 것을 권장하였습니다. 가입조건은 매일 자신을 3번 반성하고, 하루 동안 보고 듣고 읽고 생각한 것을 매일 1,000자 정도의 글로 남기는 것입니다. 매일 자신과 대화하고 매일 자신이 깨달은 바를 적어 내려가며, 자신의 마음을 분석하고 자신의 성장을 기록하며 자신의 교육적 행동을 적는데, 이렇게 하면 십 년 후에는 모두 3,650편의 1,000자 문장에 360만 단어가 만들어집니다. 이는 지금 만 위안을 투자한 사람이 백만장자가 되는 것과 마찬가지입니다. 저는 줄곧 이러한 수련 정신을 가지고 교사에게 교육일기를 작성할 것을 권고하면서, 매일 교육적 반성의 글을 한 편씩 쓴다면 교사로서 빠르게 발전할 수 있다고 강조해 왔습니다.

그렇다면 어떤 일기가 좋은 교육일기일까요? 첫째, 교육의 열정과 격정을 담고 있어야 합니다. 교육에 대한 열정과 격정은 좋은 교육일기를 쓸 수 있는 원동력입니다. 이러한 열정은 교육사업의 깊은 이해와 뜨거운 사랑에서 비롯됩니다.

둘째, 책을 많이 읽어야 합니다. 독서활동을 열고, '책 향기 학교書香校園'를 만들어야 합니다. 초등학생과 중학생도 명작 100권을 읽는데, 교사가 책을 안 읽으면 되겠습니까? 책을 읽지 않으면 어떠한 열정이나 연륜이 생길 수 없고, 인문정신과 문화적 시야가 부족해집니다. 책을 읽지 않는 교사는 교육일기를 쓰기 어렵고, 발전하기 어렵습니다. 독서는 우리에게 동기를 부여하고, 우리의 바탕을 채워주며, 학문적 소양을 높여 줍니다.

셋째, 실천해야 합니다. 실천은 참된 지식을 낳습니다. 이는 철학의 기본 규칙입니다. 교육일기의 가장 중요한 소재는 실천에서 나옵니다.

일선 교사의 가장 큰 재산은 바로 선천적인 실천자원입니다. 교육실천 속의 설계와 과정, 경험, 실수, 잘못, 체험, 반성 심지어 일상의 잡다한 사무 등에서 모두 교육일기의 좋은 자료를 얻을 수 있습니다.

넷째, 사고하는 법을 배워야 합니다. 독서와 실천은 단지 교육일기에 극대한 가능성을 제공할 뿐입니다. 독서의 성과와 깨달음, 실천의 득실과 느낌을 일기 소재로 만들 때 가장 중요한 것은 바로 사고하는 법을 배우는 것입니다. 사고는 일종의 메인 스위치입니다. 사고가 없으면, 잡다한 것에서 정수를 뽑아내거나 진위가 섞인 곳에서 진실을 찾아낼 수 없습니다. 사고하지 않으면 요약하거나 다듬을 수 없습니다. 사고하지 않으면 생각이 방향을 잃고 발전할 수 없습니다.

다섯째, 좋은 언어실력을 기본기로 갖추어야 합니다. 쓰기는 말하기와 달리, 마음속으로 생각하는 것, 입으로 말하는 것을 글로 적으려면 어느 정도의 문장력을 갖추어야 합니다. 때문에 쓰는 연습을 계속 하면서 문장력을 길러야 합니다.

결론적으로 교육일기는 결코 어렵고 심오한 작업이 아닙니다. 어렵고 힘들 거라는 생각이나, 중도에 포기하려는 생각을 버리고, 꾸준하게 그리고 부지런히 독서와 실천하고 사고하고 적는 습관을 길러야 합니다. 이렇게 한다면, 분명 훌륭한 교육일기를 만들 수 있을 것이고, 성공한 교육전문가가 될 수 있을 것입니다.

36. 현재 사회적으로 생활의 품위를 높이고 평생 교육을 실시하자는 "늙을 때까지 살고, 늙을 때까지 배우자."라는 움직임이 일고 있습니다. 이러한 새로운 평생교육 이론이 우리 교육에 어떠한 계시를 줄 수 있을까요?

저명한 인류학자인 마가렛 미드Margaret Mead에 따르면, 인류의 발전사는 세 가지 변화를 겪었습니다. 첫 번째는 전유前喩문화로 이 당시 청년들은 어른들에게 생존법을 배웠습니다. 두 번째는 병유幷喩문화로, 두 세대 사람이 함께 생존하고 발전하는 법을 배웠습니다. 세 번째는 후유後喩문화로, 기존 세대 사람들이 젊은 세대에게 배워야 사회가 발전할 수 있었습니다. 우리는 이제 세 번째 문화시기에 있습니다. 즉 평생 교육을 하고, 아이들에게 배우는 것입니다. 이는 결코 잘못된 일이 아니라, 사회가 진보한 것에 대한 반영입니다. 이러한 배움은 부모로서 완성해야 할 "정신적 생명"이 새로운 생명을 얻는 것으로, 우리 부모 세대들에게는 가장 큰 행운입니다!

평생교육은 대단한 교육 사상입니다. 옛말에 "늙을 때까지 살고, 늙을 때까지 배우자"라는 말이 있습니다. 사실 이 말이 바로 평생교육이고, 평생교육을 가장 간단하게 설명하는 말입니다. 비록 "평생교육"이 프랑스 학자 폴 랑그랑Pau lLengrand이 1960년대에 UNESCO의 국제 성인교육 추진위원회에 제출한 문건에서 제시한 것으로, 이 단어를 잘 설명하고 실시하자고 제의한 것이지만, 저는 중국인의 해석이 더 독특하다고 생각합니다.

사람은 일찍부터 자신의 일생을 학습 시기, 일하는 시기, 노년 시기로 나누어 왔습니다. 하지만 평생교육은 사람의 일생을 지속적으로 발전하는 연속적인 전체로 보고, 인간의 끊임없는 학습과 발전을 강조하고 있습니다. 교육이란 "평생 쉬지 않고 받는 교육"이어야 합니다. 물론 이것이 바로 현재 교육시스템의 변화를 의미하는 것으로, 단일한 학교교육에서 지속적인 교육 및 기타 비정규적인 교육으로의 확장을 의미하고 있습니다. 그 밖에, 평생교육은 현재의 학교교육을 바꿔놓고 새로운 기준을 제시해야 합니다.

학교교육은 피교육자에게 지식을 전달하는 것으로 그쳐서는 안 됩니다. 더욱 중요한 것은 피교육자의 지속적인 발전능력을 길러주는 것입니다. 그래서 교육의 내용과 목표에서 자아교육과 자기학습, 자기평가 능력의 양성을 특별히 중시해야 합니다. 평생교육이 세계 많은 국가들의 교육개혁에 포함된다면, 우리는 평생교육의 가장 중요한 것이 바로 자아교육이라는 것을 깨달을 수 있습니다. 즉 가정교육, 학교교육, 사회교육은 피교육자의 자아교육을 완성시키고, 교육적 목표를 진정 실현할 수 있을 것입니다.

선생님들께서는 《제5항 수련第五項修練》이라는 책을 읽어 보신 적이 있으십니까? 이 책은 현재 세계적으로 매우 영향력 있는 책으로, "학습화조직"의 가치에 대해서 서술하고 있습니다. 2002년 당 16대 보고서에서 중국을 학습화사회로 만들자는 제안을 했습니다. 이는 중국의 큰 교육발전의 신호탄입니다. 교육적 각도에서 평생교육은 전체 사회 구성원을 고려한 교육적 기능을 갖춰야 하며, 완전한 의미에서의 정상인을 양성해야 합니다.

교육을 받는 시간은 '평생의 발전방향'을 고려하고, 교육적 활동은 전체 사회의 각 방면으로 확장되어야 합니다. 이러한 지속적인 교육은 '협력이 잘되는 전체'가 될 것입니다. 교육과 학습 과정의 중점은 '자습'이지, 결코 과거와 같이 교실에서 받은 교육방식이 아닙니다. 인간의 주체적인 역할이 더욱 중시되고 향상되며, 사제관계에도 큰 변화가 생길 것입니다.

끝으로 지속적인 교육과 평생교육은 반드시 모든 사람의 일상에서 빠질 수 없는 부분이 되어야 합니다. 이것은 바로 새 시대 교사가 학생에게 지식을 전수할 뿐만 아니라, 그들의 학습 능력을 길러주어야 한다는 의미입니다. 학생에게 끊임없이 탐구하고 자신을 업그레이드하는 과학적인 태도와 강한 신념을 길러주어야 할 뿐만 아니라, 교사가 먼저 끊임없이 지식을 강구하는 정신을 통해 최대한의 잠재력을 발휘해야 합니다. 평생 자만하거나 학습을 게을리 하지 않고, 학생과 상호보완적인 관계가 되어야 합니다.

37. 명사가 되는 것은 어려운 일입니다. 교육적 규율을 엄격하게
    지켜야 하고, 훌륭한 인격을 갖춰야 명사가 될 수 있습니다.
    어떻게 해야 명사가 될 수 있나요?

솔직히 말해서 명사가 되는 것은 쉽지 않습니다. 하지만 분명 가능한 일이며 매우 필요한 일입니다. 모든 교사는 명사가 되어야 합니다. 소위 명사란, 깨어 있는 교사이자 현명한 교사, 그리고 깨달은 교사입니다.

명사의 '명'은 무엇일까요. 바로 교육을 존중하는 규율과 학생의 개성과 특징을 존중하고, 학생의 정신 건강 및 신체 건강을 점수로 환산하지 않고, 과학적으로 지도하면서 오로지 하나의 잣대만으로 학생을 평가하지 않는 교사를 가리킵니다. 즉 우리 일선의 모든 교사가 명사가 되어야 합니다. 명사야말로 교육일선에서 가장 시급하고 필요한 교사입니다.

도덕교육도 좋고, 지식교육도 좋습니다. 나아가 체육교육도 좋습니다. 결코 이러한 교육의 가치를 인정하지 않는 것이 아닙니다. 하지만 사람들은 교육에 투자하는 시간이 길수록 그 효과도 크다고 생각합니다. 사실 반드시 그렇지만은 않습니다. 어떤 때에는 투자한 시간과 효과가 정비례하지 않기도 하고, 심지어는 반비례하는 경우도 있습니다.

저는 교장선생님들에게 아이들이 좀 더 잠을 잘 수 있도록 할 수 없는지에 대해 물어봤습니다. 중국 아이들은 성장하면서 수면시간이 너

무 부족합니다. 매일 아침 5, 6시에 거리를 지나가는 사람들을 보면 아이들이 많습니다. 대부분의 직장인들도 7시 반쯤에야 일을 시작합니다. 수면이 부족한 아이들은 정신이 맑지 않은 상태에서 공부를 하는데, 과연 좋은 성적이 나올 수 있을까요? 교육 효과가 있을까요?

중국에는 "칼을 잘 갈지 않으면 나뭇가지도 자를 수 없다."라는 말이 있습니다. 아이들은 충분히 수면을 취해야 공부도 잘할 수 있습니다. 사실 사람의 좌뇌와 우뇌는 상호보완적인 역할을 가지고 있는데, 그 역할이 잘 발휘될 때 작업능률이 올라갑니다. 그렇기 때문에 저는 충분한 수면시간과 성적향상은 모순관계가 아니라고 생각합니다. 명사라면 이 문제를 잘 해결할 수 있을 겁니다.

학생이 숙면을 취하지 못하는 것과 자신의 개성과 특징을 잘 발전시키지 못하는 문제 등에 대한 책임은 교사에게 있을까요, 아니면 교장에게 있을까요?

대답하기 어려운 문제이긴 합니다만, 학교 내부적으로 봤을 때, 책임은 먼저 교장에게 있습니다. 하지만 그렇다고 해서 교사에게 전혀 책임이 없는 것은 아닙니다. 왜냐하면 같은 체제에 있지만 교장은 나름대로의 다른 방법을 가질 수 있기 때문입니다. 마찬가지로 같은 교장의 관리 아래서 각 교사들은 저마다의 방법을 가질 수 있습니다. 그래서 주요문제는 역시 개인에게 있다고 할 수 있습니다.

진정한 명사란, 아이의 평생교육과 발전에 대해 진정으로 책임을 지는 교사입니다. 교장이나 정책 규정에 상관없이 자신의 노력으로 그의 인생관과 가치관, 이상, 바람을 아이에게 전달해야 합니다. 그리고 이러한 교육이야말로 아이의 인생에 평생 영향을 줄 수 있습니다.

사람을 교육하는 교사일수록 명사라 불릴 수 있고, 학생의 마음속에 평생 기억될 수 있습니다. 현명한 교사는 진정한 교육가가 되려 하는 교사이며, 학생에게 그의 교육이념에 대한 깊은 인상을 남길 수 있는 교사입니다. 그들은 분명 깨어 있는 교사이자, 가장 현명한 교사이고, 학생에게 평생의 감동을 줄 수 있는 교사입니다.

38. 인문정신의 핵심은 '사랑'이란 단어이고, '지혜'는 '사랑하는 마음'에서 분출되어 나오는 것입니다. 현재 물질의 풍요에 비해 사랑하는 마음은 매우 부족합니다. 어떻게 하면 사랑하는 마음과 물질에 대한 욕망을 균형 있게 유지하고, 사랑하는 마음이 지혜의 원천이 될 수 있을까요?

이 질문의 핵심어는 바로 '사랑하는 마음—애심愛心'입니다. 우수한 교사는 반드시 교사라는 직업을 열정적으로 아끼고, 늘 더 나은 발전을 추구합니다. 교육이라는 직업은 매우 특수합니다. 여기에는 두 가지 매우 중요한 전제가 있습니다. 하나는 애심이고, 다른 하나는 예술입니다. 많은 교육가가 교육을 사랑하는 마음을 매우 예리하게 분석하여 설명한 바 있습니다. 아인슈타인은 "흥미는 가장 좋은 선생님이다."라고 했습니다. 교육이라는 영역도 마찬가지입니다.

제 경험을 예로 들어 보겠습니다. 사범학교를 졸업한 후 교사가 된 어느 여교사가 제게 더 이상 교사가 하기 싫다는 내용의 편지를 보내온 적이 있습니다. 저는 그녀에게 어떠한 선택권도 없다고 생각이 될 때, 반드시 자신의 교육적 취미를 기르고, 학생의 대한 감정을 쌓고, 직업적 내면의 미를 발굴해야 한다고 말했습니다.

교육은 표면적으로 매우 건조한 직업입니다. 매일 똑같은 일상이 반복되고, 교육대상에 대한 불확실성으로 인해 많은 곤란과 번뇌를 경험할 수밖에 없습니다. 오늘 어떤 학생이 사고를 치면, 내일은 또 다른 학생이 말썽을 피우는 등 많은 우발적인 사건 사고가 끊이지 않습니다. 그러나 어느 직업이든지 간에 당신이 그 속에서 내면의 미를 발견하지 못한다면 늘 무미건조하다고 느낄 수밖에 없습니다. 하지만 저는 교사는 가장 매력적인 직업이라고 생각합니다.

학생 하나하나가 각각의 세계를 가지고 있고, 학생마다 온갖 다양한 색깔로 가득 차 있습니다. 학생이 당신의 손에서 당신의 가르침과 교육을 통해 어떻게 삶을 사랑하고 어떻게 해야 훌륭한 사람이 되는지를 깨닫고 점점 많은 지식을 습득해갑니다.

교사는 자신의 직업에서 매력을 발견하기 위해 스스로 노력을 기울여야 비로소 그 매력을 찾을 수 있습니다. 그러므로 교사라는 직업을 사랑해야 학생을 사랑한다는 말이 결코 그냥 있는 말이 아닙니다. 그런 사랑과 발견이 없다면, 그저 단순히 승진이나 존중받기 위해서 일을 열심히 할 뿐입니다.

하지만 이러한 것들은 외부적인 동기일 뿐입니다. 어느 날 그러한 외부적인 동기가 사라지게 되면, 곧바로 직업에 대한 의욕도 잃게 됩니다. 많은 사람들이 고위직에 오르거나 무언가를 성취했을 때 더 이상 노력하지 않는 것도 같은 이치입니다. 더 이상 새로운 도전을 시도하거나 외부적인 동기를 받아들이지 않으므로, 마음 깊은 곳에서 교육을 사랑하는 마음을 잃은 상태입니다.

우리가 진정으로 성장하기 위해서는 내면의 동기, 일에 대한 열정적인 마음이 필요하고, 또한 그 일의 성취에 대한 강한 열망이 필요합니다. 다시 말해서 현재 여러 학교에서 말하는 인문정신의 가장 핵심적인 요소가 바로 '사랑'인 것입니다. 교사가 자신의 직업에 대해 사랑하는 마음을 가졌을 때, 학생을 사랑하게 됐을 때, 그때 더 많은 열정과 지혜가 나올 수 있습니다.

상당수의 사람들이 받는 고등교육, 사범교육 중 "교육서비스"란 개념을 들어본 적이 없을 겁니다. 교육서비스란 말은 최근에 생긴 단어로, 최근 1, 2년 동안 큰 주목을 받고 있죠. 이유는 다양합니다. 먼저, 중국이 WTO에 가입했을 때 교육 서비스와 서비스 무역이 함께 화제가 되었습니다. 서양 사람들에게는 교육은 일종의 서비스입니다. 서비스를 개방하면 교육도 함께 개방해야 하지요. 둘째는 다원화된 교육형식이 등장했습니다. 과거 획일적이던 국립학교는 자원 배치나 교장 임명, 교사자격 등 모두 정부가 알아서 결정했습니다. 새로운 민간학교가 생기면서 공교육에 큰 도전장을 내걸었습니다. 민간학교는 "자폭"의 길을 가거나, 크게 발전하거나 두 가지의 길이 있기 때문입니다. 많은 민간학교에서는 "학생과 가장은 우리의 신"이라고 말합니다. 학교교육을 제대로 서비스해야 신이 만족할 수 있습니다. 민간학교가 과학적이냐, 비과학적이냐, 구체적인가 아닌가를 떠나서 이미 공교육에 위기감을 주고 있다는 점은 부인할 수 없습니다.

현재 우리 교육은 위부터 아래까지 서비스 의식과 관점이 매우 부족합니다. 교사들이 교실에서 수업할 때, 자신이 서비스를 하고 있다고 생각한 적이 있을까요? 여러분이 가르치는 아이들이 모두 만족하고 발전할 수 있다고 생각해 본 적 있나요? 제가 볼 때는 우리의 많은 교실은 학생들에게 서비스를 하기 위해서 있는 것이 아니라, 학생들이 여러분들을 위해 서비스하고, 여러분의 공연에 협력하기 위해 서비스하는 곳인 것 같습니다. 특히 많은 공개 수업은 전형적으로 모든 학생들이 교사를 위해 서비스를 하고, 교사의 공연을 위해 서비스를 하는 과정이라고 생각됩니다. 뿐만 아니라 학생의 성적이 우수한 것도 교사를 위한 것이고, 교사의 능력을 증명하기 위한 것처럼 여깁니다. 물론, 이것 역시 우리가 서비스 의식이 부족하기 때문이겠지요. 서비스 의식은 시방의 도전과 자원배치의 도전으로부터 비롯되기 때문입니다.

우수한 자원이 부족한 시대에서는 진정한 서비스 의식이 생겨나지 못합니다. 서비스 의식은 수요와 공급이 균형을 이룰 때, 심지어 공급이 수요보다 많을 때 비로소 생겨납니다. 현재 영업사원 중에 감히 서비스 의식이 없는 사원이 있을 수 있을까요? 서비스 의식이 없는 가게는 문을 닫아야 합니다. 마치 전쟁터처럼 경쟁이 심한 분야에서 어찌 서비스 정신이 없을 수 있겠습니까? 그런데 10년, 20년 전에 가게 종업원이 서비스 의식이 있었나요? 전혀 없었지요.

지난 번 난징南京의 유명한 중학교 교장이 좌담회를 열고 저를 초청해 주셨습니다. 한 젊은 교사가 제 발표를 듣고 지금껏 교육도 서비스라는 말을 한 번도 들어본 적이 없다며 매우 감동했습니다. 전에는 학교에서 학부모를 부르면 안 올 수가 없었습니다. 전화 한 통이면 바로 달려왔습니다. 무슨 난징대학 교수나 성리省裏 어느 청廳의 청장廳長이든지 간에 할 말이 없어도 부르면 감히 오지 않을 수 없었습니다. 한 번은 그가 난징대학 박사 지도교수를 심하게 욕한 적도 있었습니다. 더욱 놀라운 것은 그 지도교수가 그의 같은 학과였다는 사실입니다. 그에게 어떤 느낌이 들었는지 물어보니까, 아무 느낌 없이 그저 하는 말을 잘 들었다고 대답했습니다. 그래서 제가 학부모들은 아이를 대신해서 말을 잘 들을 수밖에 없다고 말했죠. 학부모가 감히 말을 안 들을 수 있겠습니까? 그는 자신이 말을 안 들으면 아이에게 좋을 것이 없다는 걸 잘 알고 있죠. 저는 우리의 학교와 교장들에게 교사들이 학부모에게 훈계만 할 수 있는 게 아니라, 학부모가 학교에 요구할 수 있는 것이라고 말해주고 싶습니다.

각 교사부터 그의 교실까지, 각 교장에서 그의 교사까지, 각 교육행
정부처부터 그들의 학교까지, 서로서로 교육서비스를 강화해야 합니
다. 이렇게 강화하는 과정에서 비로소 진정한 온기를 느끼고, 우리의
교육이 환영받을 수 있습니다. 우리는 말로는 우리의 존재는 바로 아이
를 위해서, 모든 것은 아이들 위해, 아이의 모든 것을 위해, 모든 아이
들을 위한 것이라고 하지만, 사실 한 일이라곤 하나도 없습니다. 이러
한 관념과 의식이 없기 때문입니다. 이러한 관념과 의식이 있다면, 각
각의 아이들을 진심으로 바로 볼 수 있을 것입니다. 사실 서비스 의식
과 사랑은 두 가지 측면에서 교육 이미지를 정합니다. 사랑은 속마음에
서 나오는 것으로, 교육 양심입니다. 사랑이 없으면 교육이 없다는 점
은 틀림없습니다. 서비스는 다릅니다. 서비스는 가장 기본적인 기준입
니다.

CCTV의 한 프로그램에서 《초등학교교사小學教師》라는 프로를 방영
한 적이 있습니다. 몇 개월 동안 대리 수업을 하던 남자 교사의 반에 마
이커邁克라는 학생이 있었습니다. 마이커의 아버지는 이미 에이즈에 걸
린 지 5년도 넘었지만, 자신의 아이에게는 알리지 않았습니다. 잠복기
가 지나자 아버지는 더 이상 견딜 수도 숨길수도 없었습니다. 다른 한
학부모는 간호원이었는데, 그녀의 아이가 마침 환자의 아이와 같은 반
이었고 같은 조원이었습니다. 그런데 이 간호원은 에이즈가 어떻게 전
염되는지에 대한 지식이 없어서, 자신의 아이에게 마이커와 같이 앉지
말라고 신신당부했습니다. 그 후, 영화는 인성에 대해 논하기 시작했
고, 초등학교 교사가 어떻게 전심전력으로 환자 아버지의 아이를 사랑

했는지, 어떻게 학부모와 소통하고 성교육 전문가를 초청하여 12세 아이들에게 에이즈를 가르치고, 그 환자 아버지를 도왔는지, 사랑과 착한 마음으로 아이를 도왔는지에 대한 이야기를 풀어 놓았습니다. 매우 감동적이었습니다. 이 교사는 아이를 사랑한 것뿐만 아니라, 일종의 의무감과 사명감을 갖고, 학부모와 대화를 하여 학부모를 변화시켰습니다. 저는 《향촌 여교사鄕村女敎師》라는 영화를 본 적이 있습니다. 얼마나 눈물을 흘렸는지 모릅니다. 교사는 서비스 의식이 있어야 하고, 이러한 사랑의 정신은 우리의 모든 교육과정에서 아직은 매우 부족합니다. 우리에게 부족한 것은 서비스 의식이고, 서비스에서 사랑으로 아이들을 대하는 자세입니다.

40. 《학습의 혁명學習的革命》에서 그리스인 플루타르크Plutarch가 3천 년 전에 했던 유명한 말을 인용하겠습니다. "머리는 채워지는 용기가 아니라, 점화되어야 하는 불이다." 선생님께서는 이 불을 어떻게 점화하실 수 있습니까?

교육 종사자로서 그의 직책은 신성하고 위대하지요. 즉 학생들의 마음속 횃불에 불을 붙일 수 있기 때문입니다. 횃불에 붙을 붙이기 위해서는 교사가 자신의 몸과 마음을 모두 쏟아 부어야 합니다. 소련의 유명한 교육가인 수호믈린스키는 《교사에게 하는 100가지 건의給敎師的一

白條建議》에서 한 가지를 언급했습니다. 교직 생활이 30년 정도 되는 한 역사 교사가 매우 훌륭한 공개수업에 참석했습니다. 수업이 끝나고 공개수업을 맡은 선생님께 물었습니다. "수업을 준비하는 데 걸린 시간이 얼마나 되십니까?" 그러자 담당 선생님이 대답했습니다. "이 수업은 제 평생토록 준비한 것입니다. 그리고 저는 모든 수업마다 제 평생의 시간을 가지고 준비합니다." 맞습니다. 자신의 일생을 가지고 모든 수업을 준비해야 학생의 지식에 대한 횃불에 불을 붙일 수 있습니다. 이러한 교사는 내적인 요소가 풍부하고 심오하기 때문에, 광대한 지식과 뛰어난 예술적인 수업방식으로 적절한 교재를 골라 때와 장소에 맞게 교육을 실시합니다. 효과적인 교육조직을 통해 학생이 지식을 소화할 수 있도록 도와주고, 지식을 이해하고 운용하고 창조적인 학습을 할 수 있는 최고의 경지에 도달할 수 있도록 이끌어 줄 것입니다.

몸과 마음을 투자할 때는 늘 교육에 대해 생각하고 고민해야 합니다. 수호믈린스키는 어떻게 그토록 큰 성과를 실현할 수 있었을까요? 중요한 것은 바로 그가 매일 매시간 교육에 대해서 고민했다는 점입니다. 만일 우리도 이러한 사고를 할 수 있다면, 횃불에 불을 붙일 수 있을 것입니다. 장쑤의 전국적으로 저명한 특급교사인 위용정於永正 선생님의 수업이 특별한 이유도, 끊임없이 언어교육에 대해 사고하고 실천하는 것과 관계가 있습니다.

횃불에 불을 붙이기 위해서는 모든 감정을 쏟아 붓는 일이 필요합니다. 교육의 근본적인 임무는 학생의 발전을 촉진하는 것입니다. 학생은 "지식용기"나, "두 발 달린 책장"이 아닙니다. 그들은 살아 숨쉬는, 지혜와 활력으로 충만한, 상상력과 감정을 갖고 있는 사람입니다. 모든 학생들마다 개발하고 좀 더 발굴해야 하는 보물을 갖고 있습니다. 모든 교육자는 학생에게 지식을 전수해야 할 뿐만 아니라, 더욱 중요한 것은 바로 학생에게 건전한 인격과 혁신 능력을 길러주어 학생이 풍부하고 다양한 개인의 세계를 펼칠 수 있도록 하는 것입니다.

교육 활동에서 교사는 지식을 전파하는 사람일 뿐만 아니라, 보호자이자, 파트너이며, 고문이자 심리의사입니다. 모든 학생을 포용하고 그들과 대화하며 용기를 북돋아주고 칭찬해줘야 합니다. 자신의 모든 마음을 각 교육에 쏟아 부어야 합니다. 사랑의 점화를 통해 감정적인 공유를 하고 사고의 발전과 지식 증진을 추구하고, 모든 학생들의 잠재력이 발휘될 수 있도록 노력해야 합니다. 모든 학생들이 언젠가 생명의 빛을 내고, 학습의 즐거움을 만끽하며, 생활의 행복을 느낄 수 있도록 전력을 다해야 합니다.

41. 저는 교사가 먼저 책을 읽고, 직접 실천을 하고, 지성을 갖춰야, 아이들의 사고력을 길러줄 수 있다고 생각합니다. 학생들이 대학 입시에서 좋은 성적을 거두는 것 외에도 내적인 사고력을 가지려면 어떻게 해야 하나요?

학생들이 시험의 의미를 제대로 깨닫기 위해서는 먼저 교사부터 시험의 의미를 잘 알고 있어야 합니다. 학생을 시험 기계로 보거나, 학생의 시험 성적을 자신을 빛낼 수단으로 여기는 교사라면, 그가 가르치는 학생들에게 어떠한 사고력이나 개성이 있을 수 없습니다. 그래서 학생의 성적 향상을 위한 노력뿐만 아니라, 그들의 사고력을 길러주기 위한 노력이 필요합니다. 반대로 사고력을 가진 학생은 시험을 걱정하지 않습니다. 그는 시험의 목적과 자신의 노력 방향을 잘 알고 있습니다. 자신의 사고와 자신이 추구하는 목표를 잘 아는 아이는 다른 사람보다 결코 뒤떨어질 수 없습니다. 하지만 우리는 늘 표면적인 시험점수에만 반응하고, 시험에 내재된 의미를 보지 못합니다. 사실 시험 점수만으로는 아이의 실제 수준이 어떤지 알기 어렵습니다. 만약 정말 점수가 없었다면 학생들의 생활이 어땠을지 상상해 보신 적 있으십니까? 그렇게 된다면 그들의 미래를 어떻게 달라질까요? 즉 학생들이 건전하고 독립된 인격을 형성하는 것이 아이들이 입시에서 좋은 성적을 받는 것보다 더욱 중요합니다.

현재 많은 사람들은 걸핏하면 "입시교육"에 대해 왈가왈부하면서, 시험을 폐지해야 한다고들 합니다. "문화대혁명"을 겪은 사람들은 이러한 참혹한 교훈을 잊지 못합니다. 우리 역시 역사가 되풀이 되는 것을 막아야 합니다. 저는 현재 시험이 얼마만큼 좋은지를 말하는 것이 아닙니다. 현재의 시험제도에는 분명 많은 문제점이 있습니다. 하지만 이런 문제점들은 현재 끊임없이 바뀌고 있습니다. 이 점은 분명 다들 잘 아실 겁니다. 그래서 아이들이 입시에 응시한다면, 자신의 능력이 어느 정도인지, 자신의 수준이 어느 정도인지 시험해 볼 수 있게 되었습니다.

대학 입시 외에도, 아이들의 사고력을 길러주기 위해서는 먼저 모든 아이들의 각기 다른 개성을 개발해야 한다고 생각합니다. 즉 학생들에게 입시교육을 시키는 것 외에도, 아이들 각자의 개성과 흥미, 발전할 수 있는 점에 대해 잘 이해함으로써, 아이들이 자아를 찾고, 자신의 특기를 기르며, 자신만의 장점을 키워나갈 수 있도록 지도해야 합니다. 이러한 부분들을 이해한다면, 학생들이 바른 인격을 형성하고 독립된 사고를 하며 풍부한 창작력을 발휘할 수 있을 것입니다.

대학입시 교육은 경쟁 교육입니다. 현재 입시 경쟁은 잔인할 정도입니다. 모든 학생들이 대학에 입학할 수 있다는 보장이 없기 때문입니다. 하지만 대학입시가 결코 유일한 방법이 아니며, 모든 사람이 반드시 몇 년 동안 공부해서 졸업장을 따야 하는 것도 아니고, 모든 학생이 명문대학에 가야 하는 것도 아니라는 점을 알아야 합니다. 이렇게 생각하면, 아이들의 사고력도 다양한 분야로 자랄 수 있습니다.

저는 미국 캘리포니아주의 기초교육에 관해 연구를 한 적이 있습니다. 캘리포니아주는 미국에서 가장 부유한 주로서, GDP가 51개 주 중에 가장 높습니다. 이유가 무엇일까요? 이 지역 교육총감은 이 주의 학교는 아이들에게 경쟁을 요구하지 않고, 협력을 장려하기 때문이라고 말합니다. 이 학교에서 바라는 것은 학생들이 학교에서 경쟁하기 보다는 협력 속에서 문제를 해결함으로써 미래 사회 경쟁을 준비하는 것입니다. 또한 이들은 각 학생들의 창조력을 중시합니다. 학생들이 자신만의 특허를 갖고 있다는 것은 생존 능력을 갖고 있다는 것과 같기 때문입니다. 실제로 이 지역에서의 특허 신청은 매년 전미 지역에서 가장 많다고 합니다. 우리 역시 이러한 사고방식을 본받아야 합니다. 이러한 사고방식을 초중등학교에 심어 준다면, 학생들의 사고력 발전에도 큰 도움이 될 것입니다. 초중등학교에서 일찍부터 이러한 의식을 갖고, 이러한 의식과 이념에 기초하여 아이들에게 독서와 작문, 사고, 놀이, 만들기 등을 가르칠 수 있다면, 우리 교육에 희망이 생길 것이고, 아이들도 시험을 두려워하지 않게 될 것입니다.

같은 이치로, 사고력을 갖춘 학생들을 양성하기 위해서는 먼저 교사 자신이 사고력과 개성을 갖춰야 합니다. 그러한 개성이 뚜렷하고 사고가 밝으며, 열정이 넘치는 교사는 자신의 독특한 개성으로 아이들에게 학습을 따르도록 지도할 수 있고, 자신의 높은 사상으로 학생의 사상에 불을 붙일 수 있을 뿐 아니라, 나아가 자신의 열정으로 학생의 인문정신을 고양시킬 수 있습니다. 이러한 교사가 가르치는 학생은 사고력이 없을 수 없으며, 시험을 두려워할 수 없을 것입니다. 또한 시험 성적도 그다지 낮지 않을 뿐만 아니라, 심지어 아주 뛰어난 성적을 거둘 수 있을 것입니다.

교실에서의 최고 경지는 무엇이라고 생각하십니까? 현대교육에 대한 가장 좋은 이해는 바로 교실은 사제간 생명의 가치를 실현하는 중요한 장소라는 말입니다. 그렇다면 교실에서 모든 선생님과 학생들의 공동 생명 가치를 실현하려면 어떻게 해야 할까요?

학교를 학생을 함양하는 장소로 만든다면, 우리 학교들은 정말 위대한 학교입니다. 현재 일부 학교들은 생명을 낭비할 뿐만 아니라, 심지어 생명을 해치고 있습니다! 많은 학교들은 생명이 무엇인지에 대해 어떠한 사고도 하지 않고, 생명의 각도로 교육을 실시해야 하는 이유조차 모르고 있습니다. 만일 우등생, 열등생이 생명을 낭비하고 있다고 한다면, 일반 학생에 대한 관심이 사라질 수도 있습니다. 교육은 생명의 각도로 실시하는 것이 아닌가요? 생명의 각도로 어떻게 실시해야 할까요? 학급별 수업방식제도가 등장한 이래로, 모든 교육가가 이 제도를 비판하고 있습니다. 어떻게 해결할 수 있을까요? 가장 유행하는 방법은 바로 분반 교육으로, 학과로 나누어 수업을 하는 것입니다. 저 역시 이러한 방법에 매우 동의합니다. 하지만 일부 원하지 않는 학생들은, 수업 대신 도서관에 가서 수업시간에 선생님과 교류하는 것도 좋다고 생각합니다. 수업을 따라가지 못하는 학생들은 개별적인 지도를 실시하는 것이 좋습니다. 분반교육은 A, B, C조로 나누어 실시할 수 있습니다. 학교에서 선택할 수 있는 전공을 늘린다면, 학생들은 실패 속에서 학교생활을 하지 않을 수 있습니다.

공자는 "자질에 따라 교육을 실시해야 한다因材施敎"는 말을 이미 2천 5백여 년 전에 했습니다. 하지만 지금껏 이 문제에 대해 토론하고 있다는 것은 우리가 자질 교육을 실시하지 않고 있다는 의미입니다. 일찍이 학급별 수업제도가 등장한 이래로 진정한 자질교육은 사라진 지 오래라고 말하는 사람도 있었습니다. 이 역시 사실일 것입니다. 현재 학교들은 분명 자질 교육을 실시하기 어렵습니다. 학생 수가 너무 많은 반면, 교사는 턱없이 부족합니다. 이 비율은 몇 십 년이 지나도 변하지 않고 있습니다. 최근 몇 년간 입학 열풍이 일어나면서, 학생 수는 많이 늘

어났지만, 교사 수는 그다지 많이 증가하지 않았습니다. 한 학급에 적으면 5, 60명, 많으면 100여 명의 학생들이 있습니다. 그렇게 많은 학생들을 선생님 혼자서 감당할 수 있겠습니까? 그렇기 때문에 생명을 낭비하고 해치는 일들이 많은 학교에서 빈번히 일어나고 있는 것입니다.

생명은 무엇입니까? 생명은 일종의 활력입니다. 생물체가 가진 활동 능력이자, 사물이 생존하고 발전할 수 있는 가장 근본 요소입니다. 아이들이 무거운 가방을 매고 힘없이 걸어가는 모습을 볼 때, 아이들이 매일 무료한 표정을 지을 때, 아이들이 매일 힘들게 교실에서 공부하는 모습을 볼 때, 아이들이 몰래 교과서가 아닌 다른 책을 읽는 모습을 볼 때, 아이들이 억지로 피아노를 배우고, 그림을 배우고, 시험을 치는 모습을 볼 때, 아이들이 시험 성적 때문에 엄마나 선생님에게 혼나는 모습을 볼 때…… 이러한 아이들이 무슨 활력이 있겠습니까? 한 특급교사는 현재 중학교 교육이 너무 무섭다고 말합니다. "요즘 중학생들은 매일 아침 5, 6시에 일어나서 학교에서 하루 14교시 수업을 듣고 저녁 11시에 비로소 잠을 잡니다. 여기에 3년 동안 매일 긴장의 연속인 힘든 고등학교 공부를 하고, 중학교, 고등학교 6년 동안 아이들이 모든 힘을 써 버려서 어깨가 축 늘어졌습니다." 맞습니다. 자유 시간조차 없는 아이들이 무슨 활력이 있겠습니까? 인생에서 몇 번의 6년이 있습니까? 6년 동안 얼마나 많은 에너지를 소모하는 것일까요? 그렇게 써버린 에너지가 혹시 생명의 에너지는 아닐까요?

그 밖에도 현재 초중등학교에서 열리는 올림피아드에 관해 몇 가지 말씀드리고 싶습니다. 현재 올림피아드를 보십시오. 이미 명문고, 명문대의 소유가 된 지 오래입니다. 한 네티즌은 일부 학교들은 경시대회에서 좋은 성적을 내기 위해(전국 경시대회, 국제 경시대회에서 수상하면 대학 시험을 면제받을 수 있습니다), 경시대회 과목을 위해 수업을 반납하고, 기타 과목 수업은 모두 중단된다는 글을 올렸습니다. 이러한 아이들은 매일 경기를 위한 준비에 매진합니다. 그래서 한 전문가가 중국 중학생들은 국제 수학경시에서 그렇게 많은 상을 타는데도, 대학에 오면 수학을 연구하는 경우가 거의 없다고 한탄하기도 합니다. 정말 이해가 가지 않습니다! 초중등학교가 눈앞의 이익만 급급한 사고방식 때문에 유능한 인재들의 생명력이 희미해져가고 있습니다. 이것은 교육의 대실패입니다! 이런 문제가 어떤 결과를 초래하겠습니까? 초중등학교 교사들뿐만 아니라, 대학도 모두 생각해봐야 할 문제입니다.

42. 선생님의 박사생인 리전시는 성공한 학과 주임이자, 성공한 학과 관리자라고 하셨는데, 그가 교장이 된다면, 성공한 학교 관리자가 될 수 있을까요?

리전시는 어문교육과 학과 관리 방면에 관해 많은 연구를 했고, 큰 성공을 거두었습니다. 하지만 오늘 이른 아침 제 친구가 리전시가 교장이 되면 잘할 수 없을 것이라고 말하더군요. 이유인즉 리전시가 일부 문제에 대해 부정을 하거나 비판하는 것에 대해 지나치게 흥분하고 단면만을 보고 판단하는 경우가 많다는 것이었습니다. 전혀 틀린 말은 아니지만, 저를 포함해서 세상에 단점 없는 사람이 어디 있겠습니까? 그런데 어째서 리전시에게 완벽한 사람이 되라고 요구하나요?

교육가나 교육 종사자, 그리고 일선 교육자라면, 그에게 완벽한 인간형을 요구해서는 안 됩니다. 우리가 완벽한 인간형을 요구한다면, 그 사람을 나락을 내몰 수도 있습니다. 그가 단점을 극복했을 때, 그의 장점까지도 사라질 수 있습니다.

교장이 되는 문제에 관해서, 온라인상으로 칭다오의 왕저자오에 대해 토론한 적이 있습니다. 왕저자오는 교육의 반역자입니다. 하지만 그는 또한 학교 시스템에 휘말리지 않는 교사이기도 합니다. 남방지역을 잘 아는 한 교사가 왕저자오 선생의 교장 임명 문제에 관해서 논의할 때 왕 선생님은 교장이 되는 것을 별로 원하지 않을 것이라고 말했습니다. 왕저자오는 늘 자신은 이상적인 학교를 만들 것이라고 말해 왔습니다. 그래서 그의 개성과 처세, 교육 성격 등을 놓고 대대적인 논의를 하기도 했습니다.

리전시에 관해서도 온라인으로 논의를 했습니다. 리전시가 교장이라는 직책을 맡을 수 있을까 하는 문제를 두고 말이죠. 토론을 하면 해답을 얻을 수 있습니다. 저는 그가 교장이 되면, 학과 주임의 정신과 어문 교사로서의 정신을 가지고 교장이 될 것이며, 그렇게 된다면 그는 분명 좋은 교장이 될 수 있을 거라고 믿어 의심치 않습니다. 우리는 교장을 무슨 신비한 대상으로 봐선 안 됩니다. 물론 경영도 하나의 학문이지만, 교육 경영은 교육의 규칙을 바탕으로 하는 것입니다. 리전시는 학생을 교육하는 규율과 어문교육의 규율을 알게 될 것이고, 나아가 학교를 잘 경영하는 방법을 깨닫게 될 것입니다. 학생을 잘 관리하고, 교사를 잘 관리하며, 물론 학교로 잘 관리할 수 있을 것입니다. 전심전력을 다해 노력한다면, 아이를 대하듯 학생을 대하고, 마찬가지로 교사를 대한다면, 분명 교사를 잘 관리할 수 있을 것입니다.

현재 많은 교장들이 교장도 일종의 학문이므로 모든 사람들이 다 잘할 수는 없다고 생각합니다. 이 말도 일리가 있다고 생각합니다. 하지만 사실상 일부 초중등학교 교장들은 우수하거나 자격에 맞는 교사가 아니기 때문에, 교장이 된 후에도 어떠한 성과도 없이 단지 교장이라는 직책이 매우 어렵다고만 느끼는 것이 사실입니다. 그래서 만일 교장이 좋은 교사가 아니라면, 그가 경영하는 학교도 분명 많은 문제점을 안고 있을 것이라고 생각합니다.

리전시는 좋은 교사이자, 우수한 교사입니다. 그는 영향력을 가진 교사로서 이미 교장이 될 수 있는 가장 근본적인 조건을 갖추었습니다. 단지 그가 현재 교장이 아니기 때문에 교장이라는 위치에서 교육문제를 논할 수 없을 뿐입니다. 현재 그에게서 보이는 과격한 면모는 지극히 정상적입니다. 리전시를 극단적인 사람이라고 쓴 글들을 읽은 적이 있습니다. 하지만 그런 글들은 대부분 학술적인 논쟁에서 나온 글입니다. 이런 비판도 좋은 일입니다. 초중등학교도 교육 연구에 관한 사고가 있어야 합니다. 만일 그가 교장이 된다면, 이러한 학술이념을 초중등학교에 대입시켜서 학교에 새로운 피를 수혈해 줄 것입니다.

43. 지금까지 교사와 학생의 관계를 명확하게 설명하는 개념이 없었습니다. 대부분은 모호한 개념에 지나지 않았습니다. 교사와 학생의 관계는 단일적인 건가요, 아니면 다중적인 것인가요? 교사와 학생의 역할은 어떻게 규정지을 수 있나요? 교사는 어떻게 자신의 역할을 잘 발휘할 수 있을까요?

최근에 교육계에서 유행하고 있는 말이 있습니다. "비판하는 환경에서 자란 아이는 남을 비난하는 법을 배우고, 적개심으로 가득 찬 환경에서 자란 아이는 남과 싸우는 것을 배우고, 남을 비웃는 환경에서 자란 아이는 부끄러움을 배우며, 수치감을 주는 환경에서 자란 아이는 내성적인 성격을 갖게 됩니다.

반면, 관용적인 환경에서 자란 아이는 대범함을 배우고, 격려하는 환경에서 자란 아이는 자신감을 배웁니다. 칭찬하는 환경에서 자란 아이는 존경심을 배우고, 공평한 환경에서 자란 아이는 정의를 배웁니다. 안전한 환경에서 자란 아이는 타인을 신뢰하는 마음을 배우고, 지지하는 환경에서 자란 아이는 자기를 사랑하는 마음을 배웁니다. 서로를 인정하는 우호적인 환경에서 자란 아이는 이 세계에서 늘 사랑을 찾는 마음을 배웁니다."

이 말들은 다른 측면에서 보면 교사와 학생의 관계가 어떤 형태여야 하는지 말해주고 있습니다. 학교에서 교사와 학생은 환경을 구성하는 주요요소기 때문에 단순한 관계일 수 없습니다. 사제관계는 다양한 면모를 지닙니다. 지속적으로 교류하는 상호적인 관계 속에서 시간과 장소, 사람, 교육환경에 맞게 각자의 역할이 변합니다.

교사의 직책 역시 교사의 역할을 결정짓는 중요 요소 중 하나입니다. 중국은 인간적인 교사란 책을 가르치고 사람을 양성하는 역할이라는 점을 강조합니다. 사람을 양성하는 것은 가르침의 종점이며, 양성하는 대상은 원대한 이상과 고상한 도덕 정신, 건전한 정신을 갖고 있는 사람입니다. 그렇기 때문에 교사에게는 인격으로 인격을 만들고 정신으로 정신을 만드는 모범이자 지도적인 역할이 요구되는 것입니다.

이러한 측면에서 보면, 교사는 반드시 학생의 정신적인 교사여야 합니다. 가르침은 교사에 대한 기본적 요구입니다. 그리고 제대로 가르치기 위해서는 반드시 시대에 상응하는 교학이념을 가지고 있어야 합니다.

오늘날 교사는 추진자이고, 그 직책은 학생들에게 학습을 촉진하는 서비스를 제공하는 사람입니다. 이 점에서 보면, 교사는 반드시 학생의 학습적인 인도자여야 합니다. 전통적인 의미에서 가르치는 역할의 교사와 배우는 역할의 학생은 오늘날에 와서는 서로를 가르치고 배우는 의미도 바뀌었습니다.

교사에게 있어 교류는 수업이 지식을 전수하는 것이 아니라 함께 지식을 공유하고 이해하고 창조하는 것을 의미합니다. 이런 의미에서 교사는 가르침 속에서 배우는 학생입니다.

현대 교육의 개방성과 다양성 덕분에 교사는 학생의 생활에 더 가까이 다가갈 수 있고, 교실 밖에서도 더 많이 교류할 수 있게 되었습니다.

이 점에서 교사는 분명 학생의 생활 속 파트너가 되어야 합니다. 교사의 역할과 달리, 상대적으로 학생은 다른 단계에서 다른 역할을 하며 어떤 때에는 교사와 엇나가기도 합니다.

교사는 반드시 교사이자 인도자이자 학생의 좋은 파트너가 되어야 합니다. 그러나 이것이 결코 교사가 사제 관계를 지배한다는 뜻은 아닙니다. 교사의 이와 같은 역할과 작용은 학생과의 상호 교류, 상호 소통, 상호 이해, 상호 장려 속에서만 실현되어야 합니다. 평등적이고 민주적이며 과학적으로 교육과 교학을 실시하는 역할만이 실질적인 효과를 거둘 수 있습니다.

반대로 잘못된 역할이나 껍데기뿐인 교육내용, 수단은 교육에 위배되는 것들입니다. 좋은 사제관계에서 교사는 선생님이기도 하고 친구이기도 하면서 서로 함께 성장하는 관계를 유지합니다. 이는 교사와 학생이 교류하면서 적극적으로 서로 반응하고 함께 발전하는 과정입니다. 이 과정 속에서 교사와 학생은 지식을 공유하고 정을 나누며 생활을 창조합니다. 그리고 인간의 주체성, 능동성, 독립성이 생기고 발전하고 성숙합니다. 나아가 공감대를 형성하고 함께 나누고 발전합니다. 과거 부자지간 혹은 스승과 제자 같은 전통적인 교사와 학생관계를 극복하고 평등하고 민주적인 새로운 사제관계를 형성해야 합니다.

44. 교육은 교실, 책, 지식 외에도 다양한 요소를 포괄하고 있습니다. 지식을 전수하는 것 외에 교육에 있어서 더욱 중요한 것은 무엇입니까?

타오싱즈 선생님은 이런 말을 했습니다. "가르치고 가르쳐서 진실을 강구하도록 가르치고, 배우고 배워서 인격을 완성해라千敎萬敎敎人求眞, 千學萬學學做眞人." 그래서 교육은 단순히 지식을 가르치는 것이 아니라, 긍정적인 생활태도를 갖고, 안정적인 마음과 발전을 추구하는 인생 신조를 갖고 생활에 임할 수 있도록 해야 합니다. 이것은 그 무엇보다 중요한 일입니다. "물고기를 주지 말고, 물고기 잡는 법을 가르쳐야 한다."고들 말합니다. 여기서 '물고기를 잡는 법'이 바로 '생존 방법'입니다. 이 '생존 방법' 속에는 긍정적인 마음가짐이 중심에 있습니다. 하지만 얼마나 많은 교사들이 '물고기 잡는 방법'을 가르치고 있나요?

'물고기 잡는 방법'의 전제는 눈앞에 있는 '물고기'를 놓치지 않는 것일 뿐 아니라, 장기적인 안목과 충분한 자신감, 과학적인 계획이 포함되어 있습니다. 이러한 것들은 쉽게 얻을 수 있는 것이 아닙니다. 근시안적으로 단기적인 이익에 급급한 교사는 눈앞의 이익만을 보고, 학생에게 지식 전수하는 데에만 열중할 뿐, 학생에게 더욱 중요한 인격을 가르치지 않습니다! 저는 이런 교사를 '엔지니어 교사'라고 부릅니다. 근시안적으로 단기적 이익에 급급한 교장은 입시교육을 최고의 교육으로 여기고, 소양교육은 소홀할 수 있습니다. 이러한 학교가 배출한 학생은 '시험 기계'에 지나지 않습니다. 이러한 교장을 '공장장 교장'이라고 부릅니다. 그래서 저는 교장의 품위가 학교의 품위를 결정한다고 생각합니다. 교장의 이념은 학교교사의 이념에 영향을 미칩니다. 그리고 교장의 교육사상은 학교 학생의 장래 발전에 영향을 미칩니다. 교사의 교육 성격은 학생의 인생 방향에 영향을 미칩니다. 그래서 학생에게 지식을 전수함과 동시에, 자신의 언어습관이 학생에게 영향을 미치고, 자신의 좋은 교육적 마인드가 학생을 감화시킨다는 점을 잊지 말아야 합니다. 학생에게 독립적이고 건전한 인격을 양성해 주는 것을 교육의 최고 목표로 삼는 것, 이것이 바로 이상적인 교육입니다.

어떤 의미에서 보면, 교육은 사회문제의 근원입니다. 교육이 발전했는지, 낙후되었는지 여부가 사회문명의 정도를 결정합니다. 각 사람들의 몸에는 많고 적게 교육의 낙인이 찍혀 있습니다. 교육을 어느 정도 받았는지, 어떤 교육은 받았는지는 이 낙인을 보면 알 수 있습니다. 교육가이자, 이상적인 교사로서 사회와 인류의 운명, 나아가 학생에게 사회적 책임감을 양성하는 일에 많은 관심을 가져야 합니다. 우리의 학생들이 인류정신문명의 최고 경지에 오를 수 있다면, 그리고 광대한 인문 소양을 갖추고, 사회와 국가, 민족을 사랑하는 인문적인 배려심을 갖는다면, 학교를 졸업한 후에 사회에 나가서 어떤 문제에 부딪친다 해도 그의 마음 깊은 곳에는 늘 숭고한 정신의 횃불이 빛을 밝히고 있을 것입니다.

45. 학생들 중에는 공부를 싫어하는 학생들이 적지 않습니다. 그
    원인은 여러 가지가 있는데요, 학생이 공부를 싫어하게 되
    면, 자신의 학업성적과 정신건강에 영향을 줄 뿐만 아니라
    나아가 다른 학생에까지 좋지 않은 영향을 미칠 수 있습니
    다. 공부를 싫어하는 학생에 대해 우리는 어떻게 지도를 해
    야 할까요?

이 문제는 사실 매우 까다로운 문제입니다. 그 이유는 문제가 매우
종합적이기 때문입니다. 아이들이 공부를 싫어하는 이유는 여러 가지
가 있으며 학생마다 그 이유가 모두 다릅니다. 편부모 가정에서 자라
아이의 공부습관에 영향을 미치는 등의 가정환경의 문제일 수도 있고,
어떤 학생들은 기초가 너무 부족해서인데, 과거 학습단계 중 어느 부분
이 일탈되어서, 지금 교실에서 배우는 내용이 너무 어려워 공부를 싫어
하게 된 경우도 있습니다. 또한 아이들이 학교에서 다른 사람과 사이가
틀어져 갈등이 생기고, 아무도 자신을 상대해 주지 않아서 점차 공부를
싫어하게 된 경우도 있습니다.

학생마다 원인이 다르기 때문에 해결책도 달라야 하는데, 사실 각각
의 문제에 맞는 최선책을 찾기란 매우 어렵습니다. 그러나 공부를 싫어
하는 학생을 수수방관해서도 안 됩니다. 몇 가지 적극적인 대책을 강구
해야 합니다.

첫째, 학생에 자신을 심어주어야 합니다. 공부에 질린 학생들에게 충

분한 자신감을 심어주는 것은 그들에게 학습열정을 다시 불러일으킬 수 있는 중요한 기점입니다. 이것이 없다면 교사는 아무런 역할도 할 수 없습니다.

둘째, 공부를 싫어하게 된 원인을 잘 이해해야 합니다. 그 원인을 분명하게 이해하는 것은 문제를 해결할 수 있는 중요 전제조건입니다. 이는 병의 근본적인 원인을 알아야 제대로 된 약을 처방할 수 있는 것과 같은 이치입니다. 목표가 정확해야 제대로 된 지도를 알 수 있습니다. 가정이 원인인 경우, 어느 정도의 개입을 통해서 학생과 학부모를 함께 지도해야 합니다.

셋째, 원인에 따라 실질적이고 실행 가능한 대책을 세워야 합니다.

넷째, 책임의식과 희생정신을 가져야 합니다. 공부에 질린 학생을 지도하는 것은 사실 매우 어려운 일입니다. 이 일을 잘 해내기 위해서는 이 두 가지 정신이 절실히 필요합니다. 이러한 마음 없이는 문제 학생을 가려낼 수 없고, 인내심을 갖고 대할 수도 없으며, 그들에 대한 깊은 사고를 할 수 없기 때문에 학생을 위해 어떠한 생각이나 노력도 할 수 없습니다.

다섯째, 심리학 관련 지식을 십분 활용하여 학생의 흥미를 계발해야 합니다. 계속 격려하고 흥미를 다른 방향으로 이끌고 인간적으로 다가가는 등 심리학적 원리를 통해 학습에 대한 흥미를 자극해야 합니다. 흥미계발은 문제 학생을 지도하는 첫걸음입니다. 아이들이 공부를 좋아하지 않거나 싫어할 경우, 학습효율을 향상시키기란 불가능하기 때문입니다. 동시에 교과지식의 특징에 따라 지식의 난이도를 구분하여 가장 기초부터 시작하는 지도법을 통해 학생들에게 학업성취감을 심어 주는 방법도 있습니다.

결론적으로 학업을 기피하는 학생이 다시 학업을 하도록 지도하는 것은 결코 간단한 일이 아닙니다. 교사는 아무리 시간이 오래 걸리더라도 그러한 모든 번거롭고 어려운 수고를 감당해야 합니다. 그럴 때 비로소 학생이 제자리로 돌아와 다시 발전하고 성장할 수 있습니다.

46. 오래 전부터 교사에게는 소위 우등생과 열등생이라는 개념이 자리 잡고 있습니다. 이 때문에 교사의 교육이 좌지우지되는 경우도 많습니다. 그렇다면 우등생과 열등생 문제를 어떻게 해야 할까요?

사실 모든 학생이 똑같은 생명의 활력을 가진 평등적 의미에서의 사람입니다. 생기 넘치는 학생들에 대해서, 교육자로서 주관적으로 그들을 우등생과 열등생으로 나누지 않는 것이 가장 좋습니다. 왜냐하면 각각의 아이들이 지식을 받아들이는 각도와 과정이 모두 다르기 때문입니다. 어떤 아이는 사고의 방향으로 받아들이고, 어떤 아이는 함축된 의미로 받아들입니다. 또한 실제와 연결시킬 수 있는 아이도 있고, 연상 사고를 할 수 있는 아이도 있습니다. 만약 학교가 학생을 감화시킬 수 있는 곳이 된다면 우리의 학교는 정말 위대하다고 할 수 있습니다.

학교는 반드시 건강한 생명을 기르는 곳이 되어야 합니다.

일반적으로 우등생과 열등생은 모두 학생의 성적으로 나뉩니다. 그리고 여기서 성적은 대부분 교과시험에 대한 성적을 가리킵니다. 하지만 소위 말하는 열등생 중에서도 문과 수업 성적은 나쁘지만, 다른 부분에서는 매우 우수한 성적을 보이는 아이들이 상당수 있습니다. 그러한 장점들은 마찬가지로 교실에서 충분히 보여질 수 있습니다.

학급으로 수업을 받는 제도와 중국 춘추시대의 공자가 주장한 '개별 교육법'은 본질적으로 다릅니다. 후자는 학생의 개별 자질에 따라 교육을 실시하는 것이고, 전자의 단점은 바로 학생의 개인 수준에 따른 교육을 실시해야 하는 원칙을 충분히 지키고 있지 않다는 점입니다.

그렇다면 어떻게 해결할 수 있을까요? 가장 효과적인 방법은 학과별로 나누어서 수업을 진행하는 것입니다. 일부 학생은 공부를 해도 해도 부족하다고 생각하거나 수업 내용이 쉽다고 여기기도 하는데, 그럴 때는 수업보다는 도서관에 가거나 혹은 수업 후 교사와 학생이 일대일 교류를 하는 것이 좋습니다. 이러한 학생의 잠재적 재능을 발견하는 것은 지도교사가 가진 바탕의 깊이와 정비례합니다. 하지만 일부 학생의 경우 수업 내용을 거의 따라가지 못한다면, 이때에는 개별적으로 보충 지도를 해주는 것이 좋습니다.

이외에도, 학생을 소그룹으로 나누어서 그룹 간에 활동하도록 하는 방법도 있습니다. 이렇게 하면 학생들끼리 도와가며 공부할 수 있습니다. 어떤 학생은 교사의 교육방식을 거부하지만, 오히려 같은 반 친구의 교육방식은 거리낌 없이 받아들이기도 합니다. 그렇기 때문에 이러한 경우에는 교사와 학생이 상호 보완적인 역할을 할 수 있습니다.

학생이라는 자원을 충분히 활용하는 것도 분명 효과적인 교육조치입니다. 그 밖에 학교의 선택과목을 늘리는 방법도 있습니다. 결론적으로 학생이 실패의 그늘 속에서 학교생활을 보내지 않도록 해야 합니다.

우리의 교실은 45분에 한정되어 있습니다. 물론 교실 내 교육 역할도 무시할 수 없지만, 다른 부분으로 확장해 나가야 합니다. 학생들이 학교라는 교실에서, 사회라는 교실에서, 나아가 인생이라는 교실에서 충분한 영양분을 흡수하고, 그들의 생명적 가치를 향상시킬 수 있도록 해야 합니다. 이 모든 것은 학교 교사의 올바른 지도와 교실 수업의 효과적인 바탕, 교육환경의 훈육에 달려 있습니다.

이런 의미에서 보면, 학교교육은 교사의 최대 인생가치를 실현하는 데 있어서 넓은 무대를 제공해주는 것이라고 할 수 있습니다. 이 무대에서 학생과 교사, 환경(학교의 풀 하나, 나무 하나까지 모두 포함)이 하나가 되고, 학생은 이렇게 좋은 분위기에서 잠재적인 능력을 발휘하고 계발하며 한걸음씩 성공을 향해 나아가야 합니다. 하지만 우리 교사들은 우수한 학생만을 통해 자신의 인생가치를 실현하려고 합니다. 모든 학생이 교실에서 학습적 성과를 낼 수 있을 때, 그들의 개성이 각기 다르게 발전할 수 있습니다.

저는 소위 열등생이든 우등생이든, 그들의 생명이 낭비되어서는 안 된다고 생각합니다. 반대로 그들은 반드시 생명의 내력을 느끼고, 생명의 봄볕 속에서, 자신의 인생목표를 실현해야 합니다. 교사도 그들의 성장을 통해 성공의 기쁨을 느끼고, 교사라는 직업의 영광을 누려야 합니다. 이러한 이상적인 환경을 가꾸기 위해서는 우리 모든 교육자의 공동 노력이 필요합니다!

정말 좋은 질문입니다. 마음이 있는 사람이 되자라는 말에 대해 먼저 말씀드리겠습니다. 제가 강조하고 있는 일기 교육 역시 사실상 마음이 있는 사람이 되기 위한 교육입니다. 저는 성공과 실패를 결정짓는 요소 중 하나가 바로 마음이 있고 없고의 차이라고 종종 말합니다. 예를 들어, "마음을 쏟아 기른 꽃이 안 피고, 열심히 기르지 않은 나무가 무성하게 자란다." 이 상황은 정말 우연의 일치에 불과합니다. 대부분은 "마음을 쏟아 정성스레 기른 꽃이 활짝 피고, 열심히 기르지 않은 나무는 잎이 무성하게 자랄 수 없다."가 맞습니다. 그래서 우리가 생활 속에서 마음을 갖는다면 분명 전과 달라질 것입니다. 다른 사람이 발견하지 못한 것들, 다른 사람이 느끼지 못하는 것들을 마음이 있는 사람은 발견하고 느낄 수 있습니다. 하지만 이것은 말은 쉬워도 실제로 하기가 쉽지 않습니다. 왜일까요? 방법을 모르기 때문입니다!

우리가 현재 제시하고 있는 방법은 바로 교육일기를 쓰는 것입니다. 즉 마음에 있는 것을 사물화하여 기록하는 것입니다. 그렇게 한다면, 진정으로 마음이 있는 사람이 될 수 있습니다. 리전시는 독서 말고도, 특별한 마음을 갖고 있습니다. 그는 아이들이 써 주는 것을 한 장도 버리지 않고 모아둡니다. 지금은 그러한 것들이 책을 쓸 때 소중한 자료가 되고 있습니다!

많은 교사들이 리전시의 《사랑하는 마음과 교육愛心與教育》, 《마음속으로走進心靈》 등의 저서를 읽어봤을 것입니다. 그 책은 바로 그가 마음이 있는 사람임을 보여 주고 있습니다. 전국의 많은 교사들이 그의 강좌를 듣고 사랑으로 하는 교육에 감동했습니다. 매번 강좌를 할 때마다 교사들은 그의 영향을 받고 교육을 더욱 사랑하게 되고, 더 열심히 교육 일을 하게 됩니다. 그의 강좌가 그처럼 훌륭한 까닭은 무엇일까요? 그는 강좌를 할 때마다 전에 맡았던 학급에 대해 기록했던 일지와 학생들이 쓴 일지를 가져갑니다. 강좌를 들으러 온 교사들이 그런 소중한 보물을 보고 감동을 안 할 수가 있겠습니까? 따라하지 않을 수 있겠습니까? 자신을 원망하고 반성하지 않을 수 있겠습니까? 우리 교사들은 이미 오래 전에 자신이 무엇을 잃어버렸는지 잘 모릅니다. 그리고 잃어버렸다고 생각하지만 사실은 잃어버리지 않았습니다. 저는 퇴직한 교사가 교육에 종사한 몇 십 년 동안 모은 아이들의 작품을 집으로 가져가서 하나하나 살펴보며 감상하는 것이 교사의 가장 큰 즐거움이자, 교사의 인생 가치를 보여주는 일이라고 생각합니다. 어떤 교사가 훌륭한 교사인가요? 어떤 교사가 존경스러운 교사인가요? 저는 방금 말씀 드린 것이 가장 좋은 대답이라고 생각합니다.

솔직히 말하면, 저 역시 마음이 있는 사람입니다. 저 역시 강좌를 할 때 교사들이 적은 질문지를 모두 보관하고 있습니다. 또한 제가 답한 내용을 녹음해서 정리해 두었습니다. 제가 기획하고 있는 《주영신이 교사의 100가지 질문에 답하다》라는 책에서 100가지 질문이 어디서 나올 것이라고 생각하십니까? 바로 오늘 말한 내용들을 기록하고, 정리해서 보완 수정할 것입니다. 마음이 없다면, 강의가 끝나자마자 바로 질문지들을 버리겠지요. 오랫동안 교사들이 건네 준 소중한 문제들을 모두에게 소개할 수 없겠지요. 그래서 마음이 있는 사람, 이 이야기는 정말 좋은 이야기입니다.

다음은 글자가 없는 책을 읽자라는 부분에 대해서 말씀드리겠습니다. 우리는 글자가 없는 책을 읽어야 하지만, 우선은 글자가 있는 책을 읽어야 합니다. 왜냐하면 글자가 없는 책을 읽는 것은 일종의 '배려'가 부족해지는 것과 같기 때문입니다. 경험에는 이성적인 관찰이 필요하고, 이성적인 배려가 필요합니다. 그때에 비로소 가치 있는 경험이 될 수 있습니다. 글자가 있는 책을 읽고, 인류문화의 정수를 알아야만, 비로소 높은 사람들, 대가들, 경전과 진정한 대화를 나눌 수 있습니다. 그리고 대화 능력과 기초를 기를 수 있습니다. 그러한 기초가 있어야 비로소 글자가 없는 책을 읽을 수 있습니다. 예전에 말했던 "만 권의 책을 읽고, 만 리를 걷자"라는 말에서, 만 리의 길이 가리키는 것이 바로 글자가 없는 책입니다. 여기에는 생활 속 경험과 독서 역사가 포함되어 있습니다. 글자가 없는 책도 읽고, 글자가 있는 책도 읽어야 합니다. 제가 책 향기 나는 학교를 만들자고 제시한 이유를 아시겠습니까? 현재 교육 현실을 보면, 우리의 학교에서는 책 향기를 맡을 수 없습니다. 그런 환경이 없기 때문이죠. 그래서 교사와 학생들이 독서에 흥미를 느끼지 못하고, 글자가 읽는 책 읽기조차 제대로 습관화 되지 않았습니다. 제대로 읽지 않는다면, 만 리의 길도 분명 제대로 끝까지 걸을 수 없습니다. 걷는다 해도 어떤 가치도 찾을 수 없습니다.

03

이슈 토론

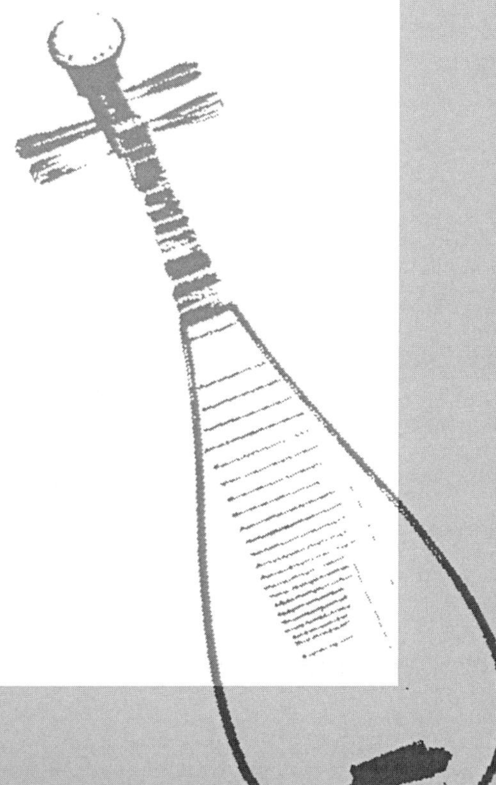

교육을 일종의 연소라고 하는 말은 일리가 있습니다. 교육은 연소가 필요합니다. 연소가 될 때만이 비로소 빛과 열이 만들어집니다. 연소가 되어야 시와 정이 생깁니다. 그리고 연소가 되어야 만이 비로소 교육적 생명이 창조되고 혁신됩니다.

교육은 연소 과정에서 찬란한 불꽃을 내며 무수한 새 이슈들을 만들어 냅니다. 현 중국교육은 이미 대부분 속박과 침체에서 벗어나서 갈수록 생기와 매력을 분출하고 있습니다. 이러한 생기와 매력은 앞서 말한 불꽃과 이슈의 '생성'과 관계가 없다고 할 수 없습니다. 즉 중국교육의 내일의 부흥과 번영에는 앞으로 더 많은 다채로운 불꽃과 생기 넘치는 이슈들이 기대될 것입니다.

이슈화 되는 문제에 대해 작가는 늘 발견하고 사고하고 연구하고 있습니다. 그는 참된 마음에서 우러나오는 동심과 예리한 혜안, 명석한 두뇌를 영원히 간직하고 있습니다. 이에 대해 어떠한 의심의 여지도 없습니다. 크게는 인터넷 교육과 학교 특색, 교육인증, 제2외국어 교육, 작게는 자신의 자녀에 대한 교육, 한싸이韓賽의 《삼중문三重門》(고등학생의 시각에서 바라본 학교생활을 담은 소설로, 사제간, 친구간의 갈등을 진솔

하게 담아 큰 반향을 불러 일으켰다—역주)까지 거의 모든 이슈가 그의 사고의 레이더 속에 남아 있습니다. 그리고 거의 대부분의 이슈들이 그에게 교육에 대한 새로운 생각을 심어주고, 이를 통해 자신의 이념을 새롭게 정립하며, 교육 관리에 대해 다시 조정하고 다듬는 작업을 합니다. 이슈는 특정 인물의 소유가 아닌, 많은 부분에서 새로운 '두뇌 폭풍'을 일으킬 수 있습니다. 작가의 장점은 문제를 이슈화하고 논쟁을 붙이는 것이 아닌, 이슈가 된 문제에 대해 재해석하고 이성적이고 현명한 토론을 함으로써 자신의 것으로, 나아가 중국교육 발전의 귀중한 도구로 만드는 것입니다.

뿐만 아니라 그의 장점은 많은 교육계 동료와 함께 그들의 학식과 명성, 매력으로, 특히 탁월한 능력으로 새로운 교육의 '이슈'를 창조하는 것입니다.

48. "나쁜 학생은 없고, 나쁜 교사만 있다."는 이 말과 "잘못 배운 학생은 없고, 잘못 가르치는 교사만 있다."라는 말은 일맥상통합니다. 저도 학생을 교육하는 과정에서 교사의 역할이 매우 중요하다고 생각합니다. 하지만 교사의 역할만이 유일하거나, 만능일 수 없습니다. 그래서 학생을 잘 가르치지 못했다고 해도, 가정의 영향, 사회의 영향이 없을 수 없는데, 학교의 잘못, 교사의 책임만 묻는다면 너무 불공평하지 않습니까?

사회는 보편적으로 '민주'와 '자유'라는 가치관을 추구합니다. 그 속에서 전통적인 교사의 역할이 심각한 도전을 맞고 있습니다. 대학 캠퍼스 내에서 발생하는 사건들이 점점 심각해지면서 조용하게 공부만 했던 중고등학생들에게 적지 않은 영향을 미치고 있는 가운데, 교내 선생님과 학생의 관계가 갈수록 긴장되고 있습니다. 학교 논리를 다시 정립하기 위해서는, 교사와 학생이 함께 합리적인 규범을 찾고, 게임의 규칙이 통제하는 상황에서 상호작용을 해야 합니다. 서로 규칙을 위반하지 않을 때 비로소 조화로운 관계를 유지할 수 있습니다. 과거에는 "교사"의 역할을 매우 중시했습니다. 예를 들어, "교사는 하루의 스승이자, 평생의 아버지다—日爲師, 終身爲父" "천지군친사天地君親師"라는 말이 있었습니다. 그래서 학생의 자유의지를 존중하는 것이 현대 교사가 반드시 받아들여야 하는 새로운 관념이 되었습니다. 물론 학생을 존중하는 것이 교사가 무엇이든 학생의 의견을 따르고 교사의 관리책임을 포기하는 것을 의미하지는 않습니다. 교사는 학생에게 교사이자, 친구가 되어야 합니다. 동양의 문화는 인과 도의 사상입니다. 인정과 윤리를 강조합니다. 서양의 문화는 비교적 이성적이고, 과학과 민주를 강조합니다.

최근에는 유럽 문화가 유행하면서 그 영향 때문에 가정교육이 제대로 이루어지지 않고, 사회 환경도 나빠지고 있습니다. 이런 상황에서 단지 학교교육에만 의지한다면, 과연 건강한 다음 세대를 기를 수 있을까요? 다음 세대를 교육하는 것은 학교의 책임만이 아닙니다. 문제 학생 역시 학교의 잘못만이 아니라, 가정, 사회 모두에게 잘못이 있습니다. 물론 학생 스스로도 깊이 반성해야 합니다. 학생이 균형적으로 발전하기 위해서는 학교가 학생의 개별적인 차이를 중시하고, 그 차이에 맞는 교육을 실시해야 합니다. 학생들이 성향에 따라서 자신의 재능을 알고 개발하도록 장려해야 합니다. 도덕, 체육, 미술, 노동 기술 교육은 지성교육만큼 중요합니다. 어떤 영역이든 학생이 재능을 보인다면, 장려할 가치가 있습니다. 이처럼 학생들은 모두 각자의 재능을 갖고 있습니다. 학생이 자신의 장점을 기를 수 있다면, 학교 내 발생하는 문제도 훨씬 줄어들 것입니다. 교사와 학생이 상호작용하기 위해서는 평행적인 관계에서 벗어나야 합니다. 교육은 본래 가치판단을 가진 활동입니다. 교사는 학생이 개선될 수 있도록 도와야 하는 책임과 의무를 갖고 있습니다.

이 문제 역시 교사가 학생을 관리하는 방법과 관련이 있습니다. 교육은 종합적인 것입니다. 교사의 교육만으로도 부족합니다. 체벌 문제를 예로 들어 보겠습니다. 우리는 체벌을 강력하게 반대합니다. 하지만 아이들이 잘못할 때마다 어떻게 관리해야 할까요? 교사의 설교만으로 해결할 수 있나요? 미국에서는 학생이 숙제를 하지 않거나, 친구를 따돌리는 등의 잘못을 하면, 교사가 그런 행동을 직접 학부모에게 서면으로 알리고, 학부모들은 휴일에 아이들과 함께 보충수업을 들어야 합니다. 여기서 우리는 아이에 대한 교육이 다방면적이라는 것을 알 수 있습니다 우리는 한 가지 방법만으로 아이를 교육해서는 안 됩니다. 교사에게 책임이 있지만, 모든 책임을 다 질 수는 없습니다. 교육은 학교와 가정, 사회 공동 책임입니다. 제가 '교육온라인'에서 읽은 어느 댓글 이야기입니다. 기숙사 학교에 있는 4학년 남학생 이야기인데, 기숙사에서 행실이 불량했습니다. 다른 친구들과 공모해서 반 친구의 물건을 훔치거나, 샤워 후 옷을 입지 않고 친구 몸을 깔고 앉아 욕을 하는 등 온갖 나쁜 짓은 다하는 학생이었습니다. 하지만 이 아이는 인터넷 채팅을 할 때는 자신을 20세 이상으로 기록해 놓고, 세 개의 QQ(注 : 중국의 채팅사이트 아이디)를 갖고 있었습니다. 그 아이는 QQ를 교사에게 알려주고 채팅을 하는데, 채팅 내용은 온갖 욕설과 저질스러운 언어가 난무했습니다. 교사가 많은 방법을 써 봤지만 모두 소용없었습니다. 그래서 학생의 가정환경을 조사해 보니, 아버지가 촌 간부시고 어머니는 PC방을 운영하고 계셨습니다. 아이는 주말이나 방학 때 집에 가면 매일 매일 PC방에서 놀고 있었습니다. 이 예를 보면, 아이의 현재 행동이 가정적인 영향이었다는 것을 알 수 있습니다. 그래서 이런 아이를 개선하기 위해서는 다양한 힘을 동원해야 합니다. 단순히 교사의 힘만으로는 아이가 달라질 수 없습니다.

생리적인 결함이 없는 이상 천성적으로 독서를 좋아하지 않는 아이는 없습니다. 그렇다면 왜 독서를 좋아하지 않는 아이가 생길까요? 아이들의 눈 속에는 책보다 더 재미있는 것이 있기 때문입니다. 우리는 교사이자 학부모로서 아이들에게 어떤 책을 골라주었나요? 그리고 그 책을 아이들이 좋아했나요? 그 책들은 아이들의 연령별 특징에 부합했나요? 만약 안데르센 동화 같은 책이었다면, 아이들은 정말 읽었을 것입니다. 아마도 좋아하지 않는 아이가 없을 겁니다.

우리는 학생들에게 100권의 책을 추천합니다. 그중 일부는 필독서지만, 대부분은 선택적으로 읽게 합니다. 왜냐하면 어떤 경우 아이들이 좋아하는 책일 수도 있지만, 사실 좋아하는 책이라도 그들의 필요에 적합하지 않을 수 있기 때문입니다.

이렇게 볼 때, 아이들이 진정으로 독서를 좋아하게 하려면, 독서에 대한 흥미를 계발하는 것이 매우 중요합니다. 교사나 학부모는 아이에게 독서 지도를 하기 전에, 반드시 그 책이 아이들이 독서하기에 적합한지를 우선적으로 고려해야 합니다. 그리고 그 책이 아이에게 흥미를 유발시킬 수 있을지 생각해야 합니다.

저는 아이들의 흥미가 제일 중요하다고 생각합니다. 아이들이 일단 책에 빠지게 되면 흥미도 자연스럽게 생겨납니다. 책 속에서 아이들은 무궁무진한 세계를 그리며 재미있게 놀 수 있으니까요.

하늘은 모든 사람들에게 성공할 수 있는 유전자를 심어주었기 때문에, 우리가 자신이 싫어하는 일이더라도 그 동안 해본 적 없는 일들을 다양하게 경험해 보고 시도할 때 비로소 성공 유전자가 활성화된다는 말이 있습니다. 독서를 하지 않는 사람은 높은 품격을 갖출 수 없습니다. 반드시 읽어야 되는 책은 일부러라도 읽어야 할 필요가 있습니다.

지금 제 강의 실력은 꽤 괜찮은 편이지만, 과거에는 말을 잘 못하는 사람이었다고 말하면 여러분은 믿어지시나요? 저는 대학 시절, 소그룹 내에서 발표자 역할을 전담하게 되었습니다. 당시 그룹 내 친구들 모두 발표를 꺼려했기 때문에 제가 할 수밖에 없었습니다. 대학교 4년 동안 저의 발표실력은 크게 성장했습니다.

이미 독서를 싫어하게 된 아이들에 대해서 우리는 그의 사고방식에서 먼저 원인을 찾고, 독서를 꺼리는 마음이 사라지도록 도와야 합니다. 필요하다면 강압적인 방법도 사용할 수 있습니다. 그러나 어느 정도 기준이 있어야 합니다. 가장 좋은 방법은 아이들이 스스로 독서를 좋아하도록 하는 것입니다. 그렇게 하면 의지도 단련하고 효과도 높일 수 있습니다.

우리가 할 수 있는 일은 바로 그러한 열쇠를 찾아서 아이에게 주고, 그들이 그 닫힌 문을 열 수 있도록 격려해주는 것입니다. 일단 그 문만 열게 된다면 책 속의 무한한 감흥을 깨닫게 되고 그동안 잠자고 있던 감각을 깨울 수 있습니다. 그렇게 된다면 그 아이는 지식의 전당에 충분히 들어갈 수 있고, 또 성공할 수 있습니다.

우리는 학생들이 독서의 장점을 깨닫도록 지도해야 합니다. 좋은 문장과 작품을 최대한 많이 읽도록 해야 합니다. 다독할 때 비로소 아이의 문화적 소양이 자랄 수 있습니다. 다독해야만 비로소 아이의 인문적 소양을 풍부하게 기를 수 있습니다. 다독이야말로 아이들의 정신적 체험을 쌓게 해 줄 수 있습니다. 다독을 통해서만이 아이들이 사상적 도덕을 함양할 수 있습니다.

작가 자오리홍趙麗宏은 이런 말을 한 적이 있습니다. "문학작품을 읽지 않는 사람은 해봤자 아이큐만 높은 야만인밖에 될 수 없습니다." 교실에서 학생들에게 독서의 권리를 돌려주어야 합니다. 학생들이 스스로 읽고, 친구가 읽는 것을 듣고, 또 선생님이 읽는 것을 들어야 합니다. 낭랑한 낭독 소리는 아이들에게 아름다운 학업시절을 누리도록 해 줄 것입니다.

50. 현재 사립학교가 크게 발전하고 있습니다. 일부 학부모의 교
　　육적 관념도 바뀌어서 저마다 아이들을 폐쇄적인 기숙사학교
　　에 보내려고 합니다. 이런 현상을 어떻게 보십니까?

　일부는 이러한 엄격한 관리방법을 통해 아이들이 사회의 나쁜 요소
를 접할 수 있을 가능성을 피할 수 있기 때문에 좋은 방법이라고 말합
니다. 시간과 공간이 확장되면서, 학교는 계획적으로 단계적으로 학생
에게 전면적인 교육을 실시할 수 있습니다.

　현대가정의 아이들은 대부분 형제자매가 없는 독자들입니다. 그들은
지나친 사랑과 배려 속에서 버릇없이 자라나 관용을 모르고 협력을 모
릅니다. 그래서 이기적인 아이가 많고 활달한 아이가 적습니다. 이는
요즘 많이 얘기하는 '4·2·1증후군', 즉 외할아버지, 외할머니와 친할
아버지, 친할머니 4명과 아빠와 엄마 2명이 모두 아이 1명에게 지나친
사랑을 쏟아 붓고, 아이조차 자신을 너무 사랑한 나머지 이기적인 아이
로 성장한다는 의미를 담고 있습니다.

　그런데 폐쇄적인 학교 안에서는 아이들이 어렸을 때부터 단체생활을
하게 됩니다. 단체 역시 원래는 작은 사회입니다. 아침부터 저녁까지
함께 생활하고 서로에게 관심을 갖고 서로를 도와주면서 부지불식간에
양보와 협력하는 법을 배웁니다. 이는 가정에서는 실천할 수 없는 훈련
입니다.

　일부는 이렇게 비정상적인 환경에서 성장한 아이들은 학교를 떠난

후 사회에서 적응하는 데 많은 어려움을 겪을 수 있다고 말합니다. 그런 아이들은 정상적인 아이가 겪어야 하는 가정환경에서의 가족 간의 접촉과 교류가 없기 때문에 사회경험이 크게 떨어지고, 이로 인해 인성과 일처리 능력에 많은 불리한 영향을 받을 수 있다는 것입니다.

두 가지 의견 모두 일리가 없는 것은 아닙니다. 하지만 일이 너무 바빠서 아이 교육에 충분한 시간과 정성을 기울이지 못하는 부모들이 있습니다. 특히 선전沈珮 같이 경제가 발달하고 경쟁이 치열한 도시나 도시지역 주민의 평균나이가 젊은 지역의 경우 더욱 그렇습니다. 그렇기 때문에 지금 문제는 해야 되냐 말아야 되냐가 아니라, 어떻게 하면 더 잘 할 수 있을지의 문제입니다.

어떠한 시장이 어떠한 수요를 만족시킬 수 있을까요. 해외 역시 이런 경우가 있습니다. 그렇다면 어떻게 폐쇄된 환경에서 학교의 개방성을 최대한 높일 수 있을까요?

첫째, 개인적으로 학생이 부모와 다양한 형식으로 자주 대화를 하도록 격려해야 한다고 생각합니다. 이는 친가족간의 교류로써, 가족 구성원간의 감정을 돈독히 해줄 뿐만 아니라, 학교교육의 부족한 점을 효과적으로 보충해 줄 수 있습니다. 왜냐하면 세상에는 이상향이 없기 때문입니다.

둘째, 아이에 대한 부모의 역할과 사회자원의 역할을 충분히 활용해서 아이에게 다양한 사회적 역할을 경험하도록 해야 합니다. 이렇게 하면 아이는 폐쇄적인 환경에 있으면서도 사회의 큰 흐름을 느끼고, 학교 밖의 새로운 공기를 맡고 다채로운 세계를 경험할 수 있습니다.

셋째, 교사들이 대리부모의 역할을 해야 합니다. 이는 매우 중요합니다. 우지앙吳江의 타오위안桃源 중학교에는 '교사엄마'라는 말이 있습니다. 교사엄마, 교사아빠는 아이들이 학교에서 가정의 느낌을 느끼도록 하는 역할을 합니다. 대부분의 좋은 학교에는 '학교는 여러분의 집'이라는 구호를 갖고 있지 않습니까? 저는 우리 학교들이 그것을 구호로만 두지 말고 직접 행동으로 옮겨 실천함으로써, 모든 아이들이 진정으로 학교를 집처럼 느끼도록 해야 한다고 생각합니다.

집이란 어떤 존재입니까? 모든 교사마다 다른 집을 갖고 있습니다. 즉 개성화된 가정을 갖고 있습니다. 우리는 자신의 가정을 그리고, 자신이 행복했던 때를 회상한 후, 학교의 아이들에게 이러한 행복감을 나누어 주어야 합니다. 그렇게 하면 학생들은 가정이라는 세계를 찾을 수 있습니다. 그 밖에, 학교에서 아이들과 자주 교류를 해야 합니다. 왜냐하면 인생에서 아이는 매우 중요한 시기에 있기 때문에 그들에게 감정 교류가 매우 중요하기 때문입니다.

성공한 가정, 성공한 부모님은 늘 아이와 교류를 해왔습니다. 이것이 바로 성공한 가정의 경험입니다. 우리는 이러한 경험을 학교에 심고, 사제 간의 교류를 강화해야 합니다. 이 역시 교육평등의 실현입니다. 각종 형식의 교류활동을 실시하지 않는 학교는 영원히 평등과 민주적인 가치를 실현할 수 없을 것입니다. 그래서 학교에서 교사로서, 대리 아빠, 대리엄마로서, 이 역할을 잘 해내야 한다고 생각합니다. 이러한 형태의 학교가 더 많이 생기도록 장려하고, 학생들이 학교에서도 가족의 정을 느낄 수 있도록 해야 합니다.

51. 《신교육의 꿈》에서 "품성과 도덕정신은 자신의 노력에 달려
   있다."라는 말씀을 하셨는데요. 그렇다면 주 선생님은 《삼자
   경三字經》의 "어렸을 때부터 가르쳐야 품성이 바뀐다苟不敎, 性
   乃遷."는 말에 대해 어떻게 생각하십니까?

이 말의 요점은 사실 교육의 형성은 자신의 발전인가, 아니면 교육의
결과인가에 대한 문제입니다. 사실 어느 단계이든지, 단계마다 교육의
역할은 각각 다릅니다. 중학교 이전에, 혹은 생후 17주나 16주 이전에는
무엇이 맞고 틀린지 설명하기 매우 어렵습니다. 왜일까요? 이때는 대부
분 이런 저런 힘에 의해 좌우되기 때문입니다. 입에 발린 말들이 더 명
확해 보이지 않나요? 유아원에 들어가기 전 아이들에게 누가 한 말이냐
고 물어보면 뭐라고 답하나요? "아빠 엄마가 말했어요."라고 합니다. 유
아원에 들어가면 달라집니다. 집에 오면, 아빠, 엄마와 대화를 하다가도
"선생님이 말했어요."라고 말합니다. 바로 선생님이 권위를 갖게 되는
것이지요. 중학교에 들어가면, 교사의 권위가 떨어지기 시작합니다. 고
등학교에 들어가면, 교사의 권위는 이미 바닥으로 떨어지고, 책이 권위
를 갖게 됩니다. 대학에 가면, 자신 스스로가 권위를 갖게 되죠. 그래서
각 단계마다 교육의 기능과 역할이 다릅니다. 초중등학교, 특히 유아교
육단계에서는 교사의 역할이 비교적 중요합니다. 이것을 두고 바로 "어
렸을 때부터 가르쳐야 품성이 바뀐다."라고 하지요. 진정한 자아의식이
깨어나면, 특히 고등학교에 진학한 후부터는 실제로 자기 스스로 선택

하는 과정이 시작됩니다. 즉 자신의 흥미와 포부, 취미와 타협하지 않는 단계로, 자신의 지식구조를 끊임없이 만들고, 자신의 가치체계를 계속 정립하게 됩니다. 이는 교육의 역할은 성장 단계마다 다른 영향을 미치고 있다는 것을 말해주는 대목입니다. 사람의 품성과 도덕정신은 자신의 개선하려는 노력에 따라 결정되고, 동시에 교육 역시 중요한 역할을 합니다. 물론 개인의 품성과 도덕정신은 자신의 노력에 따라 결정되는 것은 사실이나, 이러한 노력은 천부적인 것이 아니라, 장기적으로 받아온 교육의 영향이라고 생각합니다. 교육은 개인의 도덕정신을 개선하는 데 있어 매우 중요한 기초이자 전제입니다. 즉 교육의 최종 목표는 자아교육 능력을 기르고, 자신의 사고와 판단으로 자신을 개선할 수 있도록 하는 것입니다. 하지만 자신의 도덕정신이 어느 정도인지와 관계없이, 모두 교육의 영향을 받고 있으며, 자아교육만으로 도덕정신을 완성할 수는 없습니다. 이 점에서 "어렸을 때부터 가르쳐야 품성이 바뀐다."라는 말은 보편적인 의미를 가졌다고 할 수 있습니다.

52. 현재 대부분의 사람들이 아이들과의 소통을 비교적 중시합니다. 하지만 어떤 경우에는 이러한 소통이 결코 간단하지 않습니다. 선생님은 어떻게 아이들과 소통하시나요?

아이와의 소통문제는 확실히 현대의 가장과 교사가 연구하고 생각해

봐야 하는 문제입니다. 그리고 다방면에서 문제를 생각해야 합니다. 이 문제에 대한 제 생각과 방법은 다음과 같습니다.

첫째, 아이들이 부모와 다양한 형식의 소통을 할 수 있도록 설득해야 합니다. 예를 들어 전화로 대화하는 방법도 있습니다. 어떻게 설득하고 누가 설득할 수 있을까요?

간단합니다. 가장들이 스스로 먼저 아이들과 대화를 시작하고 여기에 교사가 보조적인 역할을 하면 됩니다. 가장이 먼저 주동적으로 아이와 대화하려고 해야 아이들도 반응을 합니다. 이것이 민주적이고 평등한 가정에서 볼 수 있는 방법입니다. 교사도 아이들과 소통을 해서 그들이 부모님들과 대화를 할 수 있는 다리 역할을 해야 합니다.

둘째, 사회자원이 아이들에게 주는 영향을 충분히 활용해서 아이들이 대화의 중요성을 깨닫도록 지도해야 합니다. 이러한 예는 매우 많으며 자원도 풍부합니다. 우리가 독서만 잘해도 쉽게 얻을 수 있습니다. 예를 들어, 잡지를 보면 가장이 아이와의 소통이 서툴러서 욕설을 하고 구타를 하자, 아이가 집을 가출하거나 투신자살을 시도했다는 기도를 가끔 접하기도 합니다. 물론 부모와 아이가 꾸준한 대화를 통해서 아이를 변화시키고 마침내 성공할 수 있었다는 사례도 많이 있습니다. 현재 우리 주변에는 외동아들, 외동딸이 늘고 있습니다. 만약 대화 부재로 인해 극단적인 상황에 빠지는 아이가 있다면 어느 가정이든지 크나큰 비극이 아닐 수 없을 것입니다.

또 하나는 우리 모두가 매우 훌륭한 교육 자원이라는 사실을 깨달아야 합니다. 학부모는 자신이 바로 예입니다. 자신의 과거의 지나온 세

월을 돌이켜 보면서 당시 자신의 상황과 행동을 생각해 본다면, 현재 자녀의 입장과 바꿔서 생각할 수 있는 좋은 기회가 될 수 있습니다. 이는 돈 주고도 살 수 없는 매우 귀중한 자원입니다.

53. 현대 사회는 나날이 달라지고 발전하고 있습니다. 컴퓨터가 널리 보급되고 많은 사람들이 인터넷 시대에 살고 있습니다. 우리의 교육도 마찬가지로 인터넷 시대로 접어들었습니다. 선생님은 전에 인터넷이 우리의 교육을 바꿔놓을 것이라고 말씀하신 적이 있는데, 현재 인터넷이 교육에 미치는 촉진 작용이 얼마나 크다고 보십니까?

교육의 현대화는 현대 교육의 뚜렷한 특징입니다. 교육의 현대화의 중요한 상징 중 하나가 바로 교육의 정보화입니다. 인터넷은 교육 발전에 있어 전에 없던 무한한 공간을 가져다주었습니다. 21세기 교육의 발전에 중요한 계기는 바로 교육에 큰 변화를 일으킬 인터넷입니다.

우리의 교육행정 주관부처는 인터넷교육 발전을 위해 대대적인 노력을 기울이고, 인터넷 교육비용을 낮추고 디지털 캠퍼스 구축에 힘쓰고 있습니다. 교육에 대한 인터넷의 역할은 주로 다음과 같이 3가지가 있습니다.

첫째, 교사와 가장에 대한 촉진작용입니다.

둘째, 인터넷은 교사 양성에 무한한 정보를 충분히 제공해주고 있습니다. 인터넷은 교사 양성에 있어서 많은 기능을 하고 있습니다. 하지만 더욱 중요한 것은 그 많은 정보와 학습내용을 인터넷으로 공유하고, 더 많은 학생들이 인터넷교육과 학습의 주체가 되어야 한다는 점입니다.

유치원부터 초등학교, 중학교, 고등학교, 대학교에 이르기까지 다양한 자료들, 강의실록이나 자료들 같이 우리가 가지고 있는 다양한 교육 소프트웨어를 국가를 통해 무료로 인터넷에 보급해야 합니다. 그렇게 한다면 많은 농촌지역과 산간지역 학교에서도 컴퓨터와 전화선만 있으면 최상의 교육을 받고, 현재 교사의 자질로는 채워줄 수 없는 부분을 보완할 수 있습니다.

셋째, 인터넷은 교육과 학습방식의 변화를 촉진했습니다. 전통교육의 '3가지 중심'에 대한 정보기술의 도전과 충격은 필연적입니다. 하지만 우리 역시 정보기술이 교육에 미칠 수 있는 부정적인 면에 대해 연구하고, 단편적으로 정보기술의 작용을 강조하는 관점에 반대해야 합니다.

어떤 학자는 교육에 있어서 정보기술의 발전으로 청소년의 폐쇄적인 자아가 생겨서 그들이 사회에 융합되는 것이 방해받고 있다고 말하고 있습니다. 새로운 교육과 학습의 방법이지만, 교사와 학생의 인간적인 감성교류나 교사의 인격을 통한 감화, 솔선수범을 통한 직접적인 영향을 주는 교육방식이 될 수는 없을 것입니다.

학생이 지나치게 컴퓨터에 빠지게 되어 사회성을 키울 수 있는 인간

관계가 부족해지면, 그의 인격 형성에 좋지 않습니다. 지나친 인터넷 사용으로 실외 활동이 부족해지면 신체 건강에 해롭고, 또한 인터넷의 유해정보로 인해 나쁜 영향을 받을 수 있습니다. 그렇기 때문에 우리는 정보기술이 갖고 있는 전통교육과 비교할 수 없는 장점을 충분히 이용하면서도 정보기술 자체로 극복할 수 없는 부족한 점을 제대로 인식해야 합니다.

일부는 미디어 교육과 인터넷 교육이 교육의 전부라고 생각하고, 교실 안에서 실시하는 수업과 전통 교육수단을 부정하는데, 이 역시 잘못된 것입니다. 각각의 교육수단과 방식은 저마다의 장단점을 가지고 있습니다. 예를 들어, 우리에게는 자동차나 비행기 등 발전된 교통수단이 있지만, 대부분의 경우에는 여전히 우리의 두 발로 움직이고 있는 것과 같은 이치입니다. 교육과 정보기술의 접목은 전통교육을 전부 부정하는 것이 아니라, 두 가지가 함께 조화를 이루어야 한다고 생각합니다.

앞으로 학생의 개인적인 학습방식은 인터넷교육의 가장 큰 특징이 될 것입니다. 아이들은 스스로 인터넷을 통해 공부할 수 있게 될 것입니다. 수업 때 이해 못한 내용을 인터넷으로 다시 볼 수 있게 됨으로써, 교실의 공간이 다른 각도에서 재현될 수 있습니다. 여기서 인터넷이 큰 역할을 발휘하게 됩니다.

많은 학생들이 자신의 능력에 맞게 자습을 할 수 있습니다. 학습능력이 우수하면 다음 단계의 학습을 빠르게 마칠 수 있고, 학습능력이 뒤처지면 더 많은 시간을 투자할 수 있습니다. 아마도 언젠가는 학부모들이 자녀들에게 PC방 가서 공부하라고 할 날이 올지도 모릅니다. 이렇게 된다면 우리의 교육은 좀 더 이상적으로 발전할 수 있을 것입니다. 그렇기 때문에 인터넷은 앞으로 우리의 생활, 나아가 우리의 교육을 변화시킬 것이라고 생각합니다.

54. 인터넷교육은 매우 긍정적인 의미를 갖고 있지만, 현재 많은 학생들이 PC방에서 하는 온라인 게임이나 채팅에 지나치게 빠져 있습니다. 인터넷의 부작용을 없앨 수 있는 방법에는 어떤 것들이 있을까요?

먼저 이야기 하나를 소개해 드리겠습니다. 우리 '교육온라인' 사이트는 2002년 6월 18일에 열었습니다. 아무런 광고 없이 입소문이 나서 현재까지 36만 명 이상이 방문했습니다. 등록된 회원만도 이미 7,000만(2004년 2월 이미 170만 연인원에 달하며, 등록된 회원수는 4만여 명)이 넘습니다. 그리고 많은 젊은 교사들이 인터넷을 통해 발전하고 있습니다. 예를 들어, 장쑤 옌청鹽城 루왕진樓王鎭 상이鄕―의 한 초등학교 교사는 '교육온라인' 사이트에 접속하기 전에는 한 편의 글도 발표한 적이 없었는데, 회원이 된 후 매일 게시판에 글을 쓰고, 댓글을 달면서 4개월만에 20여 편의 글을 발표했습니다. 그중 일부는 《문회보文匯報》와 《인민교육人民教育》, 《중국교사보中國教師報》 등 권위 있는 잡지에 실리기도 했습니다. 그는 인터넷이 그에게 새 생명을 주었다고 말합니다. 쑤저우

우지앙 진자베이 초등학교에는 51세의 노교사가 있는데 우리 사이트에 접속하기 위해 가장 기초인 타자치는 것부터 배우기 시작했다고 합니다. 많은 젊은 교사들도 인터넷을 통해 매우 즐겁고 건강하게 발전하고 있습니다. 현재 우리는 이미 전국적으로 많은 우수한 교육 인재를 모았습니다. 이 사이트 자체가 이미 중국 교사의 성장 요람이자, 양성소가 되었습니다. 만일 국가적인 교사양성 사이트를 만든다면, 가장 좋은 교육이념을 인터넷을 통해 발표하고, 우수한 교사들을 인터넷으로 모아서 교육적 지혜를 공유하고 함께 교육적 경험을 나눌 수 있도록 할 수 있을 겁니다. 그렇게 된다면 우리의 교육도 더 나아질 수 있겠죠. 그래서 인터넷 교육은 매우 큰 의미를 담고 있습니다.

많은 학생들이 PC방 온라인 게임이나 채팅에 빠져 있는 등 인터넷의 해악을 어떻게 해결할 수 있는지에 관해서, 저는 인터넷이 현재 인류의 생활에 밀접하게 연결되어 있고, 어른들은 인터넷을 접하는 데 있어 어느 정도의 두려움을 갖고 있는 반면, 청소년들은 아무 거리낌도 없고 오히려 즐겁게 인터넷을 대하고 있다고 봅니다. 왜냐하면 인터넷이 청소년의 시야를 넓혀주고, 청소년의 학습과 생활에 큰 편리와 즐거움을 가져다주었기 때문입니다. 한 조사 자료를 보면, 전국 대도시에서 컴퓨터를 보유한 가구가 이미 전체 30% 이상을 차지하고 있습니다. 그리고 인터넷에 대한 열정은 부모들보다 청소년이 훨씬 높습니다. 그러나 인터넷의 많은 쓰레기 때문에 인터넷의 좋은 점까지도 버려지고 있습니다.

저는 청소년들에게 인터넷을 이용하도록 장려하는 것이 우선이라고 생각합니다. 여러 가지 지도를 통해 청소년들에게 인터넷지식교육을 강화하고, 충분한 '인터넷 공간'을 열어주어야 합니다. 청소년들의 주의를 끌기 위해서는 좋은 정보 사이트를 만들어야 합니다. 예를 들어 학습, 친구, 취업, 심리상담, 법률적 자문 등 청소년들이 관심을 가질만한 사이트를 만들어서 청소년들에게 서비스를 제공하는 형식으로 그들의 흥미를 이끌어 내야 합니다. 인터넷 시대에 맞는 청소년의 사회화특징을 형성하기 위해서는 먼저 옳고 그른 것을 판단할 줄 아는 능력을 길러주어야 합니다. 다원화된 가치관을 선별하여 선택할 수 있도록 해야 합니다. 사상적으로 '방화벽'을 만들어 주기 위해서는 인터넷도덕에 대한 정확한 인식을 심어주고, 도덕적 판단능력과 도덕적 자율성을 길러주어야 합니다. 인터넷 입법을 강화하여 인터넷 사회에서 청소년을 법적으로 보호하고 청소년 범죄를 효과적으로 예방해야 합니다.

21세기 청소년이 배워야 하는 가장 중요한 능력은 지식을 경영하고 정보를 처리할 줄 아는 능력입니다. 인터넷은 이러한 능력을 기를 수 있는 도구이며, 컴퓨터와 인터넷은 미래 사회의 거대한 매개체가 되어 컴퓨터 지식을 학습함으로써 청소년의 미래 발전을 이끌어 줄 것입니다. 그렇기 때문에 인터넷의 일부 해악 때문에 청소년을 인터넷으로부터 격리시켜서는 안 됩니다. 인터넷은 청소년의 권리입니다. 누구도 이 권리를 박탈할 자격은 없습니다.

55. 특색 있는 교육을 실시하는 학교가 되기 위해서 교장 선생님은 어떤 인품을 지녀야 할까요?

첫째, 교장은 자신이 특별한 교사라는 것을 잊지 말아야 합니다. 일반적으로 교장은 우수한 교사 중 선발하게 됩니다. 만약 교장이 된 후 자신은 더 이상 교사가 아닌 관리자라고 생각하고 수업도 들어가지 않는다면, 그는 앞으로 교육적 자질을 크게 상실하게 될 것입니다. 교사로서의 자질을 유지하는 것은 관리자로서의 기본기라는 점 역시 잊지 말아야 합니다.

둘째, 자신만의 개성이 있는 교육적 사고를 갖춰야 합니다. 개성 있는 교육적 사고란 결코 평범하지 않습니다. 이는 다른 교육과 뚜렷한 특징을 갖는 사고입니다. 이는 교장이 다른 이의 관리 경험을 꾸준히 관찰하고, 다년간 교육을 실시하면서 쌓은 실직적인 경험을 통해서, 각 학교의 상황에 맞게 정리하고 다듬는 과정에서 비롯될 수 있습니다.

교장이 독특한 교육적 사고를 갖고 있는지에 따라 그가 속한 학교가 특색 있는 교육을 실시하는지가 결정됩니다. 물론 이러한 교육적 사고는 교장이 교육을 사랑하는 마음, 교육에 대한 추구, 노력, 고뇌 등에서 비롯됩니다.

최근 몇 년간 중국에는 웨이수성이나 마언홍, 딩요우콴 등 특색 있는 교장이 여럿 등장했습니다. 그들은 또한 사상 교육가입니다. 많은 교사들은 이미 잡지와 신문 등을 통해 보도된 그들의 교육적 이념과 사상을 접해본 적이 있을 겁니다.

셋째, 진취적인 개척정신을 갖춰야 합니다. 개척하고 진취하는 정신, 새로운 것에 대한 모험과 도전하는 자세가 없이 교장이 되어 학교를 새로운 길로 이끈다는 것은 사실 어불성설에 불과합니다. 현재 학교의 새로운 개혁을 추구하지 않고 단순히 진학률에만 신경 쓰며 교사와 학생들에게 교과서만 열심히 공부하라는 식의 교육을 실시하는 교장들도 있는데, 이들은 개척적인 교장의 모습과는 거리가 멉니다.

넷째, 학교 교장은 학교의 지도자격으로서 특별한 면모가 있어야 합니다. 지도자로서 통솔할 수 있는 능력을 갖춰야 할 뿐만 아니라, 모든 교사와 공생공사하고, 그들의 친구가 되는 자세와 마음이 바탕이 되어야 특별한 지도자적 면모를 갖출 수 있습니다.

다섯째, 새 시대의 교장은 미래를 내다볼 수 있어야 합니다. 교육을 관리하는 데 있어서 근시안적으로 전체 세계를 보지 못한 채 지엽적인 것만 보아서는 안 됩니다. 발전할 수 있는 기회가 많은 정보화 시대에서 교장은 결코 낙오되어서는 안 됩니다.

현재 중고등학교 교사들은 빠르게 변하고 있습니다. 교육 관련 인터넷 사이트에 들어가서 살펴보면 중국 교사들이 전과 다르게 급변하고 있다는 사실을 체감할 수 있습니다. 그들은 교장보다 훨씬 많은 정보를 갖고 있습니다. 사실 많은 교장들이 인터넷 사용법에 익숙지 않아서 모든 교사와 학생에게 인터넷을 보급할 수 있는 좋은 방법을 생각해 내기에 무리가 있습니다. 하지만 관리 방법 중 하나로 바뀌어야 될 부분입니다.

교장은 반드시 학교의 인터넷 교육의 선봉장이 되어서 교사와 학생들이 시대에 발맞춰서 발전하도록 이끌어야 합니다. 교사와 학생이 낙후되지 않게 하려면 교장이 먼저 스스로 낙후되지 않아야 합니다. 교사와 학생이 세계 속에서 움츠려 들지 않게 하려면, 교장이 먼저 그 속의 중요한 일원이 되어 세계에서 도외시되지 않도록 해야 합니다.

56. 학교의 특색과 교육의 특색은 어떻게 구별합니까? 그 함축된 의미는 무엇입니까? 어떤 행정관료는 단일적인 특색의 차원보다 종합적인 특성 수준이 높은 것이 낫다고 말하는데, 선생님의 생각은 어떻습니까? 선생님은 학교에서 실시하는 일마다 모두 특색이 있을 수 있다고 생각하십니까? 교육적 이상과 현실 간의 큰 차이가 있고, 이 거리를 좁히고 없애는 과정에서, 가장 기층에 있는 교장과 교사의 역할이 제한될 때도 있고, 어떤 일들은 능력 범위 밖일 때도 있습니다. 쑤저우 교육의 행정장관으로써, 선생님께서는 일선교육에서 무능한 문제들을 어떻게 해결하십니까?

교육적 특색이란 간단히 말해서 교장의 교육사상을 개성화한 것입니다. 교육 특색은 교장과 교사, 학생, 심지어는 학생의 부모님의 지혜를 모아서 만들어집니다. 때문에 뭐가 좋다 나쁘다 운운할 수 없으며, 학교의 실제적인 상황을 종합하고, 학교의 학생과 교사, 학교의 상황, 나아가 가정환경의 상황에 입각해야 합니다.

실시과정에서는 전체에서 착안하여 부분적으로 세세하게 확대해 나가야 합니다. 중점적으로 실시하고 전체적으로 향상시켜야 합니다. 즉 전체적으로 기획하고, 단계적으로 실시하며, 주제를 갖고 점진적으로 향상시켜야 합니다. 학생들이 엄격한 훈련 속에서 행동하고, 풍부하고 다채로운 활동에서 이치를 깨달으며, 생기와 활기 넘치는 교실에서 지식을 배우며, 활동하는 교과목에서 특기를 발전시키도록 해야 합니다.

학교에게 있어서, 교육적 특색을 만들기 위해서 중요한 것은 교사입니다. 만약 교사가 평범하고 활력이 부족하다면 그 학교는 제대로 된 특색을 갖추기 어렵습니다. 교장은 학교의 리더로서, 교사의 특색이 부족하다는 점을 발견했다면, 교사를 자극시키고, 그들이 새로운 시각에서 자신의 교육방식을 돌아보고 연구하도록 격려해야 합니다. 이렇게 하면 교사들이 활발하게 움직임으로써 학교의 특색도 만들어질 수 있습니다. 다시 말해서, 학교가 특색이 있으려면 중요한 것은 바로 교사의 특기를 발견하고 발휘하는 것입니다.

학교의 리더는 사람마다 각자의 개성이 다르다는 점을 분명히 깨달아야 합니다. 어떤 이는 높은 산이 되고 싶고, 어떤 사람은 협곡이 되고 싶어 합니다. 축구장에서 활약하는 사람이 있는가 하면, 책상 앞에서 책벌레가 되는 사람도 있습니다. 학생의 개성은 이처럼 다양하고 풍부합니다. 특색은 바로 그러한 풍부하고 다채로운 점을 최대한 표출해 내는 것입니다. 학생이 특색을 갖고 있다면, 그 학교의 특색도 자연스럽게 나타날 것입니다.

특색 있는 학교를 세우는 목적은 학생의 소질을 향상시키고, 더 많은 인재를 양성하기 위한 것입니다. 새로운 시대의 발전은 좀 더 전면적이고, 개성을 발전시키며, 저마다의 장점을 간직한 다양한 인재입니다. 때문에 학생의 소질을 향상시키고 특징을 발전시키기 위해서는 먼저 학생의 특징을 이해해야 합니다. 이로써 학생을 지원하고 자신의 잠재적인 장점을 인지하도록 해서 스스로 노력하여 발전시키도록 해야 합니다.

둘째, 학생에게 여건을 만들어 주고 선택의 여지를 남겨주어 모든 학생이 자신의 특징을 충분히 발휘하고, 단점을 보완하는 교육 대신 장점을 기르는 교육을 실시해야 합니다. 셋째, 장점을 발전하는 과목을 통해 학생의 잠재력을 개발하고 그 교과목을 일반 교과목과 마찬가지로 단계적으로 실시하고 그것을 과학적으로 시스템화해야 합니다.

그 밖에 학교에서 특색을 갖추려면 반드시 '개성'이 강한 교장이 필요합니다. 교장은 학교의 일을 설계하는 사람이자 조직자, 지휘자입니다. 교장의 교육에 대한 사고, 정책 결정, 조직능력은 학교의 특색과 직접적인 관계가 있습니다. 그래서 학교가 특색을 갖추려면 먼저 뚜렷한 개성이 있는 교장이 있어야 합니다. 학교의 교육적 특색은 사실 교장의 독특한 교육적 사고와 지도자적 면모가 교육 관리를 실천하면서 구체적으로 반영되어 나타나는 것입니다. 교장의 특색 있는 개성은 교장이 교육적 특색을 형성할 수 있는 전제조건이자 중요 요소입니다.

일부는 "교육의 이상과 현실에는 큰 차이가 있고, 이 거리를 좁히고 없애는 과정에서 가장 기층에 있는 교사와 교장의 역할은 매우 한정되어 있고, 어떤 일은 전혀 무기력한 경우도 있다."라고 말합니다. 쑤저우에서도 이런 경우가 있습니다. 저는 여러 교장들을 방문하면서 그들과 다양한 교류를 해왔고, 그들에게 그러한 무기력함이 있다는 것을 발견했습니다. 이 점을 우리가 개혁해야 합니다.

어떻게 개혁할 수 있을까요? 가장 중요한 것은 교장이 주동적으로 생각하는 것입니다. 자신이 어떠한 교장이 될 것인지, 현재 관리하고 있는 학교는 어떤 방향으로 발전해야 하는지, 어떻게 발전할지, 학교의 특색은 어떻게 만들 건지 등등에 관해 사고하고 연구해야 합니다. 그리고 학생의 미래와 관계된 문제들을 해결할 수 있는 방법을 모색해야 합니다.

이러한 문제들이 잘 해결된다면 무기력함도 사라질 것입니다. 때문에 저는 교장은 반드시 생각하는 교장이되, 교육가의 각도에서 문제를 생각하고 고려하는 사람이 되어야 한다고 생각합니다.

57. 한 학교에서는 아이들에게 글쓰기 연습을 시키는 것을 특색으로 내세우고 있다고 합니다. 사실 이것은 아이들에게 강제적으로 시키는 것과 무엇이 다른가요? 에디슨이 만약 그런 학교에서 공부했다면 유명한 발명가가 될 수 있었을까요?

이 문제는 여러 가지 차원의 의미를 포함하고 있습니다. 먼저 아이에게 글쓰기를 시키고, 이것을 학교의 특색으로 만들었다는 점은 잘못되지 않았습니다. 절대적으로 올바르다고 생각합니다. 왜일까요? 글쓰기 연습은 학생들이 조국의 한자를 잘 쓰기 위한 것입니다. 이것은 모든 중국인이 반드시 해야 되는 것입니다. 그리고 글씨를 올바르게 잘 쓴다는 것은 좋은 문화적 소양을 기르는 데 있어 가장 기초적인 부분입니다. 예를 들어, 글씨를 잘 쓰는 것은 반드시 옷을 입어야 하는 것과 같다고 할 수 있습니다. 사람이라면 당연한 일입니다.

둘째, 글쓰기 연습은 신체를 단련하는 것과 마찬가지로 심신에 모두 좋으며, 좋은 의지와 품성을 형성하는 데 도움이 됩니다. 글쓰기 연습은 많은 시간이 필요하지 않습니다. 매일 조금씩 연습하는 것이기 때문에 눈앞의 성적 향상을 위한 과중한 숙제와는 다릅니다. 글쓰기 연습을 시키는 것은 강제로 다른 일을 시키는 것과는 다릅니다. 왜냐하면 서예가가 되기 위해 글쓰기 연습을 시키는 것이 아니라, 중국인으로서 필수이기 때문입니다. 그리고 그런 학교라면, 학생에게 글쓰기 연습에 대한 선택권을 주었을 것입니다. 글 쓰는 시간을 선택하고, 종류를 선택하는 등의 선택은 학생이 자율적으로 할 수 있도록 말입니다.

셋째, 글쓰기가 특색이라고 해서 반드시 '서예학교'를 의미하지는 않습니다. 글쓰기 자체가 학교의 전부는 아닙니다. 이런 학교는 글쓰기를 특색적인 이념으로 내걸었기 때문에, 분명 선진적인 교육 이념과 함께 기본적인 교육적 규율에 부합하는 교육적 사고를 갖고 있을 것입니다. 때문에 이러한 학교도 학생의 차이를 존중하고, 학생의 개성과 장점을 존중할 것입니다. 바꿔 말해서, 이런 학교는 에디슨 같은 학생의 발전을 억제할 리가 없습니다. 즉 글쓰기를 특색으로 하는 학교는 글쓰기에 대한 기준이 없기 때문에, 에디슨 같은 인재에 대한 기준이 더욱 자유로울 것입니다.

넷째, '강제'와 '자율'의 문제에 있어서, 저의 견해는 학생들에게는 그 어떤 것도 강제로 하지 않을 수 없습니다. 문제는 '강제'의 방법입니다. 예를 들어, 품행습관이나 도덕적인 사고, 글쓰기나 말하기 등 기본적인 소양은 강제적으로 시킬 필요가 있습니다. '강제'는 단지 학생들이 반드시 해야 되는 것을 의미할 뿐이지, "죽는 한이 있어도 해야 하는 것"을 의미하진 않습니다. 학생들에게 '강제'적으로 시키는 것들, 예를 들어 예술을 강제로 시킬 경우, 어떤 학생은 평생토록 그 덕을 보는 경우도 있고, 그러한 훈련을 통해 미래 발전에 큰 동력이 되는 경우도 있습니다. 이 문제에 대해서는 교육철학적인 측면에서 보는 것이 좋습니다. 글쓰기를 특색으로 하는 학교에서 우리가 통일성과 자율성의 관계를 잘 유지한다면, 단체와 개성, 과학성과 예술성의 관계를 잘 유지한다면, 글씨를 잘 쓰는 에디슨을 더 많이 배출할 수 있을 것입니다.

58. 평생교육 열풍이 전 세계적으로 불고 있습니다. 이 속에서 우리가 중국에 맞는 학습형 사회를 효과적으로 만들기 위해서 어떻게 해야 하나요?

학습형 사회를 만드는 가장 간단하고 빠르고 영향력 있는 방법, 게다가 효과도 빨리 나타나는 방법은 바로 책을 가까이 하고 전 국민이 모두 독서를 생활화하는 것입니다. 저는 전국정협회의에서 매년 9월 25일을 "전국 독서의 날"로 정하자는 《국가 독서의 날 제정에 대한 건의 建議設立國家閱讀節》를 제출했습니다.

9월 25일로 선택한 이유는 루쉰魯迅 선생의 생일이기 때문입니다. 뿐만 아니라, 초중등학교, 고등학교, 대학교는 9월 1일 가을 학기에 개학을 해서 9월 25일이면 모든 학생이 학교를 다니기 때문입니다. 농민들에게 있어서 9월은 수확의 계절인데, 독서를 하면 정신적인 수확을 하는, 즉 독서의 날의 취지와 잘 맞아 떨어집니다. 현재 중국의 많은 도시들은 대부분 독서의 날을 성공적으로 운영하고 있습니다. 2002년 11월 당 중앙정부 에서 '청소년 독서의 날'을 개최했습니다. 베이징시, 장쑤성, 상하이 시에서 '독서의 날'을 연 적이 있습니다. 이 밖에도, 랴오닝遼寧, 샨동山東, 윈난雲南 충칭重慶, 선전深圳, 쑤저우, 주하이珠海, 닝보寧波 등 지역에서 독서 운동을 펼치곤 했습니다. 현재 세계 많은 국가들, 예를 들어 영국, 일본, 독일, 러시아, 이스라엘 등에서도 전국적인 독서의 날을 열고 있습니다.

저는 독서는 어렸을 때부터 해야 한다고 생각합니다. 현대 사회에서 학습형 사회를 만드는 것은 결코 간단하지 않습니다. 일부 성인들은 어렸을 때부터 독서 습관이 들지 않아 어른이 돼서 독서를 매우 어렵게 느끼기도 합니다. 우리의 국정에 맞게 먼저 아이들부터 시작해야 합니다. 아이들의 독서활동을 통해 학부모들의 독서를 추진하고, 지금의 독서를 통해 미래의 독서 활동을 촉진해야 합니다. 독서의 날은 전 국민이 함께 평생 교육을 할 수 있는 매우 효과적인 방법입니다. 이 밖에도, 각종 형식의 독서 활동을 통해 평생교육이 지속적으로 이루어질 수 있도록 해야 합니다.

현재 중국인들은 시험이나 연구, 직장 내 평가 등 어떠한 이유를 목적으로 독서를 하는 경우가 많습니다. 아직은 독서가 생활화되지 않았습니다. 독서는 평생의 인격에 보이지 않는 역할을 합니다. 독서는 개인 생명의 질을 높여주고, 기질을 개선시켜주며, 자기 수양의 방법이 될 수 있습니다. 끊임없이 변하는 사회에 적응할 수 있는 방법이기도 합니다. 독서는 하나의 여가생활이 되어야 합니다. 독서를 통해 지친 마음을 위로하고 마음의 평안을 찾아야 합니다. 인문과 과학 분야 등 고른 독서를 통해 과학적 소양으로 신체를 강화하고, 인문정신으로 사회력을 길러야 합니다.

59. 중학생들은 대부분 《삼중문三重門》이란 책을 읽는데, 여기에
    등장하는 한싸이韓賽처럼 특수한 학생들이 지금도 매우 많습
    니다. 현재 이러한 현상에 대해 선생님의 견해를 듣고 싶습
    니다.

저는 이렇게 생각합니다. 첫째, 한싸이 같은 사람은 괴짜 천재지, 보
통 사람이 아닙니다. 우리의 생활 속에서도 이러한 괴짜 천재를 자주
볼 수 있습니다. 상하이에도 두 명 있지 않나요? 게다가 컴퓨터 괴짜가
있지요. 이러한 사람들의 가장 뚜렷한 특징은 바로 다른 방면의 기질은
떨어지지만, 한 방면으로 매우 뛰어나다는 것입니다. 이러한 천재에게
우리는 먼저 포용적이어야 합니다. 왜냐하면 이런 사람들은 결코 쉽지
않기 때문입니다. 생활 속에서도 이러한 괴짜 천재를 종종 만날 수가
있습니다. 심리학 중에는 '백치천재白癡天才'라는 말이 있습니다. 물론
한싸이가 백치는 아닙니다. 많은 힘든 일에 부딪혀도 그는 쉽게 해결했
고, 몇 십 단위의 숫자도 매우 빨리 기억할 수 있었습니다. 저는 사회가
이러한 사람을 포용해야 한다고 생각합니다. 포용적인 환경을 만들 수
있다면, 그들도 좋은 발전 가능성을 보일 수 있을 것입니다. 그렇지 않
다면 아무리 이상한 천재도, 아무리 좋은 천재도 나올 수 없습니다. 어
떤 학교는 그런 아이들을 거부하는데 이는 잘못된 것입니다.

둘째, 이런 현상은 보편적인 행위가 되어서는 안 됩니다. 이미 나타
난 괴짜 천재에 대해 사회는 반드시 그를 포용해야 합니다. 한싸이가

앞으로 위대한 작가가 될 수 있다고 보장할 수는 없지만, 그래도 그를 지지해야 합니다. 비록 그가 천부적인 글쓰기 재능을 가졌다고 해도, 아직은 어떤 대가가 되기까지 많은 길이 남아 있습니다. 그는 글쓰기를 선택할 수도, 선택하지 않을 수도 있습니다. 이것은 그의 자유입니다. 우리는 그에게 현대인으로서 현재와 과거는 다르다는 사실을 알려줘야 합니다. 왜냐하면 현재 대부분의 사람들은 고등교육을 받고, 정상적으로 고등교육 받는 경우에 비교적 높은 자리까지 올라갈 수 있는 가능성이 많기 때문입니다. 그는 더 많은 교육을 받아야 하고, 다른 학과의 지식을 더 많이 흡수해야 합니다. 왜냐하면 글쓰기와 다른 학과는 다르기 때문입니다. 수학, 물리, 컴퓨터는 그 분야에서만 뛰어난 사람이 될 수 있지만, 글쓰기는 풍부한 인생 경험이 필요하기 때문에 다른 학과의 지식도 필요합니다. 한싸이는 대학에 가서 더 깊은 공부를 해야 앞으로의 발전에도 좋을 것입니다. 현재 이렇게 좋은 기회를 그가 거절한다면 그에게 있어 정말 안타까운 일이 아닐 수 없습니다. 그는 독특하고 반항적인 방식으로 사회가 그를 주목하도록 주의를 끌지만 이런 방법은 결코 좋은 방법이 아닙니다.

셋째, 한싸이의 문학적 재능은 어떤 의미에서 보면 후천적으로 생긴 것이 아니라, 우연성이 매우 강합니다. 사실 많은 괴짜 천재들이 그렇습니다. 그렇기 때문에 우리가 한싸이의 작품을 읽을 수는 있지만, 일부러 그를 모방해서는 안 됩니다. 일반적인 성장 방식에 따라 자신의 발전 방향을 찾는 것이 좋습니다.

물론 최근 한싸이가 출판한 《통고2003通稿2003》을 보면 교육을 받을

수록 바보가 된다는 등의 황당한 이야기가 매우 많습니다. 그의 냉혹한
면을 엿볼 수 있는 책이라고 생각합니다.

60. 새 시대의 통행증으로 불리는 외국어에 대한 관심이 뜨거워
지면서 제2외국어 교육을 외치는 목소리가 높아지고 있습니
다. 2개 국어 교육은 어떻게 실시할 수 있을까요? 어떤 학교
에서는 외국어와 모국어 교육을 함께 실시하면서 심지어 모
국어보다 더 중시하기도 합니다. 그렇게까지 외국어를 중요
시할 필요가 있을까요?

자기가 속한 민족의 언어를 잘 배우고 제대로 배워야 하는 이유를 들
자면 천 가지도 넘습니다. 현대에 살고 있는 아이들이 기초교육단계에
서 하나의 언어조차 제대로 할 수 없다면 어떻겠습니까? 하지만 인터넷
이나 국제적인 잡지의 80% 이상이 영어로 되어 있기 때문에 영어를 못
하면 세계의 주류가 될 수 없습니다. 현재 세계의 주류에 속하게 된 사
람들은 다른 특별한 이유가 아니라 그들이 영어를 할 수 있었기에 가능
했던 것입니다. 사실 더 훌륭하고 우수하지만 영어실력이 부족해서 세
계적으로 활동하지 못하는 인재들이 많습니다.

유네스코는 '2개 언어 교육'을 강조해 왔습니다. 자신의 모국어 문화
를 잘 이해하는 국제화 인재에 대한 중요성이 증대되고 있기 때문입니

다. 언어교육이 가진 문화적 기능은 결코 단순하지 않습니다.

언어는 교제, 교류의 도구이자, 시스템적으로 융합되어 문화를 전파할 수 있는 도구가 되기도 합니다. 어떤 사람들은 문화와 관련된 아이큐 발전기능도 있다고 말하기도 합니다. 2개 언어 교육은 국제사회의 교류언어를 습득하는 것뿐만 아니라, 세계문명의 기점에서 각국의 모국어 문화를 발전시키는 것이기도 합니다. 이는 개인을 넘어 인류의 발전과정과 운명과 매우 깊고 중요한 관계를 갖고 있습니다.

2개 언어교육을 실시하는 방법에 대한 저의 기본적인 관점은 실질적인 사용에 중점을 두자는 것입니다. 물론 먼저 중국어를 잘 사용할 수 있어야 합니다. 제대로 된 모국어 실력 바탕 위에 영어 교육을 강화하여 학생들이 교류언어로서의 영어를 잘 습득할 수 있도록 해야 합니다.

사람마다 지닌 개성이 천차만별이듯이 학생마다 학습능력이 다릅니다. 그러므로 2개 언어 교육에서 학생 개개인의 발전을 촉진해야 합니다. 하나의 척도로 모든 학생을 평가할 수 없기 때문에 교사는 학생 한 명 한 명을 잘 이해하고, 각 학생의 실제 언어능력에 따라 교재를 선정하고 교육해야 합니다.

학생은 자신의 흥미와 기호에 따라 교재를 선택할 수 있습니다. 단어 공부할 때도 자신의 수준과 필요에 따라 단어를 선택할 수 있습니다. 작문 연습 때에도 개개인의 생활에서 느끼는 감성에 따라서 작문 내용을 선택할 수 있습니다.

언어는 일정한 환경에서 장기적인 연습을 통해서 습득해야 합니다. 어느 정도의 환경이 받쳐주지 않는다면 학습하기 어렵습니다. 때문에 우리는 교내에 중국어와 영어 교육에 필요한 환경을 조성하여 학생들이 자연스럽게 2개 언어의 문화적 환경에 노출되도록 해야 합니다. 그리고 중국어권 사람과 영어권 사람이 교류하는 가상의 공간을 설정하여 학생들이 2개 언어를 사용하고 느낄 수 있는 기회를 만들어야 합니다.

얼마 전에 발표한 《본연의 모습으로 언어교육을 실시해야 한다》라는 글을 읽으셨는지 모르겠지만, 영어교육도 마찬가지라고 생각합니다. 제가 '회화'를 특히 강조하는 것은 말하기 능력은 사회에 적응하고 자신의 능력을 발휘하는 데 있어 매우 좋은 기초가 되기 때문입니다.

학교에서는 학생포럼을 만들어서 학생들이 말하도록 해야 합니다. 학교 전체에서 하기 어렵다면, 고1, 고2에서 실시하고, 고2에서 안 되면 고1에서 실시해도 좋습니다. 한 학년 전체에서 하기 어렵다면 한 학급 내에서 실시하는 것도 좋습니다. 여러분들 모두 이와 같은 실험을 실시하시도록 권하는 바입니다.

04

초점 토론

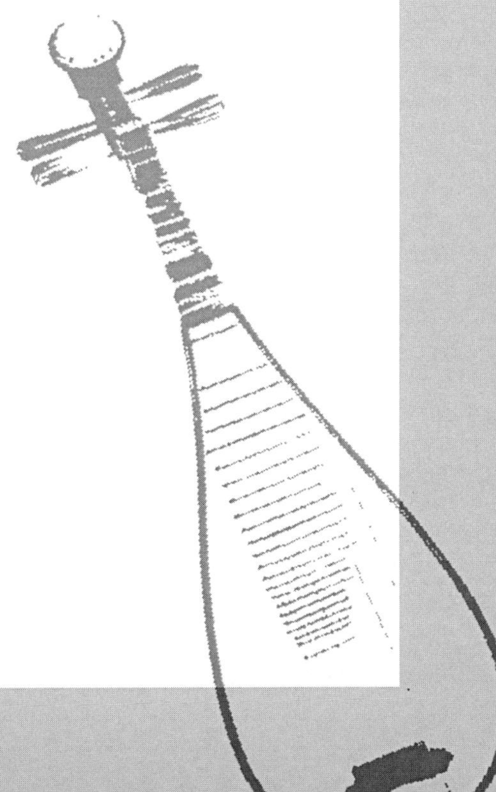

무엇이든지 어느 정도 축적한 것이 있을 때 발전하고 그 축적한 내용이 풍부해야 형식이 자유로울 수 있습니다. 주영신 교수가 강연하는 분야는 현재 중국교육, 특히 기초교육의 모든 부분을 거의 포괄하고 있을 정도로 매우 광범위합니다. 예를 들어 중국과 서방교육의 비교, 도덕교육, 교실, 시험과 소질교육, 교사의 양성과 사용, 교육의 인문적 가치, 중국교육의 기대와 목소리 등이 포함되어 있습니다. 각각의 영역에서 주 교수는 자신의 흔적과 깨달음을 남기고, 자신의 성격과 사상을 만들었습니다. 그는 교육 분야의 관료나 교육 전문가라기보다는, 실질적인 교육가, 혹은 실천가라고 할 수 있습니다.

이는 또 주 교수가 답변하고 강연하는 방식을 결정짓는 요소가 되기도 했습니다. 그는 이론보다 실천에 강했고, 사례로서 이론을 설명하길 원했습니다. 교육현상에 대한 설명을 통해 그가 교육에 가진 이해를 표현했습니다.(도덕적 인격의 양성) 그는 서로 토론하고 연구하고, 교류(예를 들어, "중국교육에서 부족한 부분이 무엇인가"에 대해 그는 청중들의 여러 의견과 관점을 직접 들었다)를 원했습니다. 그는 핵심을 찌르고 중심을 직접 분석하길 원했습니다(소위 '십 년의 노력'과 '순간의 물거품' 문제에 대해 분석했습니다). 그는 변증하고 분석하는 과정에서 혁신을 추구했습니다(시험제도 개혁과 교육적 부담 줄이기).

주영신 교수의 '사전'에는 '정부의 말'이라는 단어가 없습니다. 그는 민주적이고 평등하고, 상호 소통하고 공동의 발전을 모색했습니다. 만약 그 역시 소위 '정부의 말'을 했다면, 그것은 정책에 대한 해석이고, 방침과 노선에 대한 홍보였습니다. 이 모든 것은 그의 흥미진진한 이야기 속에 소리 없이 청중의 귀와 마음에 녹아들었습니다.

관료출신으로 서민을 생각한 그는 교육의 초점 문제에 대해 강연을 하면서 특별하고 분명한 역할을 했습니다. 오래 전부터 문제가 되어온 교사의 힘든 생활, 고질적인 문제가 남아 있는 중국교육의 현실과 미래, 교육에 관심을 갖고 있는 사람들 모두 이러한 문제에 관심을 갖고 있습니다. 주 교수의 답변을 통해 앞으로 어떻게 교사의 합법적인 권익을 보호할 것인가에 대해 인간적인 배려와 따뜻한 가슴을 느낄 수 있을 것입니다.

61. 중국 전통교육이론과 서양교육이론은 어떻게 접목시킬 수 있을까요? 사회 전환기에는 학생에게 돈과 명예, 이익, 도덕, 사업에 대해 어떻게 가르쳐야 할까요? 만일 서양의 개성교육을 실시하면, 한 세대, 두 세대, 심지어 몇 세대가 지나면 우리의 민족성이 달라지지 않을까요? 우리의 교육이 서양 교육의 복제판이 되지 않을까요?

이 질문은 사실 서양교육을 어떻게 보는가에 관한 것이군요. 우리는 이미 경제글로벌화 시대에 들어섰습니다. 서양은 이미 신 경제의 개념으로, 이는 경제 글로벌화라는 배경 속에서 형성된 것입니다. 경제 글로벌화는 교육의 글로벌화를 가져왔으며, 세계는 갈수록 작아지고, 서양도 동양세계를 통해 배우고 있습니다. 서양의 많은 저명한 포스트모더니즘 사상가들은 모두 중국의 유가, 도가사상을 숭상하고 있습니다. 경제 교류가 늘어나면서 문화적 교류도 피할 수 없게 되었습니다. 하지만 각 나라의 문화는 나름대로의 장점과 단점을 갖고 있습니다. 이는 매우 분명한 사실입니다. 중국의 교육은 단체를 강조하고 개성을 중시하지 않습니다.

그렇다면 우리는 어떻게 단체 의식을 중시하면서 학생 개인의 개성을 살릴 수 있을까요? 저는 이것이 바로 현재 교육이 발전해야 하는 방향이라고 생각합니다. 하지만 한 가지, 경제가 어떻게 세계화되고, 발전하든지 간에, 민족의 것, 민족의 우수한 문화유산을 버려서는 안 된다고 생각합니다. 그렇지 않다면, 우리 문화의 뿌리가 사라질 것입니다. 이는 바로 우리가 민족적인 것을 더욱 강조해야 한다는 것을 의미합니다. 하지만 유감스럽게도 우리 민족의 것들은 가장 간단한 놀이조차 갈수록 사라지고 있습니다. 저는 쑤저우의 유아원과 초등학교에 '전통 놀이 되찾기' 운동을 제안했습니다. 우리가 어렸을 때 했던 소꿉놀이 같은 놀이도 지금은 모두 사라졌습니다. 우리의 전통 놀이를 정리해서 우리의 것을 찾아야 합니다.

쑤저우는 상당히 많은 독특한 문화를 갖고 있습니다. 쑤저우 평탄評彈, 쑤저우 곤극昆劇, 쑤저우 소극蘇劇, 쑤저우 자수刺繡 등이 있는데, 그 중에서도 특히 쑤저우 곤극 역시 지금은 많은 어려움에 직면해 있습니다. 이러한 전통 문화들은 잘 개조하여 전통을 유지하면서 현대인의 기호를 결합해야 합니다. 쑤저우 평탄은 공연 형식으로 만들어 100여 개의 공연장을 세웠습니다. 상하이와 쑤저우 사람들은 찻집에서 차를 마시며 평탄 듣는 것을 좋아합니다. 교육계에서도 이러한 생각을 갖고 있습니다. 우리는 이러한 문화를 더욱 발전시켜야 할 뿐만 아니라, 받아들이고 혁신해야 합니다. 또한 우리는 서양뿐만 아니라, 세계 모든 선진적인 것들을 배워야 합니다.

지금은 서양의 몇몇 이념과 교육기관들이 기업의 해외진출과 함께 우리나라로 전해지고 있습니다. 때문에 우리는 그러한 것들을 회피하는 것이 아니라, 합리적으로 받아들여야 합니다. 이것은 일종의 시련이면서 세계이고, 중화민족이 직면한 또 다른 도전이기도 합니다. 이러한 도전을 일찍 받아들일수록, 학교에서 이러한 교육을 일찍 실시할수록,

국제화에 좀 더 가까워지고 적응할 수 있습니다.

62. 개혁개방이 심화됨에 따라 국가의 문이 점점 열리고 있습니다. 서양의 많은 사상과 의식들이 젊은 세대에 미치는 영향도 갈수록 커지고 있는데요. 그렇다면 서양의 사상이 우리의 학교교육, 나아가 사회 전체에 미치는 영향에 대해 어떻게 대응해야 할까요?

서양의 일부 사상은 분명 우리 학교교육과 사회 전체에 영향을 미치고 있습니다. 하지만 우리가 과거에서와 마찬가지로 일방적으로 배척하기만 하고 서양의 것들은 모두 나쁘다고 생각하는 것은 잘못됐다고 생각합니다. 몇 백 년 동안 우리는 얼마나 많은 손해를 봤습니까? 쇄국정책 때문에 중국이 다른 나라보다 뒤쳐진 경우가 정말 많습니다. 서양에는 우리가 배워야 할 것들이 많이 있습니다. 예를 들어, 얼마 전 호주에서 열린 배드민턴 대회에서 감동적인 사건이 있었습니다. 치열한 경기가 한창 열리고 있는데, 갑자기 경기장으로 작은 새 한 마리가 날아오다가 고속으로 날아가는 공에 맞아 떨어져 죽었습니다. 새를 명중시킨 선수가 갑자기 눈물을 흘리며 경기를 즉각 중단했고, 새 앞에 진심으로 무릎을 꿇고 사죄했습니다. 경기장 내에 있던 관중들도 모두 이 광경을 보고 눈물을 흘렸고, 선수의 고귀한 행동에 모두들 감동했습니다. 비록 새의 죽음은 정말 우연히 발생한 사고였지만, 선수는 어떠한 예상도 하지 못했습니다. 객관적으로 볼 때, 새의 죽음은 결코 선수의 잘못도 아니고, 최소한 일부러 죽인 것도 아닙니다. 하지만 선수는 자신의 행동에 대해 변명하기보다, 모든 사람이 보는 앞에서 아무런 망설임 없이 죽은 새를 위해 무릎을 꿇고 자신의 실수를 인정하고 반성했습니다. 이 외에도 우리가 개선하고 배워야 할 점들이 매우 많습니다. 예를 들어, 길거리에 가래를 뱉는 행위의 경우, 《중국청년보中國靑年報》에서 《중국청년보中國靑年報》에는 "중국은 가래 대국"이라는 기사가 실리지 않았습니까? 미국이나 호주, 독일을 가 본 사람들은 이런 국가들의 국민의 교양 수준이 매우 높다는 것을 알 것입니다. 애국주의 교육의 경우도, 미국 등과 같은 나라에 배울 점이 많습니다. 미국의 아이들은 스포츠 경기에서 미국 국가가 흘러나올 때, 모두 기립하여 오른손을 가슴 위에 얹고 조용하게 경정합니다. 중국 아이들도 그런가요? 서양의 것이 무조건 나쁜 것이 아닙니다. 우리가 따라갈 수 없는 문화도 매우 많습니다.

물론 우리 역시 맹목적이 되서는 안 됩니다. 좋고 나쁜 것을 선별하고 사물의 본직을 인식해야 합니다. 또한 우리의 장점과 나라 특색을 잘 이해하고, 우리의 단점을 찾고 개선해야 할 부분들을 알아야 합니다. 이러한 문제는 최근 몇 년 계속 무시되어 왔습니다. 특히 종합적인 연구가 사라진 지 오래됐습니다. 저는 각 교사들과 교장들이 학교의 현실에 입각해서 도덕교육에 있어 어떠한 문제를 갖고 있는지 명확하게 이해하고, 방법을 찾아야 한다고 생각합니다.

또한 우리는 세계를 보는 시야를 가져야 합니다. 우리도 이미 WTO에 가입했습니다. 분명 모든 학교교육과 도덕교육 모두 WTO의 충격에 부딪힐 것입니다. 그렇다고 눈앞의 것만 보고 세계로 시야를 돌리지 않는다면, 우리의 아이들은 영영 세계로 진입할 수 없을 것입니다. 사실 중국 교사들과 교장들은 서양에 대한 이해가 매우 부족합니다. 서양에 대해서는 문제점만 나열할 뿐 좋은 것들은 말하지 않는 경우가 많습니다. 이거야말로 유물주의 아닙니까! 때문에 우리들은 수업 외 시간을 활용하여 독서를 하고 인터넷 서핑을 하고 세계와 친구가 되어 시야와 사고를 넓힘으로써 현재 도덕교육이 가진 문제를 해결해야 합니다.

63. 우리는 자주 "5가지 교육을 함께 실시하고, 도덕교육을 우선시해야 한다."고 말합니다. 선생님께서는 도덕교육이 학교교육에서 어떠한 위치와 작용을 하고 있다고 생각하십니까? 어떻게 아이들에게 도덕교육을 실시해야 할까요?

예부터 지금까지 국내외 교육가들은 모두 도덕교육을 중시했습니다. 한 유명한 교육가의 명언을 통해 도덕교육이 전체 교육에서 차지하는 위치와 작용에 대해서 간단히 설명해 드리겠습니다.

독일의 유명한 교육가 헤르바르트Herbart, Johann Friedrich는 현대 교육이론의 기초를 닦은 인물로, 학교교육론 중에서 도덕교육은 일반적으로 인류의 가장 높은 목적으로 여기기 때문에 교육의 최고 목적이라고 말했습니다. 매우 적절한 설명입니다.

아인슈타인은 《교육에 관한 논論敎育》이라는 글을 썼는데, 이 글은 《뉴욕타임즈》교육 편집부의 요청으로 쓴 글입니다. 다음은 《교육에 관한 논》의 두 번째 단락 첫 번째 문장입니다. "전문적인 지식교육으로는 충분하지 않다. 학생은 전문적인 교육을 통해 유용한 기계가 될 수 있을지언정 조화롭게 발전하는 사람은 될 수 없다. 학생은 교육을 통해 진정한 가치를 이해할 수 있어야 하는데, 여기서 가장 중요한 것이 바로 인생의 가치와 생활의 가치 그리고 열정을 이해하는 것이다. 학생은 교육을 통해 아름다움과 도덕적 선에 대한 분명한 판단력을 갖출 수 있어야 한다. 그렇지 못한 학생은 아무리 전문적인 지식을 배웠다고 해도 훈련을 잘 받은 한낱 '개'에 불과할 뿐, 조화롭게 발전한 '인간'은 될 수 없다." 이는 다시 말해 전문지식교육만 받은 채 아름다움과 도덕적 선을 배우지 못한 학생은 잘 훈련된 개에 지나지 않다는 말입니다. 정말 예리한 지적이 아닐 수 없습니다.

타오싱즈 선생님은 도덕은 인간의 근본으로서, 아무리 학문과 능력이 뛰어나도 결코 도덕보다 중요하지 않다, 도덕이 없다면, 학문과 능력이 클수록 나쁜 일로 빠지게 될 것이라고 말씀하셨습니다. 선생님께서는 인격의 성을 세워야 한다고 강조하셨습니다. 타오싱즈 교육이론에서는 진眞, 선善, 미美를 갖춘 사람과 조화롭게 발전하는 사람이 되어야 한다고 강조하고 있습니다.

위 세 분의 말을 통해 도덕교육은 전체 교육의 영혼이자 근본임을 알 수 있습니다. 중국의 도덕교육에 관해《아이들의 마음과 가까워지는 교육呼喚走進孩子心靈的教育》이라는 제목의 글을 쓴 적이 있습니다. 이 글의 관점은 바로 도덕교육의 관건은 도덕적 품성을 배양하는 것에 있다는 점입니다. 요즘 사람들 중에는 도덕적 품성이 부족한 사람이 적지 않게 있습니다. 도덕적 품성은 지성 교육과 다릅니다. 우리는 현재 지성을 기르는 방법으로 도덕적 품성을 기르고 있습니다. 도덕교육을 요강으로 만들고, 교과과정에 집어넣고, 시스템화 하고 있지만, 대부분 이론적인 내용일 뿐입니다. 이상적인 도덕교육은 자연스러운 활동을 통해 이루어지는 것입니다. 즉 '자연적인 활동' 속에서 학생의 도덕성을 기르고, 놀이와 다양한 자주적 활동을 통해 도덕성을 체험하고 느낄 수 있도록 하는 것이지요.

　도덕교육에 있어 가장 중요한 것이 무엇일까요? 바로 인간의 도덕성이 어떻게 형성되는지에 대해 연구하는 것입니다. 도덕성은 먼저 자연적인 활동 속에서 만들어집니다. 인간의 많은 것들은 모두 자연스러운 활동에서 형성됩니다. 권리, 책임, 의무 같은 것들이 말로 가르친다고 알 수 있는 것일까요? 결코 알 수 없습니다. 옛날 가정에서는 아이들이 적어도 두세 명 이상이었기 때문에 사과 하나를 먹어도 몇 조각으로 나누어야 했습니다. 결코 혼자 다 먹을 수 없었지요. 이때 바로 우선법칙이 생겼습니다. 첫째와 둘째가 조금씩 먹고, 반을 셋째에게 남겨주면, 나머지 반을 두 명이서 나누어 먹었습니다. 단순히 사과 하나를 먹을 때도 많은 것들을 배울 수 있었지요. 가사일도 식구가 분담해서 해야 했습니다. 저희 집에는 누나와 여동생이 세 명 있었는데, 매일 자연스럽게 청소와 설거지를 돌아가면서 맡았습니다. 함께 오락을 하고, 숨바꼭질을 하면서는 상대를 존중하는 법을 배웠습니다. 이처럼 자연스러운 활동을 통해 문제를 해결할 수 있습니다. 지금은 어떻습니까? 이러한 것들은 이미 찾아볼 수 없습니다. 현재 외동아들, 딸들은 교제할 수 있는 기회도 없고 늘 갇혀 지내고 있습니다. 가정마다 문을 걸어 잠그고 이웃과 어떠한 교류도 나누지 않습니다. 아이들은 외부세계와 철저히 단절되어 있습니다. 학교를 가도 이런 상황을 달라지지 않습니다.

우리의 도덕교육은 이론교육, 요강교육으로 바뀌었습니다. 물론 요강도 필요합니다. 특히 각기 다른 차원의 목표체계에서는 더욱 필요합니다. 하지만 도덕교육은 교실에서만 실시해서는 안 된다고 생각합니다. 생생한 생활 속에서, 아이들끼리 교류하면서, 아이들과 선생님이 함께 활동하면서 도덕성을 길러야 합니다. 때문에 저는 아이의 도덕성을 형성하는 규율을 존중해야 한다고 강조하고 싶습니다.

우리는 아이들이 활동하도록 해야 합니다. 많은 활동 속에서 생활 속에서 아이들이 권리와 책임, 의무를 이해하고, 자연과 생태계를 직접 체험하고, 아름다움을 느끼고 동경해야 합니다. 아이들이 자연 활동에서 체험하고 느끼고 경험하도록 해야 합니다. 이러한 것들은 모두 활동 속에서 형성될 수 있습니다. 활동이 없이는 화분 하나 교실에 놓고 아름다움을 얘기하는 것과 같습니다. 이러한 아름다움은 약하기 때문에 하루 이틀 시간이 지나면 곧 시들어지기 마련입니다.

64. 선생님은 강좌에서 덕성교육 문제를 언급하시면서 현재의 덕
    성교육의 문제점을 지적하셨는데요, 덕성교육에 어떠한 규율
    이 있습니까?

덕성을 기르는 것은 지성과 다릅니다. 하지만 이것 역시 따라야 하는 규율이 있습니다.

첫째, 활동을 통해 덕성을 기릅니다. 그것은 인간의 활동이고 자연의 활동이며 자주적인 활동입니다. 많은 활동, 예를 들면 강연 대회, 독서 대회, 문예활동, 체육활동 등을 통해 실력을 키우고, 덕성을 기르고, 또 인문적 소질을 양성할 수 있습니다.

둘째, 학생에게 스스로 경계하고 절제하는 등의 자아교육방법을 가르쳐서 학생들이 스스로 수양하고 연마하는 과정에서 "가르침 없이 배운다."라는 자율적 체제를 형성하도록 해야 합니다. 이것은 주로 학생이 스스로 교육하는 데서부터 시작됩니다.

일부는 '가르침 없는 공부'는 교육의 최고 경지라고도 말합니다. 이것은 라오장老莊의 "아무것도 하지 않으나 천하가 잘 다스려진다."와 같습니다. 이것은 다스리지 않는 것이 아니라, 실제는 다스리는 것입니다. 가르침 없는 공부는 가르치지 않는 것이 아니라 학생이 스스로 자신을 교육하는 것을 말합니다.

여기에는 두 가지 중요한 관점이 있습니다. 먼저, 도덕교육은 행동습관을 양성하는 데 중점을 두어야 합니다. 인간의 도덕성은 대부분 습관

으로 길러집니다. 예성타오曄聖陶 선생은 전에 교육은 바로 좋은 습관을 기르는 것이라고 말했습니다. 도덕교육은 바로 학생이 선함을 추구하는 습관을 기르는 것입니다. 생활 속의 많은 일은 습관이 될 수 있습니다.

예를 들어 학교에서는 학생에게 누군가를 만나면 인사를 하라고 가르칩니다. 쑤저우의 많은 학교에서는 인사하는 습관을 강조하고 있기 때문에 대부분의 학생들이 교사나 손님을 보면 인사를 잘합니다. 이렇게 다른 사람과 소통을 하게 되면 분명 타인을 존중하는 마음을 기를 수 있습니다. 그래서 저는 좋은 습관을 기르는 것은 매우 중요하다고 생각합니다.

다음으로, 아이들이 도덕의 오래달리기를 하도록 해야 합니다. 이는 웨이수성魏書生이 했던 말입니다. 한 사람이 좋은 일을 하는 것은 어렵지 않지만, 평생 좋은 일만 하고 나쁜 일을 하지 않기란 매우 어렵습니다.

그렇다면 우리는 어떻게 평생 동안 좋은 일만 하고 살 수 있을까요? 계속 자신을 깨우는 것입니다. 즉 교육을 통해 아이들이 제대로 된 자아를 형성할 수 있도록 하고, 계속 자신의 존재의식을 깨우치도록 해야 합니다. 고대 중국 사람들은 많은 자아교육과 자기격려 방법을 창조했습니다. 어떤 사람은 침대 머리맡에, 혹은 벽에 자신을 깨우치고 자극할 수 있는 문구를 붙여 놓기도 하고, 어떤 사람들은 자신의 일기와 노트 속에 좋은 문구를 적어 놓기도 합니다. 고대 사람들은 가슴 장식에 자신이 해야 할 일을 적어 놓았습니다. 이것은 모두 자아교육의 방법입니다. 일기를 쓰는 것은 언어교육이기도 하고 도덕교육이기도 합니다.

결론적으로 도덕교육은 '가르침 없는 공부'입니다. 왜냐하면 아이들은 영원히 우리의 보호 속에서만 살지 않기 때문입니다. 언젠가 아이들은 성장할 것이고, 모교를 떠날 것입니다. 오늘은 감싸줄 수 있지만, 내일은 감싸주지 못할 것입니다. 오늘의 아침은 관여할 수 있지만, 내일의 아침은 관여할 수 없습니다. 때문에 최대한 아이들의 날개를 단단하게 하고, 그들이 독립된 생활을 배우도록 각종 교육을 통해 그들을 지원하고 도와주어야 합니다.

도덕적 인격의 양성에 있어서 셋째 규율은 바로 재능 훈련입니다. 과거에는 이것을 지나치게 기술적인 면으로 여겨 피아노, 노래, 체육 같은 장기로만 생각했습니다. 사실 재능은 각자의 정신을 풍부하게 해줄 수 있습니다. 풍부한 정신적 생활을 하는 아이는 좋은 덕성을 기를 수 있습니다. 대부분의 시간을 건강한 흥미 분야에 사용하기 때문에 인터넷 채팅에 빠지거나 해로운 게임에 빠져들 시간이 없습니다. 이런 아이들은 걱정하지 않아도 됩니다.

현재 아이들은 재능의 시대와는 거리가 멉니다. 일부는 현대교육보다 고대의 과거제도가 낫다고 말합니다. 이 말은 어떤 각도에서 보면 맞는 말입니다. 고대의 과거제도는 비록 입시 교육으로 인재를 학대했지만, 고대의 수재와 문인들은 시화와 그림, 악기 등에 두루두루 능했습니다.

현재 아이들은 그렇지 않습니다. 유치원에서 아이들이 그림을 배우고 피아노를 배우지만 그것은 단순히 성공하기 위해서, 가장이 자신이 누리지 못한 유년기를 자녀에게 대신 채워주기 위해서일 뿐입니다. 대부분의 가장들은 아이가 발전 전망이 없으면 초등학교 4학년부터는 더 이상 가르치지 않습니다. 나중에는 30% 정도만이 잘하게 됩니다. 중학생이 되면 이런 취미는 대부분 사라집니다. 학교에서도 피아노를 연습할 시간은 얼마 되지 않은 것이 사실이지 않습니까? 예술을 배우고 있는 사람이 얼마나 됩니까?

65. 학교에서 도덕교육을 중요하다고 말하면서도 실질적으로 바쁘다는 이유로 제대로 실시하지 않고 있습니다. 선생님은 이런 현상이 발생한 원인이 교사에게 있다고 보십니까, 아니면 교장에게 있다고 보십니까?

학교에서의 도덕교육의 성과에 대한 책은 도대체 교장에게 있나요, 교사에게 있나요? 저는 학교 내부적으로 보면 먼저 교장에게 책임이 있다고 생각합니다. 하지만 이것이 결코 교사에게 책임이 없다는 것을 의미하진 않습니다.

왜일까요? 왜냐하면 같은 교육체제 하에 다른 교장은 각기 다른 방법을 갖고 있고, 각각의 교사도 다른 방법을 갖고 있습니다. 어떤 교사는 학생의 성적만 보고 학생의 우열을 결정합니다. 특히 일부 성적이 우수한 학생의 인품 교육을 소홀히 하고, 심지어 '우등생'이 '극악의 범죄자'가 되어 사회를 위협하는 존재가 되는 경우도 있습니다.

이는 정말 통탄해야 할 일입니다. 이것 역시 교육자조차 예상치 못한 일입니다. 때문에 도덕교육의 성패는 개인에게 달려 있습니다. 아이의 일생에 대해 진정으로 책임을 지는 교사는 사회 전체에 대해서도 책임감을 가질 것입니다. 그는 교장의 말이나 정책 규정이 아니라, 스스로 자신의 인생관과 가치관, 이상, 기대를 자연스럽게 아이에게 가르칠 것입니다.

우수한 교사는 인류사회의 문명과 발전에 관심을 갖고, 그 씨앗을 아이들의 마음속에 심어주어, 인류문명의 불꽃이 대대손손 계승되도록 할 것입니다. 이러한 교사는 학생에게 평생토록 영향을 주는 사람입니다.

현재 중국의 아이들은 수면이 부족한 세대에 살고 있습니다. 수면이 부족하면 그 상태는 어떻겠습니까? 효율이 높아지겠습니까? '도끼를 제대로 연마하지 않으면 장작을 팰 수 없다.'라는 말이 있듯이, 아이가 충분히 수면을 취해야 학습능률도 높아질 수 있습니다.

같은 이치로, 도덕교육과 재능 교육이 잘 되기 위해서는 먼저 수면이 부족한 아이에게 수면을 보충해주어야 학습 성적을 올리는 데 도움이 됩니다. 사람의 두뇌 양쪽은 서로 통하고 상호보완적인 기능을 합니다. 생리학적으로 봤을 때 우뇌 개발은 학습에 도움을 줍니다. 그래서 덕성이 높고 다재다능한 아이가 학습에 있어서 더욱 수월하다고 느끼게 됩니다.

도덕과 재능교육은 사람들이 그 역할을 인식하지 못해서가 아니라, 학교에서의 시간이 한정되어 있기 때문입니다. 모든 교장이 고려하는 것은 어떻게 제한된 시간과 공간을 충분히 활용하여 교실 안에서 학습에 투자한 것에 대비해 그만큼의 성적을 뽑아낼 것인가에 대한 문제입니다.

하지만 사실은 그렇지 않습니다. 우리가 생각하는 결과와 교장이 마음속으로 생각하는 결과는 다르기 때문입니다. 교장은 학생이 좋은 시험성적을 거두길 원하지만, 우리는 학생의 종합적인 소질이 향상되길 바랍니다. 그래서 어떤 학교는 학생들에게 지나치게 많은 연습문제를 반복적으로 풀게 하는 '쳇바퀴 전쟁'을 실시하기도 합니다. 물론 그렇게 하면 학생의 성적은 잠시 향상되고, 학교 전체의 진학률도 높아지고 교장의 명성도 그만큼 높아질 수 있습니다. 하지만 이 학교의 학생이 고급 학교에 진학한 후에는 성적보다 도덕교육을 강조한 학교에서 배출한 학생보다 뒷심이 부족하게 됩니다.

장기적인 안목을 가진 학부모는 학생의 종합적 소질 향상에 중점을 두는 학교를 더욱 선호합니다. 이는 교육의 필연적인 발전추세입니다. 그러나 입시교육에 치중한 학교는 결과적으로 기대치를 채우지 못합니다. 그들은 갈수록 사회의 인정을 못 받고 학부모의 신뢰를 잃어버리게 될 것입니다. 그렇기 때문에 오늘날과 같은 입시교육을 강조하는 시대풍조에서는 특히 더욱더 도덕교육과 재능교육을 중시해야 합니다.

66. 선생님은 이상 속의 도덕교육을 말씀하시는데, 현실 사회는
도덕적 붕괴에 직면해 있습니다. 이상과 현실은 어쩌면 전혀
맞지 않은 것이라고 말할 수 있습니다. 아무리 좋은 이념이라
도 현실의 유혹을 감당해 낼 수 없다는 말이 있습니다. 학교
의 도덕교육의 효과는 좋지 못한 사회현실 앞에서 깨지고 부
서지기 일쑤입니다. 선생님은 학교의 도덕교육이 어떻게 사회
와 나란히 발전할 수 있다고 보십니까? 사회의 좋지 못한 현
실 앞에 어떻게 대응해야 할까요?

현대 사회의 전체적인 도덕 수준은 높지 않습니다. 이는 분명 학교의
도덕교육 기능에 영향을 줄 것입니다. 소위 '5 + 2 = 0'이란 수식이 가
리키는 바는, 5일간의 학교의 도덕교육의 2일간의 가정과 사회에서의
생활교육을 더한 그 효과가 0이라는 뜻입니다.

일부는 현대사회의 생활 속에서 사회 주집단의 특수한 역사경험 때
문에 대부분 사람들이 이익추구 및 물질보상심리를 가지고 있고, 정신
과 이상에 대해 조소하거나 냉랭한 태도를 가지고 있기 때문에 학교의
도덕교육에 부정적인 영향을 줄 수 있을 거라고 말합니다. 또한 다른
일부에서는 불건전한 영상매체와 저급 대중매체가 학교의 도덕교육에
부정적인 영향을 준다고 말합니다. 여기에 불건전하고 미성숙한 사회
제도가 사회의 도덕적 진보, 특히 학교의 도덕교육에 나쁜 영향을 끼친
다는 말도 나옵니다. 이러한 말은 모두 현 도덕교육에 많은 문제가 있

고 일부는 매우 심각한 상황까지 발전했다는 것을 말해 줍니다.

사회의 나쁜 현상은 오래 전부터 있었지만, 오늘날에 와서는 그 현상들이 더욱 복잡하게 얽혀 특히 교육에 많은 문제를 낳고 있습니다.

새로운 시대에 새로운 문제에 부딪히는 것은 정상입니다. 중요한 것은 어떠한 사고방식으로 이 문제를 대할 것이냐 입니다. 저는 사회의 나쁜 현상에 직면했을 때, 첫째로 냉정한 태도를 유지하고 맹목적이 되어선 안 된다고 생각합니다. 연구하는 태도로 문제를 꿰뚫어 볼 때 비로소 해결방법을 찾을 수 있습니다.

둘째, 미리 예방하고 방지해야 합니다. 이는 문제가 발생하기 전의 교육적 형태입니다. 교사와 가장, 사회 관련인사들은 반드시 이 각도에서 학생에게 교육을 실시해야 합니다.

셋째, 교육방법의 개혁입니다. 전통적인 도덕교육은 학생에게 단편적인 사례만을 가르쳤기 때문에 현실과 거리감이 있었습니다. 우리는 아이들에게 주변에서 일어나는 사례를 설명하고, 긍정과 부정의 양 측면에서 설명해주고, 아이들이 그것을 깊이 생각하고 판단하도록 해야 합니다. 이렇게 하는 것이야말로 학생들이 사회를 더 잘 인식하고 예방의식을 기를 수 있습니다.

이전의 학생들은 교실을 벗어난 후에 교실에서 배우던 도덕과 사회가 확연히 다르다는 것을 깨닫고 학교에서 받은 교육을 사기라고까지 생각하기도 합니다. 우리는 전통적인 도덕교육을 변화시켜서 아이들이 학교에서 사회를 보고 사회에 나가서는 학교교육을 생각할 수 있도록 해야 합니다.

마지막으로 아이들이 학회를 만들어 연구하도록 해야 합니다. 교사의 연구로는 부족하기 때문에 아이들이 직접 연구하도록 해야 합니다. 사람의 악한 성품, 주변에서 일어날 수 있는 일들을 연구해야 합니다. 만약 아이들이 어느 정도의 연구능력을 갖추게 된다면, 주동적으로 문제를 분석하고 판단함으로써 사회의 악현상에 대해 스스로 지혜롭게 대처할 수 있게 될 것입니다.

67. 초, 중등학교의 도덕교육에 대해 우리는 많은 노력을 기울였습니다. 매일 바쁘게 움직이고 늘 고민했습니다. 하지만 일부 학생들은 이를 받아들이지 않아서 교육을 해도 큰 변화를 보이지 않았습니다. 새로운 시대의 도덕교육은 어떤 방법을 써야 효과적으로 성과를 거둘 수 있을까요?

도덕교육은 열성의 개념입니다. 지성교육처럼 점수로 가늠할 수 없습니다. 체육교육처럼 힘으로 비교할 수 없습니다. 하지만 국민 소질향상이라는 관점에서 본다면 도덕교육은 매우 중요한 역할을 하고 있습니다. 도덕교육이 열성적이라는 특징 때문에 단기간에 성과를 올리려는 학교나 교사, 가장들은 아이의 인성교육을 소홀히 하거나 아예 경시해서, 성적은 뛰어나지만 성품은 불량한 아이들이 나오고 있습니다. 그리고 그 아이들이 나쁜 짓을 하게 되면 그때 가서 인성교육에 소홀했음을 후회합니다.

사실 도덕교육은 무공을 연마하는 것처럼 일단 내공이 쌓여야 합니다. 제대로 된 도덕교육은 아이의 내공을 깊게 해주지만, 교육이 제대로 되지 않으면 아이의 내공도 그만큼 낮을 수밖에 없습니다. 내공의 강한 정도는 아이가 앞으로 재목으로 성장할 수 있는지와 정비례합니다.

그렇다면 어떠한 효과적인 방법으로 학생에게 도덕교육을 실시할 수 있을까요? 세 가지 중요한 것이 있습니다. 첫째, 학생의 감성교감을 강화하고, 대화를 자주 해야 합니다. 대화는 새로운 시대 도덕교육에서 매우 중요하고 효과적인 방법입니다. 둘째, 학생의 개성을 존중해야 합니다. 이는 도덕교육의 실질적인 효과를 높이는 중요한 심리적 기초입니다. 셋째, 특색 있고 활발한 활동을 실시해야 합니다. 활동은 도덕교육의 중요한 매개체입니다.

새로운 시대의 도덕교육의 효과를 높이려면, 새로운 경험이 필요합니다. 즉 학교와 가정, 사회라는 3가지 주체가 노력해야 합니다. 아이가 좋은 인성을 형성하려면, 학교와 가정, 사회 세 가지 측면의 공동 노력이 필요합니다. 모든 사회에 인본주의의 개념을 심고, 학교와 사회, 가정의 삼위일체가 된 도덕교육 네트워크를 구축함으로써, 각각의 역량이 시공을 초월한 효과를 발휘하도록 해야 합니다.

실제로 도덕교육은 학교에서만 실시하는 것만으로는 부족합니다. 학교의 도덕교육은 전사회의 관심이 필요하지만, 교육자 역시 그 책임을 완전히 사회에 떠넘길 수 없습니다. 일부는 학교에서 교육에 10년간 공을 기울여도, 나쁜 책 한 권으로 그 동안 쌓은 공이 한순간에 물거품이 될 수 있다고 말하지만, 이는 잘못된 것입니다.

교육이라는 각도에서 보면, 학교의 도덕교육은 가정과 사회의 도덕교육보다 실시하기에 더욱 용이합니다. 학교에는 많은 친구들이 있고, 저마다 장단점이 각기 다르기 때문에 그 속에서 비교를 통해 사람 됨됨이를 배울 수 있습니다. 따라서 교사의 지도역할이 특히 중요합니다. 언어로 전하고 몸으로 가르치며, 학생의 식별능력을 길러주고, 자각적으로 좋은 것을 따르고 현명한 생각을 본받도록 해야 합니다. 학교에서 실시하는 도덕교육의 효과는 다른 어떤 방법을 통해 얻은 성과와도 바꿀 수 없습니다.

진정한 의미의 시스템교육을 받은 사람은 분명 나쁜 것에 대해 저항할 수 있는 능력을 기를 수 있습니다. 학교교육은 전체 도덕교육 네트워크에서 가장 기초이자, 관건에 해당합니다. 이 점에 대해서는 의심의 여지가 없습니다. 하지만 학교교육이 가정과 사회의 협조를 받는다면 그 효과를 더욱 좋을 것입니다. 반대로 제대로 조화를 이루지 못한다면 부작용이 나타날 수도 있습니다.

상대적으로 어떤 아이는 학교에서 받는 교육적 영향이 큰 반면, 어떤 아이는 다른 곳에서 받는 교육적 영향이 클 수 있습니다. 대부분의 경우는 세 가지 힘이 하나의 큰 힘을 발휘하고 있습니다. 만약 이 합쳐진 힘이 긍정적이라면 아이의 품성이 단정하고 올곧을 것입니다. 하지만 부정적이라면, 아이의 품성은 불량해질 것입니다. 그래서 이 세 가지가 합쳐져 긍정적인 큰 힘을 발휘할 수 있도록, 학교는 도덕교육에 대한 투자를 늘려야 합니다.

예를 들어, 교장이사회를 세우거나, 학부모회를 여는 등의 방법을 통해 학교와 가정의 연결고리를 강화할 수 있습니다. 또한 다양한 사회 실천 활동을 통해서 학교와 사회의 연결을 강화할 수 있습니다. 이렇게 해야 비로소 도덕교육이 좋은 효과를 거둘 수 있습니다.

분명 시험은 중국학교의 유산입니다. 시험에는 긍정적인 효과가 있습니다. 인재를 선발할 때도, 성적을 평가할 때도 모두 유용합니다. 하지만 긍정적인 효과와 함께 부정적인 영향도 있습니다. 게다가 최근에는 부정적인 부분이 더욱 부각되고 있어 '입시 교육'이라는 부정어가 생길 정도입니다. 이에 대립되는 성격으로 소양교육도 등장했습니다.

그러나 소양교육이 등장한 지 몇 년이 지났지만, 현재까지 어느 학교도 입시교육의 그늘에서 벗어나지 못하고 있습니다. 그래서 많은 학교들이 입시교육과 소양교육 사이에 끼어 힘들게 살아남고 있습니다.

소양교육을 실시하는 동안 우리는 소양교육이 입시는 배척하지만 시험은 배척하지 않는다는 사실을 깨달았습니다. '입시'는 '시험'을 극단화한 것입니다. '입시'는 시험을 교육의 궁극적인 목표로 삼고 있습니다. 사실 시험은 단지 교육 과정에서 하나의 수단에 불과합니다. 그리고 시험 자체는 학생에게 일종의 학습이며, 발전을 촉진하는 수단입니다. 이러한 의미에서 보면, 시험은 반드시 교육의 한 부분을 구성해야 합니다.

교육에는 시험이 반드시 필요합니다. 하지만 저는 입시 교육을 강력하게 반대합니다. 왜냐하면 입시교육으로 인해서 교육이 막다른 길로 향하고 있기 때문입니다. 입시 교육은 교육의 가치관을 왜곡하고, 아이들이 유년 시기의 즐거움을 빼앗고 있습니다. 입시교육은 바로 학생의 시간과 건강, 즐거움을 희생하여 점수 몇 점을 더 얻는 것과 같습니다. 입시교육은 이미 교육발전의 '악성 종양'이 되었습니다. 저는 제 동료들에게 여러 번 말했습니다. 우리는 반드시 입시교육의 난국에서 빠져나와야 합니다. 때문에 저는 지금껏 어떤 학교에도 진학률이 어느 정도인지에 대해 물어본 적이 없습니다. 정부의 입장에서 교육환경은 상대적으로 완화적입니다. 사회적 각도에서는 어떻습니까? 분명 그다지 완화적이지 않습니다.

물론 입시교육의 등장과 존재, 유행하는 추세 등에도 필연적인 원인이 있습니다. 대부분은 중국 국가의 체제와 불가분의 관계가 있습니다. 다행인 것은 사회가 발전함에 따라 입시교육의 해악을 점차 느끼고 있다는 점입니다. 그리고 정부에도 입시교육 문제를 해결하기 위해 힘쓰고 있습니다. 우리 역시 소양교육이 점차 가까워지고 있다는 것을 분명히 느끼고 있습니다.

소양교육 속에서 신 교과과정 개혁을 적극 추진하고 있는 지금 우리는 시험을 배제하는 것이 아니라, 시험의 긍정적인 효과를 십분 발휘하는 것입니다. 새로운 형태의 시험 내용과 방법, 형식을 연구함으로써 입시교육의 굴레에서 철저히 벗어나야 합니다.

그 밖에, 시험도 교육의 전부는 아닙니다. 우리는 적극적으로 학생의 종합적인 소양을 향상시키기 위해 노력하고 있습니다. 학생의 정신적인 발전에 관심을 갖고, 학생 개성의 발전, 특기 양성을 통해 학생들이 건강하고 조화롭게 발전할 수 있도록 최선을 다하고 있습니다. 종합적인 소양을 갖춘다면 분명 시험을 잘 이겨낼 수 있다고 믿습니다.

69. 선생님께서는 많은 교육이상에 대해 말씀하셨는데, 저는 그러한 이상들이 과연 현실이 될 수 있을까에 대해 우려스럽습니다. 이상적인 교실은 어떤 것입니까?

제가 말하는 이상적인 교육이 과연 현실 속에서 유용할까에 대한 질문을 자주 받습니다만, 물론 유용하다고 생각합니다. 교육은 바로 이상을 위해 실시하는 것이니까요. 저는 이상적인 교육을 통해서 이상적인 입시결과를 얻을 수 있다고 믿습니다.

문제는 어떻게 이상적인 교육을 실시해서 당신의 이상을 이끌 수 있는가 입니다. 예를 들어, 교실에서 필요 없는 말을 많이 한다는 것은 교실에 이상이 부족하다는 것을 반영해주는 것입니다. 교실에서 내가 얼마나 쓸데없는 말을 많이 하는지 선생님은 알지 못합니다.

그렇다면 확인할 수 있는 방법이 없을까요? 매우 간단합니다. 녹음기로 수업내용을 녹음해서 들어보면 자신이 얼마나 쓸데없는 말을 많이 했는지 알 수 있습니다. 학교에 비디오카메라가 있다면, 수업 전체를 녹화해서 자신이 허튼 소리를 얼마나 했는지 더 잘 알게 될 뿐만 아니라 더 많은 수확을 볼 수 있습니다. 예를 들어 한 과목당 진도가 얼마나 나갔는지, 얼마나 질문을 많이 했는지, 얼마나 많은 학생이 대답했는지, 수업을 받는 학생들의 모습, 얼마나 많은 학생이 열심히 듣고 집중력을 발휘했는지 볼 수 있습니다.

현재 교실 상황에 따라 저는 최근에 이상적인 교실에 대한 글을 썼습니다. 저는 교사들이 교실에서 강의하는 시간을 약간 단축시키고, 더 많은 시간을 아이에게 상용한다면 아이가 더 좋아하고 즐거워할 거라고 생각합니다.

장쑤江蘇의 양쓰洋思중학교는 일반적인 농촌학교입니다. 이 학교 교장은 매 수업 시간을 15분이 넘지 않도록 방침을 정했는데, 그 후 정말 놀라운 기적이 발생했습니다. 아이들이 수업시간 단축으로 인해 어떤 손해를 보기는커녕, 현 전체 시험에서 1등을 한 것입니다. 그 후로 수업시간이 늘어났을까요? 아닙니다. 그렇지만 아이들의 학습능력이나 발전공간은 오히려 발전했습니다. 우리의 모든 교사들은 너무 아이들을 과소평가하고 자신을 과대평가하는 경향이 있습니다.

교사들은 아이가 가진 학습 잠재력과 능력에 대해 잘 인식하지 못합니다. 때문에 대다수의 지식과 능력을 믿고, 아이가 스스로 공부하고 깨닫도록 해야 합니다. 우리는 이 점을 깊이 인식해야 합니다.

자주적인 학습 환경에서 최대한의 자유를 허락할 때만이 아이들이 비로소 학습의 가치를 깨닫고 더 효율적인 학습을 할 수 있습니다. 때문에 소양교육과 대학입시는 결코 상충되지 않습니다. 전에 우스갯소리로, 지금 하는 일을 전부 그만두고, 진학률에 급급하지 않으면서 아이 인생의 경쟁률을 키워줄 수 있는 학교를 세우고 싶다고 말한 적이 있습니다. 이 꿈이 실현되었으면 합니다.

70. 한 번의 시험이 일생을 결정합니다. 그리고 대입시험의 작문 시험 시에 분당 답안 작성 시간이 50초밖에 되지 않다고 합니다. 너무 혹독하고 불공평하다고 생각합니다. 대입시험이 바뀌지 않으면 소양교육 실현도 불가능할 것입니다. 선생님의 견해는 어떠십니까?

우리는 소양교육에 대해 정확히 이해해야 합니다. 첫째, 소양교육을 입시교육과 절대적으로 대립하려고 해서는 안 됩니다. 시험은 당대 생활의 일반적인 현상이고, 폐지할 수 없습니다. 입시 역시 인간의 소양 중 하나입니다.

둘째, 혁신은 한 사람이 계속 해나가야 하는 부분입니다. 학문이 축적되고, 축적되어야 혁신이 있을 수 있습니다. 혁신을 위해서는 많은 어려움과 노력이 필요합니다.

셋째, 소양교육에서 소양은 두 가지로 나눌 수 있습니다. 하나는 본인이 가진 소양의 교육이고, 다른 하나는 사회에서 필요로 하는 소양의 교육입니다.

일선 교장들은 소양교육을 입시교육과 대립시켜서는 안 된다고 생각합니다. 그들은 현재 소양교육을 실시하고 있지만 형식적인 교육에 불과해 학생들은 교과목이 늘어나서 부담을 느끼고 교장들은 어려움을 호소합니다. 그래서 우리는 소양교육은 국가 상황에 부합하는 범위 내에서 실시해야 하며, 단숨에 성공하려는 생각을 버려야 합니다. 그렇지 않다면 일선에 있는 교사들이 수업할 때 소극적으로 임하게 될 것입니다.

기초교육은 입시교육이 아닌 소양교육이어야 합니다. 이것은 초중등학교에 대한 요구를 낮추는 것이 아니라, 더 높은 것을 요구하는 것입니다. 이러한 요구는 도덕교육과 체육교육, 미술교육의 수준과 질을 높이는 것뿐만 아니라, 지성교육의 수준과 질의 향상을 요하는 것입니다. 교사들에 대해 더 높은 수준을 요구하고, 관리자에게도 더 높은 수준을 요구하는 것입니다. 특히 학교의 교육조건이 더 높아져야 합니다.

소양교육을 실시하는 것은 일급 학교에 합격 신입생을 보내기 위한 것이 아닙니다. 입시교육보다 잘 실시한다면 일급학교에 각 방면에서 우수한 신입생을 보낼 수 있습니다. 물론 소양교육에서도 일급학교에 신입생을 보내기 위한 것도 있지만, 이들은 전면적으로 소양이 우수한 신입생입니다. 그렇다면 학생이나 가장은 전면적으로 자신 혹은 아이의 소양을 높이는 전제 하에, 일급 학교에 진학시키는 것을 목표하는 것도 순조롭게 될 것입니다.

대입시험은 부단한 연구 속에서 큰 개혁과정을 겪었습니다. 하지만 여전히 소양교육에 대해 적지 않은 부정적인 영향을 미치고 있습니다. 때문에 대입시험을 한 단계 더 개혁하는 것이 필요한 추세입니다. 개혁의 기준은 기초교육 과정에서 소양교육을 전면적으로 실시하고 추진하고 발전하는 데 유리해야 하며, 지덕체가 골고루 발전할 수 있는 각종 소양이 우수한 학생을 선발하는 데 유리해야 하며, 나아가 대학의 발전과 인재 양성에 유리해야 합니다.

즉 대학입시개혁이 이러한 목표를 실현하는 그때가 바로 소양교육이 큰 진전을 이루는 날입니다. 현재 겉으로는 소양교육을 떠들썩하게 추진하고 있지만, 사실상 "입시교육은 아무리 비판해도 여전히 행해지고, 소양교육은 목소리만 크다."라고 보는 상황입니다.

또 일부는 입시교육은 냄새는 역하지만 맛있어서 중독 된 사람은 쉽게 끊지 못하는 초두부(중국의 발효식품－역주)에 비유합니다. 소양교육은 비록 시간이 흐를수록 점점 빨갛게 익어가는 맛있는 사과가 되겠지만, 아직 덜 익은 상태에서 먹게 되면 매우 신 사과를 먹을 수밖에 없는 것과 같습니다.

사실 이것은 갈림길에 서서 어느 쪽으로 가야 할지 결정해야 되는 문제입니다. 하나는 내적으로 발전하는 길, 즉 교육효율을 높임으로써 교육의 질을 향상시키는 길입니다. 이 길은 학업 부담이 합리적이고, 학생이 스스로 자유 시간을 안배하고 좋아하는 장기를 개발하는 것으로,

좀 더 주체적이고 적극적으로 효율적으로 공부하고 학습능력이 강화되고 발전할 수 있는 뒷심이 충분한 양질의 선순환을 실현할 수 있는 길입니다.

다른 길은 외부적으로 확장되는 길로써, 학습시간을 연장하여 최대한 연습문제를 많이 풀고 피곤할 정도로 많은 시간을 들여 공부함으로써 질을 높이는 것입니다. 이 길은 부담이 크고 학습 압박이 굉장하며 학습능력이 떨어져서 결국에는 공부를 싫어하고 수업에 빠져 교육의 질이 떨어지는 한편 발전할 수 있는 뒷심이 부족하게 되는 악순환을 낳는 길입니다. 물론 외적 확장을 통해 단기적인 효과를 얻을 수 있지만, 학생의 건강과 발전 잠재력을 희생하면서 눈앞의 이익에 급급한 근시안적 행동은 좋지 않습니다.

시험제도의 개혁은 우리들 모두의 실질적인 이익과 깊은 연관이 있습니다. 특히 대학입시제도의 개혁은 더욱 그렇습니다. 최근 몇 년간 '3 + 3'제도였다가, 다시 '3 + 2', '3 + x', '3 + 종합'으로 바뀌었습니다. 그 결과 바뀔수록 교사와 학생만 힘들어지고 있는 것이 사실입니다. 학생들이 자주 하는 말이 있습니다. "가장 힘든 사람도 저이고, 가장 피곤한 사람도 저입니다. 아침에 가장 일찍 일어나는 사람도 저고, 밤에 가장 늦게 자는 사람도 저입니다. 모두 저입니다." 정말 현실이 그렇습니다. 학생들이 제일 힘듭니다. 전 세계적으로 중국의 학생들이 가장 힘들어 보입니다. 역대 가장 힘든 학생들이 바로 현재의 학생들입니다. 초등학생들 등에 맨 가방이 갈수록 무거워지는 걸 느끼십니까? 졸업생 방의 불이 갈수록 늦게 꺼지는 것을 느끼지 못하시나요?

심리학에서는 한 사람이 하루 동안 가장 효율적으로 모든 정신을 집중할 수 있는 학습시간이 한정되어 있다고 말합니다. 우리는 심리학적인 규칙을 더욱 많이 연구해서 탄력 있는 학습을 장려하고, 더 효율적으로 공부할 수 있는 방법을 강구해야 합니다. 사실 이것은 "피로와의 전쟁"보다 더욱 중요합니다. 공부는 효율적인 공부와 비효율적인 공부, 그리고 비효율적인 공부로 나눌 수 있습니다.

효율적인 공부란 무엇입니까? 바로 정신을 집중해서 보는 문장마다 기억하고 듣는 말마다 모두 흡수하는 효율이 매우 높은 공부입니다. 비효율적인 공부는 무엇입니까? 바로 어린 중이 정신을 집중하지 않은 채 경을 외우고, 밤에는 책을 손에 들고 계속 조는 식의 공부입니다. 그렇다면 비효율적인 공부는 무엇일까요? 바로 오늘 공부시간이 길수록, 내일 버티기가 힘들어지고, 머리가 천근만근 무거워서 아무것도 집중해서 들을 수 없는 상태의 공부를 말합니다. 정말 피곤할 때에는 잘 쉬어야 합니다. 충분한 휴식시간이 확보될 때, 비로소 효율적인 공부를 할 수 있습니다. 이 점이 중요합니다. 사람마다 생활 리듬이 다르기 때문에 자신에게 맞는 바이오리듬을 찾아야 합니다. 정오 휴식시간도 매우 중요합니다.

부담을 줄이는 것은 시험제도 개혁이 실시될수록 이 문제도 해결될 것이라고 믿습니다. 한동안 '부담 줄이기' 열풍이 불었지만, 기존의 시험제도에서 '부담 줄이기'는 하나의 구호에 지나지 않습니다. 심지어 일부 학교는 부담을 줄일수록 더욱 부담이 늘어나기도 했습니다. 왜냐하면 다른 사람이 '부담을 줄이는' 시간에 자신은 성적 향상을 위해 더욱 공부하는 학생들이 있기 때문입니다. 한 사람이 이렇게 생각하면, 두 사람이 이와 같은 생각을 할 수 있습니다. 만일 모두가 이렇게 생각한다면, 힘든 사람은 누구겠습니까? 물론 일선 교사들도 힘들겠지만, 가장 힘든 것은 우리의 학생들입니다. 그렇다고 전혀 시험 준비를 안할 수도 없는 노릇 아니겠습니까? 시험에서 다른 사람을 이기지 못하면 자신의 성적이 떨어질 수 있기 때문이지요. 그래서 저는 시험제도를 개혁하기 않으면 국민교육도 발전할 수 없습니다. 시험제도의 개혁은 중국교육이 직면한 가장 큰 도전입니다.

현재 나라에서는 교과과정 개혁을 실시하고 있습니다. 개혁이 심화될수록 다른 제도들도 함께 개혁해야 합니다. 이번 봄바람이 지나가고 나면, 우리의 교사들과 학생들의 부담도 줄어들 것입니다.

72. 신 교과과정 개혁을 추진하는 과정에서 교장과 교사는 한편
으로 전통을 고수해야 하지만, 다른 한 편으로 개혁을 실시
해야 하기도 합니다. 선생님께서는 교과과정 개혁이 어떤 방
향으로 발전할 것으로 예상하십니까?

신 교과과정은 형식이나 내용이나 모두 새로운 변화를 가져올 것입
니다. 특히 관념적인 부분에서 나타나는 새로운 변화를 통해 중국교육
개혁에 새로운 활력을 불어넣어 줄 것으로 보입니다. 학과 과정 기준과
기존에 사용하는 교육요강을 간단히 비교하면 다른 점을 알 수 있습니
다. 또한 현재의 새 교재와 과거 교재를 비교해 봐도 다른 점을 알 수
있습니다. 그러나 전체적으로 신 교과과정 추진은 교사의 준비 부족 등
몇 가지 문제점이 있습니다. 좋은 교사는 대부분 교과과정과 교재에 의
해 구속되지 않습니다. 저는 교육학 교사의 경험을 통해 수업 시간에
기본적으로 교재를 사용하지 않습니다. 제가 융통성 없이 규칙만을 강
조하면 학생들은 전혀 좋아하지 않을 것입니다. 그리고 교육적 효과도
거둘 수 없겠지요. 그렇기 때문에 더욱 중요한 것은 교사들이 새로운
교육이념을 세울 수 있도록 지원하는 것입니다. 저는 이것이 교과과정
을 개혁하고 새로 만드는 것보다 그 효과가 더욱 크다고 생각합니다.

신 교과과정을 추진하면서, 국가와 성, 그리고 일부 대학에서 실험
교재를 선보였습니다. 최근 2년 동안 교재에 대한 홍보가 확대되었고,
교재 지도와 인터넷 홍보도 대대적으로 이루어졌으며, 상업적인 조작

이 없지 않아 있었습니다. 이는 타당하지 않은 방법이며, 따라서 반성해야 할 부분이라고 생각합니다. 교재를 어떻게 그런 식으로 사용할 수 있습니까? 신 교과과정에서는 교사가 직접 교재를 만들도록 강조하고 있지만, 교재 선택에 있어서 교사의 의견은 철저히 배제되고 있으며, 교사에게 교재를 만들 수 있는 공간조차 주어지지 않고 있습니다. 이는 신 교과과정을 홍보하는 신 이념과 완전히 상반되는 것입니다. 그래서 현재 새 교재를 사용하는 상황은 우수한 교사를 양성하고, 교사가 주체적으로 발전하는 데 있어 매우 불리합니다. 저는 이것은 신 교과과정에서 추구하는 방향이 아니라고 생각합니다. 그 밖에, 예술과목, 종합 실천과목 등을 실시하는 과정에도 적지 않은 문제가 있습니다.

저는 교육부가 인터넷 회사, 교육 전문가 등을 조직해서 최신 교육자원을 인터넷을 통해 보급할 수 있길 바랍니다. 교육부는 전체적으로 이러한 인터넷 교육자원을 독점해야 합니다. 이는 교육부가 반드시 해야 하는 일입니다. 왜일까요? 현재 교육자원은 너무 낭비가 심하고 복잡하기 때문입니다. 저는 늘 가난한 국가일수록 교육비가 높다고 말합니다. 사실 지금은 이것이 가난한 국가의 문제가 아니라, 중복 및 낭비의 문제로 볼 수 있습니다. 이러한 문제를 해결하는 부서와 해결하는 사람이 없어서 많은 문제들이 발생하는 것입니다. 중복 투자는 교육적으로 많은 문제를 낳고 있습니다. 만일 우리가 인터넷 회사나 교육전문가를 모아서 우수한 교육자원을 잘 통합하고 인터넷을 통해 보급한다면, 그리고 교육부가 나서서 이러한 교육자원을 독점 관리한다면, 전국 각지의 초중등학교간의 격차가 크게 줄고, 교육의 질이 대폭 향상되는 등 중국

교육에 큰 변화가 생길 것입니다. 이 방면에서 프랑스는 매우 훌륭한 조치를 실시하고 있습니다. 예를 들어, TV 채널을 학년별로 설정하여, 모든 프랑스 초중등학교에서 전국적으로 같은 시간에 교사의 실시간 강의를 들을 수 있습니다. 이를 통해 교실 위주의 수업 구조를 바꿔 놓아 학생들이 양질의 교육자원을 습득할 수 있을 뿐 아니라, 동시에 교사의 자질도 크게 향상되었습니다. 최근 몇 년간 프랑스 초중등학생의 수준이 빠르게 향상된 것에도 이러한 조치가 얼마나 효과적이었는지 알 수 있습니다. 선진국에서 할 수 있다면, 우리 같은 개발도상국에서도 할 수 있습니다. 신 교과과정 개혁에서는 이러한 자원을 만드는 문제에 대해서 의견을 제시한 부서가 거의 없는 것 같습니다. 신 교과과정 개혁에서 이러한 자원을 만들고 운영하는 조치가 없다면, 개혁을 추진할수록 새로운 낭비 현상이 나타날 것입니다. 이는 결코 위협이 아니라, 우리가 모두 함께 진지하게 생각해 봐야 할 문제입니다.

입학정원 확대는 크게 볼 때 소비를 촉진할 뿐만 아니라, 동시에 국가를 위해 많은 인재를 양성하는 데 매우 긍정적인 면을 가지고 있습니다. 그러나 대학생 취업이 큰 문제가 되고 있습니다. 계획경제시대에서 대학생은 졸업 후 인사부처가 취업 자리를 안배합니다. 그 당시 역시 괜찮은 방법이었습니다. 하지만 저는 이런 관념을 바꿔야 한다고 생각합니다.

이 중에서도 두 가지 문제를 해결해야 합니다. 첫째, 창업이라는 개념을 확립해야 합니다. 우리는 취직자리만을 위해 인재를 양성하는 것이 아니라, 그들이 직접 나서서 일자리를 창출하도록 해야 합니다. 빌 게이츠는 대학을 졸업하기도 전에 수십만 개의 일자리를 창출했습니다.

따라서 어떻게 일자리를 창출할 건지가 앞으로 직면하게 될 문제인데, 예를 들면 대학 내에 창업교과를 개설하거나, 학생들이 창업에 대한 열정을 갖도록 격려함으로써 풀어나가야 할 것입니다.

둘째, 대학 졸업생의 취업문제가 있습니다. 모든 학생이 공무원이 되거나, 직장인이 될 수는 없습니다. 때문에 고등교육을 받은 사람은 취업보다 창업을 할 필요가 있습니다.

사회에는 360여 개의 직종이 있는데, 어느 직종이든지 모두 쓸모가 있는 법입니다. 인재가 부족한 곳이 있는가 하면, 인재가 남아도는 곳도 있습니다. 현재 중국이 직면한 문제도 이러한 구조적인 문제입니다.

쑤저우에는 매년 몇 십만 개의 일자리가 창출되고 있습니다. 많은 인재들이 다른 지역, 다른 성, 나아가 해외로까지 진출하여 일자리를 구하고 있습니다. 만일 우리의 학생이 자신의 능력 중 외국어 실력을 키우거나, 컴퓨터 활용능력을 갖추거나, 기술 훈련을 받았다면, 취업기회가 더욱 많아질 것입니다.

쑤저우에서는 몰드(모형틀)를 만드는 일이 박사생보다 훨씬 많은 월급을 받고 있습니다. 우리는 과연 사회에서 정말로 필요로 하는 분야를 잘 알고 있을까요? 대학생이 과연 사회의 현실을 잘 이해하고 자신을 연마하여 사회에 적응할 수 있을까요? 이 문제는 다방면의 문제가 얽혀 있기 때문에 변증법적으로 풀어 나가야 합니다.

국민 전체를 봤을 때 고등교육 학력자 비율은 인도보다 낮은 편입니다. 때문에 연구생 정원을 확대하는 등을 통해 발전할 수 있는 가능성이 있습니다. 현재 대부분 대도시에 집중되어 있고, 지방에는 대학생이 매우 부족합니다. 이 때문에 앞으로 국가가 지방에 대한 투자를 어떻게 확대할 수 있는지에 대한 문제가 나타날 수 있습니다.

예를 들어 교사의 경우 제가 알기로는 빈곤지역에서는 교사의 자질이 부족하거나, 교사 인력이 부족한 상황이 매우 심각하지만, 교사들을 계속 그 지역에 남아 있도록 하기에 매우 어려운 실정입니다. 만일 국가의 재정능력으로 그들의 수입을 보장할 수 있고, 대학생들이 지방에서 취업하도록 장려할 수 있다면, 지방 경제의 발전을 촉진할 수 있을 것입니다. 따라서 우리는 단순히 수치만 보고 만족할 것이 아니라, 구조적인 모순을 분석하고 해결방법을 모색해야 합니다.

우리는 대학 자체에서 근본적인 원인을 찾아야 합니다. 대학교육에도 문제가 있지만, 특히 체제에 문제가 있습니다. 중국의 대부분의 대학은 정부가 세운 국립대학입니다. 따라서 주동적으로 시장시장에 맞추거나 체제를 개혁해야 되는 부담이 없습니다.

저는 국가가 상당 부분의 대학에 대해 체제 전환을 할 것을 제의하고
싶습니다. 즉 먼저 국영에서 민영으로 전환한 후, 지분제로 바꾸고, 시
장에 내놓는 것입니다. 이렇게 하면 좋은 점이 두 가지 있습니다. 하저
는 대학체제가 더욱 유연해질 수 있습니다. 다른 하저는 상당한 경비를
조달해서 의무교육, 초중등교육에 지원할 수 있습니다.

교육부에 그렇게 많은 대학이 있는데 과연 체제 전환이 가능할까요?
체제전환이 되어야 비로소 베이징대, 칭화대에 버금가는 대학을 만들
수 있고, 세계 고등교육 시장에서 진정한 활력이 있는 대학으로 우뚝
설 수 있습니다.

통역대학원이든, 외교전문대이든, 모두 유연한 체제가 있어서 학생
취업에 최선의 서비스를 제공해야 비로소 학생을 모집할 수 있습니다.
일부 민영대학의 학생은 오히려 일부 국립대 학생보다 더 인기가 많은
경우도 있습니다. 때문에 현재 대학 졸업생들의 취업문제는 사실 대학
교의 교육체제 문제가 저변에 깔려 있다고 할 수 있습니다.

74. 현재 사회적으로 교육에 대한 논쟁이 뜨겁습니다. 학교와 교
   사가 받는 압박도 매우 큽니다. 이렇게 교육에 대한 높은 관
   심과 이로 인해 교사가 느끼게 되는 과중한 부담에 대해 어
   떻게 보십니까?

교육자라는 직업은 사회와 연관된 부분이 매우 광범위한 데다 사회
적인 의미가 매우 강한 직업입니다. 우리의 교육은 각 가정과 얽혀 있
고, 각 학생은 많은 사람의 마음과 연결되어 있습니다. 아버지, 어머니,
외조부, 친조부 등 많은 사람이 아이에게 큰 관심을 갖고 있습니다. 우
리의 모든 교육 행동에 많은 사람이 주시하고 있으며, 때문에 우리의
모든 행동이 사회적으로 적지 않은 영향을 일으킵니다. 학비, 분반, 교
사의 체벌, 심지어는 단순한 소문에 불과한 사건들도 즉각 퍼져나가서
사회적으로 많은 물의를 일으키기도 합니다.

동시에 더욱 중요한 것은 우리의 교육이 전 사회발전에 영향을 미치
는 행위이고 사업이며, 우리가 양성하는 대상은 미래의 국민이고, 미래
사회의 정책결정자이자 관리자, 조정자이며, 이 사회를 지탱하는 사람
이라는 점이지요.

우리의 교육계가 사회를 원망하게 되면, 우리는 그 속에서 우리가 맡
고 있는 책임을 소홀하게 생각할 수 있습니다. 사회 부패, 사회 많은 어
두운 현상 등은 물론 그만의 사회체제가 있고, 생존할 수 있는 토양이
있고 여러 가지 원인이 있습니다.

교육자는 이 과정에서 결코 자신이 부담해야 할 책임을 미뤄서는 안 됩니다. 교육을 담당하고 있는 당신이 어떠한 가치 관념으로 학생을 교육하고, 어떤 이념으로, 심지어 어떤 교육방식으로 학생을 교육하느냐에 따라 학생의 인격 형성에 직접적인 영향을 미치게 됩니다.

인간과 인간의 협력정신, 사업에 대한 집착은 그의 학습과정 속에서 학교 내에서 모두 이런 저런 방식으로 나타납니다. 때문에 교사로서 반드시 자신은 단순히 교육 사업에 종사하는 것만이 아니고, 또 간단히 학생에게 지식만을 주입하는 것만이 아니라는 것을 분명히 인식해야 합니다.

수호믈린스키는 교육 과정에서 아이가 학교를 떠날 때 가지고 가는 것은 앞으로 필요한 지식뿐만이 아니라 더욱 중요한 것은 미래 이상에 대한 추구와, 자신의 발전을 위한 정신적 힘, 그리고 좋은 인생습관이라고 말했습니다. 교육이 만약 진정으로 이런 목적을 달성할 수 있다면, 학생이 자신의 교육 체제를 확립할 수 있도록 도울 수 있다면, 우리의 교육은 성공한 것입니다. 학생의 발전에 착안점을 두고, 남에게 진정 부끄럽지 않은 교사라면, 학생에게 늘 기억되는 선생님으로 남을 것입니다.

75. 현재 모두 교육의 법제화를 강조하고 있고, 학생의 권익이 반드시 보호 받아야 하지만, 교사의 합법적인 권익 역시 보호 받아야 한다고 생각합니다. 현실 속에서 교사의 권익이 위협을 받을 때, 특히 학교 행정관리부처와 충돌할 때 문제를 처리할 수 있는 방법이 매우 부족합니다. 이에 대해 어떻게 생각하십니까?

법으로 교사의 합법적인 권익을 보장하는 것은 각급 정부부처의 신성한 책무입니다. 상응하는 법규를 제정하는 것 외에도, 건전한 집행제도를 만들어야 합니다. 교사들이 자신의 직업을 사랑하고 아무런 사심 없이 헌신하도록 장려해야 하지만, 여기에는 교사의 합법적인 권익을 침해하지 않아야 한다는 전제조건이 따라야 합니다. 최근에는 교사의 권익을 침해하는 경우를 적지 않게 볼 수 있습니다. 그중에는 종종 발생하는 일도 있습니다. 예를 들어, 중국 《노동법勞動法》 제36조에 따르면, 노동자의 노동시간은 하루 8시간, 일주일에 44시간을 초과할 수 없다고 규정하고 있습니다. 제 40조는 용인업체는 다음과 같은 공휴일에 법적으로 노동자의 휴일을 보장해야 한다. 원단元旦, 춘절春節, 국제노동절, 국경절 및 법정 휴가일. 하지만 중국 일부 지역 학교에서는 초중등학교 교사의 노동시간이 규정보다 훨씬 길 뿐만 아니라, 노동의 강도도 믿기 어려울 정도로 힘듭니다. 일부 학교 교사의 하루 노동시간은 15시간이 넘기도 합니다. 대부분의 학교 교사에게 있어 연일 휴가는 일종의 사치이고, 심지어 여름, 겨울방학조차 학생들을 위한 보충수업을 실시하고 있습니다. 어떤 학교에서는 자체적으로 내부 조례를 만들었는데, 그것이 교사의 합법적인 권익을 침해하고 있는 경우도 있습니다.

그래서 저는 학교를 관리하는 과정에 있어서, 먼저 교사의 일과 관리에 대한 적절한 법규가 있어야 한다고 생각합니다. 둘째, 건전한 신고 제도를 만들어서, 권익을 침해하는 상황이 발생하는 경우 교사들이 법에 따라 자신의 권익을 보호 받을 수 있어야 합니다. 예를 들어《교사법教師法》제39조는 교사는 학교나 기타 교육기관이 자신의 합법적인 권익을 침해하거나, 학교나 기타 교육기관의 처리에 불복하는 경우, 행정 부처에 신고할 수 있으며, 교육행정부처는 반드시 신고일로부터 30일 내로 일을 처리한다고 규정하고 있습니다. 교장은 일반적으로 교육행정부의 임명을 받고, 교사가 신고한 의견을 수리하는 것을 교장 본인이거나 상위 교육행정부처일 가능성이 높습니다. 이로 인해 교사의 신고가 더욱 어려워지고 있습니다. 만일 교육행정부처가 신고를 처리하지 않거나 부정적인 시선으로 바라볼 경우, 신고제도는 무용지물이 될 것입니다. 이러한 상황에서 교사의 권익을 침해하는 일이 발생하게 된다면, 교사는 신고할 방법도 없이 무력하게 피해를 입을 수 밖에 없습니다. 그래서 실행 가능한 신고제도를 반드시 구축해야 합니다. 교사가 학교나 기타 교육기관이《교사법》에서 규정한 합법적인 권익을 침해하는 경우, 혹은 학교와 기타 교육기관의 처리에 불복하는 경우, 자신이 소재한 시나 현급 교육행정기관에 신고를 하고, 상응하는 부서는 반드시 신고일로부터 30일 내 처리해야 합니다. 신고자가 처리 내용에 대해 불복하는 경우, 기존 처리 기관과 동급의 인민정부에 재심사를 신청할 수 있으며, 법에 따라 행정재심 혹은 행정소송을 제기할 수 있습니다. 저는 민주법제가 실현됨에 따라 많은 교사들인 자신의 권익을 지킬수 있을 것이라고 믿습니다.

76. 소양교육을 추진함에 따라 학생에 대한 교사의 평가관념과 방식도 바뀌고 있습니다. 그렇다면 학교에서는 교사에 대한 평가제를 어떻게 실시해야 객관적이고 공정하며 전체적으로 평가하고, 나아가 교사가 일에 더욱 적극적으로 임하게 하고, 단결되고 발전하는 조화로운 교사단체를 만들 수 있을까요? 교육 서비스는 주로 교사의 구체적인 노력으로 완성되며, 교육의 서비스의식은 교사의 인품에 따라 결정됩니다. 하지만 평가제로 인한 제약도 무시할 수 없는 부분입니다. 어떠한 평가제가 교사의 서비스 의식을 강화해줄 수 있다고 생각하십니까?

기초교육의 주요 임무는 학생의 지덕체 등 방면의 전체적인 발전을 촉진하는 것입니다. 일부 학교는 교육을 실시하면서 지성교육을 중시하고, 인성교육과 체육, 미술, 노동 등 교육 문제를 경시하는 문제가 매우 심각합니다.

　　주요 원인은 학교에서 실시하는 교사에 대한 교육 평가가 대부분 점수나 진학생 숫자, 우수생 숫자로 이루어지기 때문입니다. 기초교육은 민족 소양을 높이는 데 바탕이 되는 일입니다. 교육은 전체 학생을 위한 것, 학생의 모든 방면을 위한 것이어야 합니다.

　　우리가 교사의 교육적 효과를 평가할 때는, 그가 지도한 학생의 학과 성적 외에도, 그의 교육적 활동이 지도학생의 신체와 정신 발전에 긍정적인 효과를 평가해야 합니다. 그렇기 때문에 형성형 평가와 종결형 평가를 합친 방법을 실시해야 한다고 생각합니다.

　　교사는 업무의 복합성, 개인의 수업능력, 단체성과 등 노동의 성격이 일반적인 일과 다르기 때문에, 평가를 할 때 과정에 대한 평가가 포함되어야 합니다. 그리고 적절한 피드백 방식인지, 평가대상에 대한 심리적요소와 심리적 조정 작업을 실시했는지, 평가대상이 최대한 평가결과를 인정하고 받아들일 수 있는지를 모두 고려해야 합니다. 일부에서는 수량화된 평가결과야말로 과학적이고 조정가능하고 비교할 수 있다고 하지만, 실제로 어떤 표시 방식도 일종의 수단에 불과할 뿐 그 자체로 좋고 나쁨을 가릴 수 없습니다. 교사에 대한 평가는 교사의 각종 소양과 교육 기술, 예술에 대한 종합적인 평가입니다. 이 중에는 수량화할 수 있는 면이 있는가 하면, 할 수 없는 부분도 있습니다. 수량화가 쉬운 면도 있고 어려운 면도 있기 때문이지요. 예를 들어, 사람의 사상, 동기, 감성, 신념, 가치 판단 등에 관한 문제는 측정하고 서술하는 방식을 사용하면 더욱 정확한 평가를 할 수 있습니다.

　　좋은 교사는 교사로서의 도덕적으로 수양한 인격의 매력을 갖추어야 하며, 진정한 스승으로써 언행일치가 되어야 합니다. 또한 진보적인 교육 관념을 갖고, 실천과 탐구 정신이 투철해야 합니다. 학생을 사랑하고, 돈독한 사제관계에 힘쓰며, 과학적인 사고를 가져야 합니다. 교육 예술 수준이 높아야 하고 교육적 효과의 이상을 가지고 있어야 합니다.

훌륭한 연구 실력과 학과 면에서 넓은 시야를 갖고 있어야 합니다. 지속적으로 발전하려는 의식과 그에 따른 실천과 함께 계속 발전해야 합니다. 이러한 면들을 전체적으로 종합 평가해야 합니다. 단순히 한 부분만 중시해서는 안 됩니다.

이전에 우리가 교사를 평가할 때 학교행정면만 보았고, 학생에게는 전혀 발언권이 없었습니다. 이는 매우 비합리적인 방법입니다. 현재 적지 않은 학교에서 교사를 평가하는 방식을 개혁하여, 평가권을 학생과 가장에게 부여하고 있습니다. 이 역시 교사평가제에서 한 단계 진보를 이루었다고 할 수 있습니다. 하지만 학생과 가장의 평가를 유일한 기준으로 삼는다면 극단적인 결과를 낳을 수 있습니다.

최대한 다양성을 추구해야 하며, 평가항목과 평가 대상도 다양하게 고려함으로써, 다양한 각도에서 평가대상을 전체적으로 평가해야 합니다. 평가자가 정확한 평가 사고를 가지고 있어야 비로소 과학적으로 평가를 설계하고 실시할 수 있으며, 합리적으로 평가 결과를 처리하고 활용함으로써 평가의 기능을 충분히 발휘할 수 있습니다.

77. 며칠 전, '교육온라인' 사이트에서 선생님께서 쓰신 《중국의
    교육은 무엇이 부족한가?》라는 글에 대한 교사들의 반응이
    매우 뜨거웠는데요. 그 글에서 중국교육에는 진실과 성심이
    부족하다고 하셨습니다. 예를 들어, 가짜공개수업, 가짜과제,
    가짜논문 등이 중국교육의 발전을 막고 있다고 하셨습니다.
    그렇다면 이러한 문제들을 어떻게 해결해야 할까요?

성심 문제는 교육에서부터 해결해야 합니다. 사회적으로 거짓된 현
상이 많지만, 교육만큼은 진실해야 합니다. 이는 교사들에게 매우 중요
한 일입니다. 교육은 아이들에게 거짓말을 많이 시킵니다. 왜냐하면 사
실대로 얘기하면 아이들이 공부하는 데 어떠한 믿음이나 용기를 얻기
힘들기 때문이지요. 아이들이 마음속으로 말하고 싶은 것, 그들이 스스
로 인식하는 사물들은 모두 모범답안이나, 교과서와 교사의 말만 따르
려고 합니다. 그래서 아이들은 선생님과 부모님의 마음에 들기 위해서
'거짓말'이나 '꾸며낸 말' '빈 말'들을 하려고 하지요. 이것 역시 아이
들의 인격이 분열되는 원인입니다. 즉 밖에 나가서 다른 소리 하고, 집
에 와서 다른 소리, 선생님께, 부모님께 모두 다른 거짓말을 꾸며내기
때문입니다. 이 역시 중국교육에서 자주 볼 수 있는 문제 중 하나입니
다. 이러한 교육의 이상한 현상에 대해 마음 아파하고 해결 방법을 강
구해야 합니다. 그렇기 때문에 교육적으로 '진실'해지려고 노력해야 합
니다. 우리의 교육과 교실, 가정에서는 아이들이 거짓된 공간에서 살지

않도록 해야 합니다. 그 어느 누구도 거짓된 공간에서 살 수 없습니다. 이것은 인간의 생존 법칙입니다. 이러한 법칙을 깬다면, 누구든 그 죄 값을 치러야 할 것이며, 그 결과는 생태계 파괴로 인한 결과보다 더 참혹할 것입니다. 그나마 생태계 파괴는 어느 정도 복귀가 가능하지만, 거짓된 교육은 회복하기가 매우 어렵습니다. 이러한 현상에 대해 많은 사람들이 중국교육에 있어 '진실'이 부족하다고 지적합니다. 그래서 우리는 《중국의 교육은 무엇이 부족한가?》라는 책을 엮어 출판했습니다. 이 책은 인터넷에서 본 좋은 답글을 모아 만든 것으로, 진실이 결여된 교육 현상을 여가 없이 보여줌으로써, '진실'이 교육의 최고 중요한 미덕이라는 점을 나타내고 있습니다.

교사들의 거짓말은 어쩔 수 없는 상황일 때가 많습니다. 이는 교사 평가제도에 문제가 있기 때문입니다. 때문에 교사를 평가하기 전에 먼저 평가 제도부터 개선해야 합니다. 많은 평가기구가 있지만, 그중에 제도의 평가효율이나 진실성에 대해 평가하는 곳이 한군데라도 있습니까? 그러한 평가를 하지 않는다면, 평가제도가 바로 교육의 발전을 가로막게 될 것입니다. 어떠한 교사가 좋은 교사인지, 어떠한 과목이 좋은 과목인지 평가해야 하지만, 더욱 중요한 것은 교장과 교사의 교육 관념을 평가하는 것입니다. 관념만 바꾼다면 그 어떤 문제도 잘 해결할 수 있을 것입니다. 현재의 교사 평가제도에서는 관념에 대한 평가가 거의 없습니다. 그 이유는 무엇입니까? 이는 우리의 교육에서 관념이 부족하기 때문입니다. 정부가 학교를 특색 있는 학교, 품위 있는 학교로 만들고, 교사와 아이들의 창의력을 기르며, 그들의 개성을 발전시키자고 강조하지만, 이는 사실 관념적인 문제입니다. 즉 교장과 교사가 먼저 관념부터 바꾼다면, 학교도 특색을 갖고, 품위를 높이며, 창의성과 개성을 가질 수 있습니다. 그러나 실제 교육에서 실시한 후 변화가 생긴다 해도, 교장과 교사는 과거의 틀에서 벗어나기 어렵습니다. 일단 학교에 들어가면 기존의 규칙과 규율대로 돌아갈 수밖에 없습니다. 이 것이 바로 교육정신발전의 문제이며, 교육적 사고가 부재에서 오는 문제입니다.

거짓이 교육 발전을 가로 막고 있는 현실을 해결하기 위해서는 먼저 교육계 사람들이 끊임없이 연구하고 사고해야 합니다. 사고에서 성공하려면, 실패를 생각해야 합니다. 어제, 오늘의 교육을 사고하려면, 먼저 내일의 교육을 사고해야 합니다. 현재 발생하고 있는 교육현상을 사고하려면, 먼저 교육의 지속 가능성에 대해 사고해야 합니다. 사고는 행동의 변화를 가져올 것이며, 중국교육에서 부족한 창의력 문제를 해결해 줄 것입니다! 사고는 가장 매력적이고 가장 가치 있는 이념입니다. 우리는 반드시 이러한 이념을 갖춰야 합니다.

인문이란 무엇일까요? 인문이란, 사람에 대해 관심을 갖는 것이기도 하고, 문명에 대해 관심을 갖는 것이기도 합니다. 인류의 운명, 타인, 인류문명, 인류문화, 이들을 다 합친 것이 바로 인문입니다. 이제 쉽게 이해가 되시나요?

물론 이것은 제가 이해한 개념일 뿐, 과학적인 것은 아닙니다. 오늘날의 교육은 인문정신이 매우 부족합니다. 중국뿐만 아니라, 전 세계적으로 그렇습니다. 전에 20세기 교육에 대해 회고하는 글을 발표한 적이 있습니다. 중국공산당 창립 80주년이 되던 해에, 《교육연구敎育硏究》의 머리글에 《중국공산당과 중국교육中國共産黨和中國敎育》이란 글을 실었습니다.

우리의 20세기 교육은 가히 칭송할 만한 높은 성과를 거뒀습니다. 하지만 21세기 들어서 일부 평가와 판단에 문제가 있었다는 것을 깨달았습니다. 우리는 20세기에 대해 진지하게 반성할 필요가 있습니다. 20세기의 100년 동안, 인류과학의 발명과 창조는 전에 없는 업적을 이루었습니다. 우주에 대한 탐측의 경우, 물론 우주를 완전히 정복했다고 할 수는 없지만, 우주 정복의 시작을 열었습니다.

예를 들어, 위성 발사나 달 착륙, 그리고 많은 기업에서 다른 행성을 통한 비즈니스 기회를 모색하고, 또 다른 행성에도 탐사를 시도하고 있습니다. 미시적인 단계에서, 유전자 재조합, 게놈지도 해독 등 문제를 해결했고, 인류의 생명은 앞으로 더욱 연장될 가능성이 열렸습니다. 어떤 병이 어떤 유전자로 이루어졌는지를 밝혀내어 암을 포함한 많은 질병이 완치될 가능성이 높아졌습니다. 위안룽핑袁隆平이 벼의 유전자를 풀어내자 식량문제가 해결되었습니다. 복제인간도 곧 세상에 등장할 것입니다. 그것이 비록 많은 윤리 및 법적 논란을 일으킬 수 있지만, 복제인간의 탄생은 그 누구도 막지 못할 것입니다.

과학이 인류의 생활방식을 바꿔놓았다고 해도 과언이 아닙니다. 지금은 전기 없는 생활은 상상조차 할 수 없습니다. 전자레인지, 환풍기, 다리미 등 의식주에 필요한 모든 것들은 전기로 움직입니다.

하지만 이에 비해 우리의 인문정신은 어떠할까요? 수천, 수만 년 동안 만들어진 삼림은 사람들의 벌목으로 거의 사라지고 있습니다. 전 세계 삼림의 대부분이 우리 세대에 벌목되었습니다. 모든 강줄기들은 오십 년 전 남쪽 정복과 북쪽 전쟁으로 양손으로 직접 개척하여 깨끗한 물을 마실 수 있게 되었습니다. 2, 30년 전에도 맑은 물 그대로였습니다. 하지만 우리 세대에 와서는 터무니없게도 더 이상 깨끗한 물을 찾아볼 수가 없게 되었습니다. 공기오염, 오존층 파괴, 블랙홀 등 20세기 들어 자연 생태계는 더 이상 회복불능의 상태가 되었습니다.

더욱 화나는 것은 세계대전입니다. 두 차례 발생한 세계대전으로 사망한 사람은 역사상 수많은 전쟁에서 사망한 사람을 모두 합한 것보다 훨씬 많습니다. 정말 이해하기 힘든 점은 지금껏 인류는 인류에 대한 학대를 멈춘 적이 없다는 것입니다. 세상에 얼마나 많은 가정이 파괴되었고, 이산가족이 되었습니까! 그런데도 전쟁의 화염은 여전히 도처에서 불타오르고 있고, 팔레스타인―이스라엘 충돌사태는 계속 악화되고만 있습니다.

그렇다면 인류는 어떻습니까? 갈수록 현명해지고 있나요, 우매해지고 있나요? 장지아항은 전국적으로 처음 지혜학회의智慧學會議를 개최한 적이 있었습니다. 그 자리에 저도 참가했었는데, 지혜학이 잘 이해가 가지 않으니 전문가들께서 인류가 과연 현명해지고 있는지, 우매해지고 있는지 설명해 달라고 질문했습니다. 그러자 다들 웃더군요. 많은 선생님께서 우리에게 쓴 글을 살펴보면, 이 모든 것이 우리 정치인들이 잘못이라고들 합니다. 전쟁을 일으킨 것도 정치인, 삼림벌목도 정치인이 주도한 것, 오염기업을 세워 강을 오염시킨 것 역시 정치인들이라는 것입니다.

그렇다면 정치인은 누가 키운 것입니까? 하늘에서 뚝 떨어졌습니까? 모두 우리의 교육에서 배출되지 않았습니까. 우리가 일반적으로 학교에서 받는 교육, 즉 초등학교에서 중학교, 대학교, 대학 졸업 후의 교육까지 포함하면 교육이 우리에게 미치는 영향은 어마어마합니다. 그러나 이러한 영향은 한 교사, 한 학교가 준 것이 아니라, 전 사회의 가치관이 학교를 통해 구현된 것입니다.

르네상스 때 번성한 인문정신은 지금은 더 이상 발전하지 않고, 단절된 채 낙후되었습니다. 이는 세계 많은 국가들의 정치, 경제, 군사 전쟁이 여전히 뜨겁기 때문입니다. 이 국가들은 인재를 양성할 때 인재의 정치적, 경제적 가치를 가장 중시하는 반면, 인간 본연의 가치는 경시하고 있습니다. 갈수록 인간을 하나의 도구로만 여길 뿐 사람 대 사람으로 보지 않습니다.

20세기 초기, 우리는 민주교육의 목소리를 들었고, 인문주의 교육의 목소리, 영원주의의 목소리, 핵심주의의 목소리를 들었습니다. 이들은 모두 교육철학의 중요한 파벌입니다. 이러한 파벌들은 공통적으로 인문을 중시하고, 인류가 가진 전통을 끊임없이 계승해 나가길 바랍니다.

교육이란 무엇입니까? 어떤 의미에서 보면 일부 문명은 다음 세대가 잘 계승하여 더욱 발전하기도 했습니다.

그러나 소련이 인공위성을 쏘아올린 후, 미국을 중심으로 한 서방국가에서도 과학교육을 중시하기 시작했고 과학주의 관념, 구조주의 이론, 효율적인 교학 이론이 교육의 주류를 이루게 되었습니다. 다양한 '주의'가 고개를 들고 있는데, 모두 과학정신과 과학주의의 기치를 들고, 민족의 생존, 경제 번역을 위해서 존재하고 있습니다.

인문과 과학은 인간의 두 날개고, 하나라도 부족하면 안 된다는 점을 잊고 있습니다. 하지만 두 가지의 균형이 깨지면, 사회도 인류도 깨질 것입니다.

20세기의 교육은 균형을 잃었습니다. 이런 제 생각에 모든 사람들이 공감하지 않을 수도 있습니다. 우리의 교육에서 진심으로 학생의 인문 정신을 가르친 선생님은 몇 명이나 있을까요? 혹시 아이들에게 마음을 다스리고 촉촉하게 적실 수 있는 경전을 읽도록 한 적이 있나요? 없습니다.

사실 20세기에는 경전을 멀리했습니다. 《공자》를 읽고, 수호믈린스키와 타오싱즈陶行知의 글을 정독하도록 한 교사가 몇 명이나 될까요? 이러한 문화적인 단비를 맞지 않는다면 인문정신을 계승하기는 어렵습니다. 본질적으로 이것은 인류문명의 단절 현상입니다. 즉 인문정신의 부재입니다.

우리의 교사들은 교실에서 지식, 개념만을 가르치는 것이 아니라, 문화, 문명, 이념을 아이들에게 전수해야 합니다. 그 밖에, 경전 속에 인류문명을 담아서, 문명이 지속될 수 있도록, 발전할 수 있도록 해야 합니다. 인문교육의 중요한 부분은 바로 풀 하나, 나무 한 뿌리 등 생명 하나하나의 가치를 소중히 여겨야 한다는 것입니다. 풀도 나무도 모두 생명을 갖고 있습니다. 이러한 점을 잘 이해해서 더 이상 삼림을 남벌하지도, 각종 전쟁을 일으키지도 않았으면 하는 바람입니다.

사실 교과서 속 영웅들은 모두 전쟁 영웅이기는 합니다. 전쟁에 영웅이 필요 없다는 것이 아닙니다. 우리 세대에서 우리가 무엇을 숭상하고, 추구해야 하는지 연구해봐야 할 가치가 있습니다. 그렇다면 인류문명과 문명을 어떻게 우리 아이들에게 전수해줄 수 있을까요?

새 교재를 마련하는 등 교재개혁부터 시작하고, 신 기초교육부터 시작해야 합니다. 하지만 아직까지 이 문제를 그만큼 중요하게 여기지 않는 것이 문제입니다. 이 문제에 대해 우리 교사들은 모두 책임을 지고 해결방법을 강구해야 합니다.

79. 사범대학교를 졸업한 많은 교사들은 5~10년이 지나면 초기
    의 열정을 잃고 평범해집니다. 그리고 그 속에서 많은 아이
    들이 평범해지고 있습니다. 교사들이 노력을 하지 않는 걸까
    요? 아닙니다. 현행 교육관리평가제는 교사의 발전에 불리하
    고, 아이의 발전에는 더 불리합니다. 사회적으로도 많은 사
    람들이 "10년 동안 학교교육에 아무리 공을 들여도, 사회에
    진입하면 바로 물거품이 되어 버린다."고 말합니다. 주 교수
    님은 어떻게 생각하십니까?

첫째, 우리는 사회를 독으로 보아서는 안 됩니다. "10년 학교교육이
사회에 가면 물거품이 된다."고 할 수 없습니다. 중요한 것은 아이들이
사회의 모든 일과 역할을 실현하고 연구해야 한다는 것입니다. 만일 교
사들이 이렇게 했는데도, 그래도 평범해질 수 있을까요? 일부 교사들이
5년, 10년 후 평범해 진다면, 사회 역시 책임을 져야 하지만, 교사 본인
은 더욱 책임을 져야 합니다.

저는 《인재성장과 자아심리훈련에 관한 논論人才成長與自我心理訓練》이
란 글을 발표한 적이 있습니다. 인간의 성장은 하나의 주기입니다. 각
각의 주기에는 각기 다른 교육이 중요한 역할을 합니다. 취학 전에는
가정교육이 중요하고, 초중등교육의 단계에서는 학교교육이 중요합니
다. 그렇다면 청춘으로 들어서는 시기에는 사회교육과 자아교육이 제
일 중요합니다. 스무 살 때 자아를 통제할 수 없는 것은 그가 아직 완전

히 성숙하지 않았음을 의미합니다. 이때에는 자율적인 노력을 계속 기울여서 자신에 대해 더 큰 책임을 지기 위해 노력해야 합니다.

그렇다고 사회가 전혀 책임이 없다는 것은 아닙니다. 초중등 교육단계에는 학생이 학교를 떠날 때쯤에는 독립적으로 사고하고, 이상을 부단히 추구해야 할 의무가 있습니다. 물론 학교교육은 사회를 개조할 수 있습니다. 타오싱즈 선생도 교육이라는 방법을 통해 사회를 개조하길 바랐습니다. 사실 미래 사회의 모습은 오늘날 우리의 교육방식에 달려 있습니다. 교육이야말로 미래 사회를 개조하는 하나의 과정입니다.

둘째, 이는 교육 속에서 함께 성장하는 문제입니다. 초중등 교육에서는 학생의 성장을 중시합니다. 이것은 학교의 교육목표이자, 교사의 교육목표입니다. 그리고 가정의 목표이자, 사회가 기대하는 목표입니다. 이 목표는 맞기는 하지만, 지나치게 단일적이고 고립되어 있습니다. 학교의 문화적 깊이가 깊어지는 것은 학교의 성장이 아닙니까? 학생이 성장하면, 교사도 명사가 되고, 우수한 교사, 자격을 갖춘 교사가 됩니다. 이 역시 교사의 성장이 아닙니까? 학생이 성장하면, 부모 역시 아이에게 어떻게 가장 좋은 가정교육을 할 수 있을지 이해할 수 있습니다. 이것이 가장의 성장이 아닙니까? 학생이 성장하면 사회도 안정화되고, 문명적인 사회가 되며, 국가의 혁신력도 강해집니다. 이 역시 사회의 성장이 아닙니까?

머리카락 한 올을 건드리면 몸 전체가 움직입니다. 하지만 머리카락 한 올을 아직 건드리지 않았습니다. 이 머리카락이 아직은 가장과 교사, 학교, 사회라는 머리에 자라지 않았기 때문에 평범한 학생, 평범한 교사, 학교, 사회가 나오는 것입니다. 이 문제를 해결하기 위해서는 우리 모두가 성장이라는 문제를 함께 생각해야 합니다.

각자가 성장의 필요성을 느낄 때만이 이 세계가 비로소 생명력으로 가득 차고, 활력이 충만해지며, 매일 발전하는 세계가 될 수 있습니다.

80. 아이들이 십여 년 동안 교육을 받고 대학에 진학하면서 학교에 혐오감을 느낄 수 있습니다. 게다가 아이의 청춘기는 교사로서 인문정신으로 교육을 해야 할 시기로, 이상과 현실의 충돌에 부딪힐 수 있습니다. 예를 들어, 교사의 열정과 노력에 대해 학생은 중요하지 않게 생각하거나 도외시할 수 있습니다. 이러한 충돌과 모순은 어떻게 해결할 수 있을까요?

이는 교사가 자기 자신에 대한 자신감이 결여되어 나타나는 현상입니다. 진정으로 이상적이고 선진적인 이념은 사람의 마음을 움직이고 감동시킬 수 있어야 합니다. 그리고 여기에는 하나의 과정이 필요합니다. 소양교육은 그토록 이상적이면서도 실제로 실행하기는 어렵습니다.

쑤저우에서 등교시간을 한 시간 늦추자는 제의가 나온 적이 있습니다. 한 학교에서 이를 실행했는데, 놀랍게도 3일 후 학부모들의 반대에 부딪쳤습니다. 학부모들은 아이들에게 공부는 당연한 것이며, 학교가 아이의 시험을 장난으로 생각해서는 안 된다는 입장이었습니다. 이에 교장도 어쩔 수 없이 다시 등교시간을 앞당겼습니다.

사실 학부모들도 교육이 필요합니다. 위광위안於光遠 선생은 경제학자나 철학가가 되려 하지 말고 교육자가 되어야 한다고 말했습니다. 전에 《신세기 교육문고新世紀敎育文庫》라는 글을 써서 위 선생께 고문을 부탁드린 적이 있었습니다. 위 선생은 기뻐하시며 수많은 고속도로를 건설하는 것보다 이 일이 더욱 유용하다고 말했습니다. 또한 위 선생은 지금의 학부모는 교육학을 배우지 않고 결혼했기 때문에 교육학에 관한 책을 결혼증서로 지참하는 것이 당연하며, 교육학 책 없는 결혼은 면허 없이 고속도로를 달리는 것이라는 말을 덧붙이셨습니다.

일리가 있는 말입니다. 그래서 학교는 학부모와 소통해야 하고, 교육학에 관한 보충 수업을 실시해야 합니다. 아이들은 저녁에 일찍 자야 합니다. 수면이 부족한 아이는 정력이 부족해서 다음 날 학습효율이 떨어지고 심지어 노동한 것과 같은 부작용이 나타날 수 있다는 사실을 학부모에게 잘 설득해야 합니다.

학부모와 의사소통이 잘 된다면, 교육개혁도 학부모들의 환영을 받을 수 있습니다. 아이가 교육적 행동을 잘 이해 못하거나 받아들이지 못하는 경우는 아이들에게 영향을 주고 감동을 줄 수 있는 좋은 교육방법을 발견하지 못했기 때문입니다. 아이에게 필요한 것을 이해하고, 방법이 적절하다면, 아이는 교사를 신뢰하게 되고, 따르게 됩니다. 물론 아이를 구속하려고 해서는 안 되고, 적극적이고 주동적으로 아이에게 영향을 주도록 노력해야 합니다.

인문정신의 교육은 인류가 축적한 지혜정신과 심성, 경험을 통해 다음 세대에게 전해지고, 이것을 통해 인생을 통찰하고 마음의 지혜를 닦고, 영혼을 정화시킴으로써 인생의 의미와 목적을 깨닫고 정확한 생활 방식을 찾을 수 있게 됩니다.

인문교육은 실제로 하나의 인성교육이며, 개체의 심적 완성을 최고의 목표로 삼고 있습니다. 그리고 개인의 발전 필요를 기준으로 하는 교육가치관으로 실현됩니다. 인문교육은 인문정신의 배양에 대해 인간의 도덕정신 가치영역의 모든 교육의 최고의 이상을 위해 노력하는 것입니다. 그리고 분명 각기 다른 역사 시기에 각기 다른 모습과 형식으로 실현됩니다.

우리는 한동안 과학을 지나치게 숭배하여 과학기술을 통해서 인류사회의 모든 문제를 해결할 수 있다고 믿었습니다. 하지만 시간이 갈수록 인간의 욕심이 늘어가면서 또 다시 과학기술의 성과를 사악한 목적에 이용하려는 소위 '과학의 야만성'이 표출되고 있습니다. 이로 인해 교육이 공리주의, 실용주의로 치우치고, 과학지식의 전수와 지성 개발만 강조하고, 인문정신의 소양과 도덕적 가치에 대한 교육을 소홀히 하고 있습니다. 이러한 교육으로 배출한 인재는 '경제적 인재'이거나, '정치적 인재'일 뿐, 완전한 인간은 아닐 것입니다. 단지 도구적 의미에서의 인간일 뿐, 목적주의적인 인간은 아닙니다.

당대 사회문제의 근본적 원인을 보면, 이러한 문제를 개선할 수 있는 방법은 단지 '제2차 인성혁명'을 실천해서 심신과 사상, 행동, 이성, 감성을 전체적으로 건강하게 발전시키는 것입니다. 이 방면에서 인문교육은 분명 인류를 도울 수 있을 것입니다.

그래서 우리는 다각적인 노력을 통해 인문교육을 실시함으로로써 아이들이 건강하게 의미 있게 성장하도록 해야 합니다.

유네스코에 비치된 총서 세트 중에 《생존하는 법을 배우자 : 세계교육의 오늘과 내일學會生存 : 世界教育的今天和明天》이라는 책이 있습니다. 여기에도 '~하는 법을 배우자'라는 말이 들어 있는데, 사실 이것은 70년대에 발표된 보고서입니다. 유네스코는 1989년 베이징에서 '21세기를 위한 교육국제포럼'을 개최했는데, 당시 회의보고서의 총 표제가 바로 '관심을 가지는 법을 배우자'입니다. 이것이 바로 21세기 지향적인 신교육관입니다.

관심을 가지는 법을 배우기 위해서는, 첫째, 자신에게 관심을 가져야 합니다. 21세기에 사는 사람들은 반드시 자신의 발전에 적합한 훌륭한 목표를 확립하고, 자신의 잠재력을 발휘하고, 자신이 속한 산업 내에서 성공해야 하며, 사회에서 필요한 사람이 되어야 합니다. 그래서 교사와 학생은 자신의 성장목표가 있어야 하며, 이를 위해 부단한 노력을 기울이고, 자신의 발전에 책임을 져야 합니다.

둘째, 타인에게 관심을 가지는 법을 배워야 합니다. 사람은 단체를 떠날 수 없습니다. 만일 우리가 자신만 보고 타인을 볼 줄 모른다면, 더 이상 자신도 존재하지 않는 것과 같습니다. 타인에게 관심을 가지는 것은 다른 각도에서 보면 자신에게 관심을 가지는 것입니다.

우리는 타인에게 관심을 갖도록 교육하기 이전에 먼저 아이들이 '타인'이라는 단어를 이해할 수 있도록 해주어야 합니다. 이 단어를 확대하면, 아이에게 자신의 위치를 인식하도록 하고, 타인의 존재의미를 발견하도록 하는 것입니다. 타인에게 관심을 가지게 되면, 강한 단체의식이 생겨서 타인에게 협력할 수 있고, 협력을 통해 성공할 수 있습니다. 타인에게 관심을 가지는 것도 일종의 행복입니다. 만일 행복이란 단어를 타인에 대한 관심 속에 넣는다면, 교육은 어렵지 않다고 생각합니다. 간단히 말해서, 누구나 이 사회 속에서 잠깐의 행복, 나아가 평생의 행복을 추구하지 않습니까?

앞에서 사람에 대해 관심을 갖는 부분에 대해 언급했다면, 이번에는 환경에 대해 관심을 갖는 것에 관해 말씀드리겠습니다. 환경교육을 중시하고, 학교 교과과정에 포함시켜야 합니다. 현대화가 되어감에 따라, 인간과 환경의 관계, 인간과 국가의 관계, 나아가 인간과 지구의 관계, 전 자연의 관계 사이의 모순은 갈수록 뚜렷하게 나타나고 있습니다. 그래서 생태화, 지속발전가능 등의 개념이 등장하고, 학교교육에서도 친환경교육을 강조하고 있습니다. 교육자들도 이러한 면에 주시하고 있습니다. 환경이 이용당하고, 피해를 입으면서 우리에게 행복과 즐거움을 주고 있습니다. 하지만 이제는 우리가 환경을 행복하고 기쁘게 해줘야 합니다. 인류와 환경은 사실 상호 이해관계에 있습니다. 환경에 대한 인류의 이해와 사랑이 인류에 대한 환경의 이해와 배려보다 적을 뿐입니다.

환경에 관심을 가지는 것은 인류의 생존시간을 연장하는 것과 같습니다. 이 이치는 전혀 복잡하지 않습니다. 중국에는 '천인합일天人合一' '물아융일物我融一'이라는 유구한 문화전통이 있습니다. 화해 속에서 인간과 자연이 공존하고 공생하는 것이야말로 이상적인 세계입니다. 심오하고 우수한 전통적 인문정신이 교육환경에서 마땅히 실현되어야 합니다.

82. "이상적인 학생은 반드시 적극적이고 진취적이며, 과감하게 혁신적이고, 새로운 것을 추구해야 하며, 개성적이고 자신의 독특한 견해와 사고를 지닌 학생이다"라고 말씀하셨는데, 그렇다면 전체적인 발전과 개성의 발전의 관계를 어떻게 이해해야 할까요?

전체적인 발전과 개성의 발전은 모순되면서도 일체되는 개념입니다. 교향곡을 떠올려 보십시오. 각각의 악기가 자신의 특색을 살리고 제 역할을 다하면서도 서로 조화를 이루어 듣고 있으면 마음이 움직이는 곡조를 함께 완성해나갑니다. 우리의 교육은 독주도 하면서 합주도 가능한 인재를 양성하는 데 중점을 두어야 합니다. 특징과 전체는 결코 모순되지 않습니다. 남들과 다른 유일무이한 특색이 있는 전체야말로 우리가 추구하는 목표입니다.

우리의 교육방침은 아이들이 전면적으로 발전하는 것이지만, 학교는 학생 전체의 발전을 모토로 하면서 오히려 현실은 그렇지 않다는 것을 깨달아야 합니다. 전체의 발전과 개성 발전은 모순되는 일체이기 때문에 '전체 + 특징'이 중요합니다. 전체적인 발전은 합격이지만, 기본적으로 어느 정도 목표를 달성한 후에는 학생들의 개성적인 발전이 이루어져야 합니다. 왜냐하면 인생에서 가장 소중한 것은 자신에게 속하는 독특성이고, 다른 사람과 구별되는 특성이기 때문입니다.

현재 복제기술은 사람의 충분한 유전가를 복제할 수 있지만, 인간의 개성까지 복제할 수 있다고 말하기는 어렵습니다. 왜냐하면 개인은 선천적인 것과 후천적인 것이 조화된 '합금'이기 때문입니다. 다른 사람과 구별되고, 더 우수하려면 개성이 있어야 합니다. 개성 있는 사람은 이 기초에서 전체적인 발전으로 도약할 수 있습니다. 사실 아이들이 하나같이 우수해서 모든 과목에서 100점을 받는다는 것은 비현실적입니다.

해외의 어느 연구 결과, 개별적인 특징을 가진 사람이 미래 사회에서 촉망받는 인재가 된다고 합니다. 이유가 무엇일까요? 사회는 한 방면에서 특히 강점을 갖춘 인재를 원하기 때문입니다. 장점은 개인에게, 사회에게, 조직에게 있어서 가장 중요한 것입니다.

예를 들어, 한 기업에서 유급생만을 모집해서 신입사원을 뽑는다고 합시다. 하지만 유급된 원인을 크게 반영한다고 합시다. 포커를 치느라 유급되었다면 제외됩니다. 게임 때문에 유급되었어도 제외됩니다. 문학을 사랑해서 매일 글을 쓰느라 교과목에 불합격 점수를 받은 사람이 있다면 어떨까요? 그 역시 제외대상일까요?

기업에서 원하는 인재는 자기의 이상을 추구하고, 자신이 하고 싶은 일을 하는 사람, 절대 포기하거나 후회하지 않는 사람입니다. 이러한 유급생이라면 기업도 분명 원할 것입니다. 이런 좋은 사례를 통해 많은 사람에게 자극을 주는 것도 매우 좋은 방법이라고 생각합니다.

83. 개성교육을 강조하시는데, 전체적인 발전과 개성의 발전이라는 관계를 어떻게 이해해야 할까요? 전체 발전은 평준화를 가져오지 않을까요? 사회가 이러한 인재를 필요로 할까요?

개성이 무엇인지에 관해, 심리학에서는 다양한 정의를 내리고 있습니다. 개성이란 바로 한 개인에게서 자주 보이는 것, 안정적인 심리적 특징입니다. 능력과 기질, 성격 등을 포함하며, 이중 성격을 핵심으로 합니다. 이러한 특징은 개인의 정신적 면모를 충분히 반영하며, 인간의 심리활동의 특수성을 실현합니다.

　개성은 개체가 가진 상대적인 안정으로 타인의 특징과 구별되며, 개체적인 주체와 객체적인 사회화가 상호 작용하는 산물로, 개성의 심리적 경향, 심리적 특징, 자체 조직적 시스템이 유기적으로 통합된 복합체입니다. 이는 일정한 생리와 심리적 소양에서, 일정한 사회, 역사 조건 하에 개성이 사회의 실천 활동을 통해 형성되고 발전하는 것으로, 사회실천 속에서 개체가 가진 태도나 행위의 종합적인 특징으로 표현됩니다. 일반적으로 개성은 바로 개인과 타인이 구별되는 특징입니다.

　현대사회에서 개성은 자신감, 돌파력, 혁신력을 상징하고 있습니다. 이 역시 현대교육이 개성을 강조하는 이유 중 하나입니다. 확실히 개성화를 통해 아동과 청소년이 본연의 자신을 위해, 자신의 기초에서 돌파구를 찾고 발전합니다.

　타인과의 '통일'을 강조한다면 결국에 가서는 혁신력을 잃게 될 것입니다. 물론 개성화 역시 조건적입니다. 그중에서 가장 중요한 조건은 아동에게 선택의 기회와 권리를 부여하는 것입니다. 아동에게 자신의 생활을 선택할 수 있는 기회와 권리가 주어지지 않을 때, 그들이 단지 타인의 의도에 따라 자신의 생활이 정해질 때, 개성화는 상상할 수조차 없습니다.

　각자의 개성이 모두 충분히 발전할 수 있다는 것은 한 국가나 민족의 생기가 넘친다는 것을 의미하며, 한 국가나 민족에게 풍부하고 다채로운 개성이 있다는 것은 그들이 풍부하고 다채로운 창조력을 가지고 있음을 의미입니다. 개성을 발전시키는 교육은 소양교육의 중요한 구성요소입니다. 다시 말해, 소양교육이란 기본적 소양교육과 개성을 발전시키는 교육이 상호 융화되어 유기적으로 조화를 이루는 결정체라 할 수 있습니다.

소양교육의 주 목표는 학생 전체의 기본적 소양을 향상시키고, 학생 전체의 지, 덕, 체, 미를 전면적으로 조화롭게 발전시키는 것입니다. 그래서 소양교육은 실제로 기본적 소양을 전체적으로 발전시키는 교육입니다. 하지만 사실 학생의 선천적인 요소, 가정교육, 환경, 방과 후 개인 공부 등이 천차만별이기 때문에, 교육적 효과는 공통적이기도 하지만, 서로 다른 자신만의 특징을 갖고 있어야 합니다. 막스 엥겔스는 '전체적인 발전'이란 개념을 사용하면서, 개인과 개체를 하나로 연결, 즉 '개인의 전체적인 발전' 혹은 '전체적으로 발전하는 개인'이라고 말했습니다.

전체적인 발전과 개성의 발전은 상호적인 조건이자 상호 보완적인 변증법적 관계입니다. 개성의 발전은 전체적인 발전의 핵심이고, 전체적인 발전은 개성적인 발전의 기초입니다. 수호믈린스키는 개인의 전체적이고 조화로운 발전은 바로 도덕, 지성, 노동, 미적, 신체적 등 몇 가지 방면의 조화로운 발전이며, 동시에 이러한 전체적인 발전과 천부적인 재능을 결합시켜야 한다고 제시했습니다. 그에 따르면, 가장 중요한 것은 아이들에게서 가장 장점이 되는 부분을 발견하고 계발할 수 있는 '시작점'을 찾는 일입니다. 그런 다음, 아이가 타고난 재능을 꾸준히 계발하면서 성장할 수 잇도록 해야 합니다.

수호믈린스키의 이론에서부터 다음과 같은 요소들을 이끌어낼 수 있습니다. 첫째, 전체적인 발전은 평준화 발전이 아니며, 평준화발전은 개성을 상실하게 만들 것입니다. 둘째, 전체적인 발전의 본질적 특징은 개체의 전체적이고 조화로운 발전, 즉 다양한 교육요소를 학생 개체에 조합시켜서 통일된 힘을 발휘하고, 효과적으로 조화로운 발전을 촉진해야 합니다. 셋째, 전체적인 발전은 개성의 발전 기초이며, 개성의 발전은 전체발전의 핵심으로, 두 가지가 서로 어우러지고 융화되어 상호 촉진할 수 있습니다.

전체적인 발전이 평준화를 낳을 수 있다는 관점에 대해서는 동의하지 않습니다. 진정한 의미의 전체적 발전은 평준화를 낳지 않으며, 평준화가 전체적인 발전으로 인해서 생겨난 것도 아닙니다. 이러한 변증법적 관계에 대해 교사와 학부모의 이해가 필요합니다.

현재의 학교교육에 있어서 전체적인 발전을 위한 교육은 장기적인 시간을 두고 실천해 나가야 하는 목표일 뿐입니다. 사실 전체적인 발전을 강조하고 있지만, 실질적으로는 개성의 발전을 중시합니다. 즉 아이들이 가장 기초적인 교육 이념을 받아들이도록 해야 합니다.

전체적인 발전을 추구하는 기초교육이 없다면, 과학적인 방침이 없는 기초교육과 같으며, 이러한 교육체계 하에서는 학생들의 발전이 문제가 되지 않을 수 없습니다. 막스가 전체적인 발전을 강조한 이래로, 세계 각국 모두 전체적인 발전을 특히 중시하고 있습니다. 이는 선진국의 교육 혁명에서 잘 찾아볼 수 있습니다. 그래서 현 교육은 전체적인 발전을 교육의 큰 방향으로 삼고, 평준화가 아닌 아이들의 과학적인 발전을 목표로 삼아야 합니다.

84. 현재 전국 각지에서 시범형 고등학교를 만들고 있습니다. 시범형 고등학교란 어떠한 교육지침을 갖춰야 할까요? 어떠한 교육관을 수립해야 하나요?

시범형 고등학교에서는 어디에 시범 목표를 두어야 하는지, 어떻게 시범을 보여야 하는지에 착안점을 두어야 한다고 생각합니다. 오늘날 우리는 교육목표가 단순히 '교육의 완성'이나, 학생의 오늘, 학생의 점수가 아니라는 점은 분명히 이해하고 있습니다.

교육은 사실 일종의 '중개'의 역할을 통해, 학생들이 사회로 나아가 자신을 더 잘 발전시키고, 인류의 행복을 위해 살도록 하기 위한 것입니다. 그래서 유네스코는 교육이란 '희망의 문을 여는 교육', 다시 말해서 학생의 평생발전을 위해 기초를 닦는 교육이 되어야 한다는 문건을 발표한 바 있습니다. 이러한 교육을 통해 양성된 학생은 건강한 사람, 독립적인 사람, 창조적인 사람, 도덕적인 사람일 것입니다. 물론 이러한 교육은 인지능력과 일하는 법, 공동생활, 기본적인 됨됨이를 배우는 사람을 양성할 것입니다. 그래서 시범형 고등학교는 기초교육을 확립하는 교육관을 갖춰야 합니다.

고등교육은 21세기의 민족 부흥을 위해 기초가 되어야 합니다. 기초교육은 민족 소양의 기본 단계로, 기초교육의 최고 차원의 고등교육으로서 근본적인 사명은 미래지향적이며 21세기 건설에서 중국적 특색을 갖춘 사회주의 사명을 실천하는 새 세대 인재를 길러내는 것입니다.

시범형 교육은 훌륭한 교육, 일류의 교육, 혁신형 교육을 추구해야 합니다. 그래서 시범형 고등학교는 지속가능한 발전을 목표관으로 삼아야 합니다. 오늘날 고등학생이 학교와 졸업 후 사회에서 어느 정도 발전할 수 있는가는 고등교육 단계에서 닦은 기초 교육의 깊이에 달려 있습니다.

사실 시범형 고등학교뿐만 아니라, 모든 고등교육이 학생의 전체적인 발전과 학생의 오늘과 미래에 주안점을 두고, 교육 과정에서 학생의 종합적인 소양을 기르고, 학습능력을 양성하도록 해야 합니다. 지속발전이 가능한 인재는 과학적 소양과 인문정신을 모두 겸비해야 합니다.

시범형 고등교육은 T자형 지식구조를 갖춘 훌륭한 인재, 복합형 인재를 키우고, 과학기술교육을 통해 학생의 인지영역을 확장하고, 그들의 창의적인 사고 능력을 발전시켜야 합니다. 이렇게 내적 인문정신과 과학정신을 하나로 통일시켜서 학생이 오늘 배운 것을 바탕으로 새로운 것을 창조할 수 있는 영원한 동력으로 삼아야 합니다. 즉 학생들이 미래에서 적응할 수 있는 능력, 창조력, 발전능력을 진정으로 갖추도록 해야 합니다.

교육에는 학교에 대한 관리도 포함되어야 합니다. 그렇다면 어떠한 관념으로 이러한 학교를 관리해야 할까요? 물론 인본주의를 기본 관념으로 세워야 합니다. 교육은 사람을 위한 것이기 때문에 반드시 인본주의가 기본이 되어 주체성을 길러야 합니다. 학교에서 이루어지는 모든 관리는 세 가지 중심이 있어야 합니다.

여기서 세 가지 중심이란, 학생과 교육을 중심으로 하는 것, 발전을 중심으로 하는 것, 생활의 필요를 중심으로 하는 것을 말합니다. 이 세 가지 중심을 견지하며, 학생의 자아능력, 창조능력을 기름으로써 학생의 자주발전을 실현해야 합니다. 학생뿐만 아니라 교사에게도 관심을 가져야 합니다. 교장은 교사가 자주성과 창조성을 좀 더 발휘할 수 있도록 해야 합니다.

교사, 학생, 직원 모두에게 관심을 가진다면, 학교 내 전 구성원이 인격적으로 평등하고, 감정의 교류를 통해 동료의식이 생기고 이성적으로 통할 수 있게 됩니다. 또한 학생들이 잠재력과 개성, 특기가 교육을 통해 길러지고 발전할 수 있으며, 교사가 교육적 좌표에서 적절한 위치를 찾고 재능을 발휘할 수 있도록 할 수 있습니다.

또한 시범형 고등학교는 일반 학교보다 나아야 하고, 타인을 초월하고, 자신을 초월하는 것에 용감해야 합니다. 교육 과정에서 학교는 대내외적 환경의 변화에 대해 즉각적으로 정확한 반응을 해서, 학교 발전 상황에 대해 정확한 진단을 내리고 자리매김해야 합니다. 또한 항상 자신의 교육적 입지를 인식하고, 양적 성장뿐 아니라 질적 성장을 위해서도 노력해야 합니다

즉 교장들이 적극성, 주동성, 창조성을 발휘해서, 교육의 새로운 돌파구를 찾고, 사람과 물질, 시간, 공간 등 요소들의 작용을 충분히 발휘해야 합니다. 나아가 장점은 양성하고 단점은 개선해서 자신의 장점을 적극 배양하며, 늘 새로운 목표를 향해 매진하고, 자신을 초월하는 교육을 실현해야 합니다. 이렇게 한다면, 일시적인 시범이 아닌, 영원한 시범, 즉 명실상부한 모범형 고등교육으로 바로 설 수 있을 것입니다.

05

교육방침에 관한 토론

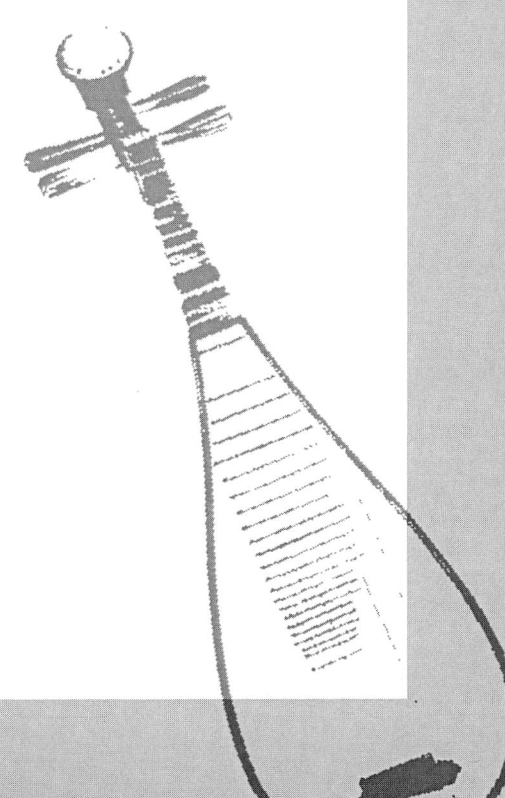

　이 책은 주영신 교수가 학자의 신분으로 완성한 것이지만, 책의 여러 부분에서 나타나는 사고방식은 교육을 주관하는 부시장 위치에서 관찰하고 사고하고 탐색함에 따라 생겨난 것입니다. 주 교수는 의무교육실시, 지역교육의 특색 구축, 다양한 교육 실시, 지방교육체제 개선 등 순수학자로서는 할 수 없는 일들을 해왔습니다. 어떤 의미에서 보면 관련 답문은 교수가 관료자로서의 인생을 정리하는 것으로 볼 수 있습니다. 하지만 다른 각도에서 보면, 만일 그가 학자가 아닌 입장에서 학술연구와 이론정립을 했다면, 그의 행정실적이 오늘날과 같은 높은 경지에 이르지 못하고 어느 정도 한계에 부딪혔을 것입니다. 학자의 심오한 경지를 통해 그의 관료적 입장에 사상적 관념의 '높은 수준'을 만들어 주었습니다. 부시장이라는 위치와 일이 그의 학술적 관념에 좋은 '실험실'과 '운동장' '발사탑'이 되었습니다. 즉 매우 소중한 '실험 장소'를 제공해주었습니다. 작가의 교육개선방침은 그가 교육개선에 정통하고, 행정에 성실한 인생을 살았기 때문에 나올 수 있었습니다.

85. 현재 교육을 보면 지역 간에, 지역 내에서도 수준 차이가 나
타나고 있습니다. 어느 곳은 빠르게 발전하지만, 어느 곳은
침체되어 있음으로 인해서 나타나는 문제를 어떻게 보십니
까?

이 문제는 교육의 발전 균형 문제입니다. 개혁 개방 이래로, 교육은
장족의 발전을 이루었지만, 여러 문제들도 나타나고 있습니다. 지역 간
차이나 지역 내 차이도 나타나고 있습니다. 객관적으로 교육이 절대적
으로 균형을 이룬다는 것은 이상일 수 있습니다.

교육은 각기 다른 발전단계에서 차이가 있기 마련입니다. 그러나 그
렇다고 해서 교육의 균형문제를 무시해서는 안 됩니다. 절대적인 균형
은 비현실적이지만, 상대적인 균형은 노력에 따라 실현할 수 있고, 어
느 정도 단계에 이르면 반드시 해결해야 될 문제입니다.

현재 교육현대화를 추구하고 있지만, 교육의 균형적 발전이야말로
교육현대화 기초입니다. 학생들이 균등하게 시대와 함께 발전해 나가
는 우수한 교육을 받도록 하는 것, 이것이 바로 교육의 현대화에 있어
서 중요한 특징입니다.

조사 분석 결과, 균형 발전을 무시하면, 교육 자원이 합리적으로 배
분되기 어렵고, 도시와 농촌간, 학교간의 교육 차이가 축소되지 않으
며, 약자계층의 아이들이 평등한 교육을 받기 어렵게 됩니다. 이러한
교육은 아무리 빠르게 발전하더라고 기형적인 발전이기 때문에, 지속

되기 어렵고, 부작용을 낳게 될 것입니다. 그래서 지역 교육의 빠른 발전을 추구하는 동시에, 균형적 발전관을 확립해야 합니다. 우수한 학생이 더욱 우수하게 발전할 수 있도록 해야 하지만, 더욱 중요한 것은 교육 수준이 낙후된 지방과 학교, 약자계층의 아이들에게 더 많은 관심을 쏟아야 하는 일입니다.

지역교육의 균형적 발전을 실현하기 위해서는 어떻게 노력해야 할까요? 이 문제에 대한 책임은 정부에 있고, 관건은 제도에 있습니다. 다시 말해서, 정부가 관리의 책임을 다하고, 교육에 대한 조절기능을 충분히 발휘해야 합니다.

이와 함께, 제대로 된 제도를 확립해서 제도적인 측면에서 균형을 이룬 교육 발전을 도모해야 합니다. 특히 몇 가지 제도에 대해 주목해야 할 필요가 있습니다.

첫째는 기초교육을 개선하는 관리제도입니다. 현 체제하에 정부가 기초교육에 대한 통솔권을 좀 더 강화해야 합니다. 만일 현(시)과 진에서 2급 교육을 실시할 경우, 그 책임과 노력을 다해야 합니다. 일부 지역은 재정상황이 받쳐주지 않아서 제대로 교육이 발전할 수 없다면, 상위 정부가 이에 대한 책임을 져야 합니다.

둘째는 의무교육을 개선하는 체제입니다. 경제가 발전한 곳은 정부가 교육의 중심, 사회적 역량이 보조가 되는 원칙을 세우고, 교육체제 개혁을 점진적으로 추진해야 합니다. 경제가 상대적으로 낙후된 지역은 과감한 혁신을 장려하고, 교육체제 관련 제한을 풀어서, 주민의 만족도와 아이의 미소를 기준으로 삼아 체제개혁의 새로운 면모를 평가

하고, 이로써 좀 더 나은 개혁을 추진해야 합니다. 체제개혁을 통해 초
중등 교육자원을 부단히 확대하고, 각 학생들이 입학해서 의무교육을
받도록 보장해야 합니다. 우수한 공공 교육자원을 확대함과 함께, 사회
적 역량을 통해 각 종 교육을 지원하고, 국립학교와 사립학교의 공동
발전을 모색해야 합니다.

셋째는 교육에 대한 투자체제를 지속적으로 개선해야 합니다. 우수
한 교사가 있어야 우수한 교육이 있으며, 안정적인 교사들이 있어야 안
정적인 지역 교육이 있을 수 있습니다. 그래서 교육에 대한 투자제도
중에서 초중등 교사의 임금관리체제와 사회복지제도를 개선함으로써
교사가 안정적이고 기쁘게 교육에 임할 수 있도록 제도적 여건을 마련
해야 합니다. 정부주관부처로서 중요한 것은 '필요한 때에 적극 지원'
을 하고, '빛 좋은 개살구'와 같은 사업을 지양하며, 약자들에게 더 많
이 배려해야 한다는 점입니다.

86. 9년 의무교육을 보급하는 것이 국가교육사업의 큰 임무입니다.
최근 몇 년간, 의무교육이 보급됨에 따라, 이제는 의무교육의
질을 높여야 된다는 목소리가 높아지고 있습니다. 의무교육을
잘 실시하는 데 있어서 어떠한 중요한 문제가 있나요?

먼저 의무교육에 적극적인 많은 일선 교사들이 있다는 점은 중국교

육발전에 있어 큰 복입니다. 그렇다면 어떻게 의무교육을 잘 실시할 수 있을까요? 다음과 같은 문제를 우선 해결해야 한다고 생각합니다.

첫째, 국가의무교육의 기준을 세워야 합니다. 예를 들어, 학교가 갖춰야 할 조건과 전체 인원 수, 기구, 시설 등에 대해 최소한의 기준을 정해야 합니다. 하지만 기준을 갖춘 다음에는 입법으로써 확립하고 보장해야 합니다.

1986년 의무교육이 법으로 정해진 후, 9년 의무교육을 실시한 지 이미 십여 년이 되었습니다. 하지만 이미 시대가 바뀌었기 때문에 과거와 현재에서 요구하는 기준이 상당히 다릅니다. 만일 이러한 기준이 생기면, 전국적으로 취학 연령의 아동들이 규범화된 의무교육을 받을 수 있을 것입니다.

일본에서는 모든 학교에 기준이 있어서 기준에 맞는 교육을 실시하고 어느 정도 수준을 만족시켜야 합니다. 현재 중국의 의무교육은 기준이 없기 때문에 전체적으로 불완전합니다. 대부분 일반적인 기준보다 높거나 부족합니다. 이러한 기준을 설정하는 데 있어서, 정책 방향대로 일률적으로 만든 기준보다는 각 지역에 적합한 과학적 참고기준을 제공해서 지역간 교육발전 차이를 점진적으로 줄여 나가야 합니다.

둘째, 비용투자 문제입니다. 이 부분에 있어서 많은 오점이 있습니다. 대부분 투자되는 부분이 얼마나 많은지에만 주안점을 두고 투자비용의 수준에 대해서는 소홀히 하고 있습니다. 의무교육문제에 관해 논의할 때 역시 초점이 자금에 맞춰져 있다는 것도 매우 큰 문제입니다.

다원적 투자를 통해 민간자금이 교육에 투자되도록 해야 합니다. 의무교육은 무료로 실시되는 것이 원칙이나, 일부 좋은 환경에서 자란 자녀들의 경우 더 나은 교육 환경을 원하기 때문에 국가는 민간자금을 지원 받아 더 우수한 학교를 지어 이들의 요구에 부응해야 합니다. 또한 국가는 민간에서 지원받는 자금을 교육 발전이 낙후된 지역에 투자해 그곳 학생들이 무료로 교육을 받게 함으로써 전체적인 국민 소양을 향상시킬 수 있습니다.

셋째, 첨단기술을 통해 전국 의무교육네트워크를 구축하여, 하나의 거대하고 강력한 자원을 만들어 전국의 초중등 교사와 학생들이 무료로 사용할 수 있도록 해야 합니다. 현재 많은 사람들이 학교의 소중한 예산을 낭비하고 있습니다. 이로 인해 예산이 부족해서 필요한 설비를 구입하지 못하는 경우도 나타나고 있습니다.

의무교육네트워크를 구축하는 것은 우수교육자원을 함께 누릴 수 있는 좋은 방법이며, 차이를 축소할 수 있는 가장 좋은 방법 중 하나입니다. 의무교육에 존재하는 문제와 교사의 자질은 직접적인 관계가 있습니다. 강력한 자원이 있다면, 교사들에게도 보조적인 교사의 도움을 받을 수 있고, 자신의 어느 부분이 잘못되었는지, 이해가 부족한지를 교육자원을 통해 개선할 수 있습니다. 현재 학교에서 낭비현상과 중복투자 현상이 많이 나타나고 있습니다. 좋은 자원소를 만든다면, 의무교육에도 큰 변화가 나타날 것입니다.

넷째, 기초교육의 데이터 저장소를 만드는 것입니다. 교육정책은 과학적인 정책결정과정을 통해서 만들어야 합니다. 과학적인 결정과정은 또한 진정으로 신뢰할 수 있는 데이터의 기초에서 구축되어야 합니다.

현재 데이터들은 부정확한 부분이 많습니다. 의무교육에 관한 데이터 저장소를 만들면 누구든지 교사를 마음대로 감독할 수 있습니다.

예를 들어, 우리가 개설한 '교육온라인'을 통해 쑤저우 시의 교육을 감독하고 있습니다. 그리고 이 사이트를 통해 많은 교사와 학부모들이 직접 문제를 제기하고, 중요한 교육적 소재를 제공합니다. 이는 교육의 질을 보장하고 교육의 개선을 촉진하는 데 매우 큰 역할을 하고 있습니다.

마지막으로 해결해야 할 문제는 바로 교사의 소질 향상입니다. 이는 의무교육을 실시하는 데 있어 매우 중요한 문제입니다. 9년 의무교육을 받는 많은 학생들의 수준은 3~5학년 수준에 불과합니다. 어떻게 교사의 자질을 의무교육의 수준에 부합하도록 끌어올릴 수 있을까요? 이는 매우 중요한 문제입니다. 의무교육을 실시하는 교사의 수준은 어떻게 해야 나아질 수 있을까요? 이것 역시 매우 큰 과제입니다.

전통적인 교육방식으로는 불가능합니다. 새롭고 더 나은 교육방식을 개발해야 합니다. 교사들도 자신이 성장해야 할 필요성을 느끼고 성장할 수 있는 방법을 확실히 알아야 합니다. 신교육실험은 바로 교사의 독서와 일기를 통해 전문적인 발전을 실현합니다. 이는 일종의 탐색과정이자 시도라고 할 수 있습니다.

우선적으로 해결해야 하는 문제는 이념과 실천을 통일하는 문제입니다. 의무교육단계의 교육의 질을 보면, 기존의 구교육 관념에 속박되어 있는 입시교육이 대부분이며, 입시와 진학이 학교의 '유일한 목표'이거나 '궁극적인 목표'가 되어 버린 지 오래입니다.

비록 인본주의와 학생의 발전을 목적으로 하는 교육이념이 많이 알려지고 있지만, 아직도 상당수의 학교 관리자와 교사들은 과거 자신의 경험이나 습관으로 쌓은 교육관리 모델과 교육방식에서 제약을 받아 소양교육이 구체적인 교육 관리나 실천으로 이어지지 않고 있습니다. 학생의 주체적인 지위나 소양교육에 부합하는 교육방식, 학습 방식, 교육평가제 등 모두 진정한 모습을 갖추지 못했고, 학교는 모든 학생이 공부하고 생활할 수 있는 낙원과는 거리가 멉니다.

반대로, 단편적으로 진학률 경쟁만 뜨거워지면서 학생들이 인격수양이 부족하거나 공부를 멀리하게 되고, 심지어 범죄를 저지르는 등 문제가 많아지고 심각해지고 있습니다. '부담 줄이기'에 취지를 두었던 가정교육은 오히려 가정에 부담을 가중시키는 역효과를 냈습니다. 학생, 특히 농촌 지역 중학생의 학습 부담은 크게 줄어들지 않았습니다.

소련의 교육가는 교육이 잘못되면 국가에게 큰 손해가 될 것이라는 말을 한 적이 있습니다. 다시 말해서 정부의 지렛대 역할이 매우 중요합니다. 과학적이고 발전하는 학교교육, 평가제, 제도 등의 방법을 통해 진지한 소양교육을 실시해야 합니다.

둘째, 현재 시급한 문제는 소양교육 추진과 교육개혁 심화, 교사발전 추구라는 이 세 가지를 잘 조화롭게 실시하는 것입니다. 오늘날 '인간 중심'의 사회발전관은 이미 많이 알려졌고, 사람들도 사회발전과 진보를 평가하는 합리적인 기준은 '인간의 발전'이지 단순한 경제지표가 아니라는 점에 대해 충분히 인식하고 있습니다. '인간의 발전'은 교육의 궁극적인 목표가 되어야 합니다.

의무교육의 지속적인 발전을 실현여부는 먼저 우리가 낡은 입시위주의 교육 관념을 버릴 수 있느냐에 달려 있습니다. 구시대 관념을 버리고 '인간의 발전'이라는 새 교육취지를 확립하고, 교육의 가치, 목적, 방법 등에 있어서 깊이 있는 개혁을 시도함으로써, 의무교육에 비약적인 발전을 모색해야 합니다. 구체적으로 학교개혁에 있어서 단순히 교육영역의 개혁에만 머무르지 않고, 전 방위적인 개혁, 즉 교육 관념과 교육체제, 구조 등을 개혁해야 합니다.

예를 들어, 학교관, 교사관, 학생관, 교육체제, 관리체제, 평가체제, 교사구조, 교과과정 구조 등 전체적인 분야에 개혁을 실시해야 합니다. 소양교육이 밑바탕이 되는 기초교육이야말로 인간의 발전에 진정한 기초가 될 수 있습니다. 국제적인 안목이 밑바탕이 되는 소양교육이야말로 세계적인 넓은 가슴을 품은 미래의 시민을 양성할 수 있습니다.

교과과정과 교육내용 개혁은 질 높은 의무교육을 실시하는 데 있어 매우 중요한 부분입니다. 이 부분에 대해 이미 다양한 논리가 나오고 있지만, 의무교육이 점차 '양적 발전'에서 '질적 발전'으로 바뀌어가는 과정에서 가장 중요한 것은 교사의 자질이라는 점입니다.

현재 초중등교사의 현실을 살펴보면, 다수의 교사들의 자질이 시대 발전에 부합하지 않습니다. 학력이 기준보다 지나치게 낮다거나, 전문적인 기술이 부족하고, 구조적인 모순이 심각하다는 등 우리가 간과할 수 없는 문제들이 많이 있습니다. 초중등학교의 입학률이 높고, 교육정보화가 빠르게 추진되고 있다는 점들을 고려해 볼 때, 적절한 자격을 갖춘 교사들을 중요 위치에 배치해야 합니다.

예를 들어, 현대화교육수단을 활용하여 우수한 교육자원을 최대한 공유하고, 이로써 교사가 스스로 학습하여 발전할 수 있도록 해야 합니다. '10차 5개년' 기간 동안 민간 교사와 수십만의 대강代講교사(대리교사-역주) 문제라는 당면한 과제를 시급히 해결하여, 농촌학교에 자격을 갖춘 교사들을 배치해야 합니다.

고등학교 졸업생들이 지방의 빈곤지역에 교사로 파견될 경우 정책적으로 혜택을 주는 방법도 있습니다. 지원자는 정기적으로 교육적 지원을 받게 되고, 다양한 형식을 통해 빈곤지역의 교사부족 문제를 해결할 수 있습니다. 현 교사 정원수를 유지하는 전제조건 하에, 조정, 유동, 진출, 지방 파견이라는 방법을 통해 점진적으로 교사의 자질을 높일 수 있습니다.

교사의 소양을 높이기 위해 교사 연수를 강화하고, 이를 21세기 학교제도건설의 중점으로 세워야 합니다. 의무교육 보급프로젝트 제2기 기간 동안에는 빈곤지역의 교사 양성에 자금을 지원하고, 각 학교에서 현지 상황에 맞게 전 교사에게 연수 기회를 제공해야 합니다. 우리가 해결해야 할 문제들이 정말 많습니다.

88. '법을 통해 교육을 개혁하자.'라는 구호를 오랫동안 들어왔지만, 사실 법적 여건이 낙관적이지 않습니다. 어떻게 하면 법을 통해 교육을 개혁할 수 있고, 의무교육을 제대로 실시할 수 있을까요?

세계의 많은 교육개혁의 발전사례를 살펴보면, 교육이 발전하기 위해서는 반드시 건강한 사회여건이 필요하다는 것을 알 수 있습니다. 의무교육은 국가가 법으로 정한 국민 기초교육입니다. 때문에 모든 사회적인 교육 중에서 의무교육을 보장하기 위한 법적 구속력이 필요하며, 정부와 사회가 정면으로 의무교육을 지지하고 이로써 지식과 인재를 존중하는 사회적 풍조와 메커니즘을 만들어 여론을 형성해야 합니다. 건강한 사회 환경은 의무교육이 건강하게 발전하는 데 있어 필요조건이자, 사회의 지속적인 발전을 위한 기본 평가기준입니다.

의무교육의 발전은 물론 각급 지도자, 사회 가계의 관심과 지지가 필요하지만, 더욱 중요한 것은 법입니다. 1986년부터 지금까지 발표된 법으로는 《의무교육법義務敎育法》, 《교사법敎師法》, 《교육법敎育法》, 《미성년자보호법未成年人保護法》, 《장애인교육조례殘疾人敎育條例》 등이 있습니다. 우리의 의무교육에 관한 법적 시스템은 어느 정도 완성되었습니다. 하지만 의무교육에 대한 법적 보장은 입법에만 있는 것이 아니라, 법 집행, 특히 아무런 사심이 들어가지 않은 철저한 법 집행에 있습니다.

《의무교육법》에 관한 규정을 보면, 교사임금이나 학교 내 붕괴 위험이 있는 건물, 미취학 빈곤아동, 인민정부의 교육예산 증가속도가 재정수입 증가속도보다 현격히 느리다는 점, 국가의 의무교육 재정지출이 GDP에서 차지하는 비중이 법으로 정한 것보다 낮다는 점 등의 문제가 다시 발생하게 된다면, 이러한 모든 독직, 위법 사건들은 과연 누가 책임을 질 수 있을까요?

법 집행은 효과적인 관리감독이 뒷받침되어야 합니다. '입법-집행-감독'의 법적 운용과정에서 정부는 처음부터 끝까지 중요한 역할을 해야 합니다. 법률조문은 나왔는데 각급 지도자에 대한 호소의 목소리는 끊이지 않고 있습니다. 이는 의무교육에 관한 법률이 진정한 강제성이 부족하며, 관련 판례를 통해 법을 집행하는 기준을 만들어야 하는 것을 의미합니다.

즉 법을 통해 교육을 개혁하는 것이 법치국가의 중요한 부분이며, 의무교육을 보장할 수 있는 방법이므로, 반드시 각 단계를 제대로 관리해야 합니다. 단지 교육입법을 강화하기보다는, 더 나아가 교육을 보급하는 법과 법 집행에 대한 관리 감독을 강화해야 만이 비로소 교육을 발전시켜 전략적 입지를 확보할 수 있고, 의무교육이 진정으로 법에 의해 실시될 수 있습니다.

89. 효과적으로 의무교육을 실시하기 위해서는 효과적인 투자시
스템이 필요하고, 투자효과를 높이기 위해 노력해야 합니다.
구체적으로 어떠한 방법이 있을까요?

정책과 제도는 의무교육이 비속적으로 발전하는 데 있어 가장 큰 자본입니다. 물론 여기에는 효과적인 교육투자시스템도 포함됩니다. 이미 중국은 WTO에 가입하여 전에 없던 새로운 국제 환경 체제에 놓이게 되었습니다.

우리는 적절하게 교육을 발전시키고, 이러한 시각을 통해 새 시대에 직면한 국제적 도전을 분석해야 합니다. 또한 '내일의 돈을 오늘의 교육에 투자한다.'는 투자의식과 관념을 지니고 의무교육에 대한 투자를 늘려야 합니다. 이것이야말로 현명한 선택이라고 할 수 있습니다. 교육적 투자를 늘리는 데 있어서 교육예산을 교육의 세 가지 단계에 각각 분배하는 비중과 총 투자 규모, 투자의 전체 수준 등에 대한 문제도 고려해야 합니다.

관련 통계자료를 보면, 과거 십여 년 동안 의무교육이 차지하는 실제 비중이 현격히 낮은 것을 알 수 있습니다. 그래서 교육투자 강화를 통해 의무교육의 질과 규모를 높이고, 또 의무교육 이후의 규모를 확대하는 문제, 다양한 형식의 연수과정을 늘려서 취업전선으로 뛰어드는 시기를 늦추거나 인구 압박을 완화하는 등의 문제들에 대해 각 지역 정부가 반드시 심각하게 고민해봐야 합니다. 다른 한편으로는, 현재 국력으

로 볼 때, 단시간 내에 교육 투자를 큰 폭으로 늘리는 것이 비현실적일 뿐만 아니라 불가능합니다.

그렇다면 합리적인 선택은 무엇일까요? 바로 의무교육에 대한 예산을 최대한 늘리는 한편 투자시스템을 개혁하여 기존의 무의미하게 자금이 낭비되었던 문제를 해결하여, 의무교육에 대한 공적 투자가 대내외적으로 큰 효과를 낼 수 있도록 하는 것입니다.

구체적으로 어떻게 실천해야 할까요?

첫째, 선진국의 의무교육 보급 사례와 기타 개발도상국의 의무교육 관련 조치를 배우고, 정부가 의무교육에 대한 투자를 늘리고 교육재정이 상대적으로 독립되도록 해야 합니다.

둘째, 현 의무교육 투자를 분담하는 주체의 중심이 지나치게 낮은 문제를 해결하여, 중앙정부와 고위급 지방정부, 기초 지방정부가 교육의 공적투자에 대한 책임을 공동 부담하여 합리적으로 예산을 편성하고, 의무교육투자를 중앙과 지방의 재정이 함께 분담하는 시스템을 구축해야 합니다.

셋째, 의무교육의 최저재정기준을 규정해야 합니다. 최저기준보다 낮은 현에 대해서는 중앙과 성省정부의 재정부서가 일심양면으로 이전지불, 보조제도 등을 통해 지원해야 합니다. 전국의 빈곤지역에 대해서는 중앙정부와 성급 재정부가 함께 비율에 따라 의무교육비용을 분담해야 합니다. 넷째, 의무교육에 대한 투자루트를 확대해야 합니다. 사회단체와 개인기부, 융자 등 의무교육에 대한 투자를 적극 장려하고, 정부를 중심으로 다양한 사회적 역량이 참여하는 투자구도를 만들어야 합니다.

다섯째, 재정예산을 중심으로 다양한 방법으로 의무교육에 필요한 자금을 조달해야 합니다. 고등학교, '명문학교'에 대한 예산에서 의무교육에 대한 자금지원을 강화해야 합니다.

여섯째, 의무교육에 대한 공공투자 효율을 높이고, 엄격한 교사배치 제도, 합리적인 학교제도를 구축하고, 도시와 농촌지역, 지방, 내륙지역 사이에 교사를 정기적으로 순환 파견하는 제도를 만들어서 교사의 교육적 효과를 높여야 합니다.

위의 여섯 가지가 성공한다면, 의무교육에 대한 투자효과는 분명 뚜렷하게 나타날 것입니다.

90. 쑤저우의 교육은 전국에서도 가장 선진적으로 앞서 있습니다. 교육 담당 시장으로서, 쑤저우 교육의 어제와 오늘, 내일을 종합 분석한다면, 쑤저우 교육만의 특징과 계획이 무엇입니까?

모두 아시다시피 교육의 특징 중 하나는 고효율과 침체입니다. 기초교육일수록 이러한 특징이 더 분명하게 나타납니다. 그래서 진보적인 시각으로 오늘의 교육을 계획해야 합니다. 이는 교육시스템과 교육모델, 인재기준이라는 방면에서 오늘의 필요에 맞아야 하지만, 미래 발전의 필요에도 부합해야 합니다.

우리는 쑤저우의 현장을 고려하기도 하지만, 더 나은 장기적 발전을 위해 세계적인 경험을 참고하기도 합니다. 쑤저우에서는 교육의 '세 가지 방향'에 적합한 진보된 교육을 실시하고 있습니다. 쑤저우는 전국에서 앞장서서 9년 의무교육을 실시했고, 3년이나 앞당겨서 문맹률을 기준보다 크게 낮추고, 현재는 교육 현대화의 길을 앞장서서 걷고 있습니다. 쑤저우 교육은 계속 앞설 것이며, 진보적일 것입니다. 앞으로도 더 빠르고 나은 발전을 위해 노력할 것입니다.

둘째는 개방성으로, 여기에는 두 가지가 포함되어 있습니다.

하나는 교육시스템이 사회 지향적이어야 합니다. 학교와 사회가 교류를 통해 밀접하게 이어져야 하며, 학교교육에 맞게 가정교육이 적절히 이루어지도록 해야 합니다. 학교교육의 내용과 기준, 가치관은 사회주의 정신과 일치해야 하며, 교육적 효과와 사회적 효과, 경제적 효과가 모두 높아야 합니다.

다른 하나는 세계 지향적이어야 합니다. 쑤저우의 다국적 기업은 대부분 전자정보산업, 공학통합산업, 신소재산업, 환경보호기술산업 등 첨단기술에 많은 투자를 하고 있습니다. 이를 위해, 고등교육기관이나 중등교육기관, 초중등학교는 전공과 교과 개설, 교육내용 등의 방면에서 대외경제 발전에 유리하도록 필요한 인재를 육성해야 합니다. 이는 우리가 국제시장에서 경쟁해야 하는 이유도 있지만, 더욱 중요한 것은 현대첨단기술의 발전을 통해 다른 제도와 문화, 종교, 가치관을 가진 사람들이 빈번하게 교류하고, 지역과 국가 구분 없이 개방된 곳에서 현대화 건설을 추구하고 있기 때문입니다.

또 한 가지, 적절히 변화해야 합니다. 쑤저우 교육은 앞으로 다변하는 환경에 직면하게 될 것입니다. 국가, 집단, 개인, 다국적기업, 해외기업 등 교육의 다양한 소비주체가 쑤저우 교육의 중요한 투자근원이 되고 있습니다. 정치, 경제, 문화는 쑤저우 사람들의 개성을 발전시키고, 교육을 발전시키는 데 있어 다양한 수요가 되고 있습니다.

노동집약형, 실용기술집약형, 현대첨단기술집약형이 병존하는 기술구조는 모든 필요한 인재에게 다양한 수요가 되고 있습니다. 시장의 수요에 맞게 교육의 형식과 전공 구조, 교육구조가 바뀌고 있습니다. 그래서 쑤저우교육은 현지 사회경제 발전의 필요와 객관적 상황의 변화에 따라 부단히 조절하고 개선되며, 더 나은, 더 유연한 운영체제를 만들어 나가야 합니다.

여기에서 민족성을 빼놓을 수 없습니다. 국가의 문호가 개방된 후, 각국의 문화적 정수를 흡수하면서, 중국민족의 우수한 전통을 계승하고 발전하는 것은 쑤저우에게 있어서 자국의 문화를 발전시키는 특색이 되었습니다. 때문에 교육의 지도사상, 내용, 방법 등 방면에서 모두 중국민족의 우수한 문화전통과 쑤저우의 문화적 전통을 이어나가야 합니다. 세계를 이해함과 동시에, 중국, 쑤저우를 이해해야 합니다. 글로벌 정신, 애국정신, 고향을 사랑하는 정신, 쑤저우를 사랑하는 정신을 잊지 말아야 합니다.

외래문화의 정수를 흡수함과 동시에, 중국의 전통문화를 계승하고 발전시키며, 쑤저우 문화의 장점을 발휘해야 합니다. 우리의 아이들이 강한 민족의 자존심, 자신감, 책임감, 문명의식을 갖추도록 해야 하며, 국제교류에 대한 참여의식과 경쟁의식을 갖춘 현대적인 쑤저우 사람으로 자랄 수 있도록 해야 합니다.

거시적으로 볼 때, 교육의 질적 발전은 학교교육의 현대화, 특색 있는 학교 만들기를 목표로 하고 있습니다. 즉 쑤저우와 중국의 발전을 위한 책임감과 주인의식, 민족적 긍지를 갖고, 진취적이며 자신감 있는, 개척정신과 혁신성, 희생정신이 있는, 그리고 질 높은 과학문화소양을 갖추도록 해야 합니다. 또한 세계로 나아갈 수 있는 담대한 용기와 함께 국제경쟁에서 승리할 수 있는 학식과 능력을 길러주어야 합니다. 뿐만 아니라, 빠른 현대사회에서 건강한 정신과 신체를 갖춘 현대 쑤저우 인재를 길러야 합니다.

경제발전이 다원화되고 있는 반면, 우리의 교육은 오히려 '대통합' 단계에 머물러 있습니다. 이는 경제발전에 비해 교육이 상대적으로 크게 침체되어 있기 때문입니다. 물론 교육의 발전 속도와 경제는 완전히 같지 않습니다. 하지만 일원화에서 다원화로 발전하는 과정에서 '자유'

를 강조하는 것이 바로 교육발전과 경제발전의 공통적인 추세입니다. 그렇기 때문에 "교육특구를 세우자."라는 구호를 만든 것입니다.

쑤저우를 보면, 동남연해 장강 삼각주는 대외개방의 시작점으로, 동쪽은 상하이와 근접하여 푸동 개발구 발전에 따른 파급효과를 얻었고, 서쪽은 우시, 창저우, 난징 등 경제발전지역과 가깝고, 유구한 역사와 문화, 우수한 인재 양성 등을 통해 쑤난 경제모델을 형성하여 외부적으로 경제규모를 확장할 수 있었습니다. 이들이 바로 쑤저우교육의 특수한 환경이 되었고, 쑤저우 교육의 특수한 목적을 부여했습니다.

쑤저우 교육에 거는 사람들의 기대는 실로 큽니다. 선진화된 교육이론과 사상, 중대한 교육적 연구과제와 과학연구프로젝트가 쑤저우에서 먼저 실시되고 있고, 현대화된 교육시설도 쑤저우에서 먼저 보급되었습니다. 기초교육의 교재편집 및 승인권, 상대적으로 독립된 시험제도권, 대학교 학과 개설권 등 모두 쑤저우에서 먼저 시범 실시되고 있습니다. 이를 통해 쑤저우는 성 전체, 나아가 전국적으로 먼저 교육개혁의 실험장이 되었습니다.

92. 특수교육에 있어 쑤저우의 자원투자 및 교육연구는 전국에서도 매우 뛰어납니다. 하지만 상하이와 광저우 등 발전지역의 특수학교들이 아직은 더 우수한 것이 사실입니다. 선생님께서는 어떤 방법을 통해 쑤저우 시의 특수교육을 발전시킬 계획입니까?

먼저 시정부가 주최하여 특수교육회의를 열고, 특수교육의 발전을 위한 조치를 연구하고, 특수교육기금을 서립하여 실질적인 곤란을 해소해 주어야 합니다. 또한, 특수교육학교는 반드시 내적인 발전을 중시하고, 학교의 특색을 만들어야 하며, 교육적 과학연구를 통해 명문 학교로 발전시켜야 합니다. 구체적으로 다음과 같은 측면이 있습니다.

① 특수교육은 안정적인 경제적 지원이 뒷받침되어, 좋은 교육시설을 갖춰야 합니다.

② 쑤저우대학은 교육대학원과 협력하여 대학 내 특수교육과를 개설하여 특수교육의 새로운 활력을 불어넣어야 합니다. 저는 대학의 참여가 매우 절실하다고 생각합니다. 대학교수와 전문가, 학자들이 참여하면 특수교육의 문제를 해결할 수 있고, 더 좋은 개선방안을 찾아 특수교육사업이 건전하게 실시될 수 있도록 해야 합니다. 그 밖에 농아학교를 수화 교육센터로 만들어 사회적으로 경제적 지원을 받을 수 있도록 해야 합니다.

③ 쑤저우 시 특수교육 정보시스템을 만들어서 각 특수학교가 지역 내

장애아동의 구체적인 상황을 이해하고, 그들을 위한 조기교육에 있어 필요한 여건을 조성해야 합니다. 이러한 시스템을 구축하는 것은 전체적인 서비스측면에서 매우 중요합니다. 모든 시에 있는 장애아동의 수를 먼저 파악해야 보다 정확한 개혁방안을 세울 수 있고, 장애우 가정에게 필요한 서비스와 좋은 교육환경, 교육자원을 제공할 수 있습니다. 그래서 이러한 정보시스템을 구축하는 것이 매우 시급합니다.

④ 다음은 특수교육의 교사, 교장에 관한 문제입니다. 교육국은 특수교육에 필요한 교사와 교장을 확대 양성하고, 학습 시찰 등 방면에 있어서 특수학교를 고려해 주어야 합니다. 전에 특수교육학교를 시찰했는데, 그곳에 있는 선생님들이 초중등학교 선생님들보다 훨씬 힘들어 보였습니다. 그렇기 때문에 교사 양성교육을 실시할 때 특수학교 교사들도 포함시켜야 합니다. 특수학교는 우수교사, 우수교장, 성 내 시범학교라는 영예에만 만족할 것이 아니라, 국가 전체의 일류학교, 세계 일류학교가 되기 위해 노력해야 합니다. 특수학교가 전국에서, 전 세계에서 일류가 되는 것은 일반 학교보다는 쉬울 것이라고 생각합니다. 지금은 초중등학교들끼리 경쟁이 너무 치열하고, 입시교육이 근본적으로 바뀌기에는 매우 어려운 반면, 특수교육은 일반 학교 같은 입시가 없기 때문에 전혀 다른 세계에서 소양교육을 실시하고, 자유로운 발전을 추구할 수 있습니다. 특수교육은 모두 소규모 학급(학생 수가 초, 중등학교보다 훨씬 적다)으로 실시되기 때문에, 학생 개인별로 적합한 교육을 할 수 있습니다. 그래서 특수

하교가 일반 학교보다 일류학교가 될 가능성이 크다고 말하는 것입니다. 물론 특수학교는 반드시 자신만의 특수교육가가 있어야 합니다. 이러한 교육가를 양성하기 위해서 특수교육 속에서 특히 뛰어난 교사와 교장, 학교를 한데 모아 그들의 성공에 활력을 불어넣어야 합니다.
⑤ 장애학생이 주류사회에 쉽게 적응할 수 있도록 취학 전 교육을 실시해야 합니다. 이를 위해 특수교육전문가들이 실행방안을 만들고 구체적인 실시를 위한 노력을 기울여야 합니다.

위 다섯 가지가 "10차 5개년" 기간 동안 실천될 수 있도록 최선을 다할 것입니다!

93. 사회주의에서 교육은 공평한 것이어야 합니다. 누구든지 교육을 받을 수 있는 권리가 보장되어야 합니다. 하지만 현재 교육체제에서는 교육을 받을 수 있는 평등한 권리가 제대로 보장되지 않고 있습니다. 교육적 평등을 실현하기 위해, 특히 약자계층의 교육적 평등을 실현하기 위해서 구체적으로 어떤 방법이 있을까요?

정부는 교육적 평등을 최대한 보장해야 합니다. 그중 가장 중요한 임무는 바로 약자계층에 관심을 기울이는 것입니다. 현재 중국 사회에서 가장 약자인 계층은 농민이라고 생각합니다. 건국 이래 농민이 받은 혜택은 매우 적을뿐더러, 그들이 처한 환경도 그다지 좋지 않습니다. 중국에 농민이 그렇게 많은데, 그들이 받는 교육은 매우 적고 또 충분하지 않습니다. 농민 외에 다른 특수계층에는 장애아동들이 있습니다. 그들 역시 약자계층입니다. 그들은 소수, 심지어 극소수이기 때문에 충분한 관심을 못 받을 때가 많습니다. 왜일까요? 도와줘도 별로 이득되는 게 없기 때문입니다. 이 자리를 빌려 말씀드리자면, 제가 돕고 있는 장애 아동이 있습니다. 해마다 아내가 가서 필요한 것도 챙겨주고, 학비도 주고 있는데, 아내는 이왕이면 좀 더 건강한 아이였으면 나중에 훨씬 성취감이 있지 않겠냐며 불평을 토로했었습니다. 하지만 저는 건강하고 똑똑한 아이는 분명 도와줄 사람이 있겠지만, 장애 아동들이야말로 가장 도움이 필요한 아이라고 생각했습니다. 장애 아동을 아무리 도와준들 남는 것도 없고, 최악의 경우 어른이 되기도 전에 죽을 수도 있는데 그럼 어떡할 거냐고 하더군요. 사실 제가 돕고 있는 아이는 연골병軟骨病에 걸려 거동을 할 수 없습니다. 하지만 이런 아이들이야말로 사회의 도움이 필요합니다. 먼저는, 그들도 우리와 같은 사람이니까 그렇습니다. 둘째, 부모나 가정에 있어서 그들은 전부입니다. 자식은 그들의 유일무이한 존재인 것입니다. 사회적 입장에서는 1.5%, 혹은 극소수에 불과하겠지만, 그럴수록 그들에게 더 많이 투자하고 관심을 가져야 한다고 생각합니다. 교육적으로도 법적으로도 그들에 대한 관심과 배려가 절실합니다. 사회가 발전할수록 그러한 관심은 더욱더 늘어날 것입니다.

이런 부분에 있어서 쑤저우는 매우 잘 되어 있습니다. 먼저 쑤저우는 해외기업이 특히 많습니다. 쑤저우에 있는 외자기업들은 대부분 서양 기업인데, 서양은 약자를 배려하는 사회적 특징을 갖고 있습니다. 한번은 지멘스에 보청기 기부를 제안했는데 매우 흔쾌히 받아들였습니다. 또 한 외자기업에게 특수학교에 컴퓨터 교육 설비를 제공해 줄 수 있겠냐고 전화를 걸었더니 바로 해결해 주었습니다. 쑤저우의 전체적인 교육환경은 매우 양호하긴 하지만, 금방 좋아질 수는 없습니다. 사실 학급에 장애학생이 있는 경우, 교사가 아무리 노력하고 가르쳐도 성과는 매우 미미합니다. 정말 지대한 관심과 시간, 노력, 사랑을 쏟아야 비로소 양적 변화에서 질적 변화로 바뀔 수 있습니다. 몇 배의 노력과 투자가 있어야 어느 정도 효과를 거둘 수 있습니다. 그렇기 때문에 사회 각 계각층이, 교육행정부가 이러한 특수 집단에 대해 특수한 관심과 사랑을 기울여야 한다고 생각합니다. 사회의 특수 집단, 약자 계층은 우리가 반드시 보살피고 도와야 하는 대상입니다.

94. 지금의 교육은 대부분 일반 교육에만 치중되어서 직업기술교
육이 소외되어 있습니다. 어떠한 직업기술교육이 지역경제와
국가 발전에 부합하면서 교육 자체의 발전을 추구할 수 있을
까요? 쑤저우의 실제적인 사례를 들어 설명해주시기 바랍니
다.

직업교육의 핵심은 학교가 체제혁신을 통해 사회에서 환영받을 수
있는 인재를 양성하는 것입니다. 직업기술의 교육을 기초로, 그 깊이와
분야를 확대해야 합니다. 구조적으로 일반교육에서 직업기술의 교육적
요소를 도입하고, 직업반과 직업학교를 개설하고, 다양한 교육 모델을
개발해야 합니다. 직업기술에 대한 교육적 시스템을 만들어야 합니다.
이 시스템을 통해 교육의 질과 교육교화를 높임으로써, 다양한 차원에
서 기술을 응용할 수 있는 인재를 양성해야 합니다.

예를 들어, 전공을 개설할 때, 사회 경제 발전의 수요, 지주산업의 수
요를 우선적으로 고려해야 합니다. 교육체제에서는 소수의 정부가 주
최하는 것 외에, 기타 산업과 기업을 단위로 개별 혹은 공동으로 만들
어야 합니다. 관리체제에서는 취업 전부터 취업 후까지 정부와 교육부
처가 함께 관리해야 합니다.

여기서 쑤저우 산업단지의 기술양성학원을 예로 들겠습니다. 쑤저우
의 산업단지 건설이 가속화됨에 따라, 실력 있는 기술자에 대한 수요가
갈수록 늘어나고 있습니다. 또한 일선 기술자들은 전공에 대해 전체적

인 이론지식을 갖추어야 할 뿐만 아니라, 첨단기술과 선진설비에 대한 실질적인 응용능력을 갖추어야 하는데, 국내 직업교육으로는 그 수요를 만족시키기가 매우 어려운 실정입니다.

1997년 5월 싱가포르 고촉동吳作棟 총리는 쑤저우 산업단지를 방문하면서 쑤저우 산업단지의 인적자원 개발을 확대하고, 투자환경을 개선해야 하며, 나아가 단지 내 기술자 양성학원을 운영하여 외국투자자를 위한 기술자를 양성할 수 있도록 해야 한다는 제안을 했습니다. 학교에서는 전문적이고, 공업단지 내 새 산업 발전을 위한 기술을 집중 훈련받아서 학생들이 중국, 나아가 세계 어떤 국가의 기술자와 경쟁할 수 있는 실력을 갖추도록 해야 한다는 것이었습니다. 고촉동 총리의 제안에 대해 중국과 싱가포르 정부의 관련 부서가 즉각 반응을 보였고, 같은 해 12월 장쑤성 교학위원회에서 정식으로 쑤저우 공업단지 내 직업기술양성소 설립을 비준했습니다.

쑤저우 공업단지의 관리위원회는 이 프로젝트를 1998년 중점사업과 단지 내 새 개발건설의 이미지 사업으로 전략화했고, 직원과 자금 등을 집중 관리했습니다. 1998년 시찰항목, 심사비준, 교사임용부터 실험실 설계, 교사의 해외연수, 실험시설배치 등을 완성하고 같은 해 9월 1일 정식 개원했습니다.

쑤저우 공업단지의 기술양성소는 해외 선진화된 교육관리시스템을 모델로 삼고, 이사회의 지원 하에 원장책임제를 채택했습니다. 이사회에는 쑤저우 공업단지의 관리와 개발 담당자뿐만 아니라, 현지 교육과 노동주관부처, 국내외 이류 고등교육기관 및 세계적인 중국기업 등이

포함, 국내외 이류 각 이사장도 각자의 영역에서 성공경험이 있는 기업
가와 관리자, 전문 교수가 맡고 있습니다. 이사회는 학원의 큰 방침을
결정하는 감독자로서, 학원의 건설과 발전에 결정적인 역할을 하고 있
습니다.

동시에, 이사회는 또한 학원과 기업, 대학을 이어주는 유대적인 역할
을 통해 학원이 기업의 수요를 교육의 목표로 하면서 첨단기술발전을
추구하는 과정에서 고등교육기관의 기술적 지원을 받고 있습니다. 그
밖에도 이사회 기관의 자금과 설비, 정보 지원을 통해 학교가 지속적으
로 발전하고 있습니다. 이러한 시스템으로 학원은 투자의 다원화, 교육
의 시장화, 관리의 기업화, 발전의 국제화를 추구하며 무궁한 발전 전
망과 강한 생명력을 보여주고 있습니다.

95. 쑤저우는 기초교육이 매우 발전되어, 외지 노동자들의 자녀도
    현지 학생들과 똑같이 대해주고, 정규학교에도 입학할 수 있
    게 하고 있습니다. 쑤저우에 민자 학교도 있지만 여건이 매우
    미약하다고 들었습니다. 선생님께서는 이런 문제를 어떻게 해
    결하시겠습니까?

쑤저우 시에서는 외지에서 온 자녀들에 대한 관리를 강화하기 위해
얼마 전《외지 자녀 취학 관리법》을 발표하였습니다. 현재 쑤저우 시

의 유동인구가 이미 170만에 달하고 있습니다. 과거에는 많은 외지 노동자 자녀들이 교육 수준이 상당히 낙후된 민자학교에 다니거나, 수천 위안, 심지어 수만 위안의 학비를 빌려서 국립학교에 입학하였습니다. 일부 설립자들은 영리를 목적으로 지방정부나 교육주관부처의 인가 없이 소위 '희망 학교'를 세웠는데, 이로 인해 교육시장의 질서가 크게 흔들렸습니다. 이런 학교들은 숙소 설비가 매우 낙후되어 있고 교육 관리도 매우 혼잡할 뿐만 아니라, 교통이나 급식에도 심각한 안전 문제를 안고 있습니다. 외지 노동자 자녀들이 정규 교육을 받도록 법으로 보장하기 위해서 우리는 교육, 공안, 소방, 보건, 건설 등 부처를 조직하여 집행력을 강화하고, 교육 수준이나 환경이 낙후된 곳, 안전 위험이 있는 학교를 폐교시켰습니다.

지금은 쑤저우에서 전일제 초중등학교를 다니는 외지 노동자 자녀들은 장쑤성에서 규정한 학비 외에 다른 방면은 쑤저우 지역 아이들과 동등한 대우를 받고 있습니다. 가정형편이 어려운 학생들은 국립학교에서 학비 면제나 감면 혜택을 받고 있습니다. 이러한 외지 자녀들은 학교에서 장학금, 평가, 청소년단체 가입, 교내 활동 참가 등 모든 방면에서 쑤저우 지역 학생들과 동등한 권리를 누리고 있습니다.

우리는 두 가지 방면에서 노력하고 있습니다. 첫째, 유동인구 교육을 관리하는 시스템을 만들고 있습니다. 유동인구 자녀 교육에 대한 관리를 강화하는 것으로, 해당지역 관리 원칙에 따라, "이전한 지역정부 관리 우선, 전일제 국립 초중등학교 관리 우선" 원칙을 견지하고, 관할지역 내 유동인구 자녀 교육을 관리 범위 안에 포함시켜서 다양한 형식을 통해 그들에 대한 입학 문제를 해결하고, 법적으로 유동인구 자녀들의 의무교육을 보장하고 있습니다. 또한, 기획, 건설 등 부처와 함께 유동인구 자녀 교육에 필요한 용지 관리와 학교 건설을 통해 더 우수한 교육환경을 제공하고 있습니다. 교육부처와 함께 유동인구 자녀 교육에 필요한 지도 및 관리를 강화함으로써 유동인구 자녀들의 건강하고 지속적인 발전을 위해 노력하고 있습니다. 둘째, 법적으로 유동인구 자녀 교육 관리를 강화하고 있습니다. "이전한 지역정부 관리 우선, 전일제 국립 초중등학교 관리 우선" 원칙을 견지하여, 그들을 정상 교육관리 범위에 포함시킴으로써, 사회 각 방면의 역량을 적극 동원, 그들이 학교에 다닐 수 있는 환경을 개선하고, 교육의 질과 수준을 높이기 위해 노력하고 있습니다. 또한, 집행력을 강화하여 관련 부처와 함께 그들이 다니는 학교들이 당의 교육방침에 따라 교육적 행위를 규범하고 아이들의 안전을 철저히 보장할 수 있도록 노력하고 있습니다.

96. 교육의 발전은 경제, 사회 발전과 함께 이루어집니다. 쑤저우는 어떠한 교육운영체제를 갖추고 있나요?

10년간의 개혁을 통해, 쑤저우의 교육과 경제는 서로 맞물려서 함께 발전하고 있습니다. 하지만 아직까지는 초기적인 미성숙 단계에 있습니다. 현재의 상황에 대해 안심하고 있지만, 한편으로는 지속적인 발전에 대한 압박감과 책임감도 느끼고 있습니다.

총체적으로 보면, 쑤저우의 경제와 사회가 발전함으로써, 특히 신구와 공업단지라는 첨단기술단지가 구축됨에 따라, 쑤저우 교육은 경제와 사회가 함께 발전하는 선순환을 실현해야 하고, 종합적인 개혁과 신운영체계, 향상된 도시교육이 필요합니다.

구체적으로, 첫째는 교육에 대한 정부의 거시적인 조절능력이 매우 필요합니다. 정부의 개입은 단일적인 교육 행정에서 종합적인 행적으로 바뀌었습니다. 하지만 앞으로는 더욱 적극적으로 개입하여, 계획, 경제, 노동, 인사, 재정, 과학기술부서가 공동으로 교육 관리에 참여하고, 교육에 대한 관리와 발전에 책임을 져야 합니다. 이렇게 하면 교육이 사회시스템에 유기적으로 통합되어 진정한 구성요소가 될 수 있습니다.

정부의 역할로는 부족하기 때문에, 둘째는 사회의 참여가 필요합니다. 사회적 역할을 확대하여 전 사회가 교육개혁을 추진하고 교육을 발전시켜야 합니다. 경제부처와 광업기업이 함께 직업기술교육을 실시하여 기술을 양성하는 동시에 응용할 수 있도록 해야 합니다. 사회교육을 장려하고, 해외 우수기관과 인사초빙을 통해 협력교육을 실시하고, 사회단체와 개인, 혹은 공동 교육을 지원하고, 우수 졸업생이 적절히 대우를 받을 수 있도록 보장해주어야 합니다.

셋째, 학교에서 교육에 대해 더욱 열정을 가져야 합니다. '소유권과 교육권의 분리'를 시범적으로 실시하고, 적절히 시범분야를 넓혀 나가야 합니다. 교내 관리체계에 대한 개혁과 교내 교육자주권을 점차 확대하고, 자주적인 교육과 자아발전, 자아컨트롤이라는 새 시스템을 구축해야 합니다.

쑤저우 발전에 맞게 과학기술교육을 강화해야 합니다. 쑤저우의 경제구조와 산업구조가 전환 및 조정, 개선됨에 따라, 쑤저우 지방 고등교육기관에서도 전문화된 구조를 필요로 하고 있습니다. 문과와 경제학과 전공 외에도, 이공계 전공 비중을 늘리고, 중고등학교에서도 과학기술교육을 강화해야 합니다. 한국의 경우, 이 분야에서 상당한 성공을 거두었습니다. 기초교육단계에서 '과학기술고등학교'를 설립하고, 과학적 재능과 수학적 재능이 뛰어난 학생에게 그에 맞는 교육을 실시하여, 그들의 재능을 최대한 개발함으로써 우수한 과학기술 인재를 양성하였습니다.

또한 '외국어 고등학교'에서는 우수한 외국어실력을 갖춘 훌륭한 인재를 양성하고 있습니다. 싱가포르는 초등학교 고학년부터 기술교육과정을 개설하여, 어렸을 때부터 과학기술에 흥미를 갖고 과학기술 의식을 길러주며, 학습차원에서 취업을 위한 준비를 하고 있습니다. 이러한 국가들의 과학기술교육 경험을 모델로, 우리 역시 과학기술 인재양성을 위한 교육을 중시하고, 현재의 기술직에 대한 기술훈련을 실시함으로써, 늘 새로운 지식을 함양하고, 기술력 갱신과 응용능력을 높이고 관리능력을 향상시켜야 합니다. 학습형 도시와 학습형 사회를 구축하는 것도 매우 좋은 방법이라고 생각합니다.

06

교육에 관한 개인적 견해

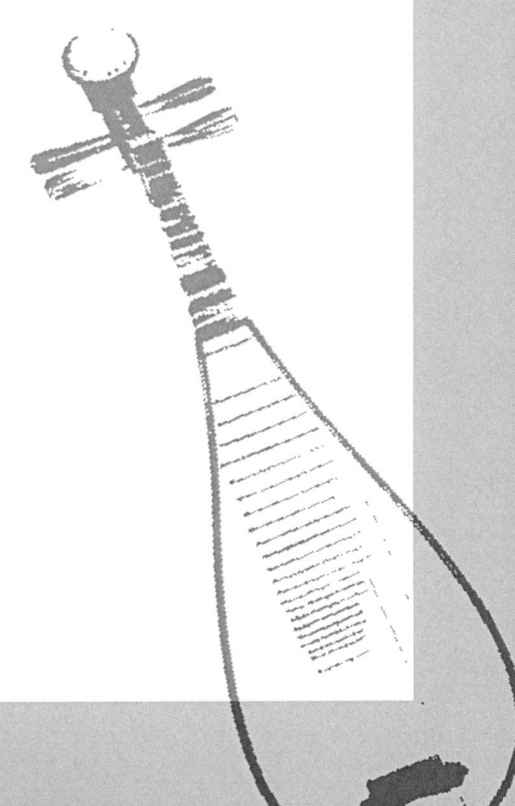

주영신 교수는 매우 지혜로운 사람입니다. 아이 같은 동심도 있으며 상상력도 풍부합니다. 솔직담백한 성격이기 때문에 자신을 속이지 않고, 늘 솔직하게 마음을 드러내어 상대를 설득시킵니다. ‘교육의 규율’이 분명하고 정확한 진리는 아니지만, 그는 개의치 않고 다른 사람의 비판을 진심으로 받아들입니다. ‘학부모 이사회에 대한 의견’에 대해 그는 솔직한 비판을 꺼리지 않습니다. 그는 자신이 주도적인 역할을 하는 강연회에서도 솔직 화법을 구사합니다. 솔직하고 깊이 있는 말솜씨로 무수한 청중의 마음을 사로잡고 있습니다.

또한 주 교수는 매우 마음이 깊은 사람입니다. 독단적으로 말하기보다는 경청하는 자세로 다른 목소리에 귀를 기울입니다. 또한 “작은 일에도 세심한 노력을 기울인다면 큰 일이 될 수 있다”는 신념을 갖고 있습니다. 그는 사제 간 일기쓰기의 효과를 믿으며, 자신부터 솔선수범하고 있습니다. 그래서 아무리 바빠도 생활과 교육에 대한 자신의 느낌을 일기로 기록하고 있습니다. 또한 자칭 ‘인터넷 벌레’라고 부르는 교수는 교육사이트를 개설했습니다. 이 평범해 보이는 행동이 교육계의 ‘꿈을 좇는 사람’들을 자극하여, 많은 젊고 우수한 교육인재를 양성했고,

심지어는 중국교육계의 기적을 일으켰습니다.

주 교수는 교육을 일종의 성토로 생각하고, '교육계 사람과 교육'에 관해 말하기 위해 '진실을 고백'하기로 했습니다. 이 방식을 통해 '고백'뿐만 아니라 자신의 마음을 충분히 보여주고 있습니다. 사실 많은 청중들 가운데 그의 영향을 적잖이 받고 풍부한 동심과 상상력을 되찾은 사람도 있습니다. 교육자에게 지혜로운 마음이 생긴다면, 교육은 곧 성공의 길을 걷게 되지 않겠습니까?

97. 이미 다양한 역할과 책임을 맡고 계시는데요, 그렇게 많은 역할을 어떻게 수행해내십니까?

많은 사람들이 제게 그 질문을 했습니다. 어떤 사람은 면전에서 학자와 관리자는 선천적으로 충돌하는 관계라며, 사상가와 정치가처럼 전자는 이상주의자지만 후자는 현실주의자고, 전자는 대부분 비판을 하는 역할이고, 후자는 대부분 건설자이며, 전자는 무엇이 제일 좋은지를 고민한다면, 후자는 실행가능성을 고민하는 사람이라는 말을 했습니다.

좀 더 직설적으로 말하면, 학자는 순수한 동심이 필요하지만, 관리자는 세상주의에 물들 수밖에 없다는 의미입니다. 대부분의 사람들이 이러한 견해를 갖고 있지만, 저는 그렇게 생각하지 않습니다. 저는 이상과 현실이 유기적으로 결합할 수 있다고 생각합니다. 비판과 건설이 한 몸이 되고, 학문의 순수한 동심을 유지하면서도 행정을 할 수 있다고 생각합니다. 본질은 변하지 않기 때문입니다.

제 역할 중 교수의 역할과 시장의 역할 중 어느 쪽이 더 많은 부분을 차지하고 있는지에 관한 질문도 종종 받습니다. 제 본연의 기질로 보면 대부분 교수의 역할이 많습니다. 그래서 대부분 강연장에서 교사의 신분으로 참석합니다. 인터넷에서도 저는 시장이 아닌 교사로서 임하고 있습니다. 그러나 많은 학교의 교사들은 인터넷에서 저에게 교육의 문제를 제기하는데, 이때에는 제 역할이 바뀝니다.

저는 출근해서 일하는 8시간 동안에는 시장이지만, 교사의 방식으로 시장 역할을 합니다. 그래서 정부의 상무회에서도 솔직한 발언을 합니다. 교사 출신이라고 해서 돌려 말하거나 거짓말하는 것을 원하지 않습니다. 제가 다른 사람을 비판하면, 상대는 처음엔 받아들이기 어려워하다가도 나중에 다시 생각해 봅니다. 만일 제가 줄곧 관리자나 정치가, 혹은 관료였다면, 다른 사람은 제가 아랫사람을 부리려고 하고 있다고 생각할 것입니다. 하지만 그렇지 않기 때문에 제가 상대를 비판하는 것이 결코 그를 조정하려거나 그의 뒤에서 험담을 하는 것이 아니라는 것을 알고 있습니다. 저는 지금껏 남의 뒤에서 험담을 해본 적이 없습니다. 오히려 그의 앞에서 진실을 얘기합니다. 그래서 시장으로서 시장의 방식을 갖고 있고 시장의 역할에 대해 많은 관심도 갖고 있습니다. 이는 아마도 다른 시장과 다른 점일 것입니다.

다양한 역할 때문에 일에 대한 부담감도 무겁고, 중압감도 큽니다.

하지만 아무리 힘든 일이라도 그 일에 대한 열정을 갖고 있다면 즐겁게 일할 수 있으며, 자신의 지혜와 재능을 충분히 발휘하고 자신의 가치를 실현할 수 있습니다. 그래서 제가 맡은 일들이 힘들기는 하지만, 매우 즐겁습니다.

> 98. 만일 시장이 아니었다면 학술적으로 더 성공할 수도 있었을 텐데요. 하지만 어쩌면 이렇게 큰 영향을 끼치지 못했을지도 모릅니다. 어쩌면 선생님의 교육이상은 오색찬란한 비눗방울 정도에 그쳤을지도 모릅니다. 이에 대해 어떻게 생각하십니까?

실제로 저 역시 이 문제를 여러 번 생각했습니다. 모두의 눈에는 다양한 역할을 홀로 맡고 있는 매우 특수한 사람으로 보이고, 저 역시 이러한 현실에 제게 있어 행운인지 불행인지 잘 모르겠습니다. 하지만 이왕 이 길을 걷고 있고, 이렇게 많은 역할을 수행하고 있는 바에는 제대로 하고 싶습니다. 다른 사람은 할 수 없는 역할, 다른 교수와 비교될 수 없는 역할을 해내고 싶습니다. 국민들이 제게 부여한 권리를 충분히 이용하고, 교수로서 다년간 쌓아온 학식을 충분히 활용하여 중국교육에 조금이라도 기여를 하고 싶습니다.

전에 《교육, 나의 사랑敎育, 我的至愛》이라는 글에서 혼자서 교육을 연구하고 관리하는 역할에 대해 설명한 적이 있습니다. 일부 매체에서는 제가 중국교육의 제일가는 사람이라고 표현했지만, 사실 저는 '양회兩 會'에 참석해서 저처럼 이 세 가지 역할을 모두 맡고 있는 사람이 정말 많다는 것을 알았습니다. 우한武漢시 교육국 부국장인 저우홍위周洪宇는 화중사범대학華中師範大學의 교수이고, 선양沈陽시의 교육국 부국장인 저우궈타오周國韜, 윈난雲南성의 성정부협회 부주석인 루오리휘羅黎輝 역시 마찬가지로 다양한 역할을 하고 있었습니다. 전국적으로 이렇게 많은 역할을 혼자 수행하고 있는 사람이 많이 있습니다.

저는 사회의 자유로운 토론에서 많은 영향을 받습니다. 저는 관료로 서 쑤저우 밖의 지역은 관여할 수 없습니다. 쑤저우에서도 교장에게 무 언가를 지시하기가 쉽지 않습니다. 신교육실험이 쑤저우 지역에 확대 실시될 수 있었던 이유를 아십니까? 제가 왜 농촌지역을 선택했을까 요? 농촌이 도시를 포함하고 있기 때문입니다!

하나의 사상은 권력에 기대서는 추진될 수 없습니다. 반드시 사람들 의 인정을 받아야 합니다. 그래서 개인적으로 권력은 어느 정도 영향력 은 있지만, 결정적인 영향력은 없다고 생각합니다. 진심으로 다른 사람 의 공감을 얻고 행동하도록 하고 싶다면, 다른 사람이 자신을 이해하고 믿도록 해야 합니다.

시장이 아니었다면 수많은 꿈과 이상도 단순히 오색찬란한 비눗방울 에 지나지 않았을 것이라는 관점에 대해서, 첫째로 비눗방울은 없는 것 보다 있는 것이 더 좋다고 생각합니다. 어쨌든 오색찬란하기 때문에 충 분한 감각을 느끼게 해줍니다. 비눗방울이더라도, 저는 좋습니다.

둘째는 비눗방울은 딱딱하거나 결코 터지지 않는 것이 아니지 않습니까? 우리의 교사와 아이들, 실험학교가 더 중요합니다. 사실 실험학교 안에서도 신교육의 꿈은 한 번 불면 터지고 마는 그런 비눗방울이 아닙니다. 이미 교사를 변화시키고 있고, 교사와 학생의 마음과 생활에 가까워지고 있습니다. 그렇지 않다면 우리가 하고 있는 일이 이렇게 많을 수가 없습니다.

저는 인터넷에서 만나고 있는 친구들을 하나하나 모두 기억하고 있습니다. 우리와 함께 일하고 있는 동료들, 그들 하나하나의 이야기를 다 기억하고 있습니다. 사실 사이트 가입자 수가 수만 명이 넘어서고, 매일 신규 가입자들이 늘어나고 있는데, 일이 너무 바빠서 모두 만날 수 있는 여력이 없습니다. 처음 시작했을 때처럼 온라인을 통해 많은 시간을 함께 나누고 대화할 수 없게 되었습니다. 공을 이루면 퇴장한다는 말이 있지만, 저는 아직 공을 이루지도 않았는데 퇴장하기 시작했습니다. 왜냐하면 이제는 제가 없어도 시스템적으로 잘 운영되고 있기 때문입니다. 이후에 사이트가 더 정상적으로 운영이 되면, 제 이상 실현을 포함해서 더 많은 시간을 할애할 생각입니다.

일부는 제가 발표한 저서가 너무 적다고 해서, 최대한 저의 《주영신 교육문집》 10권을 빠른 시일 안으로 완성하려고 노력하고 있습니다. 이 역시 저의 꿈입니다.

물론 일부에서는 이러한 일들이 시장의 역할과 어떠한 모순이 있는 것이 아니냐는 질문을 던지는데, 솔직히 말해서 시간적으로 여유가 매우 부족한 것이 사실입니다. 그래서 부시장으로 일하는 업무 시간에는 교육 관련 일을 하지 못하고 있습니다. 하지만 행정일도 잘 수행하고 있고, 제가 맡아서 분류 관리하는 각 일선과 프로젝트 모두 중국 내에서는 최고로 손꼽히고 있습니다. 이 점은 확실히 보장할 수 있습니다. 저는 열심히 성실하게 일하는 사람입니다.

어떤 사람은 제가 너무 자신만만하다고 생각합니다. 적당한 자신감은 우리가 발전할 수 있는 힘이 되지만, 지나침 허영심은 우리를 낙오자로 만들 수 있습니다. 하지만 앞으로 한발 더 나아간다고 진리가 오류가 되지는 않습니다. 신교육실험은 저의 것이 아니라 모두의 것입니다. '교육온라인' 역시 많은 네티즌의 것입니다.

이 실험은 결코 완벽하지 않기 때문에 늘 항상 개선하기 위해 노력하고 있습니다. 실험은 개방적이고 늘 발전하고 있습니다. 이는 교육 혁신과 발전, 나아가 학생과 교사, 학교의 발전에 큰 도움을 줄 거라고 확신합니다. 그리고 많은 교사와 학생이 적극 참여한다면, 신교육의 꿈은 분명 이루어질 거라고 믿습니다.

제 아들은 일기 쓰는 데 있어 제게 어떠한 지도도 받지 않았습니다. 저는 많은 인문책이나 지침서들이 학생에게 좋지 않은 영향을 줄 수 있고, 일률적인 주제의 작문들도 학생에게 좋지 않다고 말해왔습니다. 일기도 좋고 작문도 좋습니다. 자신의 마음을 표현할 수 있는 수단이라면 모두 좋습니다. 문장은 정해진 쓰기법이 없습니다.

아이에게 육하원칙으로 작문을 하도록 교육한다면, 그 아이는 그 방법의 작문법만 알 수밖에 없습니다. 하지만 일기나 작문은 다양한 방법으로 해야 합니다. 생각지도 못한 문장, 예상치 못했던 문장일수록 좋은 문장입니다. 훈련을 통해서 쓴 작문은 모두 비슷합니다. 첫 문장만 봐도 뒤에 이어질 문장을 알 수 있다면, 가장 좋지 않은 작문입니다. 이런 문장은 필요 없습니다. 사실 이러한 문장은 아이들이 써놓고도 읽지 않습니다. 그래서 저는 아이에게 어떤 작문법이나 일기 쓰는 방법을 가르치지 않았습니다. 그렇지만 아이의 문장 실력은 매우 뛰어납니다. 어법이 틀려도 상관없습니다.

사실 아이의 일기를 보면 틀린 문장이나 글자가 매우 많지만, 이 역시 상관없습니다. 그것이 뭐가 중요합니까? 현재 교사들은 문장 하나

틀릴 때마다 벌을 주는데, 그게 무슨 의미가 있습니까? 컴퓨터를 사용할 때 틀린 문장을 치면 자동으로 틀린 부분을 체크해줍니다. 신문이나 잡지에 글을 실을 때도, 편집회에서 글을 수정해 줍니다. 글자 하나 때문에 신경 쓸 필요 없습니다.

저는 의지가 제일 중요하다고 생각합니다. 아이의 작문을 평가할 때는 그의 의지와 이념을 중점으로 봐야 합니다. 그것이 가장 중요합니다. 의지는 우리가 지도할 수 없는 부분입니다. 지도해도 만들어질 수 없는 부분입니다. 왜냐하면 의지는 아이가 스스로 직접 관찰하고 또 관찰하고, 생각하고 또 생각하는 과정에서 만들어지기 때문입니다. 만일 그 의지나 화법에 대해 모호하고 추상적이라고 생각한다면, 다루기 어렵습니다. '영감'이란 말이 아마 더 이해하기 쉬울 것 같습니다. 즉 아이가 일기나 글을 쓰는 것은 자신을 기록하고 표현하는 영감입니다. 이러한 영감은 물론 아이들이 계속 관찰하고 사고하는 데서 나옵니다.

이 모든 것들은 우리가 지도한다고 해서 생길 수 있는 것이 아닙니다. 왜냐하면 이러한 배경에서 아이들은 수동적으로 성장해서 무언가 주동적으로 하기 어렵기 때문입니다. 그리고 작문을 선택해서 읽는다는 것은 아이들이 타인의 것을 받아들인다는 것을 의미합니다.

사실 아이들은 이러한 과정에서 게으름을 배울 수 있고, 남을 모방하려는 심리가 생긴다는 실험 결과가 있었습니다. 사실 독서 속에서도 사실선재를 쌓을 수 있지만, 아이들이 치러야 할 대가는 감당할 수 없을 만큼 큽니다. 그래서 지나치게 지도하기보다는 아이가 스스로 보고 느끼도록 해야 합니다. 아이들이 느낄 수 있는 능력을 갖고 있다고 믿는다면, 아이들 역시 자유롭게 느끼고 싶어질 것입니다.

어떤 각도에서 보면 일기쓰기는 아이에게 자유를 주는 것입니다. 하지만 아이가 일기를 쓰도록 지도하고 매일 아이 곁에 늘 붙어 있는 것은 아이의 자유로운 공간을 차지하는 것이며, 아이를 믿지 못한다는 것을 의미합니다. 비록 어른들의 뜻에 맞지 않는 행동도 많기 때문에 어른의 관리 감독도 필요하지만, 어느 정도 기준이 있어야 합니다. 아이들이 갖고 있는 문제의 근원이 무엇인지 찾아서, 아이들이 더 자유롭게 발전하고 변화할 수 있도록 해야 합니다. 학부모들이 이러한 문제들을 좀 더 생각할 수 있도록 노력한다면 분명 더 빠른 해결방법을 찾을 수 있을 것입니다.

100. 교육사이트의 발전으로 교육에 새로운 활력을 불어넣고 있습니다. 선생님의 가치 있는 노력 덕분입니다. 교육사이트에 대해 어떠한 독자적인 견해를 갖고 계신가요?

해외에서도 on line education 혹은 on line learning과 같은 인터넷을 이용한 교육을 실시하고 있습니다. 인터넷 교육은 이미 우리의 실제 교육과 밀접한 관계를 맺고 있습니다. 많은 대학들, 특히 해외 우수대학에서는 모든 커리큘럽과 교수의 명강의를 모두 온라인을 통해 무료로 제공하고 있습니다.

저는 출국할 기회가 많아서 해외 선진화된 교육을 많이 경험할 수 있었습니다. 때문에 이러한 문제에 대해서 오랫동안 생각해 왔고, 소개도 많이 해왔습니다. 교육사이트에 대해서라면, 아무리 높게 평가해도 지나치지 않으며, 그 기능을 과대포장해도 과장되지 않다고 생각합니다. 사상을 갖고 있는 학교와 지도자는 교사와 아이의 정보의식과 능력을 양성하는 데 한발 앞서 있기 때문에 더욱 주동적입니다.

중국의 인터넷은 이미 많은 인터넷 전문가들의 예상을 뛰어넘을 정도로 많은 발전을 이루었습니다. 비록 다른 국가에 비해서 정보화 시대에 늦게 진입한 후발국이지만, 포스트 현대화 국가로서 선발국이 겪었던 전철을 밟지 않는 이점을 가지고 가장 좋은 단계에 진입할 수 있었습니다. 해외 언론들도 중국의 정보 고속도로는 이미 어느 선진국에도 뒤지지 않는다고 평가하고 있습니다. 왜냐하면 정부가 나서서 인터넷 발전을 대대적으로 지원하고 있고, 그 투자와 노력이 어느 서방국가에도 뒤지지 않기 때문입니다.

인터넷 건설과는 별개로, 좋은 인터넷 환경을 만드는 것이 현재 우리가 해결해야 할 문제입니다. 교육인터넷은 분명 깊이 고려를 해야 할 문제입니다. 초중등학교의 정보기술교육은 이미 시작되었습니다. 아이들이 컴퓨터를 사용하거나 좋아하는 정도를 고려해 봤을 때 인터넷에 대한 인식에는 아직 잘못된 부분이 있습니다. 많은 아이들과 학부모들이 컴퓨터에 대한 인식이 부족합니다. 그래서 컴퓨터를 단순히 '가지고 노는' 수준에 머물러 있습니다. 인터넷 사용도 영화보기나 채팅, 포커 게임 등에 그치거나, 혹은 게임에 너무 심취해서 중독되는 수준에 이르

기도 합니다. 또는 성인 사이트에 가입하는 등의 이유를 들어 대다수의
부모들이 아이의 인터넷 사용을 원치 않습니다.

하지만 무조건적인 거부는 좋은 방법이 아닙니다. 아이들을 위한 '학
교 PC방' '건전한 PC방'을 만들어야 합니다. 일부 교사와 교육인터넷
에 관해 토론하면서 교사들이 곤혹스러워하는 부분을 이해할 수 있었
습니다. 일부 교사들은 인터넷이 있어도 사용할 수 없거나 잘 사용하지
못한다고 말합니다.

많은 원인을 분석하고 고려해서 교사와 학생들을 위한 깨끗한 인터
넷 교육사이트를 만든 것입니다. 최근 1년 동안의 사용 경험을 통해서
네티즌들은 이제 우리 사이트를 따뜻한 집, 즐거운 집, 교사들이 성장
하는 집, 서로 존중하고 격려해주는 집, 사심 없이 기여할 수 있는 집,
교육에 진정한 열정을 가진 집으로 보고 있습니다. 이처럼 이제 더 이
상 인터넷에 두려움을 갖기 않고, 진정한 가치를 알게 된다면 우리가
원하는 방향대로 인터넷을 활용할 수 있습니다.

신교육실험에서도 디지털 커뮤니티 건설을 위한 행동지침을 만들었
습니다. 즉 전체 학생과 교사들이 매일 인터넷을 친구로, 무한한 교육
자원을 이용하고, 주동적으로 정보를 얻고 흡수하며, 또한 정보시대의
교류와 의사소통을 배우고 함께 학습을 위한 인터넷세계를 창조해 나
가는 것입니다.

101. 입시교육을 소양교육으로 전환하는 데 있어 중요한 문제는 시험제도의 개혁에 있나요? 만일 중학교 교장이시라면, 교사의 소양을 높이기 위해 어떠한 구체적인 조치를 실시하시겠습니까?

교육은 일류 학교의 입학허가서를 받기 위한 것만이 아니라, 뚜렷한 개성을 가진 살아있는 인재를 양성하기 위한 것입니다. 퍼센트로 따지는 진학률을 높이기 위한 것이 아니라, 학생들이 생기 있게, 주동적으로 발전할 수 있도록 하기 위한 것입니다. 단순히 보고를 위한 데이터를 만들기 위한 것이 아니라, 교사와 학생이 함께 숨 쉬고 창조해 나가는 인생의 체험입니다.

입시교육이 끊이지 않는 까닭은 주로 관념의 문제에 있다고 봅니다. 적지 않은 교사와 학교, 주관부처는 시험점수나 진학률은 학생과 학교를 평가하는 유일한 기준으로 보고 있습니다. 교사의 각도에서 보면, 관념이 낙후된 교사가 시험제도가 어떻게 변하든 간에 항상 입시교육 위주로 교육을 실시합니다. 관념이 진보된 교사는 입시교육보다 소양교육을 중시하고, 함께 실시합니다. 학생의 인성과 수양을 양성하고, 그들의 자존심과 자신감을 보호하고, 나아가 그들의 꿈과 열정을 자극할 수 있어야만 비로소 교육의 성공을 보장할 수 있기 때문입니다.

현재 중국의 일부 지역은 여전히 입시교육에서 벗어나지 못하고 있습니다. 하지만 우리는 입시교육에서 반드시 벗어나야 한다고 강조합니다. 저는 지금껏 어떤 학교의 대학 입시 성적에 대해 물어본 적이 없습니다. 정부가 볼 때는 자유로운 환경이지만, 사회적인 측면에서는 어떠한가요? 사실 그다지 자유롭지만은 않습니다.

하지만 최근에는 사회적으로도 갈수록 재능교육, 특기교육을 중시하고 있는 추세입니다. 그래서 초중등교육단계에서 입시교육보다는 소양교육을 위주로 더 많은 노력을 기울이고 있습니다. 일부 고등학교에서는 아이들의 특기를 매우 중요시합니다. 쑤저우 학생들은 고등학교 진학 때 성적이 전국에서 제일 뛰어나거나 우수하진 않지만, 잠재력만큼은 가장 뛰어나다고 인정받고 있습니다.

학생의 성적은 아이의 학습 상황에 대해서만 알려줄 뿐, 총체적인 정보를 주지는 않습니다. 발전가능성의 관점에서 아이를 보고, 교사를 보고, 학교를 봐야 합니다. 시험 한 번으로 학생의 성패를 결정할 수 없고, 수업 한 번으로 교사의 자질을 평가할 수 없습니다. 나아가 1년의 진학률 가지고 학교의 질을 가늠할 수 없습니다.

교육의 질은 진학률이 아니라, 발전성, 적극성, 실천성을 가지고 학교가 학생의 발전을 근본적으로 고려하는지, 교육환경이 우수한지, 교사가 학생의 발전을 위한 수업을 기획하는지, 학생이 가장 기초부터 발전을 하고 있는지를 평가해야 합니다. 학교가 가장 큰 효과를 얻고 싶다면, 교장이 교육의 방향을 어떻게 정하느냐가 관건입니다. 좋은 교장이라면 각 교사에게 성공의 기회를 가져다 줄 수 있습니다. 효과적인 실천으로 교사의 소양을 자극시킬 수 있습니다.

만일 제가 학교장이라면, 교사의 성장, 계발, 발전을 위한 다양한 플랫폼을 만들고, 교사의 수업 특성을 위한 다양한 시공간을 제공해줄 것입니다. 많은 사람들은 소양교육이나 재능 교육을 실시한다면 입시에 영향을 줄 것이라는 잘못된 생각을 갖고 있습니다. 하지만 사실은 그와 다릅니다. 진정한 소양교육이야말로 유능한 학생을 양성할 수 있고, 그에 따라 입시능력도 충분히 발전할 수 있습니다.

우선 첫째 질문에 대해서 말씀드리겠습니다. 저는 지금껏 두 가지 잣대로 사물을 평가한 적이 없습니다. 오로지 하나의 기준만을 가지고 사물을 바라봅니다. 이 기준은 시장을 넘어서, 그리고 학자를 초월한 개념입니다. 즉 종합적인 기준입니다.

물론 일부에서는 학자의 입장에서는 소양교육을 강조하고, 시장의 입장에서는 입시교육을 강조하는지에 대해서 물어보기도 합니다. 그렇지 않습니다. 쑤저우의 어떤 학교라도 괜찮습니다. 제가 입시교육을 강조하는지 물어보십시오. 시장으로서 생각하는 바와 학자로서 생각하는 바는 완전히 일치합니다. 저는 생각하는 대로 말합니다. 아예 말을 안 하려면 안 하지, 결코 거짓말을 하지 않습니다. 이것은 저 자신에 대한 가장 기본적인 요구사항입니다. 제가 한 말들은 모두 제 의지가 담긴 말입니다.

둘째 질문에 대해서, 신 교과과정은 다양한 회의와 문건을 통해 교육부가 결정한 것입니다.

신교육과정의 교육정신과 이념은 그만의 장점을 지니고 있으며, 현대교육의 혁신에도 분명 좋은 점이 있습니다. 이것이 첫째입니다.

둘째, 신교육과정의 개혁은 국가적인 프로젝트로 추진하고 있고, 강한 실천력을 갖고 있습니다. 또한 학교와 금방 가까워질 수 있는 유리한 요소입니다. 현재 잡지에서 신 교과과정을 많이 홍보하고 있습니다. 그래서 초중등학교에 신교과과정이 빠르게 보급되고 있습니다.

셋째, 처음부터 대부분 신 교과과정 개혁을 더 잘, 더 빨리 실시한다면, 분명 더 나은 효과를 거둘 수 있을 것입니다.

넷째, 신 교과과정에 절대적인 희망을 걸고 기대해서는 안 됩니다. 그것을 하나의 바구니로 생각해서 뭐든지 담으려고 해서는 안 됩니다.

다섯째, 신교과과정이 커리큘럼 외에도 다른 방면에 있어서 좀 더 유연성을 가져서 구체적인 행동방안을 만들길 바랍니다.

여섯째, 신 교과과정의 개혁은 교육실험규율을 준수해야 하며, 말보다는 실험을 우선시해야 합니다. 본격적인 개혁 전에 조사 데이터를 제시하고, 단순한 묘사로 과거 교육의 단점을 평가하거나 이번 개혁의 장점을 소개하는 것에 그쳐서는 안 됩니다.

인터넷에서 잡지에서 소개되는 신교육과정에 관한 글을 보면, 신 교육과정을 실시하는 데 있어 2001년 이전 교육에 대한 과학적인 분석과 정리, 실험적인 분석이 빠져 있다는 것을 알 수 있습니다. "나무를 기르는 데 10년이 걸리고, 사람을 기르는 데 100년이 걸린다."라는 말이 있습니다. 1년 안에 학생의 소양 변화와 교실 수업의 변화를 볼 수 있을까요?

마지막으로 신 교과과정은 경험만을 정리하는 것이 아니라, 실시할 때마다 그때의 실험 과정에서 나타나는 문제를 정리 분석해야 합니다. 왜냐하면 일부 실험지역에서는 많은 문제들이 속속 나타나고 있기 때문입니다.

신교육실험은 신 교과과정의 개혁을 통해서 배우고, 다른 교육실험과 개혁에서 보이는 장점을 흡수하고, 그들의 경험을 선례로 삼고 있습니다. 그래서 신교육실험이 교사와 학생의 실제 생활, 학교의 현실에 더욱 부합해서 좀 더 학생과 교사의 마음에 다가가고, 학교의 생활에 가까워지며, 나아가 중화민족의 발전과 전 인류의 진보를 위해 최선을 다해 기여를 하고 있습니다.

이상의 실현은 늘 하나의 과정입니다. 시간이 갈수록 생기는 새로운 이념과 목표에 따라서 우리의 과제의 방향도 달라집니다. 하지만 이상 속에서도 교육적 규율에 부합해야 하고, 교육의 발전 방향에 부합해야 합니다. 교육을 사랑하는 사람이라면 반드시 교육 이상을 추구해야 합니다. 그럴 때 비로소 일에 동기가 생기고 활력이 생길 수 있습니다. 그리고 나아가 생존과 발전의 공간을 찾을 수 있습니다.

모든 교장과 교사들은 시작은 같아도, 맡은 일의 경중이 다를 수 있습니다. 하지만 일에 있어서 중요한 것은 자기가 맡은 일을 잘 해내는 것입니다. 이것이야말로 목표를 추구하는 것이고, 그것을 행동으로 옮겼을 때 비로소 결과가 만들어질 수 있습니다.

103. 선생님의 교육 이념과 이상을 매우 존경합니다. 하지만 교육의 주요 발언권을 쥐고 있는 교장들과 교육행정부처의 고위급 관료들은 구구절절 소양교육을 말하면서도 실제로는 입시교육을 실시하고, 학생의 평생발전에는 아무런 도움이 되지 않는 학과를 강조합니다. 말만 번지르르할 뿐 실제 행동은 모순됩니다. 이 문제에 대해 어떻게 생각하십니까?

최근 우리 사회와 학교에서 일종의 '반교육 연맹'을 조직하고 있는데, 이는 매우 안타까운 일입니다. 저는 신교육실험을 통해서 진정한 소양교육은 입시 시험 성적도 올릴 수 있다는 관점을 증명하고 싶습니다. 문제의 관건은 아마도 교육자 자신이 물질적인 것보다 정신적인 측면에 있다고 할 수 있습니다.

제가 잘 아는 한 교사는 고등학교 3학년 문과수업에서 교과 내용뿐만 아니라 수업 외의 것에 대해서 많은 이야기를 하지만, 그래도 학생들은 시험에서 좋은 성적을 얻고 있습니다. 시험도 개혁하고 있습니다. 소양교육의 방향으로 점점 가까워지고 있습니다. 우리의 교사들은 스스로 지나치게 얽매이거나 생각의 부담을 가질 필요가 없습니다. 일부 교사들과 얘기해보고 그들이 교육사이트에 남긴 답글을 읽어보면 확실히 많은 교사들이 소양교육과 입시교육을 서로 다른 차원으로 이해하고 있는 것을 알 수 있습니다.

공공장소에서 입시교육에 대해서 말할 수 없는 것은, 마치 입시교육을 말하면 실무에 대해 잘 알지 못하는 교사로 비춰질 수 있기 때문에 반드시 '소양교육'이라고 해야 하는 현상이 보편적으로 나타나고 있습니다. 소양교육을 할 수 없으니 입시교육을 실시한다면, 반드시 그 사실을 인정해야 합니다. 사람들 앞에서는 소양교육을 한다고 하면서 사실은 입시교육을 실시하는 이해 못할 상황을 만들어서는 안 됩니다.

중요한 것은 입시교육과 소양교육의 관계와 차이를 이해하고, 학교와 학생의 실제 상황에 맞게 개혁을 실시하며, 자신이 해야 할 일에 대해서 충분히 알아야 한다는 점입니다. 그저 현실을 원망하거나 위축되어서는 안 됩니다. 입시교육이 완전히 잘못된 교육은 아닙니다. 단어의 뜻으로 보면, '입시'는 일종의 중성적인 단어입니다. 하지만 지금에 와서는 오히려 나쁜 뜻의 단어로 인식되고 있습니다. 이 역시 잘못된 현상입니다.

신교육실험은 소양교육을 실시하는 것처럼 입시교육을 완전히 부정하지 않고, 실험 속에서 종합소양을 형성하고, 인격의 기초를 다지며 생존의 방식과 방법을 이해하여 자신의 이상을 실현하도록 하고 있습니다. 물론 이러한 실험 속에서 아이들은 시험을 두려워하지 않습니다. 오히려 그것을 자신의 지식과 능력을 시험하고 평가함으로써 자신의 이상을 더 잘 실현할 수 있습니다.

교사는 학생을 강제적으로 가르칠 필요가 없습니다. 많은 규범들이 학생의 자유를 속박할 수 있으니까요. 우리는 아이의 개성에 맞게 그에 맞는 길로 인도해주어야 합니다. 학교교육을 올림픽에 비유해서 말하자면, 교사는 단순히 금메달을 교육 성공의 지표로 삼아서는 안 됩니다.

교육자들은 늘 겸손하며 타인의 장점을 배워야 합니다. 교장으로서 전체적인 발전을 기초삼아 학생들의 장점과 개성을 양성해야 합니다. 학생의 개성 발전을 단순히 올림픽 경기에서 금메달을 따는 것처럼 금메달에만 연연한다면 분명 학생에게는 어떠한 이득도 돌아오지 않을 것입니다.

마침 학부모 이사회의 일원인 저에게 매우 적절한 질문입니다. 얼마 전 쑤저우에서 100년도 더 된 학교에서 고등학교 1학년 학생들의 학부모 이사회를 조직했는데, 제가 명예이사장이 되었습니다. 방금 말씀하신 것처럼, 학부모 이사회의 구성원은 두 종류입니다. 돈이 많거나 권

력이 있는 사람들인데, 즉 회원들의 재력과 권력을 교육 서비스에 투자
하는 취지에서 조직하는 것이지요. 그 학교 교장에게 우스갯소리로 신
을 모시는 것은 쉽지만 보내는 것은 어렵다고 말했습니다. 학부모 이사
회를 조직하는 것도 좋은 일이고, 학부모가 교육에 참여하는 것도 교육
의 진보를 보여주는 것입니다. 하지만 교사나 학교가 학부모를 별개로
생각하기 어렵기 때문입니다. 즉 어떤 문제가 발생하면, 일단 저나 이
사회 책임자를 찾아가 문제 해결을 부탁하기 마련입니다. 그래서 저는
일단 어려움이 생기면, 우리 학부모 이사회가 전력으로 자금과 권력을
지원해 주겠다고 교장과 약속을 했습니다. 사실 아이들이 활동하고 발
전하기 위해서 우리는 모든 자금과 힘을 총동원할 마음이 있습니다. 중
국의 학부모라면 분명 모두 그럴 것입니다. 하지만 여기에 조건을 달았
습니다. 우리가 이왕 이사회가 됐으니까, 이름에 걸맞게 학교의 교과과
정에도 참여한다는 조건이지요. 쑤저우에 세계 500대 기업에 포함된
90개 기업이 있는데, 그중 10대 기업을 초청해서 강연회를 열어야 한다
는 조건을 걸었습니다. 아이들이 강연회를 통해 창업 스토리를 들을 수
있고, 그 분야의 위인들이 어떻게 성공했는지를 들을 수 있는 기회를
만들어 주기 위해서입니다. 이는 앞으로 아이들이 사회에 나가서 발전
하는 데 있어, 교실의 그 어떤 강의 내용보다 훨씬 유용할 것입니다. 또
한, 교실 수업도 이제 바뀌어야 합니다. 사실 수업 시간 45분 내내 계속
집중하고 있기가 쉽지 않습니다. 그래서 20분간 수업하고, 나머지 25분
은 학생들에게 토론할 수 있는 시간을 주는 것입니다. 요즘 아이들은
발표력이 매우 떨어집니다. 학교에서도 집에서도 나 이기회가 거의 없

습니다. 그런 아이들은 나중에 사회에 나가서도 자신의 입지가 좁을 수밖에 없습니다. 또 하나는 선생님이 수업을 잘 못 가르친다고 하여 선생님을 바꿀 수 있느냐 하는 것입니다. 이때 필요한 것이 바로 학부모들의 주장입니다. 학부모들 역시 학교에 그들의 의견을 개진할 수 있어야 합니다. 그러나 보통의 학부모들은 학교나 선생님에게 의견을 말하는 것을 매우 어려워합니다. 학부모 회의에 참석하라는 통보에도 혹시 아이 때문에 욕을 먹을까 두려워 부부나 가족 간에도 미루기 일쑤입니다. 이러한 상황은 성적이 좋지 못한 아이의 부모의 경우 특히 심각합니다. 대부분 중간고사나 기말고사가 끝나고 등수가 발표될 때나 학부모 회의를 열 때, 이러한 기회는 학부모와 학교간의 상호 교류의 장이 되기보다는 스트레스가 되는 경우가 많습니다. 저의 이런 의견을 학교 측에서도 관심을 갖고 듣고 있으며, 이사회 회원들이 내놓은 저와 비슷한 의견들도 잘 받아들여지고 있습니다. 이사회가 제대로 역할 발휘를 한다면, 분명 학교 발전에도 도움이 될 것입니다. 그렇기 때문에 학부모 이사회가 제대로 된 역할을 하기 위해서는 학교교육에 대해 발언권을 가져야 합니다. 물론 학부모 이사회가 모든 학부모를 대표함으로써 학부모들의 목소리를 반영하고 학교와의 협력을 촉진해야 한다고 생각합니다.

하편

기자와
네티즌과의 대화

01

기자와의 대화

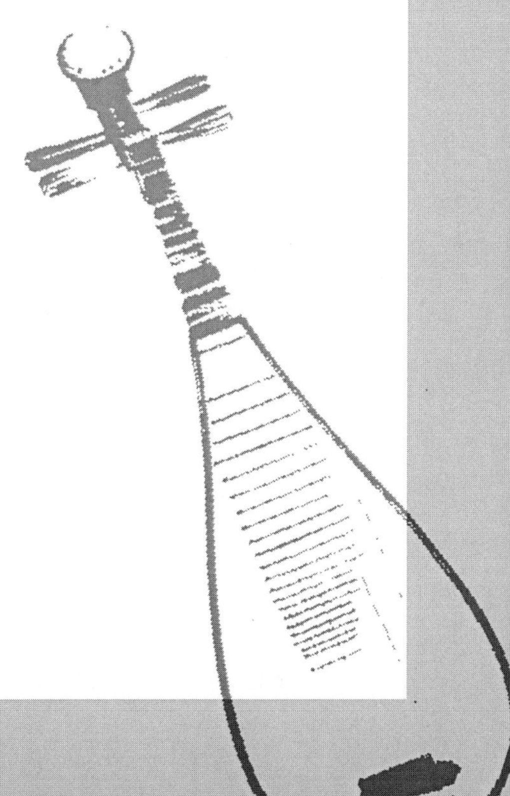

1. '인격 장성'을 쌓자

- 《문회보文匯報》 기자 마오롄타오茅廉濤

마오롄타오(이하 '마오') : 얼마 전 본지 헤드라인을 통해 동지洞濟 대학에서 교육 시스템에 '인격교육'을 포함하여 학생의 도덕적 소양 양성에 주력하겠다는 기사가 보도된 후, 학교 전반에 큰 반향을 일으켰습니다. 다년간 교육연구에 종사해 온 전문가로서 '인격교육'도 연구의 한 부분일 것 같은데, 이 일을 어떻게 보십니까?

주영신(이하 '주') : 일단 현실적이고 적절한 보도 제목이 마음에 듭니다. 《인재 양성, 먼저 '人'을 그리자成才, 先得寫好'人'字》라는 표제 역시 매우 눈에 띕니다. 인격이 부족하면 아무리 출중한 능력을 갖추고 있어도 소용없습니다. 현재 일부 청소년은 '人'자가 부족합니다.

　최근에는 여러 매스컴을 통해 청소년 범죄에 관한 보도를 자주 접할 수 있게 되었습니다. 그중에 일부는 심각한 범죄 성격을 띠는 경우도 있습니다. 최근 몇 년 동안 중국 청소년 범죄가 형사범죄 중 70% 이상을 차지하고 있는 데다 갈수록 나이가 어려지고 있는 추세를 보이고 있습니다. 이 문제에 대해 사회 전반에서 경각심이 일고 있습니다.

마오 : 확실히 현재 일부 학생들에게 인격 장애, 도덕상실 등의 현상이 나타나고 있어서 사회에 경종을 울리고 있습니다. 절강지역의 금화중학교 학생이 모친을 살해하고 중앙음악학원에 진학 후에는 파룬공法輪功에 빠져 분신한 사건을 포함해서 청소년들의 강도, 살인, 강간, 상해 등을 살펴보면, 청소년의 인격교육, 즉 도덕교육은 이미 등한시할 수 없는 문제가 되었습니다.

주 : 인격은 곧 인품입니다. 인품에서 가장 중요한 것은 품성과 덕입니다. 예부터 국내외 교육가들은 모두 도덕교육을 매우 중요시해서, 숭고하게 다뤄왔습니다. 독일의 유명한 교육가인 헤르바르트Johann Frie-drich Herbart는 "도덕은 인류의 최고 목적이기 때문에, 도덕교육 역시 교육의 최고 목적이다."라고 말했습니다.

중국의 유명한 현대교육가인 타오싱즈 선생 역시 "도덕은 인격의 근본으로, 다른 학문과 능력은 갖고 있어도 쓸데가 없을 수 있다. 하지만 도덕이 없다면, 학문과 능력이 클수록 나쁜 일을 할 가능성이 커진다. 그래서 얼마 전에 우리 모두의 '인격의 긴 성을 세우자'는 의미로 '인격장성人格長城'을 쌓자는 제안을 내놓은 것이다. 이렇게 할 때 비로소 학생들이 자각적으로 선한 인격을 쌓기 위해 노력할 것이다."라고 말씀하신 적이 있습니다.

예부터 국내외 교육가들은 도덕에 대해 많은 명언을 해왔는데, 그들의 공통점은 바로 도덕교육을 가장 중시했다는 점입니다. 이처럼 도덕교육은 교육 전체의 영혼이라고 볼 수 있습니다.

마오 : 중화민족은 도덕을 '중시하고' '존경하고' '경외시하는' 민족입니다. 역사적으로 개인의 품성수양을 강조해 왔습니다. 맹자는 '측은지심側隱之心'과 '수악지심羞惡之心' '시비지심是非之心' '인불가이무치人不可以無恥(사람은 부끄러움을 알아야 한다)'가 있어야 하며, "부는 지나쳐선 안 되며, 빈곤은 물려주어선 안 되며, 힘과 권력은 구부려져선 안 된다"라는 말을 했습니다. 현재 인격적으로 문제가 있는 청소년들이 적지 않습니다. 원인은 매우 다양한데, 그중에 하나는 입시 위주의 교육 때문에 도덕교육이 최고의 대우를 받지 못했다는 데에도 있다고 봅니다.

주 : 사실 그렇습니다. 그래서 《문회보》에서 인격교육의 문제는 매우 시급하고 즉시 해결해야 한다는 보도를 한 것은, 타오싱즈 선생이 그 해에 '인격장성' 세우기 운동을 일으켰던 것처럼 도덕교육을 다시 교육 관련 정책에 포함시켜야 한다고 생각합니다. 저는 도덕교육, '인격장성'을 세우기 위해서는 먼저 사람의 인품을 형성할 수 있는 규율을 연구해야 한다고 생각합니다.

마오 : 사람의 인품을 형성하는 규율이란 말은 처음 들어 보는데요. 어떻게 만들 수 있나요?

주 : 사람의 인품은 자연적인 활동에서 만들어집니다. 이는 인품을 형성하는 첫 규율입니다. 추상적인 도덕 금기는 말로만 가르쳐서는 사람들 가슴속에 깊이 스며들기 어렵습니다. 인위적으로 만들 수도 없습니다. 과거에는 각 가정마다 보통 2, 3명의 자녀를 두어서, 화목한 가정 분위기 속에서 자신의 권리와 의무, 책임 등을 자각할 수 있었습니다.

예를 들어, 온 가족이 모여 앉아 다과를 먹을 때 아이들은 어른 먼저 드리려고 양보하고, 어른은 아이들에게 좀 더 많이 먹이려고 일부러 적게 먹으면서 아이에게 도덕이 몸으로 익혀지는 것이지요. 또 집안일을 할 때도 가족 구성원들이 스스로 알아서 분담하고, 모두의 권리와 책임, 의무를 통일시킵니다. 이 자체가 바로 자연스럽게 도덕정신을 실천하는 것입니다. 이러한 생활 속 활동을 통해 아이들이 부모가 반복해서 가르칠 필요 없이 자연스럽게 많은 도덕규칙을 몸에 익히게 됩니다.

마오 : 선생님께서 말씀하시는 것은 사실 인품이 형성되는 환경입니다. 우리가 자라는 환경 중 가정환경과 학교환경은 일종의 '도덕 형성의 작은 환경'이라고 할 수 있습니다. 좋은 인품을 형성하려면, 개인의 수양 외에 대부분 환경적 영향에 의해 결정됩니다.

특히 청소년들은 환경에 따라 좌우되기 매우 쉽지 않습니까? 그들이 처한 생활환경, 학습 환경, 사회적 범주는 그들의 인격수련 및 의지와 흥미, 능력, 기질을 수양하는 데 있어서 무시할 수 없는 부분입니다.

주 : 환경적인 영향은 확실히 매우 큽니다. 그런데 현재 대다수 가정들

이 외동자녀 가정인 경우가 많습니다. 상대적으로 이러한 가정의 아이들은 상호 교류할 기회가 매우 적습니다. 취학 전에는 가족의 울타리 속에서 보호를 받고 있어서 대부분 외부 세계와 단절된 경우가 많습니다. 취학 후에 단체생활을 한다고 해도, 대부분 자유롭게 교류하고 활동하기에는 어렵습니다.

이처럼 타인과 교류할 수 있는 기회가 부족하게 되면, 사회에서 충돌을 해결하고 좌절을 극복하기 어렵습니다. 이는 단순한 교과 교육만으로는 해결할 수 없기 때문에 도덕교육을 통해 현실생활에서 직접 또래 아이들과 교류하고, 선생님과 교류할 때 비로소 좋은 효과를 거둘 수 있습니다.

마오 : 현재의 아이들은 너무 고독하고 조용합니다. 우주인이 우주에서 지구로 귀환할 때, 사람들은 우주비행에 대한 첫 느낌이 어땠는지를 물어 봅니다. 그때 우주인은 고독했다고 답합니다. 사실 우주인이 우주에 가는 첫 번째 사명 중 하나가 바로 인류에게 지구 밖 소식을 전하기 위해서입니다. 교류와 소통은 인류의 천성입니다. 만일 누군가와도 접촉도 안하고 아무런 교류를 원하지 않는다면, 좋은 인품을 쌓기 어려울 것입니다.

주 : 그래서 학교에서 실시하는 도덕교육은 좋은 교육조건과 환경이 필요합니다. 즉 자연스러운 도덕교육 활동을 실시해서 그 속에서 학생의 인격을 수양하는 것입니다.

소련의 교육가 수호믈린스키는 《교육의 종합발전을 위한 문제關於全面發展敎育的問題》라는 저서에서 아이들이 자연환경과 활동에서 교육의 경험을 쌓도록 해야 한다고 말했습니다. 그는 "학교생활을 시작한 후 처음 맞는 가을에 빨갛고 딱딱한 알맹이가 자란 들장미를 보며 감탄하고, 아직 노란 잎 몇 장이 달린 작은 사과나무를 감상하고, 초겨울에 차가운 바람을 맞으며 견뎌내는 토마토나무를 보며 가슴 아파합니다. 이는 아이들이 생명의 아름다움을 인식하는 마음가짐입니다. 아이들 마음속에서 식물은 생명을 가진 것이며, 이 생명이 추운 한풍을 맞으며 덜덜 떨고 있는 것처럼 보여서 바람을 막아주고 싶은 생각을 합니다.

교육자의 가장 중요한 임무는 아이들과 청소년들이 아름다움에 대해, 인간의 사상과 감정, 체험의 고상하고 신성한 관념을 형성할 수 있도록 하는 것입니다. 우리는 이러한 관념이 생생하게 살아 숨 쉬도록 만들어야 합니다. 가장 고상한 도덕적 행동으로 그것을 실천해야 합니다."라고 의견을 밝힌 바 있습니다. 아쉬운 점은 현재 이러한 도덕교육이 갈수록 줄어들고 있다는 것입니다.

마오 : 앞에서 도덕교육은 말보다 자연스런 활동 속에서 실시해야 한다고 하셨는데, 그것은 교실수업이나 교과서에서 습득하는 교육은 도덕교육과 인격향상에 그렇게 중요하지 않다는 의미인가요?

주 : 아닙니다. 정반대입니다. 독서는 아이들의 영혼을 정화시켜주고, 인격을 향상시켜 주기 때문에 매우 중요하다고 생각합니다. 앞서 자연

스러운 활동을 통해 인격을 수양해야 한다고 말한 까닭은 감성적으로 학생들이 도덕의 규칙을 습득하도록 해야 한다는 의미입니다. 독서로 학생의 마음을 정화하는 것은 간접 체험 및 감성의 승화를 이성적으로 자각할 수 있도록 하는 것을 의미합니다.

마오 : 영국의 철학자이자 작가인 베이컨Francis Bacon은 "책은 인간을 충실하게 하고, 역사는 인간을 현명하게 한다. 시는 인간을 영험하게 하며, 수학은 인간을 면밀하게 만들며, 과학은 인간의 깊이를 만들어 준다. 윤리는 인간을 장엄하게 하며, 수사학은 인간을 선한 비평가로 만들어 준다. 어떤 학문이든지 인격을 만든다."라는 말을 했습니다.

확실히 책은 인류문명의 축적체이며, 인류 진보의 계단입니다. 문화적 지식은 인성의 추진력으로 바뀔 수 있습니다. 때문에 인간의 기질과 성격, 품성을 만드는 데 있어서 고리키Maxim Gorky의 책은 마치 배고픈 사람이 빵을 보자마자 달려드는 것처럼 큰 반응을 일으켰던 것 같습니다.

주 : 사실 많은 문학작품과 사회과학작품은 그 자체로 강력한 감화력을 지녀서 교육적 힘을 발휘한 것 같습니다. 예를 들어, 무엇이 아름다움이고, 선인지를 알고 싶다면, 위고Victor Hugo의 《노트르담 드 파리Notre Dame de Paris》, 《레미제라블Les Misrables》, 《제인 에어Jane Eyre》를 읽거나, 《강철은 어떻게 단련되었는가鋼鐵是怎樣煉成的》라는 영화를 보면 됩니다.

　이처럼 우수한 작품을 접한 학생들은 강한 정신적 충격을 받게 되고, 책 속에 담긴 도덕적 경지를 자신의 목표로 삼게 됩니다. 이러한 내적 도덕교육은 다른 방법을 통해서는 얻을 수 없는 효과를 이끌어냅니다.

마오 : 학생들에게 독서를 사랑하는 습관을 길러주기 위해서는 도덕교육에서 효과적인 수단을 이용해야 합니다. 《국민도덕건설 실시요강公民道德建設實施綱要》에도, 다양한 문예작품 창작은 독특한 형식과 예술적 매력으로 일종의 계기와 동기부여를 할 수 있어야 한다고 명시되어 있습니다.

주 : 아쉬운 점은 현재 대다수 학생들에게 교과서 이외의 책을 읽는 시간이 너무 부족하다는 점입니다. 특히 중학생은 하루 종일 정규 교과서를 껴안고 삽니다. 이러한 교육은 결코 좋은 교육이 아닙니다. 학생시절은 인생에서 독서를 하는 황금의 시간입니다.

　때문에 학교가 나서서 아이들이 책을 많이 읽도록 지도하고, 인류문명의 가장 고전적이며 정수가 담긴 내용을 가르쳐야 합니다. 이는 단순히 독서하는 차원을 넘어서서, 아이들의 인품을 형성하고 인격을 만드는 데 깊은 의미를 담고 있습니다.

마오 : 자연적인 도덕교육활동 및 학생이 책과 친구가 되어야 하고 교사와의 대화를 통해 선한 교육 효과를 촉진해야 한다고 말씀하셨죠. 그렇다면 '인격 장성'을 세우는 데 어떠한 노력이 더 필요할까요?

주 : 학생의 건전한 취미활동을 촉진하고 예술 능력을 계발해 줌으로써 풍부한 정신세계를 창조하는 것 역시 '인격장성'을 구축하는 중요한 방법이 됩니다. 건전한 흥미와 예술은 인격 수양에서 빠질 수 없는 부분입니다. 과거에 우리는 흥미와 재능을 일종의 기능으로 보고, 도덕과는 무관한 것으로 여겼습니다. 그래서 도덕 수양 속에서의 회화, 서예, 음악, 춤 등의 작용을 무시해 왔습니다. 사실 진정한 아름다움과 선은 유기적인 하나의 전체입니다. 지덕체 역시 분리할 수 없는 하나의 전체입니다. 옛 사람들은 현인은 사서오경을 정독하고, 가야금, 장기, 서화에 정통해야 한다고 여겨왔습니다. 선인들이 이러한 기준을 세운 것은 건전한 생활예술이 일종의 기예이자, 인간의 도덕을 수양하는 데 중요한 역할을 한다고 생각했기 때문입니다.

마오 : 예술을 통해 성격을 다지고 심신을 단련한다, 그리고 심신단련을 통해 인품을 형성하면 예술적 재능이 높아진다, 그리고 두 가지가 상호 보완적으로 서로를 촉진시킨다는 말씀이시죠? 매우 흥미로운 말씀이십니다.

로맹 롤랑Romain Rolland은 "위대한 인품 없이는 위대한 인물도 없고, 위대한 예술가도 없다."라는 말을 했습니다. 베토벤 역시 "출중한 명사들은 인품으로 만들어진다. 나 역시 그러하다."라는 말을 한 적이 있습니다. 우리가 훌륭한 품성과 인품을 모두 지닌 학생을 좋아하고, 덕과 재능을 모두 갖춘 예술가를 추앙하는 이유 역시 주로 그 사람의 인품에 있습니다. 이 역시 선생님의 관점을 뒷받침해주고 있습니다.

주 : 정말 그렇습니다. 학생들에게 해서는 안 될 수많은 금기를 정해주는 것보다, 생활 속에서 찾아 볼 수 있는 훌륭한 선례들을 알려주는 것이 좋습니다.

수호믈린스키는 도덕교육의 실천을 통해 훌륭한 귀감이 되고 있습니다. 그는 학생의 정신세계를 풍부하게 해줄 수 있는 세 가지 방법을 제시했습니다.

첫째, 학생이 각 교과 목표를 완성함과 동시에, 자신이 특별히 좋아하는 교과를 선택하여 더 많은 문제를 더 깊이 사고할 수 있도록 해야 합니다. 둘째, 학생들이 자신이 가장 좋아하는 활동과목과 과학기술과목을 선택하여 쉬는 시간에 발명활동과 과학실험을 할 수 있도록 하는 것입니다. 셋째, 학생들이 가장 좋아하는 책을 골라 수업 외 시간에 독서를 할 수 있도록 장려하는 것입니다. 만일 학생들이 풍부한 정신생활을 하고 있다면, 우리가 무엇을 걱정하겠습니까? 분명 학생의 재능을 양성하는 것은 단순히 기술이나 능력을 키우는 것보다, 인격을 수양하는 데 더 중요한 효과를 갖고 있습니다.

마오 : 인품, 혹은 인격은 아무것도 없는 상태에서 만들어지지 않습니다. 사람들 속에서 교류를 통해, 자신의 약점을 극복하는 과정 속에서 형성되어 가지요.

주 : 물론 인격을 양성하는 수단이나 방법은 다양합니다. 앞서 말한 것 외에도, 학생이 생활의 기준이 되는 모범을 찾고, 진실하다고 느끼는

도덕적 이미지를 통해 아이를 격려하고, 마음속에 레이펑雷鋒, 쿵판린孔繁森처럼 인격적 매력을 지닌 영웅의 이미지를 심어주어 학생의 영웅정신을 길러주는 방법도 있습니다.

또한 학생이 자기 경각심, 자아 격려 등과 같은 스스로 교육을 통해, 의지를 단련하고 기르는 과정에서 '이론으로 가르칠 수 없는 교육'인 자기 교육습관을 길러주는 방법도 있습니다. 사회적으로 '인본주의' 관념을 형성하여, 가정과 학교, 사회라는 삼본일체를 단련교육 네트워크를 만들어, 각각의 힘을 모아 상호 영향 하에 발전하는 도덕교육 방법도 있습니다. 이들은 모두 인격 및 도덕 수양에서 중요한 부분을 이루고 있습니다. 일부분씩 실천하기 보다는 함께 통합적으로 실시하는 것이 좋습니다.

마오 : '한걸음씩 모여 천 리를 갈 수 있으며, 작은 물줄기가 모여 강과 바다를 이룬다.'라는 말이 있습니다. '인격장성'은 하루 아침에 쌓이는 것이 아닙니다. '한걸음' '한 물줄기'가 모여야 합니다. 가장 작은 일부터, 현재부터, 나부터 시작해야 합니다.

저는 학교와 가정, 사회가 함께 '인격교육'을 위해 지속적인 노력을 기울인다면, 분명 '인격장성'을 세울 수 있을 거라고 믿습니다. 먼저 당중앙에서 발표한 《국민도덕건설 실천요강》을 실천하는 일부터가 매우 중요한 임무라고 생각합니다.

2. 책 향기가 나는 학교를 만들자

- 《중국교육보中國敎育報》 기자 왕쥔王珺

왕쥔(이하 '왕') : 중고등학교 도서관에 대해 일찍이 1980년 12월 유네스코에서 《중소학도서관선언中小學圖書館宣言》을 발표한 바 있습니다.   선언에는 "중고등학교 도서관은 청소년과 아동에 대해 효과적인 교육을 위해 반드시 필요한 부분이며, 훌륭한 도서관은 교육적 성과를 거둘 수 있는 기본적인 여건이다."라고 나와 있습니다.

하지만 우리 중고등학교 도서관들은 과연 어느 정도의 교육적 역할을 발휘하고 있나요? 도서관 책들은 교사와 학생의 성장에 어떠한 양분이 되고 있나요? 이처럼 학생과 교사가 읽기에 적합하지 않은 책들과 늘 보던 책들만 꽂혀 있는 도서관들은 단순히 장서 수를 채워 전시하기 위한 장소로 전락해 책 위에는 먼지가 쌓여가고 도서관과 열람실 문은 굳게 닫혀 있는 상황입니다. 이 때문에 관련 인사들의 중국의 교육과 미래에 대한 우려의 목소리를 더욱 높아져 가고 있는데요. 이번에 교수님께서 전국정협회의에 제출한 12건의 안건 중에도 《국가 독서일 제정에 관한 건의關於設立國家閱讀節的建議》가 포함되어 있다고 들었습니다. 맞습니까?

주영신(이하 '주') : 맞습니다. 저는 인류의 정신은 그 성장사가 사실 독서의 역사와 같다고 생각합니다. 한 민족의 정신적 경계 역시 대부분 민족 전체의 독서 수준에 달려 있다고 볼 수 있습니다. 독서를 매우 '개

인'적인 행위로 보기보다는 전체적인 행동으로 볼 때 비로소 독서의 본
질에 가까워질 수 있습니다.

왕 : 《나의 교육이상》이라는 책에서 이상적인 학교와 교사, 부모, 학생,
교장 등에 대해 총체적인 서술을 하셨는데요, 그렇다면 이상적인 중고
등학교 도서관이란 어떤 모습이고 그 전망은 어떻습니까?

주 : 도서관은 학교에서 가장 중요한 시설입니다. 도서관은 수시로 아
이들에게 열려 있어야 합니다. 선진국의 경우, 그들의 도서관의 가장
큰 특징은 바로 편리성입니다. 제가 가봤던 미국과 호주, 일본 등 대부
분이 이용하기 매우 편리했습니다.

 예를 들어, 미국 도서관은 현지인이 편지만 써준다면 외국인에게도
책을 대여해 줍니다. 반납 역시 아무런 절차 없이 쉽게 할 수 있습니다.
특히 지역사회 도서관은 입구에 늘 반납 상자가 놓여 있어서 반납할 책
은 상자에 넣기만 하면 됩니다. 낮에 반납할 시간이 없다면, 저녁에 산
책을 나가면서 책은 상자에 반납하고 오면 됩니다. 이와 같은 편리성
덕분에 독서가 자유로우며, 어떠한 외부적인 간섭을 받지 않기 때문에
독서습관을 기르기에 매우 좋습니다.

왕 : 예전에 초중등학교에는 교실 하나를 따로 해서 도서관이나 열람실
로 사용하는 것도 물론 좋지만, 하나의 개방된 공간에서 수시로 책을
읽을 수 있도록 한다면 책 대여로 인한 절차의 번거로움도 없고 시간제

한도 없는 이상적인 도서관 환경을 만들 수 있다고 말씀하신 적이 있으
시지요? 하지만 이럴 경우 책을 잃어버리거나 관리하기 어려움이 있지
않을까 하고 우려하는 사람들이 있습니다.

주 : 사실 이것은 전혀 문제되지 않습니다. 우리는 먼저 아이들을 믿어
야 합니다. 가령, 아이가 책을 집에 가져갔다고 합시다. 하지만 그건 아
이가 그만큼 그 책을 좋아하기 때문이 아닐까요. 아이가 책을 좋아한다
는 것은 좋은 일 아닌가요?

　사실, 쑤저우와 그 밖의 우리의 실험학교에서는 이미 개방적인 도서
관을 운영하고 있습니다. 우진武進의 후탕차오湖塘橋센터 중학교에서는
수업하는 건물 1층마다 학년별로 나뉘어져 있는 '도서각圖書角'이 있습
니다. 방과 후에도 이용가능하며, 집에서 숙제를 하다가 책이 보고 싶
어지면 학교에 와서 책을 볼 수 있습니다. 이 학교 교장에게 책을 잃어
버린 적이 있는지 물어봤더니, 책을 잃어버리기보다는 오히려 학생들
이 집에 있는 책을 학교에 가져온 덕분에 도서관 장서가 더 풍부해졌다
고 하더군요. 아이들에 대한 잘못된 판단으로 인해 필요 없는 걱정을
하지 맙시다.

왕 : 자주 해외로 나가시는데요, 중국의 독서 상황과 해외 국가는 어떠
한 차이가 있나요?

주 : 매번 해외에 나갈 때마다 가장 크게 느끼는 점은 기차나 비행기 할

것 없어, 밖에서 조용히 책을 읽는 사람들을 자주 볼 수 있다는 것입니다. 하지만 중국의 경우는 대부분 삼삼오오 모여 수다를 떨거나 카드놀이를 하는 사람들이 많죠. 사회적으로 독서를 부담스럽게 여기는 분위기도 없지 않아 있습니다.

즉 어떠한 영예를 얻기 위한 방법이나 도구로 생각하고 있는 경우가 있습니다. 하지만 독서는 우리 생활의 일부분이자, 생명의 한 부분입니다. 이러한 분위기가 조성되어야 비로소 학습형 사회를 만들 수 있습니다.

왕 : 현재 정부에서는 중고등학교 도서관에 장서 수만 관리할 뿐 부대시설이나 환경에 대해서는 전혀 관리하지 않고 있습니다. 출판시장은 적지 않은 불법 및 부패 현상으로 인해 양서 공급 시스템이 잘 돌아가지 않고 있습니다. 이러한 상황을 어떻게 고칠 수 있을까요?

주 : 책임감이 있는 교육자라면, 인류문화의 정수를 아이에게 공급해야 하고, 가장 유익한 책을 아이들과 가장 가까운 곳에 두고 언제든지 볼 수 있도록 환경을 조성해 주어야 합니다. 추천서 목록은 매우 중요한 문제입니다. 이는 권위 있는 전문가로 구성된 위원회가 추천서 기구를 만들고 교사와 아이를 위한 양서를 추천하도록 해야 합니다.

왕 : 교수님께서 직접 편찬한 《신세기교육문고》(400권) 가운데 현재까지 이미 54권 째 출판되었는데, 이 책들이 교사와 학생이 성장하는 데

어떠한 벽 없는 도서관이 되길 바라는 것이 교수님의 이상이신가요. 또 쑤저우 시 교육국의 도서 관련 장비센터圖書裝備中心의 선생님들을 초빙하여 항저우杭州에서 도서 선정 작업을 진행하셨습니다. 교육심리학 전문가의 시각에서, 책을 깊이 사랑하는 '애독가'로서, 그리고 교육을 최고의 사랑으로 여기는 부시장의 시각으로 학교 도서관을 위한 도서를 선정하고, 교사와 아이가 원하는 바를 만족시켜 줌으로써 진정으로 마음의 자양분을 공급하는 것. 이것이 바로 교수님의 이상이신가요? 이러한 노력을 기울이시는 까닭은 무엇인가요?

주 : 중국의 많은 중고등학교 도서관의 관리자들은 전문적인 교육을 받은 분들이 아닙니다. 일부 학교의 경우 심지어 교육에 적합하지 않은 선생님으로 '땜방식' 관리자 역할을 맡기고 있습니다. 어떤 개발도상국의 중고등학교는 관리자조차 없는 경우도 있지요. 제가 직접 도서를 구입하는 이유는 대부분의 학교도서관에서 선정하는 책들이 그다지 좋지 않기 때문입니다.

중고등학교 도서관에는 마땅히 책을 사랑하고 이해하고 추천하고 관리할 줄 아는 사람이 있어야 합니다. 해외대학의 도서관 관장들은 모두 명망 높은 학자이거나, 공공도서관의 경우도 사회 현자들이 관리를 책임지고 있습니다. 저는 중고등학교 도서관의 관리자는 반드시 학문을 갖추고, 책을 사랑하고 이해하는 사람이어야 책에 정을 가질 수 있다고 생각합니다.

예를 들어, 쑤저우에서 장자강張家港고급중학교 등 일부 학교 도서관은 관리가 매우 잘되고 있는데, 이는 학교 교장부터 책을 잘 이해하는 사람이기 때문입니다.

왕 : 쑤저우 대학 교무처에 오래 계시면서 많은 대학생들이 근본적으로 유명한 책을 읽지 않고 있다는 것을 잘 알고 계실 텐데요. 그렇다면 교수님께서는 인류의 숭고한 정신과 대화를 하지 않으면 시야가 넓어질 수 없다고 생각하시는지요? 그래서 대학생을 위한 필독서 목록을 발표하신 건가요. 그렇다면 중고등학생의 독서 실태를 어떻게 보시나요?

주 : 사실 중고등학교 때가 독서하기에 가장 좋은 '황금시기'입니다. 중고등학교에 독서 분위기를 조성하는 것이 문제 해결의 근본이라고 할 수 있지요. 책 향기 나는 학교는 학교 도서관 발전 사업의 최종 목표입니다. 조사 중에 적지 않는 교사들이 평소 독서량이 너무 적고 시야가 지나치게 좁다는 것을 알았고, 또한 유명한 교육서적과 교육가에 대한 주관적인 견해조차 없다는 것을 발견했습니다. 교사의 독서량은 학생의 독서 습관과 수준에 직접적인 영향을 미칠 수 있다는 사실을 정확히 인식해야 합니다.

왕 : 그렇다면 교사는 어떠한 책을 읽어야 할까요?

주 : 중고등학교 교사는 두 가지 종류의 책을 읽어야 합니다. 하나는 아이들이 읽는 책, 예를 들면 그림형제동화The Complete Grimm's Fairy

Tales, 안데르센동화Andersen Fairy Tales나 요즘 아이들이 좋아하는 책을 읽어야 합니다. 그래야 아이들과 대화가 통할 수 있습니다. 다른 하나는 유명한 교육서적을 읽어야 합니다. 인류가 몇 천 년 동안 교육활동을 하면서 쌓아 온 좋은 이념과 경험을 변하지 않는 것입니다. 이러한 책을 읽는다면 교육 일을 하면서 범할 수 있는 실수를 줄일 수 있을 것입니다.

마음 속 이상적인 교사는 이러한 기초부터 쌓아 나가는 사람입니다. 타오싱즈, 듀이, 수호믈린스키 같은 유명한 사람들의 책을 한 권씩 읽어 가는 것도 매우 좋은 방법이라고 생각합니다.

왕 : 학생의 경우 어떻습니까? 수업 외 책을 읽으면 학교 성적에 영향이 가지 않을까요?

주 : 어떠한 의미에서 보면 교재 외 책을 읽는 것이 교재를 공부하는 것과 비교해서 전혀 나쁠 게 없습니다. 오히려 교재 외 책을 읽는 것을 학교의 중요 목표 중 하나로 삼아야 한다고 생각합니다. 지금의 학교는 아이들에게 너무 많은 시간을 연습문제 풀기에 할애하도록 하고, 교사의 강의 시간도 너무 깁니다. 교사의 교육임무는 교실 안에서 최대한 마칠 수 있도록 하고, 학생에게 자유롭게 독서할 수 있는 시간을 최대한 만들어주어야 합니다.

다른 각도에서 보면, 많은 곳에서 실시하고 있는 연구형 학습은 학생들이 전문 주제에 대해 연구를 하면서 많은 서적 자료를 읽을 수 있기 때문에 학교 도서관이 실질적으로 교실의 연장선이 될 수 있습니다.

왕 : 신교육실험의 중요한 행동목표는 바로 '책 향기 나는 학교'를 만드는 것입니다. 맞습니까?

주 : 맞습니다. 실험학교에서는 독서야말로 교사와 학생의 매우 중요한 정신생활이 되고 있습니다. 신교육실험의 모든 단계는 '양서를 읽는 것'과 연계되어 있습니다. 학생과 교사에게 독서를 장려하고, 독서를 교육과 학습이 기초로 삼아야 합니다. 간단히 말해서 독서를 통해 교육개혁을 실시하고, 지혜와 생기가 넘치는 학교를 만드는 것이 저희의 목표입니다.

이상적인 학교 도서관은 '책 향기 나는 학교'입니다. 그러한 도서관은 학교 구석구석마다 책 향기를 퍼트릴 것이고, 학생과 교사가 매우 자연스럽게 독서를 생활의 한 부분으로 받아들이게 될 것입니다. 그리고 책 속에서 성장의 햇빛과 물을 얻을 수 있을 것입니다.

왕 : '양회' 이후, 쑤저우 시 교육국 도서 관련 장비센터의 교수들을 항저우로 초빙하여 학교 도서 구입에 나섰다고 하는데, 정말인가요?

주 : 그렇습니다. 도서 관련 장비센터의 교사들은 '양회'가 끝나 돌아갈 때까지 우리와 함께 도서를 구입하는데 함께 심혈을 기울이겠다고 약속하셨습니다!

3. 관료 학자의 교육이상
– 《장쑤교육연구江蘇敎育硏究》의 슈엔리화宣麗華 기자

슈엔리화(이하 '슈엔') : 선생님께서는 교사이자, 박사생 지도교수이면서, 쑤저우 시 주관교육 부시장이십니다. 학자와 행정 책임자인 두 가지 역할은 전통적인 가치관에서 볼 때 병행하기 힘들 것 같습니다. 지금까지 그런 어려움은 없으셨는지요?

주영신(이하 '주') : 저는 학생도 해봤고, 교사도 해 봤습니다. 교육연구에 관한 글도 어느 정도 썼고, 지금은 교육, 문화 등 사회사업을 함께 담당하고 있습니다. 교실에 있든 강단에 서든, 교육연구를 하든, 교육 관리를 하든, 제가 가장 자랑스럽게 교하는 것은 평생토록 제가 가장 사랑하는 교육과 관련된 일을 하고 있다는 것입니다! 교육연구자로서, 저는 다른 사람보다 더 깊은 이성과 자각심을 가지고 있기 때문에, 《나의 교육이상》 등 그에 대한 교육이론 관련 책들을 출판했습니다. 또한 교육 관리자로서 인민정부가 부여한 권리를 이용하여 제가 사랑하는 도시와 교육을 위한 실질적인 일을 함으로써, 저의 교육이상을 행정적 힘을 빌려 조금씩 실현하고 있습니다. 이러한 책임감과 성취감이 복합적으로 저의 일에 충분한 도전정신을 갖게 하고 무한한 기쁨을 주고 있습니다.

슈엔 : 그것은 학자와 관료라는 두 가지 역할이 선생님께 가져다 준 특별한 선물이 아닐까 생각합니다. 그렇다면 그러한 선물을 어떻게 합법

적으로 사용해서 선생님의 교육이상을 실현할 수 있을까요?

주 : 쑤저우 시 위원, 시 정부 안에서 일련의 교육개혁을 실시했습니다. 주로 6가지 행동계획이 있는데, 이 자리를 빌려 간단하게 소개해 드리겠습니다.

① 교육정보화 행동계획입니다. 이 계획은 1999년부터 시작되었고, 3가지 방면으로 나누어져 있습니다. 모든 40세 이하의 젊은 교사들은 컴퓨터 사용법을 익혀서, 교육 소프트웨어를 설계하고 제작할 수 있어야 합니다. 모든 학교(농촌 중학교 포함)는 중국 멀티미디어 공용정보 네트워크와 연동하여 '학교간 융합'을 실현해야 합니다. 모든 초등학교(농촌 초등학교 포함)의 5학년 이상의 학생들은 모두 인터넷 사용법을 알아야 합니다. 현재 이 계획은 기본적으로 어느 정도 목적을 달성했습니다. 쑤저우 교육정보화 네트워크 시스템을 구축했고, 교육부가 제시한 2005년 교육 정보화 목표도 기한보다 일찍 실현하여, 소양교육 발전에 큰 동력이 되었습니다.

② 상대적으로 낙후된 학교 개조 계획입니다. 현재 적지 않은 지역의 학생들은 취학(특히 초등학교에서 중학교에 진학하는 경우) 시 컴퓨터로 추첨을 합니다. 사실 일부 권력가나 재력가들은 각 종 방법을 동원해서 자녀들을 좋은 국립학교나 사립학교에 입학시킬 수 있습니다. 더욱 안타까운 것은 전자 추첨 때문에 아이들이 어렸을 때부터 가고 싶어 했던

학교에 진학을 못하게 되는 경우 일종의 숙명론이라는 사상에 사로잡힐 수 있다는 점입니다. 쑤저우의 경우, 근거리 학교 입학, 자유로운 학교 선택제를 실시하고 있습니다. 전자추첨은 절대 '반대'입니다. 이를 위해 우리 교육행정부처는 학교 수준 향상에 힘쓰고 있습니다. 좋은 학교는 '더 좋게', 낙후된 학교는 '곤란 해소'를 위해 노력하고 있습니다. 그 동안 학교 질 향상에 많은 노력과 자금을 쏟아 부었습니다. 농촌에서는 촌 내 초등학교를 통합시킴으로써 교육의 질을 높였습니다. 도시에서는 낡은 구조를 개조하고, 모든 학생이 양질의 교육을 받을 수 있도록 힘썼습니다. 최근 들어서 이미 천여 개의 학교를 통폐합했으며, 평균 각 향촌마다 교육조건을 개선하는 자금이 이미 2천만 위안에 달하고 있습니다.

③ 어려운 학생 돕기 계획입니다. 시정부는 농촌지역 아이들과 외지 노동자 자녀들을 포함한 쑤저우의 모든 학생들은 부모의 퇴직 혹은 생활고 등 경제적인 이유로 학업에 영향을 받지 않도록 약속했습니다. 현재 다양한 교육기금을 설립하여 사회와 학생들이 빈곤지역과 주변의 어려운 학생들의 학비를 지원하고 있습니다. 대략적인 통계에 따르면, 2000년에 총 7,757명의 학생들이 학비 지원을 받았으며, 212명의 학생들이 각종 사고로 인해 사회로부터 도움을 받았습니다.

④ 명교사, 명교장 양성 계획입니다. 시 전체적으로 45세 이하의 우수한 교사와 교장 50명을 선발하여 교육 프로그램을 실시했습니다. 전

국적으로 가장 유명한 교육가들, 구밍웬顧明遠, 웬전궈袁振國, 웨이수성魏書生, 리지린李吉林, 예란葉瀾, 종치첸鐘啓泉, 구링웬顧泠沅을 초빙하여 강연도 들었습니다. 쑤저우 교사들은 아마도 중국에서 가장 운 좋은 교사가 아닐까 생각됩니다. 최근 준비 중인 《대가와의 대화-저명한 학자의 쑤저우 강연 녹취록與大師對話-著名學者蘇州教育講演錄》은 전반부에 쑤저우에서 진행한 강연회 녹취내용을 담고, 후반부에는 교사들의 강연회 후기를 정리했습니다. 그리고 교사들을 위한 교육저서 몇 권을 선정하여 항저우에서 직접 구입해 왔습니다. 교육기간 3년 동안, 각자 6개월 동안 학술 휴가를 갖고, 자신의 교육일기를 정리하고 마음가짐을 정리할 수 있도록 했습니다. 시 정부는 매년 50만 위안의 예산을 집행하여 《쑤저우교육총서》를 출판함으로써, 교사들에게 표현할 수 있는 기회를 마련해 주고 있습니다. 금년에는 새로운 형태의 반을 개설했는데, 입학은 자유로우나 졸업은 까다로운 반입니다. 즉 졸업할 때 반드시 유명한 저서를 제출해야 한다는 조건입니다. 저는 명교사나 교장이 대가와의 교류가 부족하고, 저서들을 읽지 않거나, 교육연구를 하지 않는 것은 잘못됐다고 생각합니다. 그래서 이런 측면에 대해서는 좀 더 좋은 조건과 높은 기준을 제시하고 있습니다.

⑤ 외국어 교육 촉진 계획입니다. 쑤저우는 장삼각주의 중심도시이자, 중요 관광도시로써 대외 개방도가 높습니다. 과거 중학교 영어수업은 단어 암기와 문법 공부 위주였기 때문에 '말 못하는 벙어리'들이 많았습니다. 지금은 초등학교 1학년부터 영어수업을 실시하고 있으며,

2010년까지 쑤저우 고등학교 졸업 시 기본적으로 유창한 영어회화실력을 쌓아서 외국에 나가 생활하거나 학습하기에 아무런 문제가 없도록 하기 위해 시 정부차원에서 많은 노력을 기울이고 있습니다. 이 계획은 현재 점차 효과적으로 실시되고 있습니다.

⑥ 소양교육 전면 실시 계획입니다. 우리는 소양교육을 실시하는 데 있어, 먼저 관념을 바꾸고 교육여건을 개선한 후, 교육연구 선행, 우수한 교사 양성, 교실 교육 중심으로 실시하자는 취지를 내세웠습니다. 현재 소양교육을 실시하는 데 있어 가장 효과적이고 실행 가능한 방법은 학교의 특색과 품위를 살리는 것입니다. 학교 시찰을 나가면 진학률 대신 반드시 하는 질문이 있습니다. 바로 "이 학교의 특색은 무엇입니까? 교장의 교육이념은 무엇입니까?"입니다. 우장吳江시는 국가적으로 소양교육을 전면 실시하는 시범 지역입니다. 우장 툰촌屯村중심초등학교는 농촌학교지만 모든 학생들이 아름다운 필체를 갖고 있습니다. 청동중심 초등학교 학생들은 모두 전통 악기를 연주할 줄 압니다. 핑즈平直 중심 초등학교의 모든 학생들은 1학년 때부터 일기를 쓰는데, 그렇게 6년 동안 일기를 쓰면 모두 2,000여 편을 쓰게 됩니다. 정말 좋은 경험 아닙니까? 아이들은 이러한 활동을 통해 더 나은 사고를 하고 더 발달된 관찰력을 갖게 될 것이며, 다른 학생들과 차별화될 것입니다. 물론 아이들은 천차만별이므로 모두 같은 것을 요구할 수 없습니다. 하지만 이러한 특기를 갖고 있으면 평생토록 유용하게 사용할 수 있을 것입니다. 우리의 교육도 특색을 추구해야 합니다.

슈엔 : 사실 선생님이 쓰신 《나의 교육이상》 상편을 읽고 매우 큰 감동을 받았습니다. 이상적인 학교, 교사, 학생, 학부모가 함께 하는 '마음속 이상'을 그리셨는데, 실로 놀라웠습니다. 저는 학부모이기 전에 교사를 해 보았습니다. 때문에 중국의 교육이 학생들을 발전시키기도 하지만 다른 한 편으로는 억누르고 있다는 것을 뼈아프게 체험했습니다. 선생님께서 하시고 있는 교육활동과 희망은 어디 있습니까?

주 : 교육이란 반드시 모든 사람들에게 희망을 안겨 주어야 합니다. 교육을 통해 재미를 느끼고 성공의 기쁨을 느낄 수 있어야 합니다. 만일 이러한 것들을 얻지 못한다면, 혹은 그 반대로 역효과를 내게 된다면, 그것은 우리의 교육이 잘못된 길로 가고 있다는 증거입니다.

슈엔 : 선생님께서는 학생 교육에 있어서 어떠한 점을 가장 강조해야 한다고 보십니까?

주 : 좋은 인성이지요. 먼저 사람이 되어야 합니다.

슈엔 : 어떠한 방면의 인성을 길러야 하나요?

주 : 인성을 쌓는 방법에는 몇 가지가 있습니다.
  첫째, 자연적인 활동을 통해서입니다. 사람들은 지식을 통해 인성을 기를 수 있다고 생각하지만 저는 그렇게 생각하지 않습니다. 인생에서

필요한 많은 부분들은 사실 교실이 아닌 자연적인 활동을 통해 학습하는 것입니다. 예를 들면, 대가족의 형제들의 경우, 평소 가사 분담을 통해 자신의 권리와 의무를 배우게 됩니다. 학교에서도 친구들과 놀이를 하면서 자신의 역할과 권위, 서열을 배우고 규칙을 지키는 습관을 기르게 됩니다. 하지만 지금은 핵가족인데다 아이가 하나인 경우가 대부분이기 때문에 '소황제'로 자라기 쉽습니다. 학교에서도 오전 4교시, 오후 3교시 수업을 받느라 친구와 교제할 시간이나 대화할 시간이 매우 부족합니다.

둘째, 독서를 통해서 인성을 기를 수 있습니다. 시대를 막론하고 독서는 늘 인류의 마음을 정화할 수 있는 방법입니다. 숭고하고 예지로운 영혼의 대화를 한다면, 자연적인 활동 속에서 쌓을 수 있는 가장 근본적인 인성을 기를 수 있습니다. 청년 시절 읽었던 수많은 책 가운데, 논어는 "이소불욕물시어인己所不欲勿施於人" "학이불사즉망, 사이불학즉태學而不思則罔, 思而不學則殆"가 무엇인지 가르쳐 주었습니다. 《레 미제라블Les Miserables》을 통해서 진정한 선과 미를 알 수 있었습니다. 《강철은 어떻게 만들어졌을까How the Steel Was Tempered》는 영웅주의의 새로운 인식을 깨닫게 해 주었습니다. 하지만 오늘날과 같은 현대시대는 읽을 만한 책도, 책 읽을 여유도 없습니다. 독서 말고 주변에 유흥수단도 많고 사람들도 공리주의로 흘러가고 있습니다. 이 역시 교육의 비애입니다.

셋째, 건전한 취미를 통해 인성을 쌓을 수 있습니다. 과거에는 이 점을 그다지 중요하게 생각하지 않았습니다. 예술은 그저 예술일 뿐, 피아노나 미술, 서예, 노래를 배워도 써 먹을 데가 없다는 식의 의식이 강했습니다. 하지만 그렇지 않습니다. 미적 사물은 선과 진실에 매우 밀접한 연관이 있습니다. 건전한 취미활동이야말로 인성 양성에 있어 다른 것과 대체할 수 없을 정도로 매우 중요합니다. 어려움에 부딪혔을 때, 좌절할 때, 건전한 취미활동을 통해 스트레스를 해소하고, 나아가 창조활동을 함으로써 그러한 것들을 극복하기도 합니다. 중국 고대 토대부土大夫 문인들은 모두 가야금과 서화를 중시했습니다. 겉으로 보면 그저 기술로 보일 뿐이지만, 사실 인성과 매우 깊은 연관이 있습니다. 학생이 건전한 정심 함양과 생활 속 흥미를 갖고 있다면, 아무런 가치도 없는 일, 혹은 나쁜 일에 어떠한 흥미도 생기지 않을 것입니다. 우리 쑤저우 시가 학교의 특색 교육을 강조하는 이유는 결코 겉으로 유행을 쫓기 위한 것이 아니라, 학생들이 그러한 교육을 통해 평생 이득이 되도록 하기 위한 것입니다. 건전한 취미활동을 하면 시험 성적이 좋아질 뿐 아니라, 다른 분야의 실력도 향상됩니다. 농구도 잘하게 되고 글씨도 더 잘 쓰게 되고, 늘 자신감이 가득합니다. 이는 우리의 교육이념과 교육실천에 매우 큰 영향을 주고 있습니다. 하지만 지금의 학생들은 단순히 성적만 비교하고 있습니다. 심지어 대입에서 떨어지면 모든 희망이 사라진다고 생각합니다. 이 역시 결코 정상이 아닙니다.

넷째, 교육 속에서의 협력을 통해서입니다. 인성은 사회와 가정, 학교의 공동 노력이 있어야 합니다. 지금은 공동 노력이 매우 부족합니다. 예를 들어, 가정에서 학부모들은 아이의 성적에만 관심을 가질 뿐, 인성교육은 중요하게 생각하지 않습니다. 심지어 어떤 학부모들은 아이의 시험 성적에 영향을 줄까봐 사실대로 말하기를 꺼려하기도 합니다. 뿐만 아니라, 요즘에는 아이들이 건전하게 놀 수 있는 공간이 매우 부족합니다. 소년궁, 박물관, 수영장 등이 있지만 대부분 영리를 목적으로 운영하기 때문에 비용이 매우 비쌉니다. 그래서 학생들이 할 만한 것은 게임방에서 무료한 채팅이나 게임 정도밖에 없습니다. 학교에서도 가장 관심을 갖는 부분은 학생들의 성적입니다. 학생들은 좁은 학교와 교실 속에 갇힌 채 지식을 담는 '그릇'이 되고 있습니다. 어떤 의미에서 보면 전체 사회와 가정, 학교는 아이들의 건전한 발전을 돕는 것이 아니라, 아이를 망치는 교육을 하는 것입니다.

우리는 인성 교육을 강조하지만, 그렇다고 인성 교육의 어떤 규칙을 연구하지는 않습니다. 인성과 지성은 다릅니다. 교육은 일종의 지성활동으로 과학정신을 양성하는 길입니다. 이와 달리 인성은 대부분 실천하는 지혜입니다. 그렇기 때문에 두 가지는 각각 다른 방식으로 이뤄져야 합니다. 최근에 인성 교육을 교과과정에 편입시키려고 하는데, 그러한 방법은 효과가 거의 없을 것입니다.

슈엔 : 그래서 교육에 이성이 필요하고, 계획에는 행동이 필요하군요. 선생님께서 쑤저우에서 추진하고 있는 6대 행동계획은 대부분 그런 기초에서 실시되고 있는 것인가요?

주 : 제가 추진하는 것이 아니라, 쑤저우 시 위원회와 시 정부, 시 교육위원회가 함께 추진하고 있습니다. 개인의 힘은 매우 작습니다. 저는 단지 그 속에서 추진 작업을 하고 있을 뿐입니다.

슈엔 : 어찌됐건 쑤저우 교육이 오늘처럼 놀라운 성과를 거둘 수 있던 것은 선생님께서 학자로서의 선경지명과 정부 관료로서의 판단력이 어느 정도 작용했다고 생각합니다. 제가 알기로, 최근 《신세기 교육문고》라는 책을 편집하신 걸로 알고 있습니다. 그런 일은 대부분 생각만 하고 실천하기 매우 어려운 것으로 알고 있습니다. 위광웬 선생님께서는 이런 문고를 편집하는 것은 고속도로를 만드는 것보다 더 중요하다고 말씀하셨습니다. 리정다오 선생도 흔쾌히 학술 고문을 맡아주셨다고 들었습니다. 선생님께서는 선생님이 가진 행정력을 동원하여 전국 청소년들의 정신함양과 인성양성을 위한 일을 할 의향이 있으신지요?

주 : 이런 일은 주로 교육종사자와 연구자의 책임감과 사명의식에서 비롯됩니다. 물론 부시장이라는 신분도 이러한 서적 출판에 어느 정도 도움이 되고 있습니다.

저는 인류문화의 가장 중요한 정수를 교사와 학생들에게 전수해서 한정된 시간 속에서 최대한 책을 가까이 하고 대가와 교류하고 숭고한 영혼과 대화를 나누길 바랍니다. 전에도 몇몇 저명한 학자들이 학생 필독서 목록을 만들었고 교육부도 추천서 목록을 발표한 적이 있습니다. 하지만 대부분 대학생을 대상으로 하는 도서가 많았고, 교사나 전체 학생을 위한 추천서 목록은 거의 없었습니다. 우리는 모든 학생과 교사가 읽을 수 있는, 평생에 도움이 될 만한 책을 엮었습니다. 국내외 100 여 명에 달하는 저명한 학자들에게 전화나 서신, 심지어 직접 방문을 하면서 중요한 경전을 모았습니다. 그리고 리정다오李政道, 쉬자루許嘉璐, 위

광웬於光遠, 장중싱張中行, 루원푸陸文夫, 첸종롄錢仲聯 전문가가 직접 지원
도 해 주셨습니다. 국내외 많은 원사와 학자들이 정성을 기울이고, 약
만 명에 달하는 대학교, 고등학교, 초중등학교 학생들을 대상으로 설문
조사를 실시한 끝에 마침내 이 문고를 만들게 되었습니다. 처음 52종류
는 이미 독자들과 만나 좋은 평가를 얻고 있습니다. 저는 모두 400권을
만들 계획입니다. 대학생, 중고등학생, 초등학생, 교사에 각각 100권
씩, 그중 다시 20권을 기초 필독서로 엄선할 예정입니다.

현대 사회를 살아가는 사람들은 갈수록 실용주의에 기울어지고 있습
니다. 그 원인 중 하나는 우수한 문화가 부족하고, 영웅을 숭배하는 정
신이 결여되어 있기 때문입니다. 자신의 성장과정을 살펴보면, 각자 다
른 영웅의 영향을 받은 것을 알 수 있습니다. 제가 가장 좋아하는 책은
전기입니다. 지금 제가 교육사업과 학문에 이처럼 큰 관심을 갖는 이유
가 무엇일까요? 사실 이미 학문을 통해 얻을 수 있는 것은 거의 다 얻었
습니다. 하지만 늘 부족하다고 생각하고 더 잘하고 싶은 마음을 갖고
있습니다. 그래서 저도 아이들을 위한 정신 모델을 만들어서 그들이 늘
이상과 열정, 자신감과 창조성을 갖길 바랍니다.

슈엔 : 선생님의 말씀은 현실적이면서도 진심이 담겨 있다고 느껴집니
다. 선생님께서는 영웅주의와 이상주의에 어떤 집착 같은 것을 갖고 계
신 것 같은데, 지금의 청소년들은 다양한 문화와 정보가 충돌하는 시대
에 살고 있고, 자신만의 언어체계와 규칙을 갖고 있습니다. 그러한 아
이들이 우리 세대의 사고방식을 이해할 수 있을까요?

주 : 어느 시대든지 인문정신은 결코 빠질 수 없다고 생각합니다. 숭고한 이상과 그러한 이상을 실현하기 위해 노력하는 자세가 반드시 필요합니다. 우리는 구세주도 아니고, 언어에 있어서 어떠한 패권을 갖고 있지도 않습니다. 우리는 단지 먼저 인생을 더 살아온 사람으로써의 경험과 체험으로 아이들이 더 안전한 길로 갈 수 있도록 도와주고 싶을 뿐입니다. 예를 들어, 《신세기 교육문고》 중 초등학생의 《중화경전송독본》에는 《논어》, 《노자》, 《장자》, 경전의 당시와 송사, 산문 등 10여 만 문고》글이 들어 있습니다. 만일 초등학생이 그것을 외운다면, 평생토록 도움이 될 것입니다. 또 중학생용 《영문명편송독본》에는 해외 유명 교설과 서신, 명언 등이 포함되어 있는데, 이것으로 영어 공부를 하고 세계 우수한 문화를 느낄 수 있을 것입니다. 예전에 우리가 학교에 다닐 때는 어법과 문장 구조를 위주로 배웠기 때문에 영어로 글은 쓸 수 있었을지 몰라도 좋은 영어 문장이나 속담, 격언은 당시나 송시를 외우듯 외울 수 없었습니다. 이는 머리에 쌓아 둔 것이 부족하기 때문입니다.

그래서 《신세기 교육문고》의 총괄 기획자로서, 저는 모든 교사와 학생들이 이 책을 읽기를 바랍니다. 최소한 각 시리즈의 기본 필독서인 20권을 졸업 평가 기준으로 만들어서 학생들에게 반드시 읽도록 하는 것도 필요하다고 생각합니다. 물론 부시장의 행정력을 남용해서 강제적인 규정을 만들지는 않을 것입니다. 사실 그런 행정 권한도 매우 제한적입니다. 하지만 저는 진심으로 전국의 모든 학교들이 자원해서 독서계획을 실천함으로써 책 향기 나는 학교와 사회를 만들 수 있길 바랍니다.

슈엔 : 그것이 선생님의 교육 이상이겠죠? 사실 선생님의 이상은 우리 모두의 이상입니다. 아마도 다들 선생님의 노력과 정성에 마음으로 감동을 받을 것입니다. 그런 이상이 전국의 모든 교육에서 빛날 수 있길 바랍니다.

4. 교육자는 교육이상에 감동해야

－ 《현대교육보現代敎育報》 장광핑薑光平, 궈즈밍郭志明 기자

해마다 열리는 '양회'가 곧 시작된다. 전국정협 상무위원이자 저명한 교육학자인 주영신 교수는 이번에도 교육방면에 대한 다양한 제안을 제시했다. 또한 인민왕을 통해 전국 네티즌들에게 교육 제안을 받아 큰 반향을 일으켰다. 현재 교육 실험을 외치는 주영신 교수를 '양회'의 개막식 전날에 만나 그의 교육실천과 이상에 관한 이야기를 들을 수 있었다.

의무교육비는 면제해야

기자(이하 '기') : 한 달여 전에 인터넷에서 선생님께서 전국 정협회에 제출한 제안서를 본 적이 있습니다. 그중 하나가 서부 빈곤지역에 무료 의무교육을 실시하자는 제안이었는데, 이런 제안을 생각하게 된 배경을 말씀해 주십시오.

주영신(이하 '주') : 저는 인터넷을 사랑하는 사람입니다. 제 아이디어는 대부분 인터넷에서 구상합니다. 또 제 생각을 인터넷에 올려 네티즌들의 평가를 받는 것을 좋아합니다.

금년에 제가 제시한 제안 중 중요한 부분은 의무교육은 무료로 실시해야 한다는 내용입니다. 의무교육은 저의 연구 분야이자, 교육의 기초입니다. 현대 의무교육의 중요한 특징 중 하나는 바로 학생에게 무료로 교육을 실시한다는 점입니다. 많은 국가에서는 의무교육이 무료일 뿐 아니라, 교재비와 점심 급식을 제공하고 있습니다.

기 : 중국의 상황은 어떻습니까?

주 : 중국은 건국 37년 후 발표한 《의무교육법義務敎育法》을 통해 무료교육 원칙을 세우고, "국가는 의무교육을 받는 학생들에게 학비를 면제해 준다. 장학금을 만들어 빈곤학생의 취학을 돕는다."라고 규정했습니다. 하지만 현실은 그렇지 않습니다. 많은 지역에서 교재비나 기타비용이 학비보다 훨씬 비싸고, 심지어 보충수업비, 교복비, 잡지구입비, 기숙사수리기금 등을 학교에 내도록 하고 있습니다. 이러한 비용으로 많은 가정들이 경제적 부담을 느끼고 있으며, 특히 서부지역과 농촌 지역의 학생들은 돈이 없어 입학조차 못하고 있습니다. 그래서 무료 의무교육제도가 모두의 공통 관심사로 떠올랐습니다. 작년 "양회"기간에는 23,736명의 네티즌이 온라인 투표를 통해 "양회" 기간 중 가장 관심 있는 10대 화제를 골랐는데, 그중 전국 "농촌의무교육 무료화"가 1,967

표로 첫 번째로 꼽혔습니다.

기 : "빈곤국일수록 교육비가 비싸다."는 우리가 자주 하는 말입니다. '빈곤'과 '비싼 교육비용'이 교육비와 피교육인구의 모순관계를 반영하고 있습니다. 이러한 의미에서 보면, 무료 의무교육은 허황된 꿈이 아닐까요?

주 : 지금부터 바로 무료 교육을 실시하기에는 적지 않은 어려움이 있지만, 이런 제안을 통해 정부의 교육이념을 알 수 있습니다. 그래서 전략적으로 실시하는 것이 중요합니다. 서부지역과 빈곤지역에서 먼저 무료로 의무교육을 실시하는 것이지요. 여기서 한국은 좋은 예가 되고 있습니다. 한국은 1948년 초등교육 무료실시 원칙을 실시했고, 70년대 들어 경제가 고속 성장하면서 교과서도 무료로 제공했습니다. 1983년에는 지방의 외진 지역부터 9년 의무교육을 무료로 실시했습니다. 먼저 농촌, 어촌, 섬 지역 등 여건상 불리한 지역부터 학비를 면제하고 점차 범위를 확대했습니다. 그 후 경제적 수준이 높은 지역과 고소득 지역에서는 학비를 받고, 낙후되거나 저소득 지역에서는 학비를 감면하는 원칙을 세웠습니다. 우리는 의무교육과 관련된 정책을 다시 제정해야 합니다. 중국의 실제 상황에 맞게 가장 빈곤한 지역부터 의무교육을 무료로 실시해야 합니다.

기 : 서부지역과 빈곤지역부터 무료로 의무교육을 실시해야 한다고 하

셨는데, 경제가 낙후되어 있고 현지 정부의 재정난 등의 이유를 제외하면, 다른 어떤 이유가 있습니까?

주 : 여러 자료를 살펴보면, 동서부 지역의 교육 수준 차이가 갈수록 커지고 있습니다. 이러한 차이는 교육비용 투자 등 방면의 문제이기도 하고, 교사의 자질 등 방면의 문제도 있습니다. 현재 동서부 지역 경제 수준도 갈수록 차이가 벌어지고 있습니다. 이는 앞으로 교육수준 차이도 벌어질 것이라는 의미이기도 합니다.

서부와 빈곤지역에 의무교육을 무료로 실시하는 제도는 교육 차이를 해소하기 위한 구체적인 조치입니다. 이에 대해 미국 학자는 '평등 수정' '평등 보상'이라는 원칙을 제시했습니다. 평등을 수정하는 것은 경제조치를 통해 실력은 뛰어나지만 환경은 불리한 사람을 보상해 주는 것이고, 평등을 보상하는 것은 천부적인 재능이 떨어지거나, 악조건에 있는 사람을 보상해 주는 것입니다. 사실 중국 정부는 이미 위의 방법대로 노력을 기울이고 있습니다. 그중 가장 눈에 띄는 노력은 《중화인민공화국교육법中華人民共和國敎育法》을 규정하여 소수민족 지역과 낙후된 지역의 교육 사업을 지원해 주는 것입니다. 정부는 특별히 빈곤지역과 소수민족지역을 지원하는 교육기금을 설립하여 이 지역의 교육 발전을 촉진하고 있습니다. 이러한 규정을 내놓은 것은 바로 평등 수정과 평등 보상의 구상에서 나온 것입니다. 그리고 이에 따라 지역간 피교육자의 교육평등과 사회 전체 피교육자의 교육평등을 촉진하고 있습니다.

기 : 작년부터 일부 지역에서 무료 의무교육을 실시하고 있는데, 이에 대한 평가는 어떻습니까?

주 : 무료 의무교육을 시작한 지 일 년 정도 되면서 이미 많은 지역에서 시도하고 있습니다. 작년 가을부터 신장 지역의 일부 빈곤지역에 무료 교육이 정식으로 실시됐습니다. 중앙정부가 매년 1억 4천 만 위안의 교재비를 지원하고, 자치구 재정에서 500만 위안의 기타 물품비용을 지원하고 있습니다. 모두 난장南疆 낙후 지역에 9년 의무교육을 지원하는 데 사용되고 있지요. 이러한 정책을 통해 장기적으로 어려움을 겪고 있는 난장 농촌지역이 안고 있는 문제들도 줄줄이 해소될 것입니다. 닝보, 이우, 쑤저우 등 지역에서도 일부 대상에 대해 무료로 의무교육을 실시하고 있습니다.

이렇게 무료 교육은 대표의원, 위원회가 제안하고 실시 단계까지 왔습니다. 하지만 무료 의무교육을 진정한 공공교육으로 발전시킬 수 있을까요? 그렇게 되기 위해서는 재정부와 교육부 차원에서 구체적인 추진계획을 연구해야 할 것입니다.

교육이상, 스스로 먼저 감동해야

기 : 인문정신으로 가득 차 있는 관료이자 교육학자이신 선생님께서는 무엇을 통해 매번 비상을 꿈꾸고, 또 이론적으로 깊은 단계까지 오를 수 있으셨습니까?

주 : 제가 볼 때, 지금까지 저에게는 세 번의 큰 비상이 있었습니다. 최근에 있었던 강좌에도 사고 전환에 관한 내용이 있었습니다. 1950년 설날 슘페터J. A. Schumpter가 전에 그를 찾아왔던 피터 드러커Peter F. Drucker와 피터의 아버지께 이런 말을 했습니다. "내 책과 이론만으로는 세상을 전부 이해할 수 없다는 사실을 이 나이가 되니까 알 것 같다. 인류의 생활을 바꾸지 못하는 것은 어떠한 의미도 없다." 그 글을 읽고 저는 정말 원자폭탄 같은 큰 충격을 받았습니다.

과거, 저는 제 서재에서 제가 그 동안 문자로 쌓아 온 흔적들을 감상하는 데 도취해 왔습니다. 하지만 최근 3년은 교육이론가의 입장이든, 중국 관료의 입장이든지, 반드시 생활을 변화시키고, 교육을 바꿔야 한다는 것을 깨닫기 시작했습니다.

최근 3년 동안 정말 길고 긴 길을 걸어 왔습니다. 전에 《교육으로 가는 길 위에서》라는 시 한 편을 쓴 적이 있습니다. 제 아이 주무朱墨가 새로 출판한 책 후기에도 이 시 한 단락을 인용했었죠. 저는 남북을 가로지르는 긴 강을 걸어왔습니다. 생활과 교육을 바꾸기 위해 걸어왔고, 이상을 위해 걸어 왔습니다. 이러한 의미에서 보면, 지금껏 저만의 길을 걸어본 적이 없던 것 같습니다. 물론 중국 정계에서 방금 말씀하신 바대로 인문정신이 투철한 관료가 아직 많고 저도 그중 한 사람입니다. 하지만 저는 그들보다 좀 더 자각하고 하나의 경지를 추구하고 있습니다.

기 : 선생님이 쓰신 《나의 교육이상》을 읽고, 사실 매우 큰 감동을 받았습니다. 이 책을 쓸 때 교육이상에 대한 자신감이 어느 정도셨습니까?

주 : 그 책은 우연한 기회에 쓰게 됐습니다. 당시 장자강 고급중학교를 방문하기 한 달 전, 타이후Lake of Tai에서 강연회를 열었습니다. 강연회에 참석했던 사람들도 매우 감동했습니다. 거의 4시간 반 가까이 아무도 자리를 떠나지 않았습니다. 서비스 직원들조차 그 자리에 그대로 서 있을 정도였죠. 저 자신도 제 강연의 도취되었습니다. 하지만 현대인이 잃어버린 밀짚모자를 찾는 것처럼, 그 밀짚모자가 여전히 사람들의 마음속에 남아 있지 않았다면 강연회에 참석한 그 많은 사람들에게 그렇게 큰 감동을 주진 못했을 겁니다.

강연회를 마친 후 저는 교육이상에 관한 글을 썼습니다. 2000년 이후 교육이상이 중국교육계에서 매우 중요한 단어로 떠오른 이후였으니까 아마 보신 적이 있을 겁니다. 그 전에는 누구도 언급조차 하지 않았었죠. 아마도 잊어버리고 있었을 것입니다. 그 책은 중국교육계에 교육이상의 선풍을 일으켰습니다. 우선 저 자신이 이 책에 대해 감동을 했기 때문에 자신이 있었습니다. 그러나 객관적으로 봤을 때 이상을 현실로 바꿀만한 방법이 전혀 없었습니다. 사람들의 마음을 바꿀 수 있을지에 대한 자신이 없었던 거죠.

어떤 교육이상이든지 모두 현실을 더 좋게 발전시키려는 이상을 담고 있습니다. 현 시대에 병폐현상이 많기 때문에, 심지어는 그로 인해 이미 뼈아픈 경험을 했기 때문에, 비로소 더 좋은 이상의 경지를 추구하고자 하는 마음이 생길 수밖에 없습니다. 이상은 현실을 반성하고 초월하는 것이고, 현실에 있어 병든 부분을 치료하는 것입니다. 저는 소평小平의 관점에 매우 찬성합니다. 교육은 수많은 문제를 안고 있습니다. 이제는 하나의 문제로 인한 것이 아니라 합병증이라고 해도 과언이 아닐 것입니다. 교육 문제는 교육 자체가 하나의 의식형태처럼 사회의 영향을 받기 때문에 일종의 사회문제로 볼 수 있다고 생각합니다. 이 역시 문제의 한 방면입니다.

하지만 어쨌든 간에 어느 교육이든 미래의 사회를 만들고, 미래의 사회에 영향을 미칩니다. 오늘날의 수많은 사회문제는 과거 교육과 이미 지나버린 교육이 초래했을 가능성이 아주 큽니다.

신교육 : 일종의 복귀

기 : 전에 선생님과 다른 논점을 제기한 적이 있습니다. 저는 많은 학과가 미래지향적이어야 한다고 생각하는데, 사실 어문학과는 대부분 과거 지향적이 아닌가요?

주 : 실제로 진정한 교육은 일종의 복귀입니다. 방금 하신 말씀도 틀리지 않습니다. 일종의 과거 지향적이지요. 교육의 근원과 교육의 본성은 처음의 순수한 상태로 돌아가야 합니다. 우리는 지금 지나치게 새로운 것을 강조하고 쫓고 있습니다. 사실 현재 실시하고 있는 신교육실험에서도 이미 사람들로부터 잊혀진 것을 찾고, 과거로 돌아가자고 강조하고 있습니다. 저는 진정한 교육은 몇 천 년이 지나도, 숭고와 이상을 추구한다는 등의 영원한 주제를 갖고 있다고 늘 말합니다. 현재 시대에서 우리는 본래 추구했던 것들을 버리고 있습니다. 우리가 지금 하고 있는

것은 아마도 과거 진정한 의미의 처음으로 돌아가고, 본질로 돌아가기 위한 것일 것입니다.

기 : 교육이 과거 지향적이라면, 과거 어느 시점으로까지 돌아가야 하나요? 공부자孔夫子시대로 돌아갈 수는 없지 않습니까. 지금은 또 교육의 글로벌화 시대인데, 그렇다면 그 속에서 발생하는 모순관계는 어떻게 해소할 수 있나요?

주 : 교육의 대상은 사람입니다. 시대마다 사람들은 각기 다른 모습을 나타내고 있지만, 인성은 공통적인 특징이 있습니다. 공부자의 것들은 현재 봤을 때 그만의 입맛을 갖고 있을 것입니다. 유용한 것은 과거 지향적이어도 상관이 없습니다. 물론 르네상스 이후로 특히 산업혁명 이후 교육가들의 탐구정신이 우리에게 많은 유익이 되었지만, 그들의 것들 역시 전시대 사람들이 쌓아 온 바탕 위에서 만들어진 것입니다. 우리의 교사와 교육 관리자, 다른 교육 종사자, 교육부 직원들을 포함해서 모두 미래지향적이기도 하고, 동시에 과거 지향적이기도 해야 합니다. 교육을 하려면 이러한 두 가지 측면의 능력과 재능을 겸비해야 합니다.

기 : 선생님의 신교육이상은 21세기 초에 만들어졌지만, 이러한 시대는 길고 긴 농업사회와 비교적 짧았던 산업사회 이후인 새 시대입니다. 이 시대를 우리는 다원화된 지식사회라고 부르고 있죠. 다원화에서 좀 더 단순화로, 이것이 신교육이 지향하는 방향이 아닐까요?

주 : 분명 다원화로 가기 위해서는 아직도 많은 길이 남았습니다. 중국에는 여전히 특색 있는 것들이 많이 남아 있습니다. 농업화시대의 산물도 남아 있고, 산업화, 포스트 산업화에서 정보사회의 산물까지도 여전히 공존하고 있습니다. 이렇게 볼 때 우리의 교육, 우리의 짐이 정말 많고 무겁습니다. 그래서 교육 사업이 더 많아져야 하고, 교육 다원화의 이론과 특징도 더 많아야 합니다.

신교육은 일종의 복귀이며, 본래 교육은 마땅히 그래야 합니다. 그래야 비로소 교육의 가치를 실현시킬 수 있습니다. 지금은 모두들 입시교육에만 집중하고 있어서 교육의 본질을 잊고 있습니다.

교육에 영혼을

기 : 선생님께서 말씀하신 교육이상은 단지 교사의 숭고한 정신을 일깨우고 감화시키기 위한 것이 아닌가요?

주 : 처음에는 분명 그런 목적이 있었습니다. 왜냐하면 저는 교사들이 성장하는 데 있어서 먼저 흥분하고 감동하는 법을 배워야 한다고 강조했기 때문입니다. 물론 제가 주장하는 교육이상이 단순히 흥분하고 감동만 하는 것에 그치는 것이 아니라, 행동으로 실천하고, 교육에 더 많은 흥미와 열정을 느끼길 진정으로 바랐습니다.

기 : 교사의 직업 환경에 대해 어떻게 생각하십니까?

주 : 전체적으로 교사가 처한 환경은 희망도 만족감도 줄 수 없습니다. 가장 큰 원인은 대부분의 교사가 교육 속에서 즐거움을 느끼지 못하기 때문입니다. 지금의 교사들은 입시의 중압감 때문에 고통스러워하고, 그저 매일 똑같이 반복되는 일상에 빠져 있습니다. 지겹도록 반복되는 입시 교육 속에서 이제는 고통조차 느끼지 않을 정도로 매너리즘에 빠진 교사들도 많습니다. 그런 고통을 극복할 수 있는 방법도 찾지 못하고 있습니다.

물론 시적인 감성을 갖고 생활하면서 교육의 행복과 즐거움을 느끼고 있는 아주 소수의 교사들도 있습니다. 이런 교사들은 좀 더 뛰어난 교사거나, 곧 그러한 교사가 될 사람들입니다. 저희 '교육온라인' 사이트에서는 그런 적극적인 인생관을 가지 교사들이 활발하게 활동하고 있습니다.

기 : 교육이상을 통해 교사들이 교육의 근본을 찾을 수 있을까요? 교사들이 자신의 생존환경에서 주인 역할을 할 수 없게 됐을 때, 교육이상이 인생의 좌표가 될 수 있을까요?

주 : 먼저 저는 이상이 이상을 통해 교육의 본질을 추구할 수 있다고 생각합니다. 이상은 모든 사람들이 마음속에서 추구하고 있는 하나의 꿈이기 때문입니다. 꿈이 있으면 희망도 있습니다. 그러한 꿈이 사라지지 않는 이상 그 꿈을 추구할 것입니다. 자신의 생존공간에서 주인 역할을 하지 못하는 교사들이 사실 많기는 합니다. 하지만 정신만큼은 자신이

주재할 것입니다. 같은 생존환경에서 우리 모두 각자의 생존법을 갖고 있기 때문입니다. 일부는 우리에게 입시교육 속에서 수갑을 차고 춤추는 것과 같다고 하는데, 전에도 말했듯 수갑을 차고도 더 아름다운 춤을 출 수 있다고 생각합니다. 같은 생존환경에서 다른 인생과 다른 교육 생활을 할 수 있습니다. 이때 교육이상도 교육자들에게 인생의 좌표가 되어 줄 것입니다.

기 : 자신의 교육문화는 어떻게 만들 수 있을까요? 즉 교육을 생활화하려면 어떻게 해야 하나요?

주 : 문화는 사실 사회의 영혼입니다. 어떤 사회든, 도시든, 조직이든지 문화가 없는 것은 영혼이 없는 것과 같습니다. 교육문화는 전체 교육의 영혼입니다. 전에 말했듯, 현재의 교육은 영혼을 버렸습니다. 우리는 지금 교육에 다시 영혼을 불어 넣기 위해 노력하고 있습니다. 우리의 신교육실험은 바로 문화적 자각을 통해 우리의 교육에 영혼을 담는 일입니다. 그 많은 실험학교의 교사들과 학생들이 이러한 문화적 즐거움을 느끼고, 더욱 즐거운 교육생활을 하고, 교육인생의 방향이 생기는 모습을 볼 때마다 큰 기쁨을 느끼고 있습니다.

5. 교육이상의 불꽃을 더욱 찬란하게
- 《중예中銳》 잡지사 기자

기자(이하 '기') : 선생님의 《나의 교육이상我的教育理想》이라는 책을 가지고 있습니다. 책 내용 중에 한 구절에 특히 깊은 인상을 받았는데요, 이성의 사고를 통해 교육의 이상을 더욱 찬란하게 빛내라는 말이었습니다. 하지만 진정한 이성적 사고는 누구나 할 수 있는 것이 아니라고 생각합니다. 교육 정책처럼, 분석, 연구, 제정 자체에 이성적인 사고가 필요하지만, 많은 사람들이 이러한 일들 고위급 관료들만이 할 수 있는 일이라고 생각하고 있는 것이 사실입니다.

주영신(이하 '주') : 고위층의 교육 분야 정책 결정자들부터 학교교장을 포함한 가장 하위층의 교육관리직원까지 사실 모두 정책을 통해 교육에 직접적인 영향을 일으킬 수 있습니다.

기 : 정확하고 완벽한 교육시스템을 만드는 것은 매우 어려운 일입니다. 특히 중국처럼 땅이 넓고 지역 간 차이가 큰 국가에게는 더욱 어렵습니다. 그렇다면 어떠한 교육정책이 과학적인가요?

주 : 교육정책을 제정하는 데 있어, 가장 첫 번째 문제는 바로 분류하여 지도하는 문제입니다. 단 하나의 교육 정책을 가지고 모든 성과 지역을 지도하는 것은 분명 매우 어렵기 때문입니다.

기 : 그 말씀은 통일된 교육 정책으로 모든 지역의 교육을 지도할 수 없다는 의미인가요?

주 : 첫째, 현재 중국의 교육 정책들은 지나치게 통일적이고 정부의 개입도 많습니다. 그 결과 각 지역이 발전하는 데 어려움이 따르고 있습니다.

둘째, 교육정책 결정자로서 반드시 공평성과 효율성을 모두 고려해야 합니다. 교육정책을 만들 때 공평성을 우선으로 둘 것인지, 효율성을 먼저 고려할 것인지 생각해야 합니다. 국가 전체를 보면, 공평성과 효율성이 모두 고려되어야 합니다. 하지만 총체적으로는 공평성을 우선시해야 합니다. 왜냐하면 정부는 각 국민과 인재에게 상대적으로 균형적인 우수한 교육을 제공해야 하기 때문입니다.

이러한 전제 하에 교육이 더 성숙하게 발전할 수 있도록, 효율성을 겸비한 정책을 제정해야 합니다. 정부, 구체적으로 교육행정부처는 어떠한 단계에서 기본적인 공평성을 만족시킨다는 전제 하에 효율성을 최대한 고려해야 합니다. 하지만 기본적으로 공평성이 따르지 않은 상황에서 효율성을 강조하게 된다면 정책적으로 오류를 범하게 될 것입니다.

기 : 이러한 오류가 현 교육에서 나타나고 있습니까?

주 : 분명히 그렇습니다. 예를 들어, 우수한 학교와 열악한 학교간의 차

이는 매우 크게 나타나고 있습니다. 각급 정부와 교육평가부서는 평가제에 상당한 심혈을 기울이고 있지만, 학교가 이루어야 하는 최소한의 기준에 대해서 제대로 연구가 뒷받침되지 않았습니다.

국가는 일종의 마지노선을 갖고 있어야 합니다. 교육정책을 세울 때, 학교가 최소한 어떠한 수준을 만족시켜야 하는 데 명확한 기준이 필요합니다. 그렇게 한다면, 양호실이 없는 학교, 휴게실이 없는 학교, 책상과 의자가 없는 학교, 교사의 월급이 제때 지급되지 않는 학교 등 이런 문제가 나타나지 않을 것입니다.

최소한의 마지노선을 잡아야 하는데, 현재 고등교육과 우수학교에만 심혈과 자금을 쏟고 있습니다. 우리는 '어려운 곳에 지원'을 하기보다, '발전하는 곳에 더 많은 지원'을 하는 것에 비교적 익숙해져 있기 때문입니다. 교육정책을 결정하는 데 있어서 거시적으로는 국가가, 미시적으로는 지역에서 모두 공평성과 효율성을 고려해야 합니다.

기 : 저 역시 그렇게 생각합니다. 우리는 과학적인 시각과 진지한 태도로 교육의 공평성과 효율성을 고려해야 합니다.

주 : 여기에는 데이터 저장소 문제가 있습니다. 사실상 어떠한 정책 결정도 모두 좀 더 발전된 연구가 필요합니다. 이는 일정한 데이터를 기초로 삼아야 합니다.

기 : 그렇다면 데이터 저장소에서 어떠한 측면을 반드시 포함해야 하나

요? 어떠한 데이터가 필요한가요?

주 : 학교의 종류, 시험의 수준, 학생의 학습능력, 학생의 심리적 발달 상태 등을 포함해야 합니다.

기 : 방금 지역별 분류 지도, 공평성과 효율성 겸비 및 데이터 저장소 구축 등을 언급하신 것 외에, 어떠한 부분을 중시해야 할까요?

주 : 교육 특구를 만들어야 하는 문제가 있습니다. 경제가 발전하는 과정에서 많은 경제특구를 세웠습니다. 지역마다 특수한 정책을 만들어 과감한 시도를 통해 더 나은 발전을 하도록 개방한 형태이지요.

경제가 이렇게 발전한 것처럼, 교육도 사실 같은 방법을 통해 발전할 수 있습니다. 왜냐하면 크게 봐서 국가에게 있어서 많은 정책이 한꺼번에 풀어지면, 교육의 불균형이나 혼란이 발생할 수 있습니다. 그렇기 때문에 부분적으로 실시해야 합니다. 부분적으로, 예를 들어 쑤저우를 교육 실험지역으로 지정하거나 특구로 만들 수 있는 방법이 있습니다.

기 : 1988년 쑤저우는 이미 교육부의 비준을 얻어 종합교육시범도시가 되었습니다. 10여 년 동안 쑤저우는 교육 방면으로 어떠한 발전을 했나요?

주 : 10여 년 동안 쑤저우 교육에는 매우 커다란 변화가 나타났습니다.

최근 몇 년 동안에는 개성과 특기를 강조한 교육을 실시하고, 전 시의 모든 학교에 이러한 교육을 보급하고 있습니다.

기 : 그렇죠. 기초교육은 반드시 개성과 특기를 중시해야 합니다.

주 : 교육발전의 기초는 학교입니다. 첫째, 학교는 사상과 열정, 이상을 가진 교사를 통해 발전해야 합니다. 그럴 때 비로소 특기와 개성을 갖춘 학생을 양성할 수 있습니다. 그래서 경제발전과정에서 각 촌마다 특산품을 생산 개발한 것처럼, 우리 역시 학교마다 특색을 갖추도록 장려해야 합니다. 다년간 쑤저우에는 여러 특색 있는 학교가 만들어졌습니다.

둘째, 우수한 교사와 교장을 양성하는 실천계획을 세워야 합니다. 왜냐하면 교육발전의 관건은 다수의 명사와 교장에 있기 때문입니다.

셋째, 우리는 '상대적으로 열악한 학교를 위한 실천 계획'을 세웠습니다. 일부 지역에서는 컴퓨터 인재 양성에 중점을 두기도 합니다. 하지만 저는 이러한 방식에는 동의하지 않습니다.

기 : 그 이유가 무엇입니까?

주 : 왜냐하면 아이들이 첫날 교육을 받는 순간부터 큰 부담을 안게 되고 일종의 숙명이 생기기 때문입니다. 이것이 옳다고 보십니까? 아이들은 자신의 운명을 스스로 개척할 수 없다고 생각하게 됩니다. 이것은

잘못된 것입니다. 무엇보다 중요한 것은 학교의 균형 발전이란 것을 정부가 깨달아야 합니다. 이는 정부의 역할이자, 반드시 해결해야 할 근본적인 문제입니다. 그래서 최근 몇 년 동안 우리는 이 방면에 많은 노력을 기울였습니다.

기 : 쑤저우 시는 현재 컴퓨터 인재를 만들고 있나요, 아니면 자유로운 학교를 만들고 있나요?

주 : 쑤저우의 학생은 학생이 사는 학군 지역에 따라 입학을 합니다. 집에서 가까운 학교에 다니게 되는 것입니다. 동시에 학교도 선택할 수 있습니다. 학부모와 학생은 사립학교나 우수한 학교를 선택할 수도 있습니다.

선택권을 박탈하는 것은 매우 고통스럽고, 나중에는 약자계층의 권력만 박탈되는 상황이 발생할 수 있습니다. 정부 관료가 아이를 위해 학교를 선정하는 것은 문제가 안 됩니다. 돈이 있는 사람이 학교를 선택하는 것도 문제가 되지 않습니다. 일부 기부금만 내면 될 뿐입니다. 때문에 사실 제한을 받고 있는 사람들은 대부분 일반인들입니다.

첫째, 우수한 학교의 경우, 지역마다 모집정원수를 나누어서 열악한 학교의 학생들도 우리 쑤저우 중학교처럼 좋은 학교에 갈 수 있도록 해야 합니다. 둘째, 우수학교와 열악한 학교를 통합해야 합니다. 각 학교가 함께 발전할 수 있다면, 학교 선택에 대한 부담감도 사라지게 될 것입니다.

기 : '과학기술이 발달한 국가' 정책을 실시하는 과정에서 구체적으로 어떠한 어려움이 있나요?

주 : 경제발전에서 가장 중요한 것은 인적자원입니다. 현재 우리가 직면한 문제가 바로 그것입니다. 둘째로 큰 문제는 아직까지 입시교육에서 벗어나지 못하고 있는 현실입니다. 아직까지 과거 교육체제에서 벗어나지 못한 이유는 현 시험제도나 인재선발제도 때문입니다.

또 다른 문제는 교육시스템 문제입니다. 교육은 대부분 공교육이 중심인 일원제 시스템입니다. 하지만 이것은 교육의 발전과 경쟁에 모두 불리합니다.

기 : 그리고 현재 디지털화와 국제화 추세 속에서 요구되는 교육 방식에도 부합하지 않는다고 생각합니다.

주 : 맞습니다. 그래서 여러 가지 다양한 경제적 요소로 공동 교육을 실시하면서, 외자, 민간자본으로 실시되는 교육과 함께 발전할 수 있도록 장려해야 합니다. 또 하나는 일부 대학을 매각, 혹은 지분협력을 통해서 사회가 운영하게 하거나, 혹은 해외 기업에 운영권을 주는 것입니다. 이렇게 해서 절약한 자금을 기초교육에 투자할 수 있게 되면, 우리의 기초교육이 더 크게 성장할 수 있습니다.

문제는 또 있습니다. 예를 들면, 타 지역 노동자의 자녀교육 문제입니다. 현재 타 지역 노동자 자녀들은 낡은 교실이나 공장을 빌린 열악한 환경 속에서 교육을 받고 있습니다. 정부가 그들을 어떻게 관리하고 도와서 시설 지원을 할 수 있을지, 경제적으로 정책적으로 지원하는 방법에 대해 반드시 연구하고 고려해야 합니다.

기 : 방금 말씀하신 것처럼 이렇게 많은 문제와 어려움이 있고, 교육의 개혁이 이처럼 절실한데, 전국적으로 어떠한 공통점이 있습니까?

주 : 물론 공통점이 있습니다. 방금 말한 소양교육문제는 전국적인 문제입니다. 하지만 고급 인재, 특히 연구개발 인재 부족은 우리 쑤저우의 문제입니다. 즉 나라 전체의 문제가 있기도 하고, 지역마다 각각의 문제가 있기도 합니다.

기 : 현 교육은 디지털화와 글로벌화라는 큰 추세에 놓여 있는데요, 그래서 과거와 다르게 글로벌 교육 특색이 갈수록 뚜렷해지고 있습니다. 이러한 글로벌화 환경 속에서 우리의 교육체제와 정책은 어떻게 바뀌어야 할까요?

주 : 앞으로 몇 년 내에 5% 이상의 학교에서 '2개 국어 교육'을 실시하게 될 것입니다. 이 외에 정보화시대에 맞게 바뀌어야 하는 문제가 있습니다. 이 역시 작지 않은 도전이라고 생각합니다. 35세 이상의 젊은 교사들은 컴퓨터로 할 수 있는 교육 소프트웨어를 만들 수 있어야 하고, 모든 학교가 학교 사이트 운영을 통해 교사와 학생이 빠르게 정보

교류를 할 수 있도록 해야 합니다.

왜냐하면 정보습득능력이 매우 중요하지만, 더욱 중요한 것은 정보의식이라고 생각하기 때문입니다. 앞서 말한 '2개 국어 교육'처럼 언어도 매우 중요하지만, 더 중요한 것은 바로 사람입니다. 학생들의 글로벌 의식과 포용력입니다. 정보 역시 마찬가지입니다. 실시간으로 정보를 받아들이고, 정보의 가치를 깨닫고 어떻게 활용해야 하는지 알아야 합니다. 이는 어떠한 의미에서 보면 컴퓨터 사용능력보다 더욱 중요합니다.

기 : 방금 말씀하신 목표에 대해 구체적인 실현 방법 및 시스템에 대해 어떠한 생각을 갖고 계십니까?

주 : 첫째, 비용이 보장되어야 합니다. 예를 들어, 2개 국어교육이든, 정보화교육을 추진하든 간에 정부의 투자나 필요한 자금이 확실히 지원되어야 합니다. 이 부분에 대해서는 이미 정부의 관련 문건을 통해 보장되고 있습니다. 둘째, 교육에 대한 평가가 필요합니다. 목표를 어떻게 실현했는지에 대한 과정을 평가할 필요가 있습니다. 그리고 이를 교육의 현대화가 지속 발전할 수 있는 새로운 기준으로 세워야 합니다.

기 : 방금 말씀하신 대책들은 전국적으로 어떻게 중요한 의미를 갖고 있나요?

주 : 상대적으로 말해서, 쑤저우의 경제 및 사회 발전은 비교적 앞서 있습니다. 그렇다면 어떠한 의미에서 보면 쑤저우의 현 교육 현실은 바로 중국교육의 미래라고 할 수 있습니다. 물론 중국교육의 미래는 쑤저우의 현 교육 현실보다 더 좋을 것입니다. 앞으로 연구를 지속하면서 경험을 쌓고 교훈을 배우면서 더 나은 방향으로 발전할 것이기 때문입니다. 그래서 다른 지역은 같은 오류를 범하지 않고 더 빠르게 발전할 수 있게 될 것입니다.

기 : 사실 오늘 우리가 나눈 모든 이야기들은 교육정책을 세울 때 반드시 고려해야 할 문제들입니다. 왜냐하면 교육 발전에 있어서 좋은 정책과 체제는 가장 기초이자, 미래 발전을 보장하는 열쇠이기 때문입니다. 그래서 좋은 정책과 체제가 있다면, 교육 시스템의 개혁은 더욱 순조로울 것이고 더 나은 효과를 거둘 수 있다고 생각합니다.

6. 과학적인 교육연구는 학교발전의 제일의 생산력
　－《교사의 친구敎師之友》 잡지 기자 리전시李鎭西와 특별 인터뷰

《교사의 친구》에서 《과학적 교육연구敎育科硏 : 가짜과학을 조심해야警惕僞科學!》라는 글이 펼치는 과학적인 교육연구에 대한 토론에 대해 쑤저우 시 인민정부 부시장이자 수저우대학 교육철학박사 지도교수인 주영신 교수가 입을 열었습니다. 최근 《교사의 친구》 편집부의 요청으

로, 필자는 과학적인 교육연구라는 화제를 가지고 주 교수를 인터뷰했습니다. 다음은 인터뷰 실록을 정리한 내용입니다.

리전시(이하 '리') : 주 교수님은 정부 공무원이지만, 제가 알기로는 과학적 교육연구방면의 성과도 매우 훌륭한 교육전문가이신데요. 저희 잡지에서 실시한 과학적 교육연구에 관한 토론에 대해 한 말씀 부탁드립니다.

주영신(이하 '주') : 그 토론은 매우 의미 있는 토론이었습니다. 과학적 교육연구가 얼마나 중요한지에 대해서는 수백 번 언급해도 지나치지 않다고 생각합니다. 《나의 교육이상》에서 "과학적 교육구는 학교 발전의 제일의 생산력"이라고 말한 적이 있습니다.

과거 오랫동안 과학적인 교육연구를 중시하지 않던 때부터 현재 과학적 연구에 관심을 갖게 된 오늘날까지 적지 않은 성과가 있었고, 이는 매우 중요한 진보라고 생각합니다. 하지만 이러한 성과를 높이 평가하면서도, 그 안에 존재하는 문제와 부족한 부분에 대해서도 깨달아야 합니다. 이에 대해서 이미 《과학적 교육연구 : 가짜과학을 조심해야》에서 여러 가지 사례를 예로 들었습니다.

여기에 한 가지 의견을 보충하고 싶습니다. 과학적 교육연구에는 '가짜 과학'뿐만 아니라, '반 교육'이라는 문제도 있습니다. '가짜 과학'의 교육 연구는 심각해 봤자 '가짜'를 둘러싼 문제입니다. 때문에 학생에 직접적인 문제를 일으키거나 해를 주지는 않습니다. 하지만 이에 반해

‘반 교육’은 심각한 부작용이 있습니다. 교육의 취지를 뒤집을 수도 있고, 교육에 직접적인 해가 될 수도 있습니다.

예를 들어 보겠습니다. 최근 몇 년 동안, 일부 지역에서 소위 학생의 ‘아이큐’에 대한 ‘과학적 교육연구’를 실시했습니다. ‘테스트’ ‘계산’ ‘통계’ ‘분석’ 등 방식으로 학생의 ‘아이큐’를 ‘연구’했습니다. 그 후 소위 이 ‘과학적 연구’의 결과는 관련 교사와 교장에게 피드백했습니다. 이러한 ‘과학적 연구’는 전형적인 ‘가짜 과학’임과 함께, 심각한 피해를 낳는 ‘반 교육’ 행위입니다. 왜냐하면 교육자에게 ‘과학적’으로 어떤 학생의 아이큐는 너무 낮다고 알려주기 때문입니다. 이러한 ‘과학적 연구’의 해악은 교사를 잘못된 방향으로 오도할 뿐 아니라, 학생의 자존감과 자신감에 심각한 타격을 미치고 결국에 가서는 학생의 일생을 망쳐 버릴 수도 있습니다. 때문에 교육의 과학적 연구는 실사구시를 기본적으로 따라야 하며, 진정한 ‘과학’을 통해서 실시해야 합니다.

리 : 현재 대부분의 교육자는 과학적 교육연구의 중요성을 깨달았을 뿐만 아니라, 점차 진정한 과학적 연구의 필요성을 알아가고 있습니다. 그렇다면, 전문적인 교육과학연구기관이 아닌 초중등학교에서 어떻게 과학적 연구를 실시할 수 있을까요?

주 : 중학교나 초등학교에 있어서, 과학적 교육연구의 관건은 교장에 의해 결정된다고 생각합니다. 제가 좋아하는 수호믈린스키의 명언이 있는데, “교장은 학교에 대해 먼저 교육적 사고를 지도하고, 두 번째는 행

정적 지도를 해야 한다”는 말이 있습니다.

소위 ‘교육적 사고의 지도’란, 제가 이해한 바로는 주로 학교 내 모든 교사를 인도하고 지지하고 장려하고 조직해서 모두 함께 과학적 교육연구를 실시하는 것입니다. 좀 더 구체적으로 얘기하자면, 교장이 과학적 교육연구를 직접 조직하고, 최소한 성실하게 이러한 방면으로 노력을 기울여야 합니다.

첫째, 교사들에게 교육 관련 저서를 읽도록 해야 합니다. 현재 많은 학교에서 교사가 맡은 과제는 많지만, 경전이나 교육 관련 저서를 읽는 경우는 매우 적습니다. 이러한 상황에서는 ‘가짜’ 과학적 연구만 있을 뿐입니다.

둘째, 교육 전문가를 초빙하여 경험을 교류해야 합니다. 근시안적인 시야와 폐쇄적인 사고방식을 가지고는 진정한 성과를 낼 수 없습니다. 때문에 교장은 가장 일선에 있는 교사들이 교육 대가와 직접 대화할 수 있는 환경을 조성해야 합니다. 이를 통해 사상을 교류하고, 사상적 충돌을 경험하도록 해야 합니다.

셋째, 대학교와 연계하여 실험할 수 있는 기본 인프라를 갖춰야 합니다. 《과학적 교육연구 : 가짜과학을 조심해야》에서는 한 대학에서 단순히 이익만을 목적으로 중학교에서 ‘과학적 교육연구’를 실시한 사례를 언급했습니다. 이런 경우는 당연히 비판 받아 마땅합니다. 하지만 이 사건 때문에 중고등학교와 대학교가 연계하여 실사구시를 바탕으로 과학적 연구를 하는 과학정신의 협력을 모두 부정할 수는 없습니다.

일부 주제에 대해서는 중고등학교에서 자체적으로 연구하기에 어려움이 있습니다. 그렇기 때문에 대학교와 연계 협력한다면 더 나은 성과를 얻을 수 있고, 가장 일선의 중고등학교 교사들이 기본적인 교육기술을 양성하고, 연구의 수준을 한층 높일 수 있습니다.

넷째, 학술연구회, 과학연구 자문회 등 전국적인 학술회의를 적극적으로 열어야 합니다. 이러한 활동을 통해 학교에 과학적 연구 분위기를 조성할 수 있을 뿐 아니라, 교사의 시야를 넓히고, 학교교육연구의 차원을 높일 수 있습니다.

다섯째, 적절한 시기에 과학적 교육연구에서 사상적 연구과제와 주제를 제시해야 합니다. 가장 일선의 교사들은 자발적으로 주제를 정해서 연구하기도 하는데, 일부 맹목적이나 개괄적으로 이루어져서 주제가 중복되거나 연구가 분산되어서 성과가 좋지 않은 경우가 종종 나타나고 있습니다. 때문에 학교 교장이 직접 적절한 시기를 골라 교육연구의 이슈와 초점을 제시해서 교사들이 그 안에서 돌파구를 찾도록 하고 새로운 문제를 제기할 수 있도록 해야 합니다.

물론 교사들이 과거 역사적으로 연구된 바 있으나 새로운 시대에 새로운 현실적 의미를 담고 있는 '과거의 주제'에 대해 연구해 보는 것도 좋습니다. 결론적으로 과학적 교육연구를 지도하고 조직하는 교장은 이 방면에서 대충대충 하는 것이 아니라, 하나하나 심혈을 기울여 성실하게 임해야 할 책임이 있습니다.

리 : 방금 강조하신 교장의 역할에 매우 공감합니다. 하지만 학교에서 실시하는 과학적 교육연구에 대해 교장은 단순히 지도하고 조직하는

역할만 할 수 있습니까? 스스로 교육연구를 하는 것은 불가능한가요?

주 : 물론 그러한 점도 필요합니다! 공자는 "그 자신이 올바르다면, 명령하지 않아도 실행하나, 올바르지 않다면, 명령해도 따르지 않는다其身正, 不令而行; 其身不正, 雖令不從."라고 했습니다.

교장이 먼저 모범을 보여 과학적 교육연구를 실시할 때 비로소 다른 교사들이 교육연구를 할 수 있습니다. 교장이 직접 연구를 통해 성과를 거둘 때, 교사들에게 연구에 대한 설득력을 갖고 학술적인 매력을 느끼게 할 수 있습니다. 그래서 저는 좋은 교장은 스스로 교육연구를 하는 사람이라고 생각합니다.

물론 일반 교사와 비교해서, 교장이 실시하는 연구 주제는 좀 더 거시적이고 전체적이며, 미래적이고 혁신적이어야 합니다. 그러면서도 주제가 겉돌지 않고 학교교육의 현실과 매우 밀접한 것이어야 합니다. 여기서 강조하고 싶은 것은, 교장의 연구에 대해서 두 가지 극복해야 할 부분이 있습니다.

하나는 일부 교장들은 "행정적인 사무가 너무 바빠서" 영구적으로 과제 연구를 진행할 수 없다고 불만을 토로합니다. 이로 인해 훌륭한 주제임에도 불구하고 연구 중간에 중단되거나 그 동안 기울인 노력이 수포로 돌아가는 상황이 발생하고 있습니다. 교장들은 아무리 다른 업무가 바빠도, 교육에 대한 과학적 연구는 가장 '바쁠' 가치가 있는 일이라는 것을 알아야 합니다.

둘째, 일부 교장들은 교육적 연구를 아예 하지 않고 있습니다. '교장'

은 단순히 '책임자'라고 생각하기 때문입니다. 이는 매우 좋지 않은 풍
조입니다. 이로 인해 연구에 대해 교사들이 갖고 있는 의지를 꺾어 버
리거나, 자신의 위신에도 큰 피해가 갈 수 있습니다. 동시에, 연구 자체
에도 그다지 좋을 게 없습니다. 때문에 교장은 자신이 직접 성심을 기
울여 연구를 해야 하면서, 교사들의 연구를 책임지고 관리하는 두 가지
역할을 해야 합니다.

리 : 방금 주로 과학적 교육연구에 관한 교장의 역할에 대해 말씀하셨
는데요, 일반 교사들의 연구문제에 관해서는 어떠한 견해를 갖고 계시
는지요? 제가 아는 바로는, 실제로 적지 않은 교사들이 연구에 있어서
어려움을 느끼고 있습니다. 심지어는 '과학적 연구'와 '교육' 사이에서
갈등을 겪기도 한다고 합니다. 즉 '멀리 있는 물'이 '가까운 불'을 끌 수
없다고 생각하기 때문이지요. 이에 대해 어떻게 보십니까?

주 : 과학적 연구와 교육은 결코 모순되는 개념이 아닙니다. 물론 제가
말씀드리는 '과학적 연구'는 '가짜 과학'이 아닌 진정한 의미의 과학적
연구입니다. 이는 저희가 강조하는 진정한 소양교육을 실시하면 시험
성적은 자연스럽게 향상될 수 있다고 말하는 논리와 같습니다. 진정한
과학적 연구는 단지 '상부'에 보고하기 위한 건가요, 아니면 교육이 안
고 있는 실질적인 문제를 해결하기 위한 것인가요?
　연구의 주제가 우리가 가장 시급하게 해결해야 할 교육의 난제, 이슈
가 되는 문제라면, 연구의 모든 단계와 절차가 교육의 난제를 해결하는

방법을 찾는 과정이고, 연구의 마지막은 교육 연구와 교육실천이라는 두 가지 성과를 거두는 것으로 마무리할 수 있을 것입니다.

추상적인 이론적 지도가 아닌, 최근 몇 년간 교육적 성과를 거둔 학교를 관찰하고, 교육적 경험을 교류해야 합니다. 물론 모든 교육연구 항목이 단순히 진학률 향상에만 초점을 맞춘 것은 아닙니다. 하지만 교육연구와 교육실천의 실체가 '두 얼굴의 가면'에 불과하다면, 이런 연구야말로 대부분 가짜 연구일 테지요.

리 : 교수님께서는 교육이론을 읽어서 자신의 과학 연구 소양을 높여야 한다고 말씀하신 적이 있는 것으로 알고 있습니다. 하지만 오랫동안 기층 교사들이 교육이론을 꺼린 이유는 대부분의 이론을 다루고 있는 글과 저서들은 읽어도 이해가 가지 않기 때문입니다. 저 역시 같은 경험을 한 적이 있고, 이해가 가지 않을 때마다 저 자신을 탓했습니다. 이 문제에 대해 어떻게 생각하십니까?

주 : 교육이론을 다룬 글과 저서를 읽고 이해가 가지 않는다고 해서 자신을 탓할 필요는 전혀 없습니다. 솔직히 일부 '이론'에 대해서 저도 이해 못하는 부분이 있습니다. 하지만 이로 인해 저 자신을 탓하거나 자괴감을 느낀 적은 없습니다. 일부 교육 '이론'서들이 이해하기 어려운 이유는 대부분 작가가 다른 사람의 '이론'을 이해하지 못한데서 비롯되었다고 생각합니다.

저 역시 비슷한 경험이 있습니다. 한 권에 10만 자나 되는《대학교육관리시스템高校教育管理系統》이라는 책에 관해 박사 논문을 쓰고 있을 때였는데, 읽기에 매우 까다롭고 어려웠습니다. 아직까지도 천 여 권에 대해서는 어렵다고 생각하는 사람이 많습니다. 하지만 이를 두고 읽는 사람의 수준이 낮기 때문이라고 탓할 수 있을까요? 탓할 수 없습니다. 누구의 탓을 하려면, 오히려 쉽게 풀어 내지 못한 작가를 탓해야 합니다.

작년 말에 출판한 《나의 교육이상》은 똑같이 교육, 이론에 대해서 다루고 있습니다. 첫 판에 4천 권을 인쇄하고, 한 달 안에 완판되어 현재 다시 인쇄하고 있습니다. 하지만 이 역시 읽는 사람의 수준이 '향상' 되었기 때문이기보다는, 좀 더 쉽게 제 교육에 관한 사고를 풀어냈기 때문이라고 생각합니다. 제 경험에서 볼 수 있듯이, 이해하기 어려운 글과 책의 경우 그 책임은 교사가 아닌 작가에 있습니다. 때문에 일선 교사들은 이러한 '이론'을 통째로 삼키거나, 맹신해서는 안 됩니다. 물론, 정말 '이해 안 되는' 경우도 있습니다.

즉 그 동안 읽어온 책이나 지식적 배경 등의 이유로 일부 정말 훌륭한 책은 한 번 읽어서 이해하기 어렵습니다. 하지만 교사의 실제 경험에 비추어 반복해서 읽다 보면 천천히 이해하고 소화할 수 있습니다. 여기서 저는 《신세기교육문고新世紀教育文庫》를 추천해 드리고 싶습니다. 이 '문고' 중에는 교사들이 쉽게 접하고 이해할 수 있는 해외 교육 저서가 담겨 있습니다.

리 : 일반 교사들은 교육과학연구소의 연구원처럼 과학적 교육연구를

할 수 있는 좋은 여건과 충분한 시간이 없어서 직접 교육 연구를 하기에는 어려움이 있습니다. 일선의 교사들은 과연 어떻게 교육연구를 할 수 있을까요?

주 : 이 문제는 범위가 너무 커서 이야기를 시작하면 아마도 책 한 권은 쓸 수 있을 정도로 많은 이야기를 해야 할 문제입니다. 하지만 간단하게 제 견해를 말씀드리겠습니다. 방금 일선 교사의 교육연구와 교육과학연구소의 연구를 비교하셨는데, 이는 비교 자체가 비합리적이라고 생각합니다.

먼저 명확히 해야 할 점은, 일선 교사들은 전문적으로 과학적 교육연구를 하는 사람이 아닙니다. 마찬가지로 교육의 과학적 연구 방법 역시 과학연구소의 연구원의 방법과 분명 같지 않습니다. 연구원들은 순수 이론을 연구하는 사람들이기 때문에, 상대적으로 거시적인 관점과 추상적인 관점에서 비교 연구합니다. 이 역시 마찬가지로 매우 가치 있는 일입니다.

하지만 대부분의 일선에서 수업을 하는 교사들은 이런 연구가 필요도 없을 뿐 더러, 이렇게 할 수 없습니다. 만일 굳이 이런 연구를 하려고 억지로 애를 쓰게 된다면 교육연구는 잘못된 길로 빠질 수 있고, 자칫 '가짜' 과학 연구가 될 수 있습니다.

그렇다면 일선 교사들은 어떻게 연구를 할 수 있을까요? 대답은 바로, "수호믈린스키를 배워라."입니다! 수호믈린스키는 현재 세계적으로 인정받는 교육대가입니다. 하지만 그는 '실험실'에서 나온 교육가가 아니라, 교육의 현장에서 실천을 통해 경험을 쌓고 갈고 닦은 교육실천 가이자 이론가입니다. 그가 교육적 연구를 하는 데 있어서 기본적인 방법은 바로 끊임없이 자신의 교육적 실천을 기록하고, 동시에 자신의 행동을 반성하는 것입니다.

일선 교사들이 교육적 연구에 있어서 가장 큰 장점은 바로 살아있는 풍부한 경험을 갖고 있다는 점입니다. 자신의 교육적 사례를 적고, 정리하고, 사고하는 것, 이것이 바로 일선교사의 가장 좋은 과학적 교육연구 방법입니다.

저는 일선 교사들에게 여러 번 강조해 왔습니다. "오늘부터 만일 당신이 교육일기를 쓰기 시작한다면, 중도에 포기하지 말고 계속하십시오. 10년 동안 지속한다면, 교육연구에서 정말 자신조차 놀라울 만한 성과를 거둘 수 있을 것입니다! 10년 후에 아무런 성과를 거두지 못했다고 생각하면 저를 찾아오십시오. 제가 보상해 드리겠습니다."

이 말이 약간 과장되긴 했지만, 이 말에는 제 진심이 담겨 있습니다. 실증적 연구는 모든 교사가 할 수 있고 영원히 할 수 있으며, 분명 훌륭한 수확을 볼 수 있을 것입니다!

7. 전환기의 신 도덕교육의 이념
- 《신교육주간新敎育週刊》 기자 리우난劉南, 다이롄룽戴聯榮과 특별 인터뷰

2001년 2월 13일 박사 지도교수인 주윤신 교수가 최근 출판한 《나의 교육이상》을 가지고 남경사대교육과학원南京師大敎科院에서 박사생들과 도덕문제에 관한 좌담회를 가졌습니다. 필자가 주영신 교수를 인터뷰했습니다.

문 : 현재 중국은 발전 전환기에 놓여 있습니다. 이론과 실천 두 가지 영역에서 모두 좋은 성과를 거두신 교육전문가로서, 현 중국교육의 가장 큰 문제점은 무엇이라고 보십니까? 그리고 전환기의 도덕교육을 어떻게 보십니까?

답 : 저는 교육과학의 '여행자'일 뿐, 어떠한 '전문가'라고 하기에는 아직은 부족합니다. 여행을 하다 풍경이 좋은 곳에 들러 한 동안 머물면서 여행 일기를 쓰는 것에 비유할 수 있겠군요. 오늘 저는 단지 멀리서 교육을 지켜보는 사람으로서 도덕교육에 접근하고 있습니다. 교육의 문제점이라면 두 가지로 귀결된다고 생각합니다.

하나는 기초교육에 대한 관심과 투자가 부족한 점입니다. 이는 근본적인 문제점입니다. 최근 몇 년간 중국교육에 필요한 예산이 크게 증가했지만, 대부분 대학교에 집중되었고, 기초교육에 대한 투자는 매우 적었습니다. 또한 세제개혁 후 문제는 더욱 심각해졌습니다. 조사 결과, 일부 학교의 예산은 정부에서 하달한 비용의 50% 정도로 교사 등에 제공되는 인건비 정도밖에 되지 않았습니다.

농민은 중국의 최대 약자 계층입니다. 농촌에서도 더 시골로 들어가면 더 어려운 사람들이 매우 많습니다. 외지 농민들의 자녀 교육문제도 매우 심각합니다. 어떤 의미에서 보면, 우리는 '국민교육'이 아닌 '주민교육'을 실시한다고 볼 수 있습니다. 그래서 해외 '교육권' 정책을 배워야 한다고 생각합니다.

현재 '희망 학교'가 진학문제를 해결할 수 있는 유일한 방법입니다. 한국의 의무교육은 가장 빈곤한 지역에서부터 정부가 투자를 합니다. 서울은 마지막으로 의무교육을 보급 실시한 지역입니다. 현재 교육기회의 평등문제를 해결하는 것이 가장 큰 문제입니다. 이 문제를 해결하지 않고서는 도덕교육에 대해 얘기조차 할 수 없습니다.

다른 하나는 도덕교육문제입니다. 대부분의 사람들은 입시 위주, 기술양성 위주의 교육을 중요시하지만, 전환기에 적합하고 학생의 특징과 중국 도덕교육에 부합한 방법은 찾지 못하고 있습니다. 인성은 어떠한 특별한 규칙과 자신만의 방법을 통해 만들어진다고 생각합니다.

먼저 상대적으로 자연스럽고 활동적인 외부환경에서 인성이 형성되기 시작합니다. 전통적인 가정 속에서는 가사를 분담함으로써 권리와 의무, 책임을 자연스럽게 배우고, 게임을 통해 사회적 역할을 깨닫기도 합니다. 이러한 것들은 오늘날 가정에서 찾기 어려우며, 학교에서도 실시되지 않지요. 학교간의 교류와 활동기회도 줄어들고, 인위적인 활동이 늘어나고 있습니다. 하지만 자연스러운 체험 없이는 학생들이 도덕적 규범을 체험하고 실천하기 어려우며 좋은 인성이 만들어지지 않습니다.

인성을 형성하는 두 번째 방법은 바로 독서입니다. 도덕적 정서는 이성이 바탕이 되어야 형성될 수 있습니다. 수 천 년 동안 이어져 내려온 문화적 대화야말로 중요하고 좋은 방법이지만, 현재는 매우 찾아보기 어렵습니다.

인성을 형성하는 세 번째 방법은 건강한 정서를 기르는 것입니다. 고대사회에서는 시와 책, 가야금, 그림을 강조했습니다. 이는 단순히 기억력 연습을 위한 것이 아니라, 정서를 함양하고 생활을 풍부하게 하며 인성을 기르는 중요한 수단이었습니다. 아이들은 저마다 한두 가지쯤 흥미를 갖고 있는 활동이 있습니다. 이는 인성 양성에도 좋은 점이 있습니다. 시간과 공간적인 요소에 흥미가 채워지면, 법과 규율을 위반하는 시간도 줄어들게 됩니다.

인성을 형성하는 네 번째 방법은 교육과의 협력입니다. 전환기 사회를 주도하는 가치관이 현재 쇠퇴하고 있습니다. 지금은 영웅의 시대가 아닙니다. 이는 좋은 현상이기도 하고 나쁜 현상이기도 합니다. 영웅은 사회를 주도하는 가치를 대표하는 인물인데, 현재는 이와 같은 시대를 대표하는 모범적인 인물이 매우 적습니다. 사실 《퀴리부인전기居裏夫人傳》, 《노벨상수상자전諾貝爾獲得者傳》 등과 같은 전기를 통해 많은 것을 배울 수 있습니다.

그 밖에도 오늘날은 미디어의 정보량도 매우 크고, 가치관도 다양하기 때문에, 가치관을 선택할 수 있는 능력도 요구됩니다. 마지막으로 사회, 가정, 학교간의 협력이 부족합니다. 학교의 도덕교육은 학생의 마음과 통해야 합니다. 사실 이 네 번째 방법은 제대로 실시되고 있지 않기 때문에 학생에 대한 영향이 크지 않은 것입니다. 또한 현재 가정교육은 대부분 반도덕적 교육입니다. 대부분의 학부모들은 아이들에게 "지나치게 진지하지도 말고, 직설적이지도 말아라."라고 가르치고 있습니다.

문 : 교육과 도덕의 문제에 관해, 방금 매우 깊이 있는 말씀을 해주셨습니다. 방금 하신 말씀 중에서 교수님께서 전통교육을 매우 숭상하시는 것으로 느꼈는데요. 이 문제를 어떻게 보십니까?

답 : 저는 가장 처음의 원시상태의 도덕교육도 좋은 방법이라고 생각합니다. 즉 자연적인 활동 공간을 확대하는 방법입니다. 교육은 활동과 게임, 교류 등을 통해 개혁되어야 합니다.

일본의 많은 클럽활동은 중국 대학보다 훨씬 다양하고 많습니다. 가정에서 함께 여행을 가거나, 생일 파티를 열거나, 가족외식을 나가거나 하는 단체 활동도 매우 좋은 방법입니다.

오늘날 아이들은 사진이나 그림, 컴퓨터를 통해 많이 배우고 있지만, 독서도 게을리 해서는 안 됩니다. 교육부의 '필독서'는 어문교육을 위해서 만든 것이지만, 우리가 만든 필독서는 인격의 성장을 위한 것입니다. 전통교육을 받은 사람 중에는 피아노나 바이올린, 얼후二胡(중국 악기)를 연주할 수 있거나, 경극, 회화, 서예 등을 잘하는 사람들이 적지 않습니다. 하지만 오늘날 초중등학생들은 입시교육에 치여서 이러한 흥미조차 갖지 못하고 있습니다.

 그 밖에 교육의 분열 문제가 있습니다. 인성교육은 지성교육과 다르고, 방법의 차이도 있습니다. 인성교육은 장기적으로 반복 실시해야 합니다. 인성교육은 교과서에만 의지할 수 없습니다. 지성교육처럼 교실 안에서만 가르친다고 저절로 형성되지 않습니다. 지금의 인성교육은 인격형성에 적합하지 않는 방법으로 실시되는 경우가 대부분입니다.

문 : 도덕교육의 목표는 무엇이라고 생각하십니까? 현재 전환기에서 젊은 세대와 그 세대가 받고 있는 도덕교육에 대해 어떻게 생각하십니까?

답 : 도덕교육의 목표는 단계에 따라 달라야 하고, 그에 따라 구조도 달라져야 합니다. 젊은 세대의 성장특징과 주류 가치관으로 그들을 평가해야지, 윗세대의 가치관과 척도로 평가해서는 안 됩니다. 5, 60년 대 사람들은 권위를 숭상했지만, '말 잘 듣는 착한 아이'는 현 세대 주류가치관이나 '영웅'이 아닙니다. 현재 기층학교의 교사는 도덕교육문제를 학과 연구만큼 성실하게 실시하지 않고 있습니다.

문 : 중국의 사범교육을 어떻게 보십니까?

답 : 중국의 사범대학생 양성체제는 낙후된 편입니다. 가장 우수하고 뛰어난 학생들은 사범대 진학을 꺼리고 있고, 일류사범대학을 졸업한 학생들은 중고등학교 일선에서 교사가 되기를 원치 않습니다. 이로 인해 삼류 학교 수준의 교사들이 나오고, 학생들 수준 역시 삼류에 머물고 있는 악순환이 반복되고 있습니다. 교사의 자질문제, 기초교육에 대한 투자문제가 기초교육발전을 저해하는 가장 큰 문제입니다.

외국어는 앞으로 국제사회에서 더 중시될 것입니다. 인도의 발전 잠재력이 높이 평가되는 까닭은 언어교육과 대규모 교육실시를 통해 고등교육이 기초교육에서 매우 중요한 역할을 발휘하고 있기 때문입니다. 우수한 교사를 양성하는 것은 학생을 평가하는 것보다 어렵습니다. 교사의 도덕적 소양문제는 매우 중요합니다.

문 : 현재 중국에서 기숙사학교, 귀족학교 등 폐쇄적인 학교가 많이 늘어나고 있습니다. 이를 어떻게 보시는지요? 교육적으로 어떤 견해를 갖고 계신지요?

답 : 해외에는 기숙사 학교를 통해 우수 학생을 배출한 성공사례가 매우 많습니다. 영국의 이튼 스쿨Eton College 등이 좋은 사례입니다. 기숙사 학교는 세상과 단절된 것이 아니라, 단체생활을 통해 학생 간 교류를 높이는 데 매우 좋습니다. 쑤저우의 외국어학교 등에서도 다양한 교류활동을 실시하고 있습니다.

문 : 비도덕적인 사회에서 도덕적인 사람이 나올 수 있을까요? 오늘날의 사회를 어떻게 보시는지요?

답 : 오늘날과 같은 사회라고 해서 도덕교육에 대한 믿음을 잃어서는 안 됩니다. 교육은 만능이 아니지만, 무능하지도 않습니다. 시대를 막론하고 교육의 성공사례는 늘 존재해 왔습니다. 저는 오히려 이렇게 되묻고 싶습니다. 비도덕적인 사회의 근원은 무엇인가요? 사회의 추악한 현상의 대부분 근원에는 학교교육에 있습니다.

사회의 평등문제는 어느 정도 교사의 교육방식에서 나타나는 비민주적이고 불평등한 문제와 관계가 있습니다. 이것 역시 교육의 진정한 이상을 추구하지 않고, 헌신정신, 열정, 시적 의지, 활력을 갖고 있는 교육가를 존경하지 않은 데서 오는 문제입니다. 그렇기 때문에 사회 탓만 할 수는 없습니다. "어떤 교육을 실시하는지에 따라 학생의 소양이 결정된다."라는 말도 같은 이치입니다.

8. 학교는 학부모에게 어떠한 약속을 할 수 있는가
-《고소만보姑蘇晩報》기자 리팅李婷과의 인터뷰

2001년 쑤저우 시 주영신 부시장이 쓴 《나의 교육이상》이 교육계에 '이상 회오리理想旋風'를 몰고 왔습니다. 일부 지역에서는 해적판까지 나올 정도로 인기를 끌었습니다. 만일 해적판을 책 판매지표로 본다면,

《나의 교육이상》은 판매량이 매우 좋았다고 볼 수 있을 것입니다. 최근 주영신 박사의 신작 《신교육의 꿈》은 독자들이 기대하는 '이상 시스템 건설'을 위한 노력의 한 부분입니다. 마침 신작 《신교육의 꿈》은 대학교 입학시험과 진학률 경쟁이 시작되는 시기에 맞물려 발표되었습니다. 본지 기자는 독자들이 가장 궁금해 하는 질문을 정리하여 주영신 부시장을 인터뷰했습니다.

리팅(이하 '리') : 존재하는 것에는 존재의 합리성이 있습니다. 학교를 선택할 수 있게 된 지 이미 몇 년이 지났는데, 그러한 방식이 합리적이라고 생각하시나요? 학교간의 합병, 교육단체 구축 등의 정책들이 실시 혹은 계획되고 있는데, 그럼에도 학교 간 경쟁이 수그러들지 않는 이유는 무엇이라고 보십니까?

주영신(이하 '주') : 사실 학교를 자율적으로 선택하는 것에 대해서 반대하는 편에 속합니다. 어떠한 측면에서 보더라도 좋지 않다고 봅니다. 하지만 그렇다고 완전히 없앨 수도 없습니다.

전에 점수대로 학생을 모집하자고 제의한 적이 있었는데, 학교측 교장들의 반대에 부딪혔습니다. 학교간의 차이가 존재하는 한 학교 선택으로 인한 경쟁은 피할 수 없습니다. 그래서 학교간의 차이를 줄이는 것이야말로 가장 실천가능하고 확실한 해결방법입니다.

저는 2년 동안 교육단체 4개를 만들었습니다. 이는 우수한 교육자원을 확대 보급하는 효과가 있고, 재정난에 처한 학교를 지속적으로 지원할 수 있을 뿐만 아니라, 쑤저우 모든 학생들에게 평등한 교육기회를 제공할 수 있는 효과가 있습니다.

리 : 부시장님의 책 중 "이상적인 학교는 반드시 특색이 있어야 한다."라고 하셨는데, 이 특색이 의미하는 바가 무엇인가요?

주 : 많은 국내외 사례를 살펴보면, 특색 있는 학교가 반드시 모든 방면에서 경쟁력을 갖추거나, 종합적인 실력을 갖추었다는 것을 의미하지 않는 것을 알 수 있습니다. 반대로 어느 한 방면에서 뛰어난 경쟁력을 갖추고 성공을 거둘 수 있다면 특색 있는 학교라고 할 수 있습니다.

　제가 지금 시도하고 있는 것 중 하나는 "학교가 학부모에게 어떠한 학교를 얼마나 해줄 수 있는가."입니다. 이러한 이념 속에서 저는 학교가 학부모에게 분명한 약속을 해야 한다고 주장합니다. 즉 학교에 다니는 동안 아이가 100권의 책을 읽고, 다른 학술회에 100번 이상 참가하고, 일기를 쓰거나 개인 홈페이지를 만드는 등의 구체적인 약속을 하는 것입니다. 일부 학교에서는 이미 이러한 새로운 교육방식을 실시하고 있습니다.

리 : 아이들이 책을 읽을수록 바보가 된다는 말이 있는데 들어보셨나요? 즉 스스로 학습하고 생존할 수 없게 되고 노는 방법도 잊어버리게 된다는 뜻인데요, 이에 대해 어떻게 생각하십니까?

주 : 이러한 말이 나온 원인은 "학생의 생존보다 명문학교 입학을 중시하는 풍조" 때문이라고 생각합니다. 먼저 학교의 상황을 보면, 모든 교사가 매일 자신이 하는 수업 등 교육적 활동이 학생에게 어떠한 영향을 미치는 지에 대해 분명하게 알고 있지는 않습니다. 상당수의 교사들이 자신이 무엇을 하고 있는지 잘 모릅니다.

교육심리학 등 교과서를 공부한 사범대생이나, 대학생은 어떻습니까? 제대로 이해하고 있나요? 교사들은 자신을 돌아보고 반성할 수 있는 기회가 매우 적습니다. 사회 역시 반성에 그다지 많은 시간을 두지 않습니다. 학부모와 학교는 늘 시험성적에만 연연하고, 방송과 언론은 장원이나 '하버드 소녀' 같은 유명 이야기를 보도하는 것에만 급급합니다. 대학교는 점수와 진학률 높이기에만 열을 올립니다. 이는 정상적인 현상이 아닙니다. 명문학교에 입학하고 수석을 하는 것은 목표가 아니라 시작일 뿐인데, 그것을 모두 최종 목표로 삼고 있다는 사실이 안타까울 따름입니다.

리 : 부시장님께서는 학교교육에서 교장의 중요성을 늘 강조해 오셨고, 동시에 '직업 교장'과 '직무 교장'이라는 새로운 개념을 구분하여 제시하셨습니다. 그렇다면 교육체제가 교육에 미치는 어느 정도라고 보시는지요?

주 : 한국의 경우, 한 지역의 교육장과 시장의 직책은 보통平級에 속합니다. 일본의 경우, 지방 교육위원회 담당자는 전체 주민의 투표를 통해

선발됩니다. 교장이든 교육 관료이든 최종 결정은 그들의 행동 방식에 달려있습니다. 교육의 하드웨어는 길지 않은 시간 안에 빠른 속도로 좋아질 수 있습니다. 학교 숙소나 도서관을 짓거나, 컴퓨터를 구입하는 등의 방법이 있겠죠. 하지만 가장 중요한 것은 사람입니다. 교사와 교장의 관념을 바꾸는 것이야말로 교육의 성공 열쇠입니다.

리 : 이상 속 교사와 교장에 대해 말씀하시면서 성실한 독서습관을 여러 차례 강조하셨는데요, 부시장님의 교육관에 있어서 독서가 중요한 것인가요?

주 : 사람의 몸이 성장할 때는 적당한 음식 섭취와 유전적인 요소가 필요하지만, 정신세계가 성숙해 지기 위해서는 유전적인 요소보다 특별한 음식, 즉 책이 필요합니다. 사람은 유년기부터 읽는 책에 따라 섭취하는 영양분이 다릅니다. 그리고 그 영양분에 따라 형성되는 관념과 능력도 다릅니다. 이것이 바로 교육자가 해야 될 가장 크고 중요한 부분입니다. 아이들은 학교에서 수업을 받는 것보다 스스로 책을 선택해서 읽는 것이 진정한 교육의 시작이라는 것을 교사가 먼저 깨달아야 합니다.

리 : 그 동안 읽은 책 중에서 어떤 종류를 가장 좋아하시나요?

주 : 대학교 때에는 링컨Abraham Lincoln이나 퀴리부인전Marie Curie 같은

전기를 좋아했습니다. 또 《기적을 낳는 행동철학産生奇跡的行動哲學》이라는 개인 성장사를 담은 일본인의 책이 있습니다. 사람들은 전통 문화와 문명을 계승하고 발전시켜야 한다고 하지만, 이 과정에 있어서 시대적 언어와 일부 일찍 진보적 사상을 깨우친 대가들과의 소통과 교류가 필요합니다. 때문에 당시 서적을 읽는 것이 매우 중요합니다. 독서를 평생의 습관으로 만들고, 교육을 행복한 즐거움으로 여긴다면, 분명 인생이 한층 더 충실해질 것입니다.

리 : 《신교육의 꿈》이라는 신작은 부시장님께서 교육에 몸담으시면서 이상적이지 않거나 극히 일부분만 이상을 실현할 수 있디 때문에 기대와 꿈을 꾸는 방법을 책에 담은 것이라고 봐도 되겠습니까?

주 : 그렇지 않습니다. 책에 인용한 표제 중 "꿈을 현실로夢想成眞"란 말이 있습니다. 비록 꿈과 현실은 늘 거리가 있기 마련이지만, 우리가 함께 노력한다면 수많은 생각들이 현실이 될 것입니다. 예를 들어, 많은 농촌의 학교에는 청년교사가 많은데, 그들이 저의 신교육실험이념을 받아들인 다음에 매일 교육일기를 쓰기 시작했습니다. 그리고 마음 속 이야기를 인터넷을 통해 학생들과 공유했습니다. 이러한 것은 교사들의 자질을 한층 더 끌어올릴 수 있는 매우 좋은 방법입니다. 이미 몇 십 곳의 학교에서 신교육실험에 참여하고 있으며, 교육에 관한 수많은 꿈들이 실현될 수 있는 희망이 나타나고 있습니다.

9. 사립 교육개혁의 활로 — 체제개혁

－ 《광명일보光明日報》 주전궈朱振國 기자

얼마 전 열린 사립교육포럼에서 쑤저우 시 부시장이자, 쑤저우 대학 교수이신 주영신 교수가 '교육의 가짜 사립화' 현상에 대해 분석하고, 중요한 제의를 했습니다. 이것이 당시 포럼에 참석했던 사람들 사이에 큰 반향을 일으켰습니다. 그 후 있던 좌담회에서도 주영신 교수의 관점은 교사들의 공감대를 이끌어냈습니다. 이에 기자가 주영신 교수를 만나보았습니다.

주전궈(이하 '기') : 주 부시장께서는 사립교육발전의 가장 큰 장애, 사립교육발전에 가장 큰 영향을 미치는 것이 '가짜 민영화'라고 말씀하셨습니다. 그 이유가 무엇입니까?

주영신(이하 '주') : 소위 '가짜 사립화'란 진정으로 독립된 법인, 독립된 재무, 정계와 분리되지 않은, 재산권이 불투명한 학교를 가리킵니다. 초중등학교에서, 주로 각종 형식의 '학교의 학교'는 우수한 국립학교가 민간 형태로 세운 '자식' 형태의 학교입니다. 대학에서는 주로 각종 형식의 '사립 2급 대학원'이 있습니다. 이러한 '겉으로는 두 얼굴'이나, '속으로는 하나의 얼굴' 같은 소위 민간학교는 교육 부처가 설립하거나, 국립학교에서 파생되어 나온 경우입니다. 실제로 학비는 '사립화' 식으로 받고, 나머지는 모두 '국영화' 형식을 유지하고 있습니다. 시앙

위翔宇 교육그룹의 루즈원盧志文교장은 2002년 중국 사립교육의 가장 큰 '화두'는 바로 '가짜 사립화'이고, 가장 가슴 아픈 일 역시 '가짜 사립화'라는 매우 뼈아픈 말을 했습니다. 비록 중국 사립학교가 빠르게 발전하고 있고 이미 일정한 규모로 늘어났습니다. 하지만 교사의 자질과 학생은 여전히 '교육 변두리'에서 생존할 수 있는 공간을 찾거나, 평등한 대우를 받으려고 해도 많은 노력이 필요하기 때문에 근본적으로 국립학교와 경쟁할 수 없는 처지에 있습니다. 게다가 사립교육시장에 또 다른 방해 세력이 있습니다. 바로, 명문대학의 많은 '사립 2급 대학원'과 중점 국립중학교의 '사립 초등학교'가 정말 우후죽순으로 나오고 있습니다.

기 : 선생님은 '가짜 사립화' 현상을 어떻게 보십니까?

주 : '가짜 사립화'가 중국교육 발전의 특정 시기에 어느 정도 긍정적인 작용을 한 것은 사실입니다. 중국고등교육이 빠른 속도로 발전하고, 초중등학교의 우수한 교육자원이 성장할 수 있었던 것도 '가짜 사립화' 덕분이었습니다. 하지만 '가짜 사립화'는 사실 처음부터 '기형' 형태로 존재했기 때문에 법적인 위치도 없었습니다.

기존의 국가교육위원회 교지《1997》1호 문건에는 다음과 같이 명확히 규정되어 있습니다. "의무교육단계에서 초중등국립학교는 '학교의 사립학교'나 '학교 내 사립반'을 만들 수 없다. 이미 설립된 경우에는 즉각 해제조치를 해야 하며, 앞으로는 이러한 학교(반) 설립은 일체

불가하며, '하나의 학교, 두 개의 체제'를 엄격하게 금지한다."또 2호 문건에서도 이와 같은 규정을 다시 언급하여 강조했습니다. 1998년 7월 국무원 사무청에서 교육부에 문건규정을 전달했는데, 문건에 따르면 국립학교의 체제전환은 반드시 "독립된 법인, 독립된 학교, 기숙사, 독립된 회계, 독립된 교육"이 뒷받침되어야 한다고 명시되어 있습니다. 중공 중앙정부, 국무원의 《교육개혁 중 소양교육 전면실시에 관한 결정》에서도 '하나의 학교, 두 개의 체제'를 엄격하게 금지하고 있습니다.

그렇다면 교육행정부처에서는 아직도 적극적으로 '가짜 사립화'를 지원하고 있을까요? 그 원인은 두 가지가 있습니다. 하나는 교육경비가 부족해서, '가짜 사립화'를 통해 국립학교에 필요한 경비를 모을 수밖에 없기 때문입니다. 다른 하나는 심리적 불균형으로, 사립학교의 높은 학비를 모방하고 싶어서입니다. 심지어 초중등학교는 의무교육이라서 학비가 비쌀 수 없는데, 왜 사립학교는 가능하냐며, 사립화한 후에 학비를 높게 받자고 말하는 교장도 있었습니다.

기 : '가짜 사립화'라는 문제를 제기하신 다음 현행 사립교육에 대해 어떤 개혁조치를 실시하셨나요? 또한, 모든 형식의 사립교육을 검증해야 하며, 상당 부분 대학에 대해 사립화를 실시해야 한다고 하셨는데, 구체적으로 어떤 방법이 있습니까?

주 : 그 동안 발전과 조정과정을 거치면서 사립교육은 이미 정확한 궤도가 올랐습니다. '가짜 사립화'의 각 종 학교도 발전하고, 두 종류로

나뉜 학교 성격도 뚜렷해지고 있습니다. 즉 우리는 국립학교를 주체로, 사립학교를 보조로 하는 교육체제를 만들어야 합니다. 정부는 교육에 있어 최대한 공평성과 균형성을 고려하여, 사립학교는 부분적으로 필요한 우수 교육과 특별 교육을 실시할 수 있게 해야 합니다. "정부는 민간과 경쟁하지 않는다.", 사립교육은 반드시 진짜 민간자본으로 투자해야 합니다. 그래야 비로소 교육투자의 총규모를 늘릴 수 있습니다.

그래서 저는 사립교육발전의 '장애물'을 해소하는 시기, 즉 가짜 사립화 문제를 해결하는 시기가 이미 됐다고 생각합니다.

해외의 경우, 대학교의 80% 이상이 사립이지만, 중국은 80%가 국립학교입니다. 이로 인해 교육예산이 지나치게 많고, 기초교육의 발전을 제약하고 있습니다. 장쑤성의 경우, 작년에 교육에 들어간 비용이 약 160억 위안에 달했고, 그중 고등교육이 60억 위안 이상이었습니다. 둘째, 국립대학이 많은 2급 대학원을 설립했는데, 이러한 '가짜 사립화'는 국립학교의 우세와 우수한 자원을 이용하기 때문에 사립학교와 불공정한 경쟁이 될 수밖에 없습니다. 이로 인해 사립학교는 학생 모집과 교육 효과 등 방면에서 열세에 놓여 있습니다. 그래서 국립학교의 사립화는 반드시 필요한 흐름입니다.

저의 제안은 이렇습니다. 국가가 일류 국립대학 10곳을 세우고, 각 성이 1~2곳의 성 산하의 대학을 세우고, 여건이 되는 도시에서 시 산하 대학을 하나 세우는 것입니다. 그리고 국립대학은 전국적으로 학생을 모집하고, 성과 시 산하 대학들은 현지 학생에게 적절한 입학혜택정책을 실시하는 것입니다.

　그 밖에, 2급 대학원의 체제전환에는 두 가지 모델이 있습니다. 하나는 "코끼리 삼킨 뱀" 형태로, 즉 2급 대학원이 지분제 등 방식을 통해 "모체(원래 속해 있던 대학)"를 합병하는 것입니다. 다른 하나는 2급대학원과 '모체'를 철저하게 분리시켜 독립된 사립대학원으로 만드는 것입니다. 대학은 체제전환 이후, 초중등학교의 교육경비를 해결할 수 있고, 현재 학생모집 과정에서 나타나는 불평등문제를 해소할 수 있습니다. 뿐만 아니라, 현재 많은 대학의 과잉인력 등 체제 문제도 해결될 것입니다. 그리고 진정한 세계 일류 대학의 탄생도 기대해 볼 수 있을 것입니다.

　현재 우리가 해야 할 일은 반드시 모든 학교에 대해 사립인지 국립인지 분별하는 검증작업을 실시하는 것입니다. 모든 '가짜 사립'은 국립학교와 철저히 분리시켜야 합니다. 원래 국립학교의 자산은 지분 형식을 통해 가치 평가 후 보류할 수 있습니다. 하지만 학교의 교사와 기숙사, 설비, 경비, 관리 등은 완전히 분리하고, 각종 사립교육기구에게 '가짜 사립'에 대한 감독을 위임해야 합니다. 또한 부분 대학에 대해 체제 전환을 실시해야 합니다.

　가난한 국가일수록 교육비가 높다는 말이 있듯이, 중국의 현실이 그렇습니다. 교육예산도 턱없이 부족하고, 더욱 심각한 것은 교육비의 분배불균형 문제입니다. 고등교육의 경비가 상당 부분을 차지하고 있습니다. 하지만 만일 대학에 대해 사립화를 실시한다면, 예산을 모을 수 있기 때문에, 정부가 교육예산을 늘리지 않은 여건에서 초중등학교의 실질적인 재정난 문제를 해결할 수 있을 것입니다.

10. 사립교육의 미래

―중앙방송국 기자 성춘勝春과의 인터뷰

기자(이하 '기') : 사립교육은 국가 교육사업에 생기와 활력을 불어 넣어 주었습니다. 하지만 사회적으로 민간교육에 대해 말이 많습니다. 어떠한 사립교육이 좋은 사립교육이라고 할 수 있을까요?

주영신(이하 '주') : 사립교육은 교육사업의 매우 중요한 부분입니다. 그리고 특수한 부분이기도 합니다. 사립교육은 매우 활력적이기도 하고, 교육을 다원적으로 발전시키기도 합니다. 또한 스스로가 발전하면서 국립교육의 발전을 촉진하기도 합니다. 정부의 입장에서 본다면, 어떻게 사립교육 발전을 추진할 것인지가 매우 중요하고 의미가 있습니다.

첸젠롱錢建蓉(이하 '첸') : 사립교육은 보는 시각에 따라 다른 평가가 나올 수 있습니다. 사립교육에 대해 정부는 국립교육의 발전처럼 중요시해야 합니다. 비유적으로 말하자면, 국립교육은 내 자식, 사립교육은 남의 자식으로 보는 시각은 지양해야 합니다.

저는 정부가 직접 학교를 세워서 교육문제를 해결할 필요는 없다고 생각합니다. 정부의 기능은 교육을 전면적으로 발전시키는 것입니다. 이 목표를 실현하는 데 있어서 국립교육과 사립교육은 똑같이 중요한 역할을 담당합니다. 사립교육은 정부의 자금부족을 대신 채워줄 수 있습니다.

기 : 사립교육에 대해 사람들은 국립교육과 대립시켜 바라봅니다. 하지만 실제적으로 이상적인 모습은 국립교육과 사립교육이 함께 발전하는 것이라고 생각하는데요.

주 : 국립교육, 사립교육 모두 국민을 위해 우수한 교육을 제공한다는 공익성 서비스 성격을 갖고 있습니다. 대부분 사람들은 국립교육은 진지하고 성실한 교육, 사립교육은 돈 벌기 위한 것이고 사람들을 괴롭히는 존재라는 인식을 갖고 있습니다. 대다수 국민들은 사립교육에 대해 오해를 갖고 있는데요, 생각해 봅시다. 만일 사립교육이 우수한 교육과 가장 좋은 서비스를 제공하지 않거나, 또 국립교육만큼 좋지 않다면 분명 쇠퇴할 것입니다. 이는 어쩔 수 없는 분명한 발전규칙입니다. 사립교육은 우수하고 훌륭해야 그만큼 생존할 수 있습니다. 세계적으로 가장 훌륭한 학교는 모두 사립학교입니다. 하지만 중국에서는 우수한 학교가 대부분 국립학교에 속합니다.

사립학교는 사회적인 편견에 시달리는 것 외에도 정책적 지원을 받지 못하고 있습니다. 예를 들어, 《사립교육촉진법 —초안民辦教育促進法—草案》이 나오기 힘들다거나, 사립학교에서 합리적인 결과를 거둘 수 있을지가 불확실하고, 재산권 귀속 문제로 인해 의견대립이 발생하는 등 문제에 부딪히고 있습니다. 사립교육은 법률적으로 국립교육과 마찬가지로 독립적인 법인으로서 인정을 받고 동등한 게임규칙을 따를 수 있도록 해야 합니다.

기 : 현재 정부는 사립교육에 대해 그다지 관심을 갖고 있지 않습니다. 이러한 상황에서 국립교육이 전체 산업에 미치는 영향이 무엇이라고 생각하십니까?

주 : 쑤저우 시는 사립교육발전을 중요한 발전 방향으로 세워 놓았습니다. 먼저 국립학교 2곳의 체제를 전환하여 사립학교로 만들었습니다. 하나는 쑤저우 공업단지 직업기술학원蘇州工業區職業技術學院으로, 원래 정부가 약 5천 만 위안을 투자하여 세운 직업기술학원이었지만, 후에 정부가 더 이상 자금을 투자할 수 없게 되자, 쑤저우 광화光華그룹에서 민간자금을 투자했습니다. 그때부터 학교는 빠른 속도로 발전하여 1년 안에 2기, 3기 공사를 마치고, 과거 300명에 불과했던 학생 정원이 현재는 3,000명에 가까운 학교가 되었습니다. 또 하나는 중뤼中銳그룹의 쑤저우 외국어학교外國語學校입니다. 전에는 국립학교였고, 중예에 넘어간 후에도 과거 훌륭했던 교육수준을 잘 유지하고 있습니다. 이러한 교육수준과 발전을 유지하고, 정부의 투자까지 절약할 수 있다니 좋은 일이 아니고 뭐겠습니까?

쑤저우 시 정부는 교육행정부에 사립교육을 위해 제도를 완화하자고 여러 차례 건의해 왔습니다. 쑤저우에서 사립학교 교사의 직함 평가, 자질 평가 및 대우는 국립학교와 같습니다. 물론 사립교육은 시작이 느렸기 때문에 국립교육과 비교해서 기초가 매우 부족합니다. 그래서 정부의 관심과 이해가 더 필요합니다. 관리나 등록금을 통해 사립학교가 폭리를 취한다는 편견을 가진 사람들도 있지만, 저는 걱정하지 않습니다. 언젠가 국민들은 자연스럽게 이해할 것이고 돈도 벌 수 있을 것입니다. 그리고 학교가 공급하는 서비스와 수준이 등록금과 비슷한 상황에서만이, 합리적인 등록금일 때 비로소 국민들의 인정을 받을 수 있습니다.

기 : 사립교육의 새로운 힘으로서, 정부가 사립교육을 지원하는 데 있어서 어떠한 견해를 갖고 계시는지요?

첸 : 우리가 세운 학교는 가기 다른 성시에 분포되어 있습니다. 크게 볼 때, 저는 사립교육에 대한 정부의 지지가 매우 적극적이라고 생각합니다. 사립교육은 현재 발전단계에 있기 때문에, 여러 가지 다양한 의견이 있을 수 있습니다. 예를 들어, 국립과 사립 두 학교에서 모두 같은 일이 발생할 수 있는데, 외부의 시선은 사립학교가 잘못된 것이라고 생각합니다.

기 : 사립학교에 대해 언론이 특히 관심을 보이고 있죠.

첸 : 맞습니다. 여기에는 두 가지 의미가 있습니다. 첫째, 사립학교에 대해 사회적 편견이 있다. 둘째, 사립교육 자체에도 문제가 있다. 그 원인을 따라 올라가 보면, 막 시작된 사립교육은 발전과정에서 다양한 문제에 부딪혔고, 정부의 지원이 필요했습니다. 개인적으로 앞으로 중국에서 가장 좋은 학교는 사립학교가 될 것이라고 생각합니다. 국립학교

에 비해 사립학교가 시장에서 필요로 하는 인재 수요를 더 잘 파악하고, 아이에 대한 학부모의 기대를 만족시키기 위해 노력하기 때문입니다. 이러한 시장수요가 학교와 교육에 반영되는 것이 앞으로 중국교육 발전에 있어 가장 중요한 점이라고 할 수 있죠.

교육은 단순히 교과서 내용을 전수하는 것인가요, 아니면 시장이 원하는 지식을 전수하는 것일까요? 쑤저우의 외국어 학교 같은 우리가 세운 학교는 학과별 학급제를 실시합니다. 학생마다 각각의 교과표가 있는 것이지요. 학생이 이미 알고 있고 배운 지식과 교과는 학생의 선택에 따라 배우지 않을 수 있습니다. 그래서 다른 학급이나 학과를 선택해서 배울 수 있습니다. 우리는 학생의 수요를 우선시하여 교육을 실시해야 합니다. 학생의 수요가 가장 중요합니다.

기 : 학생이 왕이네요.

첸 : 학생은 우리가 교육시켜야 하는 대상이기도 하지만, 동시에 왕이기도 합니다.

기 : 중국이 시장경제를 실시한 기간은 짧아서 국민들은 사립학교를 불신하는 등 시장에 대해 그다지 신뢰하지 않습니다. 이러한 불신이 사립교육에 어떠한 영향을 미치나요?

첸 : 확실히 그런 문제가 있긴 합니다. 예를 들어, 매년 7, 8월에 신문에

사립대학에 관한 기사가 실립니다. 발전 초기에는 경쟁력도 약하고 성적도 아직 나오지 않은 상황에서 만일 학생이 없게 되면 사립학교의 발전도 보장할 수 없습니다. 그래서 반드시 시장화를 통해 광고도 하고 마케팅 방법도 써야 합니다. 일반인들은 이러한 마케팅 수단에 불만이 있을 수도 있습니다.

주 : 방금 첸 선생님께서 말씀하신 문제는 사실 정부가 어떻게 사립학교에 적합한 성장환경을 만드는 문제와 같다고 할 수 있습니다. 어떤 때는 정부 인사가 일부러 사립학교에 반대되는 면을 만들기도 합니다. 예를 들면, 행정주관부처가 직접 사립학교를 세우거나 국립학교에서 사립학교를 만드는데, 이러한 학교의 경우 많은 장점을 가지고 있습니다.

첫째, 다년간 쌓아온 브랜드 이미지를 갖고 있습니다. 둘째, 다년간 쌓아온 우수교사를 갖고 있습니다. 셋째, 비용방면에서 우위를 갖고 있습니다. 하지만 나쁘게 말하면 마치 정부가 따로 돈벌이를 하는 것 같은 느낌이 듭니다. 저는 정부가 사립학교를 세워서는 안 된다고 생각합니다. 물론 현재 사립학교의 부속학원을 만들거나 명문학교에서 사립학교를 세우는 경우도 있습니다. 과도기간이니까 우수교육에 대한 국민들의 수요를 빨리 만족시키는 것은 가능할 것입니다. 하지만 이를 장기적인 정책으로 실시해서는 안 됩니다.

첸 : 정말 그렇습니다. 만일 장기적으로 사립학교 부속학원이나 명문학교의 사립학교를 만든다면, 사립교육의 외부투자에 영향을 줄 것입니

다. 여기에는 경쟁의 평등문제가 있습니다. 시장에는 두 종류의 투자가 있습니다. 먼저 정부의 자원인데, 이미 배분이 되어 있고 비용 우위를 갖고 있습니다. 다른 하나는 민간자본인데 실제로 투자한 사람들 중에 손해를 본 사람들이 많습니다. 정부의 기능은 모든 힘을 동원하여 좋은 교육을 실시하여 국민의 소양을 기르는 것입니다. 이 점에 있어서 정부는 다원적인 투자를 장려하고 보호함으로써 평등한 경쟁 환경을 만들어야 합니다.

기 : 이러한 관점에 대해서 주 교수님께서도 말씀하신 적이 있으시지요?

첸 : 주 시장님은 이 점에 있어서 특히 잘 알고 계시지요.

기 : 어떤 사람은 기업 관리를 사립학교에 도입하자고 말하는데, 기업 관리를 실시하면 사립교육이 발전할 수 있다고 보십니까?

첸 : 교육은 그 자체로 산업적 속성을 갖고 있습니다. 하지만 학교에 산업에서 통용되는 시스템을 도입한다면, 글쎄요. 잘 될 수 있을지 의문입니다. 사립학교는 교육규칙을 존중한다는 전제 하에 산업 시스템을 실시해야 합니다. 교육규칙을 무시한다면 결코 발전할 수 없습니다. 《사립교육촉진법(초안)》에는 영리를 목적으로 하지 않아야 한다는 규정이 있습니다. 저 역시 매우 찬성합니다. 다만 초안 작성단계부터 긍

정적인 말을 쓰면 좋겠습니다. 예를 들면, 사람을 양성하고 교육한다는 것을 목표로 한다는 말은 어떨까 합니다.

주 : 사립교육이 발전하는 데 있어서 직면한 문제에 관해 말씀드리고 싶습니다. 첫째, 입법문제가 있습니다. 《사립교육촉진법》은 사실 없어도 상관없습니다. 《교육법》도 상당히 비중이 있는 법임에도 불구하고 발표 이래 한 번도 수정된 적이 없어 현재 발전 상황에 부합하지 않기 때문입니다. 그래서 《교육법》을 개정하는 것이 시급합니다. 그렇지 않으면, 《사립교육촉진법》이 나와도 《교육법》과 상충되는 면이 생길 것입니다.

둘째, 정부 투자기구 문제가 있습니다. 사립고교과 사립대학은 비의무교육 단계이기 때문에, 발전가능성과 수익가능성이 상대적으로 큽니다. 하지만 정부가 대부분의 대학을 독점하고 있습니다. 매년 고등교육에 투자하는 비용이 30여억 원, 초중등학교에 90여억 원으로, 고등교육이 1/3을 차지하고 있습니다. 저는 반 이상의 대학에 대해 체제전환을 실시할 수 없을까, 그리고 대학은 사립학교의 부속학원을 세우고 싶지 않나 생각합니다. 사립학교에서 부속학원을 세우면 아마도 "코끼리를 삼킨 뱀"형상이 되겠지요. 부속학원이 뱀, 모체(원래의 대학)이 코끼리인데, 즉 이러한 모델을 통해 원래의 대학을 지분제로 바꿔 사립학교로 만드는 것입니다. 원래 정부가 투자하는 돈은 정부가 낼 수 있고, 이것으로 초중등학교를 세운다면 낡은 학교건물을 개조하고, 교사 임금체불문제도 해결할 수 있습니다. 사립대학이 전국 대학의 50% 이상이 되면, 자연적으로 '베이징대학北大'나 '칭화대淸華'와 경쟁할 수 있는 대학이 나오게 될 것입니다.

고등학교 역시 마찬가지입니다. 빈곤한 현 지역을 방문한 적이 많은데, 현 고등학교는 현 교육예산 중 1/5~1/4를 차지합니다. 그리고 학교의 50%이상의 학생들은 자비로 학교를 다니는 점수 커트라인 이하의 경우입니다. 만일 이러한 학교에 적절한 지분제를 실시하고 이전의 등록금 수준을 유지하고, 정부가 투자한 비용 중 일부를 사립교육기구에 보조한다면, 사립교육운영에도 도움이 되고, 일부 경비는 빈곤한 학교를 위해 절약할 수 있습니다. 지분제 개혁 이후 학교에 새로운 활력을 불어넣을 수도 있게 될 것입니다.

우리는 더 많은 자금을 교육에 투자해야 합니다. "21세기 교육포럼"은 쑤저우 시 정부가 중예그룹과 합작하여 만들어낸 것입니다. 이러한 포럼에 대해 방송에서 "교육계의 부자포럼"이라고 하지만, 교육발전에 도움 되는 일이라면 무엇이든 과감하게 해 나갈 것입니다.

기 : 사립교육은 어떻게 규범을 세워야 할까요?

첸 : 사립학교는 시장화 과정에서 과대홍보를 하는 경우가 있습니다. 하지만 학부모는 아직까지 사립학교에 대해 잘 이해하고 있지 않기 때문에 이러한 점을 정부가 나서서 관리해야 합니다. 현재 사립학교는 학력교육, 비학력 교육, 시장행위에 대한 부분으로 나뉘는데, 이중 가장 관리가 필요한 부분이 바로 학력교육입니다.

주 : 관리는 매우 간단합니다. 정부가 국립학교를 잘 운영하고, 더 우수한 교육적 자원을 갖고, 등록금을 더 낮춘다면, 국립학교를 선택하는 사람들이 더 많을 것입니다. 국립학교가 사립학교를 이끄는 시스템이 만들어진다면, 사립학교도 교육의 질을 더욱 높이고 학비를 낮출 수 있을 것입니다.

기 : 사립교육이 건강하게 발전하기 위해서 어떻게 해야 하나요?

주 : 첫째, 교육적으로 뛰어는 사립교육가를 영입하고, 우수한 교사를 확보해야 합니다. 둘째, 정부가 평등한 경쟁 환경을 만들어야 합니다. 셋째, 사립교육을 위한 《사립교육촉진법》을 만들어야 합니다. 사립교육은 정부의 통제 아래에서 발전하게 해서는 안 됩니다. 위 세 조건을 만족시킨다면, 사립교육의 발전가능성과 발전 속도는 우리의 상상을 초월하게 될 것이며 중국교육의 든든한 지원군이 될 것입니다.

첸 : 저도 시장님의 의견에 매우 동감합니다. 사립교육이 건강하게 발전하기 위해서는 반드시 법적인 보장과 정부의 지원이 필요합니다. 이 두 가지 외에는 학교가 자체적으로 노력해서 사회의 마음에 들도록 해야 합니다.

사립학교는 질로 승부해야 합니다. 여기서 말하는 질은 과거의 개념이 아니가, 사회와 학부모의 수요를 뜻합니다. 즉 사회발전에 부합한 인재의 질입니다. 관리를 통해 수익을 올리는 것 역시 사립교육의 발전에 있어서 매우 중요한 문제입니다. 사립교육의 자원은 시장에서 나오고, 전체 운영예산이 수익에서 비롯되기 때문입니다.

주 : 여기에는 교육적 특색이 포함됩니다. 즉 개성 있는 학교를 만들어야 특수인재의 특수 수요를 만족시킬 수 있습니다.

11. 본질로 돌아가자
－《교육발전연구教育發展研究》 인옌추尹艶秋 기자

인옌추(이하 '인') : 2001년 국내 몇몇 잡지에서 다른 주제로 장쑤성 정협위원이자, 쑤저우 시 부시장이자, 쑤저우대학교수, 박사생 지도교수인 주영신 교수를 인터뷰 보도했습니다. 그래서 교수님의 인터뷰 글을 준비할 때, 과거 교수님의 동료이자, 후배, 그리고 지금은 선생님의 학생인 저로서는 순간 어떻게 글을 써야 할지 막막했습니다. 그런데 전에 보았던 교수님의 넘치는 활력과 대범한 모습, 호탕하신 웃음이 제 머리에 떠오르는 찰나에 '본질'이란 이 두 글자가 아주 선명하게 제 사고 속에 박혔습니다.

선생님은 관료와 학자, 지도교수, 아버지 등 많은 역할을 하고 있지만, 역할마다 목표가 다르고, 특징도 다릅니다. 선생님은 역할 사이사이를 자유롭게 왔다갔다 하시면서도 충돌이 발생한 적이 단 한 번도 없었습니다. 하지만 이렇게 다른 역할 속에서도 하나의 공통점이 있습니다. 그것은 바로 교수님의 '본질'입니다. 그것은 교수님의 강인함 정신과 선한 마음, 이상을 추구하는 인문정신 속에 스며들어 있고, 인애와 관대, 선량한 소양에 녹아 있습니다. '본질'은 역할간의 이동으로 변하지 않으며, 역할 사이의 충돌로 사라지지 않습니다.

저는 교수님께서 매일 아침 일찍 혹은 밤새도록 독서하고 글을 쓰시면서 조용히 스스로에게 얼른 끝내고 쉬자고 말씀하시는 것을 종종 들었습니다. 하지만 막상 책 한 권을 다 쓰고 나면, 새로운 문제가 머릿속에 떠오르고, 새로운 작품을 구상하시면서 또 다시 모든 몸과 마음을 거기에 쏟으십니다. 저는 교수님께서 이미 교수이자 박사 지도교수이시고, 또 쑤저우 시 부시장이시지만, 절대 '공리주의'에 휩쓸리지 않으실 것이라고 생각합니다. 오히려 '늘 한결같은' 부지런한 사색과 끊임없이 탐구하는 지식인의 인문정신과 교육 사업에 대한 강한 책임감과 사명감을 갖고 계십니다. 그리고 '공리'가 아니라, 오히려 그렇게 열심히 일하면서 그 속에서 힘든 것을 잊고 즐거움을 느낄 것이라고 생각합니다. 어떠신가요?

주영신(이하 '주') : 맞습니다. 아무리 힘든 일이라도, 그것에 열정을 쏟는다면 즐거움이 끊이지 않을 것입니다. 그리고 지혜와 재능이 즐거운 일을 통해 발휘된다면, 자신의 가치도 더 찬란하게 빛날 것입니다. 그래서 전에 이런 문구를 쓴 적이 있습니다. "학생이든, 교사이든, 연구자이든, 그리고 교육을 분담하는 부시장이든, 내가 가장 사랑하는 것은 바로 교육이다."

인 : 전에는 선생님께서 학자와 관료의 두 가지 역할을 어떻게 동시에 할 수 있는지 잘 이해가 되지 않았습니다. 학자와 관료의 관계는 사상가와 정치가처럼 모순관계가 아닌가요. 전자가 이상주의자라면 후자는 현실주의자고, 전자가 비판자에 가깝다면, 후자는 건설자에 가깝다고 생각합니다. 전자는 늘 "가장 좋은 것"을 생각하지만, 후자는 "실행 가능한 것"을 생각합니다. 좀 더 직설적으로 말하자면, 학자는 순수한 동심이 필요하지만, 관료는 세속의 것들에 물들 수밖에 없습니다.

하지만 선생님의 《나의 교육이상》을 읽고 제 생각도 바뀌었습니다. 그중 "새로운 세기, 중국교육에 대한 회고와 전망" "중국교육발전의 정책 분석" "21세기 중국 교과과정의 개혁추세" 등에서는 교육행정가로서의 높은 사고가 잘 나와 있습니다. "가장 좋은 것"을 말하면서 "실행 가능한 것"을 함께 제시하고 있었습니다. 이 점에 있어서 선생님은 자신을 상아탑에 앉아 도를 논하는 "학자"와 차별화하셨고, 사상이 부족한 관료와도 분류하셨습니다.

주 선생님, 지도교사로서, 또 부시장으로서, 이러한 역할은 선생님의 사업 속에서 충돌을 일으키지 않나요? 동시에 두 가지 역할을 잘 해내고 계십니까?

주 : 솔직히 말해서 시장과 학자 사이에 전혀 충돌이 없다고 할 수는 없습니다. 적어도 전보다 자유롭게 쓸 수 있는 시간이 많이 줄었으니까요. 하지만 저에게 이 두 가지는 본질적으로 공통된 지향점이 있습니다. 바로 '교육'입니다. 교수로서 저는 철학 박사생을 교육합니다. 부

시장으로서 저는 교육을 분담하고 있습니다. 물론 그 때문에 해야 할 행정업무도 많아졌습니다. 만일 부시장을 안 하고 교수만 했다면, 개인적인 학술성과도 더욱 풍성해졌을지도 모릅니다. 하지만 부시장의 위치에서는 전에 하고 싶었지만, 할 수 없었던 일들을 할 수 있습니다.

다시 말해서, 더 넓은 공간에서 저의 교육이상을 실현할 수 있게 되었습니다. 만일 과거에 꿈꾸었던 몇 가지 교육이상이 그저 아름다운 동경에 불과했다면, 지금은 저의 직권 범위 안에서 현실로 만들 수 있습니다. 교육 관리자로서 가장 큰 행복은 교육연구자로서 사모했던 것들이 이제는 현실로 바뀌고 있다는 것입니다. 합법적으로 인민정부가 부여한 권리를 통해 제가 사랑하는 도시와 교육을 위해 실질적인 일을 할 수 있습니다. 이러한 교육적 '성취감'은 다른 역할과 비교할 수 없습니다.

인 : 다른 사람들은 관료가 되기 위해 학문을 하거나, 혹은 학문을 수단으로 해서 관료가 되는 것이 목적인데 반해, 선생님은 관료를 수단으로 더 나은 학문을 하기 위해 더 큰 학문을 하기 위한 것이라고 이해해도 되겠습니까? 물론 선생님의 최종 목표는 교육이겠지요.

주 : 물론 그렇습니다! 저는 지금껏 부시장은 교육을 하기 위한 유리한 조건으로 삼았고, 저의 교육이상을 실현하기 위한 수단으로 생각해 왔습니다. 제게 있어서 시장은 임시적인 것이지만, 학자는 영원한 것입니다. 부시장을 그만두게 된다면, 언제든 대학으로 돌아가 교수직을 맡을

것입니다. 제게는 교육 이상보다 더 숭고한 것이 없기 때문입니다!

인 : "궁즉독선기신 달즉겸선천하窮則獨善其身 達則兼善天下라. 어떤 일을 도모하다 실패하면 자기 자신을 계발하고, 만일 그 일을 할 수 있게 되면 전심전력으로 모두를 위하여 봉사하라." 이 말은 유가에서 추구하는 이상적인 인격이자, 지식인들의 좌우명입니다. 사랑하는 마음과 책임감, 사명감으로 뭉친 인문정신과 인문적 배려를 보여주고 있지요. 선생님을 보면 바로 이런 인문정신이 떠오릅니다.

선생님의 교육이상 중에 핵심 이념은 "교육은 모든 사람을 위한 것이자, 사람의 모든 것을 위한 것이다."이신데, 약자 계층 문제에 대한 견해를 듣고 싶습니다.

주 : 중국경제가 불균형적으로 발전함에 따라 교육정책에 대한 요구가 높아졌습니다. 즉 지역에 맞게 실질적인 정책을 실시하고 각각의 평가를 해야 할 뿐만 아니라, 여기서 중요한 것은 낙후된 지역의 약자 계층의 교육문제에 집중해야 하는 점입니다. 이를 위해 정부는 각 교육지표에 최고한의 가장 기본적인 요구와 기준을 세우고, 입법형식으로 보장하고 확립해야 합니다. 중앙정부와 지방정부는 교육투자에 있어서 발달이 낙후된 지역, 특히 빈곤지역에 대해 더욱 지원을 아끼지 않아야 하며, 정부가 적극적으로 희망공정이 책임을 지고, 국가재정을 통해 빈곤지역에 대한 교육기준목표를 실현하도록 실천해야 합니다. 결론적으로, 현재 중국교육 기준은 아직 완전하게 정립되지 않았습니다. 대부분

지나치게 높은 시범 성격의 기준이거나, 낮은 지표의 기준이 부족합니다. 이런 지표 때문에 일부 관료들은 어려울 때 지원하기는커녕, 오히려 겉으로 포장만 하기에 급급합니다.

인 : 외지 노동자 자녀들의 교육문제를 어떻게 보십니까?

주 : 중국 국민임에도 불구하고 현지 사람이 아니라는 이유로 교육의 혜택을 받을 수 없다면 그것은 불공평한 일입니다. 쑤저우의 학교에서는 외지 노동자 자녀들에게도 열려 있습니다. 그리고 교육행정부를 통해 관련 지원정책을 요청하여 그들을 위해 더 나은 교육을 제공할 수 있도록 노력하고 있습니다.

인 : "사람의 모든 것을 위한" 교육이념과 함께 선생님께서는 특히 "특색 교육"을 강조하시는데, 그처럼 특별한 재능을 갖고 있는 학생을 어떻게 보십니까?

주 : 이상한 아이, 괴짜에 대해 지나치게 우려할 필요 없습니다. 우리는 아이들을 이해하고, 교사들을 이해해야 합니다. 그리고 학교들이 각자의 특색을 만들 수 있도록 적극 도와야 합니다. 특색이 있어야 자신의 입지를 확립할 수 있습니다. 그리고 뚜렷한 색깔을 갖춘 학교여야만이 비로소 교장으로서의 인생의 업적을 이룰 수 있습니다.

인 : 학생에 대한 교육에 관해, 선생님께서는 학생의 '인문정신' 양성을 가장 많이 강조하셨습니다. 그토록 '인문'이란 두 글자를 중시하시는 까닭은 무엇입니까?

주 : 교육에서 더 중요한 것은 학생이 적극적인 생활 태도를 갖도록 하고, 적극적인 생존 심리와 인생태도를 갖고 생활할 수 있도록 해야 하는 것입니다. 교육가와 교사는 반드시 사회와 인류의 운명, 학생의 사회적 책임감을 길러주는 데에 관심을 가져야 합니다. 만일 우리의 학생들이 인류정신문명의 최고 경지에 오를 수 있다면, 그리고 관대한 인문정신을 갖고, 우리의 사회와 국가, 우리의 세계에 마음에서 우러나오는 배려심을 가질 수 있다면, 학교를 떠나 사회에 진출한 후에 어떤 어려움에 부딪치더라도, 언제나 숭고한 정신의 횃불을 밝힐 수 있을 것입니다.

12. 과학적인 교육 정책을 만들어야
－《사도師道》 샤오텐蕭田 기자

샤오텐(이하 '사') : 선생님께서는 쑤저우 시 주관교육의 부시장을 맡고 있는 기간 동안 훌륭한 교육정책을 만드셨습니다. 컴퓨터 추첨 제도를 폐지하고, 특색 있는 학교와 학생을 양성하고, 신교육실험을 적극 추진하시는 등 많은 정책이 있었습니다. 모두 국민들을 위한, 교사를 위한,

학생들을 위한 큰 사업이라고 할 수 있습니다. 이는 현행하는 일부 교육제도와 매우 큰 차이점이 있습니다. 선생님이 만드신 교육정책의 주요 사상은 무엇이었는지, 그리고 이러한 정책이 나오기까지와 나온 후의 과정이 어땠는지 말씀해 주십시오.

주영신(이하 '주') : 구체적인 일에 관해서는 《나의 교육이상》에 이미 여러 번 언급했습니다. 이러한 정책들은 저만의 공로가 아니라, 저와 교육부처의 동료들과 함께 토론하고, 정부의 주요 책임자들과 함께 연구해서 만든 것입니다. 물론 일부 생각들은 제가 주로 제시한 것들입니다. 정책 사고의 출발점에는 몇 가지가 있습니다. 첫째, 국민들에게 이득이 되는 것이 무엇인가입니다. 국민에게 이득이 되는 일이라면 우리는 과감하게 행동으로 옮겼습니다. 예를 들어, 빈곤지역의 학자금 지원계획을 통해 은행과 연계하여 경제난을 겪고 있는 학생들을 위한 대출을 실시하고, 정부와 학교가 2/3의 보증을 부담했습니다. 이는 경제적으로 어려움을 겪고 있는 가정들을 고려해서 실시한 정책입니다. 둘째, 실행할 때 어려움이 있는지에 관한 것입니다. 좋은 정책이라도 실행할 때 어려움이 있다면 실행할 수 없으며, 그 정책은 곧 신뢰를 잃게 될 것입니다. 즉 정책을 결정하는 데 있어 관건은 필요성과 가능성이 문제입니다. 정책은 국민들의 수요를 먼저 파악하고 시대의 맥을 짚는 것이 중요합니다.

샤오 : 어떻게 과학적이고 합리적인 교육정책을 만드시나요?

주 : 과학적이고 합리적인 정책은 결정의 순서와 방법이 중요합니다. 일반적으로 과학정책에는 4개의 기본적인 조건이 필요합니다. 첫째는 뚜렷한 목적성입니다. 즉 그 정책이 무슨 문제를 해결할 것인가입니다. 둘째, 정책에 대한 다양한 방안을 제시할 수 있어야 합니다. 특히 반대의 의견이 반드시 있어야 합니다. 반대 안건을 기본적인 전제로 하지 않으면, 토론을 할 수 없습니다. 셋째, 만족할 만한 결과의 기준을 정확하게 정해야 합니다. 정책 방안에는 충분한 토론 과정이 필요합니다. 넷째, 정책의 리스크와 필요성을 고려하고, 전체가 없는 상황에서는 경솔하게 정책을 정해서는 안 됩니다. 이는 정책을 정하는 일반적인 규칙이며, 교육 정책에 대해서도 유용한 참고가 될 것입니다.

샤오 : 건국 이래 중대한 교육정책의 성공과 실패에 대해 소개해 주실 수 있으십니까?

주 : 건국 이래 실시된 교육정책은 성공한 것도 있고 실패한 것도 있습니다. 성공한 것은 대부분 정책 결정의 규칙에 따라 실시된 것이고, 실패한 것은 그 규칙을 어겼기 때문에 실패한 것입니다. 우리의 정책은 상하 질서에 따라 만들어집니다. 즉 정책 책임자들이 결정하는 경우가 많습니다. 일부 중대한 정책들은 기본적으로 모두 고위급 책임자들이 직접 제시한 것입니다. 마오쩌둥의 '문화 대혁명'부터 덩샤오핑의 '3개 교육방향'까지, 그리고 장저민의 교육혁신까지, 교육부처는 기본적으로 국가 원수의 의견에 따라 교육정책을 결정했습니다. 물론 그들의 예

리하고 깊이 있는 판단은 우리가 마땅히 본받아야 하지만, 정책을 결정할 때에는 반드시 정책 결정 질서를 따라야 합니다. 현재 교육정책 중에는 상하가 아닌 하상 질서에 의해 결정된 경우가 매우 적습니다. 그래서 서민들의 의견은 상대적으로 충분히 반영되지 못하고 있습니다. 그래서 의무교육 정책처럼, 정책을 만들어도 추진력 있게 실행되지 못하고 있습니다.

샤오 : 현재 정책 결정과정에 빠진 것이 있다면, 그것은 학부모와 아이들입니다. 이 문제에 대해 어떻게 생각하십니까?

주 : 맞습니다. 교육정책을 제정할 때는 최대한 많은 국민의 의견을 반영하는 것이 가장 중요합니다. 이 역시 '3개 대표'이론의 핵심입니다. 그래서 교육의 민주, 교육정책 제정의 민주화와 과학화는 반드시 교육개혁의 중요한 내용이어야 합니다. 교육정책을 제정할 때 광범위한 참여가 이루어질수록, 실행이 편해집니다. 현재 많은 정책들은 실행가능성이 비교적 떨어집니다. 이는 우리의 결정 절차와, 그리고 국민들의 진정한 의견을 충분히 반영하지 않은 것과 일정한 관계가 있습니다.

샤오 : 예전에 일본에서 유학을 하시고, 미국에서도 공부를 하신 적이 있는 걸로 알고 있습니다. 일본과 미국의 교육정책이 선생님께 어떤 인상을 남겼나요?

주 : 해외의 방법을 그대로 모방해서는 안 됩니다. 하지만 해외 교육정책은 결정과정에 있어서 본받아야 할 점이 두 가지가 있습니다. 첫째, 전문가의 참여입니다. 전문가는 저명한 순서가 아니라, 그 문제에 대해 어느 정도 연구를 했는지가 고려되어야 합니다. 그리고 결정에 참여한 전문가들의 명단은 반드시 발표해서 국민들의 감시와 감독을 받아야 합니다. 둘째, 국민들의 광범위한 참여입니다. 미국과 일본의 많은 교육정책은 언론 매체와 다양한 의견교류와 토론을 합니다. 그 밖에, 정책을 제정한 후에는 바로 전면적으로 실시해서는 안 됩니다. 중국은 땅이 넓기 때문에 지역마다 처한 환경이 다릅니다. 정책 결정권을 포함한 다양한 권력을 지방정부에 일임해야 합니다. 미국의 많은 주에서는 자주적인 결정권을 갖고 있습니다.

샤오 : 중국의 교육정책도 과학적인 절차에 따라 만들 수 있을까요?

주 : 교육은 복잡한 시스템입니다. 교육정책을 과학적인 절차에 따라 제정하기 위해서는 교육의 민주화가 전제가 되어야 합니다. 관건은 바로 정책 결정에 있어 국민의 소리를 더 많이 듣고, 다른 의견, 전문가의 의견에 귀 기울여야 하는 것입니다. 그리고 그런 의견 수렴과정을 제도화, 절차화해야 합니다. 저는 새 국무원의 지도 속에서 교육개혁이 진행됨에 따라 정책 제정도 더욱 과학화될 것이라고 믿습니다.

물론 교육연구자들의 사명감과 책임감도 매우 중요합니다. 정책 결정이 과학적인가 여부는 어느 정도 부분에 있어서는 우리 학자들의 연구

능력과 비판능력에 달려 있습니다. 우리는 우리의 목소리를 내고 우리의 의견이 반영되도록 노력해야 합니다. 학자의 인격은 진실을 말하고 있느냐에 따라 결정됩니다. 국가를 위해, 민족의 미래를 위해 학자는 자신의 지혜를 바치고, 심지어 자신의 생명까지 기꺼이 희생해야 합니다.

13. 인문, 근시안적인 정책을 뛰어넘다
《남풍창南風窗》 기자 장저청張哲誠과 인터뷰

과학과 인문 – 균형을 잃은 두 바퀴

장저청(이하 '장') : 현재 도시과 지역 및 개발지역간의 경쟁구도를 보면, 대부분 교통과 땅값, 가시적인 정책과 부대적인 행정조치를 기준으로 나뉘어 있습니다. 인문정신은 최근의 많은 관심을 끌고 있지만, 실질적인 경쟁요소로 주목받지는 못하고 있습니다. 그 원인이 어디에 있다고 보십니까?

주영신(이하 '주') : 현재의 경쟁구도는 시대적 배경으로 인한 것입니다. 즉 인류의 물질문명이 기하급수적으로 성장하였기 때문입니다. 특히 최근의 20년 동안 과학기술이 팽창하던 시기에는 인류정신은 발전에 많은 제약이 있었습니다. 왜일까요? 사람들은 과학기술을 국력 경쟁의 도구나 척도로 여길 뿐, 인류생활의 발전을 위한 것으로 생각하지 않기 때문입니다. 즉 경쟁을 위해 과학기술을 개발하고 있습니다. 도구가 사회를 주도하고 사회의 주류가 되고 있습니다.

사실 과학기술과 인문은 인류발전에서 함께 발전해 나가야 할 두 바퀴입니다. 과학기술도 인문을 위한 것입니다. '인문정신'은 분명 '인人'과 '문文'에 대한 관심입니다. 한편으로 인류 생명에 대한 관심이고, 다른 한편으로 문명과 문화를 계승하는 것에 대한 관심입니다. 두 개의 바퀴라고 말하기는 하지만, 인문이야말로 인류발전에 있어 궁극의 목표라고 할 수 있습니다.

인문정신은 문예부흥 시기부터 시작되었고, 지금껏 멈춘 적이 없습니다. 서양의 인문주의를 포함해서 수많은 시도가 있었지만, 안타깝게도 시대의 가장 강력한 목소리나 주류가 된 적은 없습니다. 과학기술 발전이 주요 추세가 되면서, 인류는 삼림을 벌목하고, 강을 오염시키며 끝없는 전쟁을 했습니다. 그 이유가 무엇일까요? 교육이 인문정신발전을 소홀히 했기 때문이 아닐까요? 과학기술과 경제에서 치열한 경쟁을 하면서 목적을 잃게 됐고, 과학기술과 인문의 두 바퀴가 균형을 잃게 된 것입니다.

다행인 점은 쑤저우의 실천 사례를 통해 알 수 있듯이, 많은 과학기술 관련 대기업들이 쑤저우의 인문정신을 높게 보고 쑤저우에 새 둥지를 트기 시작했습니다. 이는 과학기술과 인문이 본래 대립적인 관계가 아니라는 것을 의미합니다. 인류가 잠시 인문을 소홀히 해서 과학기술이 장애에 부딪히거나 비이성적인 단기적 행위가 된 것입니다.

민간의 힘은 아직 부족하다

장 : 사회발전에 있어서 이 두 바퀴는 국제경쟁이 치열해지면서 전 세계적으로 균형을 잃을 것 같습니다. 하지만 서양은 문예부흥이래로 사회적 비판 목소리가 높아지고 있고, 어느 정도 과학기술이 기형적인 발전을 지속하는 것을 통제하고 있다고 봅니다. 그 결과 과학기술과 인문주의가 모두 발전하기 시작했고, 두 바퀴 모두 잘 돌아가고 있습니다. 하지만 중국은 아직도 인문 바퀴는 약한 데 반해, 과학기술과 경제 바퀴는 빠르게 돌아가고 있습니다.

주 : 이는 서양의 많은 지식인들이 독립적인 성격을 갖고 있기 때문입니다. 지식인은 사회의 양심이고, 사회를 구성하는 균형적 힘이라는 말을 자주 합니다. 과학주의가 성행하던 때에 인문정신을 향한 각성의 목소리는 강해지기 마련입니다. 발언이 허락되는 장소와 기회를 빌려 정부의 정책에 대해 비판을 하고 영향을 미칩니다. 하지만 상대적으로 이러한 민간의 통제력은 매우 부족합니다.

문제는 바로 민간의 과학연구기구나 중간 자문기구, 신문기구 등 민간의 힘에 있어서 독립적인 성격이 매우 부족하다는 데에 있습니다. 이러한 상황에서는 한 목소리 밖에 나올 수 없습니다. 예를 들어, 해외 일부 민간환경단체의 경우, 미국이든 유럽이든 그가 갖고 있는 단체의 힘은 매우 강력합니다. 그들은 각종 루트를 통해 정부와 정책결정자에 영향력을 행사합니다. 각기 다른 의견을 낼 수 있는 사람이 필요하다는 말은 세계적으로 완벽한 정부가 없고, 실수하지 않는 정부가 없기 때문입니다. 약간의 실수도 피하기 위해서는 다른 의견을 귀담아 들어야 하는데, 여기서 각 민간단체가 각각의 다른 이익단체를 대변하고 다른 목소리를 내야 합니다. 그들의 감독 역할이 강해수록 정부가 정책적 과오를 피할 수 있을 것입니다.

'임기경제'에 대한 관료의 숙명

장 : 인문정신에 대한 각성의 목소리가 민간차원에서 아직 미약한 상황에서 정부의 시각과 관념은 배우 중요해 보입니다. 전에 한 도시의 문화와 정신이 만들어지기 위해서는 정부 관료가 '문화적 자각심'이 있어야 한다고 하셨는데, 그렇다면 현재 이들의 '문화적 자각심' 부재의 원인이 어디에 있다고 보십니까?

주 : 현재 정부 관료는 인문과 문화에 대한 각성이 부족합니다. 여기에는 두 가지 원인이 있습니다.

　첫째, 우리는 모두 일종의 인문적 배려가 부족한 환경에서 성장했습니다. 교육을 처음 받기 시작한 때부터 사회에 진출하는 시기까지 늘 인문적 배려가 부족했습니다. 우리가 그동안 받은 교육은 과학기술과 지식교육 위주였습니다. 공부만 잘하면 다른 것은 상관없는 환경에서 교육을 받았습니다. 이는 경제만 발전하면 다른 것들은 상관없는 식과 같습니다. 이러한 환경에서 자란 사람은 인문적 각성을 갖기 어렵습니다. 그리고 전 사회에서 인문이 어떠한 가치와 지위를 갖고 어떠한 역할을 하는지 깨닫지 못합니다.

둘째, 지방 운영을 평가하는 시스템 문제입니다. 국가는 지방의 운영을 평가할 때 경제지표만 고려합니다. 지방 관료에게 물어보면 그 지역의 GDP는 얼만지, 재정수입은 얼만지, 외자를 얼마나 모았는지 수출입 무역은 어떤지 줄줄이 꿰고 있습니다. 하지만 교육에 대한 투자는 얼만지 학생 수는 몇 명이나 되는지에 대해서 아는 관료는 거의 없을 것입니다. 학교도 마찬가지입니다. 어떤 시험을 치고 어떤 공부를 했는지 학교도 잘 알지 못합니다. 인문의 가치를 평가할 수 있는 방법을 모른다면 분명 인문을 중시하지 않게 될 것입니다.

셋째, 지역적 문화와 정신을 만들기 위해서는 장기적이고 힘든 시간과 노력이 필요합니다. 정부 관료는 대부분 단기적인 효과를 내는 데에만 급급해서, 어떻게 해서든 임기 내에 '실적'을 세워보려고 합니다. 하지만 반대로 장기적으로 노력을 기울여야만 효과를 볼 수 있는 가치 있는 일에는 매우 냉담합니다. '단기적 행동'으로 인한 부분도 무시할 수 없습니다.

마지막으로, 대부분 경제만 중시하고, 문화교육과 인문정신 함양을 소홀히 했기 때문입니다. 중국교육의 예산부족문제는 지금껏 해결된 적이 없습니다. '양회'기간 동안, 경제보고를 듣는데, 지금껏 교육문화에 대한 보고는 접해본 적 없습니다. 어째서 '양회'는 이런 구조가 되어버린 걸까요? 국민의 일상생활과 생활의 질적인 측면으로 보면, 교육과 인문적인 면이 정부 발전에 더욱 도움이 될 것입니다.

'인적 발전'이야말로 불변의 진리

장 : 지금까지 우리는 경제건설을 목표로 삼아왔습니다. 경제를 중시하는 것이 당연한 것 아닌가요?

주 : 이러한 목표는 '인적 발전'으로 바꾸어야 한다고 생각합니다. 경제발전을 목표로 하는 것은 수단으로 목적을 이루고 과정은 중요시 하지 않는 본말이 전도된 상황과 같습니다. 사실 경제가 발전하는 것도 좋고, 과학기술을 개발하는 것도 좋습니다. 문제는 바로 "발전이 불변의 진리"에서 의미하는 발전이 경제에만 국한되어 있고, 사람의 발전을 생각하지 않는다는 점입니다. 저는 비극의 시작이 바로 여기에서 비롯되었다고 생각합니다. 가장 중요한 발전은 바로 인간의 발전입니다. "인간의 발전이야말로 불변의 진리"입니다. 경제의 발전은 불변의 진리가 아닙니다. 즉 우리가 하는 모든 일들은 모두 인류가 더 편안한, 더 가치 있는 삶을 살기 위해, 인류의 존엄을 위한 것입니다. 이것이야말로 우리의 궁극의 목표입니다. 이 점에 있어서는 의심의 여지가 없습니다.

장 : 더 나은 삶을 위해서라는 점에 대해서는 누구도 이의를 제기할 수 없을 거라고 생각합니다. 하지만 존엄을 위해서라는 부분에 대해서는 일부 이견이 있을 수 있을 것 같습니다. 현재 중국의 빈부격차가 갈수록 심각해지는데, 빈곤지역의 식량문제를 해결하는 문제나 경제발전지역에서 국제경쟁에 참여하는 문제를 막론하고 모두 경제가 더 나은 방

향으로 발전하기 위해서 아닐까요? 하지만 인간의 정신적 생명에 관점을 두고 인간의 생존가치를 의논하는 사회적 분위기가 부족하다고 생각됩니다.

주 : 그렇기 때문에 인류의 존엄을 침해하는 일들이 발생하는 것입니다. 도시 발전과정에서 농민의 이익을 대가로 치루는 일들이 무수히도 많이 일어납니다. 이는 모두 우리가 인문정신을 소홀히 하고, 인문주의 이념의 부재로 인한 것입니다. 농민에 대한 불평등으로 인한 결과는 사람을 등급으로 분류했기 때문에 비롯된 것으로 보아도 무방합니다.

그래서 제 16차 전인대에서 발표한 '인간의 전면적 발전'이라는 문제를 깊이 생각해 보아야할 필요가 있습니다. 이는 처음으로 그것을 명제로 제시한 것으로, 아직은 부족하지만 그래도 그 자체로 큰 발전이라고 볼 수 있습니다. 우리가 실질적으로 인문정신을 강조하고, 특히 이러한 세계적인 문제를 직시할 때가 온 것입니다.

오늘날 전 세계적으로 인문정신에 대한 관심이 매우 부족한 것이 사실입니다. 예를 들어, 서양에서는 과학주의가 성행하고 인지학파와 구조주의가 발전하는데, 이는 모두 도구의 이성만을 강조하고 가치의 이성과 인류의 발전을 무시하는 행위입니다. 하지만 서양은 인문주의의 전통을 갖고 있습니다. 중국의 경우는 다릅니다. 역사적으로 오랫동안 봉건제를 실시해 왔기 때문에 인간에 대한 존중이 부족합니다. "5·4" 기간에 처음으로 개체 생명가치에 대한 각성이 나타났지만, 바로 군벌과 전쟁에 빠졌습니다. 신 중국이 출범한 후, 각종 정치 운동이 나타났고, 개혁개방 후에는 경제 발전을 위해 전력을 다했습니다. 그렇기 때문에 인류의 문제에 대해 깊이 사고할 틈이 없었습니다. 산발적인 토론은 있었어도, 이 문제를 두고 깊이 있게 연구하고 사고한 적은 없었습니다. 저는 인문정신이 힘을 가지려면 상당히 오랜 시간과 자각심이 필요하다고 생각합니다.

장 : 중국은 두 개의 문명 건설을 주장해 오지 않았나요? '정신문명'이라는 것이 인문 의식의 함양에 어떠한 영향을 미치나요?

주 : 구체적으로 추진하는 과정에서, 예를 들어 문명 그룹을 세우거나 문명학교, 문명 커뮤니티를 만드는 과정에서 어느 정도 영향을 미칠 수 있습니다. 하지만 부인할 수 없는 점은 이러한 과정에서 모두들 형식을 너무 따진다는 점입니다. 그래서 평가할 때도 대부분 환경이나 보건 등에 초점이 맞춰져 있습니다. 인간의 정신 개혁에는 소홀하고, 인문정신의 이상적 경계와 멀리 떨어져 있습니다.

02

네티즌과의 대화

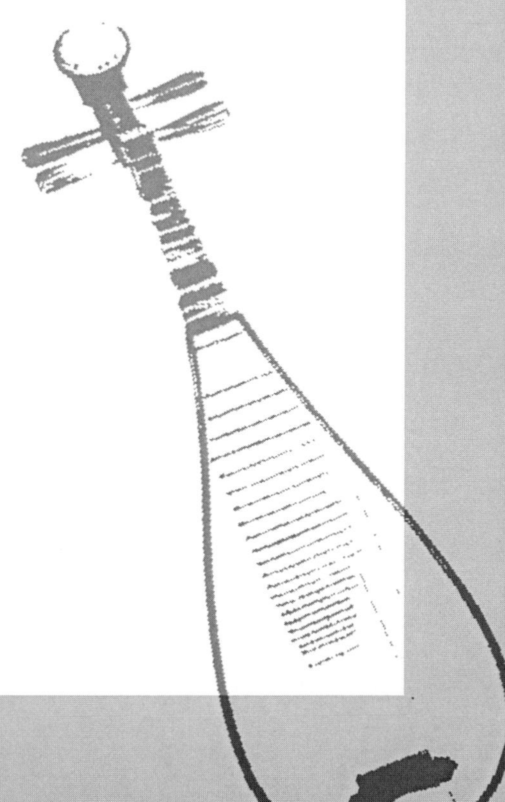

14. 인터넷교육과 학습형 사회

─인민왕人民網 사이트 강국논단强國論壇의 네티즌과의 대화

주영신(이하 '주') : 안녕하십니까, 네티즌 여러분. 인터넷교육에 관한 문제를 토론하는 자리에서 이렇게 만나게 되어 매우 반갑습니다. 방금 인터넷으로 학습형 사회를 만들 수 있는지에 대한 질문을 받았는데요, 저는 가능하다고 생각합니다.

네티즌 : 선생님과 함께 온 대학원생들은 인터넷에 접속할 때 주로 어떠한 부분을 중요하게 보나요?

주 : 사실 전 처음부터 대학원생들이 인터넷을 사용하는 것에 대해 반대했습니다. 전에 박사생인 리전시에게 인터넷 사용시간을 최소한으로 줄이라고 한 적이 있는데, 이제 와서 제 자신이 인터넷에 빠질 줄은 상상도 못했습니다. 왜냐하면 인터넷의 매력을 발견했기 때문입니다.

인터넷 자체는 바로 학습하는 커뮤니티입니다. 우수한 학생도 인터넷을 이용하여 여러 가지 유용한 자료를 검색할 수 있고, 글쓰기의 다양한 영감을 얻을 수 있으며, 함께 협력할 수 있는 파트너도 구할 수 있습니다. 이번에 제가 전국정협위원으로서 제시한 안건도 모두 인터넷을 통해 모은 자료들이었습니다.

네티즌 : 먼저 인터넷교육과 학습형 사회의 정의에 대해 설명 부탁드립니다.

주 : 간단히 말해서, 인터넷 교육은 인터넷을 통해 실시하는 각종 교육과 학습활동을 뜻합니다.

네티즌 : 저는 이번에 박사 과정을 마치게 됩니다. 혹시 선생님 밑에서 일할 수 있을까요?

주 : 환영합니다. 인터넷으로 자료를 보내주시기 바랍니다.

네티즌 : 인터넷교육이 얼마나 많은 학생에게 수혜를 줄 수 있다고 생각하십니까?

주 : 글자를 알고 컴퓨터를 사용할 줄만 안다면 인터넷 교육은 매우 효과적이라고 생각합니다. 때문에 유아원의 3세 이상의 아이들도 인터넷을 통해 학습할 수 있습니다. 언젠가는 교장이 아이들에게 "PC방에 가

서 공부하라.”고 할지도 모릅니다. PC방은 더 이상 사회적으로 지탄받는 유해한 공간이라는 인상을 벗게 될 것입니다. 그리고 중국교육에도 새로운 희망이 생길 것입니다.

네티즌 : 인터넷이 교육의 장이 되는 데 있어서 장애요소가 있다면 무엇입니까? 인터넷을 감독하고 관리하는 것은 바람직한가요?

주 : 필요할 경우에는 관리 감독을 해야 한다고 생각합니다. 그래야 음란 사이트나 반사회적 사이트, 국가안보를 위협하는 사이트가 생기는 것을 방지할 수 있습니다. 어떤 나라든지, 어떤 정부의 교육 부처든지, 그리고 양심 있는 교육자라면 선택적으로 아이들에게 가장 좋은 정보를 제공해야 합니다.

인터넷을 교육의 장으로 활용하지 못하게 방해하는 장애요소로는, 먼저 인식의 문제가 있습니다. 대부분은 인터넷을 나쁘다고 생각하여, 인터넷 접속을 시간 낭비라고 생각합니다. 그리고 인터넷을 하게 되면, 어느 순간 중독되어 학교 공부에 해로운 영향을 미칠 거라고 보통 생각합니다. 사실 인터넷을 학습 도구로 여기고, 아이들에게 자율적으로 조절할 수 있는 능력을 키워 준다면, 인터넷을 아주 유용한 교육적 수단으로 활용할 수 있습니다.

네티즌 : 학부모가 아이에게 PC방에 가서 공부하라고 할 경우, 어떠한 관리감독을 해야 할까요?

주 : 지금의 PC방은 전체적으로 아이들의 학습에 적합하지 않습니다.
첫째, 대부분의 여학생들은 PC방에서 채팅을 하고, 남학생들은 게임을
합니다. 그리고 담배 연기로 공기가 나빠서 건강에도 좋지 않습니다.
때문에 이를 해결하기 위해 국가적으로 나서야 합니다. 먼저 국가에서
건전한 PC방을 만들거나 녹색 PC방을 만들어야 합니다.

　최근 장쑤江蘇성위원회가 이 방면에 많은 노력을 기울이고 있습니다.
둘째, 학교 내 컴퓨터 교실은 방과 후나 휴일에 아이들에게 개방해야
합니다. 쑤저우에서는 이미 그러한 조치를 실시하고 있습니다. 하지만
아직 개선해야 할 부분이 많습니다.

네티즌 : 학습형 사회가 지금 유행하고 있는데, 이 용어의 개념을 이해
하기가 좀 어렵습니다.

주 : 학습형 사회란, 학습을 부담이나 도구로 보지 않고, 또 어떠한 명예
나 직책, 성적을 얻기 위한 방법으로도 생각하지 않는 사회를 말합니
다. 그리고 학습을 생활의 유기적인 구성부분, 밥 먹는 것처럼 생명의
한 구성부분으로 보는 것이지요.

　사람들이 출국할 때를 생각해 봅시다. 기차나 비행기 안에서 조용히
책을 읽는 경우가 많습니다. 하지만 동료 중에는 큰소리로 떠들거나,
연애물, 폭력물 잡지를 보거나, 혹은 카드게임을 하는 사람들도 있습니
다. 그리고 일상생활을 살펴봐도 텔레비전 앞에서 많은 시간을 보내는
사람이 적지 않습니다. 하지만 우리가 이런 시간을 독서나 공부에 사용

한다면, 학습형 사회를 만들 수 있을 거라고 믿습니다.

네티즌 : 인터넷 학습을 실시하기 위해서는 경제적 수단이 필요한가요, 행정적 수단이 필요한가요?

주 : 인터넷 학습형 사회를 구축하기 위해서는 정부의 추진력이 무엇보다 중요합니다. 예를 들어, 디지털 도시, 디지털 정부를 만든다고 할 경우, 문서전송, 정보발표, 심지어 각종 서비스 모두 인터넷을 통해 이루어져야 하기 때문에 인터넷 사용능력을 보급해야 합니다. 그래서 정부의 추진력이 인터넷 교육 발전의 기초라고 할 수 있습니다. 정부의 추진력이 없다면, 인터넷교육의 발전은 제한적일 것입니다.

경제적 수단 역시 매우 중요합니다. 인터넷 교육비용이 너무 높은 경우, 학교에서 소프트웨어에 큰 예산이 드는 경우, 가정에서 인터넷교육 비용이 부담이 되는 경우, 이러한 경우에서는 인터넷 교육을 실시할 수 없습니다. 그래서 우선적으로 온라인상의 교육비용을 대폭 인하해야 합니다. 국가가 온라인 교육 콘텐츠를 무료로 제공하는 방법도 있습니다. 중국의 인터넷 교육이 발전하기 위해서는 정부가 투자와 비용을 부담해야 합니다.

네티즌 : 현재 인터넷을 사용할 수 있는 사람들은 대부분 온라인 교육을 원하고 있습니다. 관건은 방식이 아니라 학생 스스로 공부하는 습관을 기르는 데 있습니다.

주 : 저 역시 기본적으로 동의합니다. 현재 인터넷을 사용할 수 있는 사람들은 온라인 교육을 원합니다. 동시에 좀 더 진보된 의식을 갖고 있고, 온라인 학습의 가치를 알고 있습니다. 물론 온라인 채팅을 주로 이용하는 사람은 예외입니다(건전한 채팅은 나쁘지 않습니다. 이 역시 교류의 한 형식이니까요). 학습에 적극적이라면, 방식은 차선의 문제입니다. 학생 스스로 자기에게 맞는 학습 방식을 찾기 마련이니까요.

네티즌 : 중국의 시장들은 인터넷을 할 시간적 여유가 있나요? 주 시장님도 이 논단에 들어와 보신 적이 있나요?

주 : 이 질문은 중국의 시장들이 독서할 시간이 있는지, TV 볼 시간이 있는지와 같은 맥락의 질문입니다. 물론 시간은 있습니다. 효율적으로 시간을 이용하는 것 자체가 일종의 관리 기술이라고 할 수 있습니다. 인터넷을 통해 국민들과 소통함으로써 서민의 사정을 이해하는 것은 시장으로서 맡은 업무 중 한 부분입니다.

사실 인터넷을 통해 여러 가지 새로운 사실들을 발견했습니다. 예를 들어, 쑤저우의 일부 중학생들은 인터넷을 통해 제게 학생의 학교에서 실시하는 보충 수업 이야기라든지 짧은 소식들을 전해 줍니다. 한 초등학교 학부모는 제게 아이의 귀가 시간이 너무 늦어진다는 고민을 털어놓았습니다. 쑤베이蘇北의 한 교사는 자신의 급여를 교장이 대출을 받아서 지급한다고 전해 왔습니다. 이러한 사실들을 저 역시 이미 알고 있고, 꼭 해결할 것입니다.

사실 누구나 자신이 하고 싶은 일이나 반드시 해야 할 일이라면 최대한 많은 시간을 내서 할 수 있다고 생각합니다. 인민왕의 논단도 물론 여러 번 들어가 보았습니다만, 아직까지 글을 쓴 적은 없습니다.

네티즌 : 인민왕의 강국논단과 어떻게 인연을 맺게 되셨습니까? 오늘 이 자리는 선생님의 요청으로 마련된 것인가요?

주 : 인민왕 강국논단에서 여러 차례 강의 요청이 있었지만, 시간이 없어서 아쉽게도 거절을 했습니다. 하지만 인민왕은 중국 정부 사이트 중에서도 매우 훌륭한 사이트 중 하나고, 네티즌 여러분이 잘 알고 있는 다즈大志(인민논단에서 활발하게 활동하고 있는 논객－역주)는 인민논단의 매우 중요한 귀빈입니다. 다즈는 항상 제게 강의를 추천했습니다.

이번에 베이징에 온 것도 오래 전에 인민왕과 약속이 되어 있었기 때문입니다. 물론 저 역시 인민왕의 요청을 기쁘게 받아들였습니다. 저역시 교육 사이트가 앞으로 인민왕과 더욱 협력하여 중국교육에 크게 기여할 수 있길 바랍니다.

네티즌 : 주 부시장님, PC방에 관한 글은 선생님께서 쓰신 건가요?

주 : 물론 제가 썼습니다. 예전에 PC방을 조사한 적이 있었는데, 그 날 저녁에 바로 그 글을 쓰고, 《쑤저우일보蘇州日報》에 발표하고 이어서 상하이의 《교육발전연구教育發展硏究》에 발표했습니다. 이후에는 '양회'

에 대한 안건을 준비하기 위해서, 또 이 글을 좀 더 깊이 있게 작성하기 위해서 네티즌 중 한 분인 선홍즈沈宏志 선생님께 부탁을 드렸습니다. 그분 역시 강국논단에서 활발하게 활동하시는데, 저와 함께 자료를 수집해주셨습니다. 이 글의 주요 관점은 모두 제 견해입니다.

주 : 시간이 5분 정도 남았군요. 아직도 다뤄야 할 문제들이 많이 남았는데 아쉽습니다. 정부 관료로서 여러분들과 더 많이 소통해야 한다고 생각합니다. 기타 건의할 사항이 있거나 좋은 견해가 있다면 교육사이트나 쑤저우 시정부사이트를 통해 제게 메일을 보내 주시기 바랍니다.

주 : 시간 관계상 오늘은 여기서 마치도록 하겠습니다. 감사합니다.

15. 꿈을 현실로
　　-인교왕人敎網 교육연구논단敎育硏究論壇에서 네티즌과의 대화

네티즌 : 안녕하세요, 주 교수님. 교수님의 책들을 여러 번 읽으면서 교수님의 열정에 매우 깊이 감동받았습니다. 시장이라는 위치에 있으면 편의를 이용해서 자신만의 교육적 이상을 실천할 수 있다고 생각하는데요. 만약 시장이 아니었다면, 교수님의 교육적 이상을 어떻게 실현하시겠습니까?

주영신(이하 '주') : 사실 누구나 자신의 이상을 실현할 수 있습니다.

네티즌 : 이곳 서점에는 교수님의 《신교육의 꿈新教育之夢》이란 책이 없습니다.

주 : 쑤저우의 신화서점에는 있습니다. 아니면, '교육온라인教育在線'의 관리자와 연락하면 구할 수 있습니다. 언제든지 '교육온라인'을 방문해 주십시오.

네티즌 : 교수님은 열정이 가득하신 분입니다. 교육에 관해 토론할 때도 매우 열정적이십니다. 혹시 성격과도 관계가 있나요?

주 : 성격이 운명을 결정하는 법이죠. 물론 관계가 있습니다.

네티즌 : 쑤저우 초등학교에는 컴퓨터로 진학할 학교를 추첨하지 않고, 근거리에 있는 학교에 입학한다고 들었습니다. 그렇다면 성적이 좋지 않은 학교는 어떻게 하나요?

주 : 쑤저우 시의 학교는 모두 훌륭합니다. 학교 간 차이는 결코 크지 않습니다.

네티즌 : 주 교수님의 관점에 동의합니다. 쑤저우 교육은 현재 균형적으

로 발전하고 있고, 학교 간 격차도 줄어들고 있습니다. 특히 초등학교가 그렇습니다. 이 밖에, 각종 교육형식도 주민들에게 우선적으로 선택할 수 있는 기회를 주고 있습니다.

네티즌 : 《신교육의 꿈》을 저술한 이유가 있으십니까?

주 : 저의 교육적 이상을 정리하고 그것을 널리 알리기 위해 저술했습니다.

네티즌 : 소위 신교육실험은 소양교육과 어떤 차이가 있나요?

주 : 신교육은 학생의 장기적인 발전에 초점을 두고, 일생동안 유용할 수 있는 교육을 실시하는 것입니다.

네티즌 : 《신교육의 꿈》은 교육이론의 성과를 보급시키는 데 있어서 새로운 길을 열었습니다.

네티즌 : 이론은 널리 보급되기 어려워서 일부 범위 내에서만 머무르는 경우가 많습니다. 하지만 주 교수님은 이론과 실천을 결합시켜, 어려운 이론을 쉽게 설명하여 일선 교사들의 이해를 도왔습니다. 신교육실험은 이론을 기초로 참신한 실천을 통해 이론을 보급시켰습니다.

네티즌 : 신교육의 기본적인 이념이 무엇인지 설명해주십시오.

주 : 학부모와 교사, 학생이 함께 성장하고, 교육적 흥미를 공유하는 것입니다.

네티즌 : 교육은 원래 즐거워야 하는 것이죠.

주 : 하지만 현실에서는 그러기가 쉽지 않습니다.

네티즌 : 주 교수님은 수호믈린스키와 같은 교육가가 되고 싶은 의향이 있으신가요?

주 : 현실적으로 불가능해도 마음만은 그러고 싶습니다.

네티즌 : 주 교수님도 수호믈린스키처럼 훌륭한 교육가라고 생각합니다.

네티즌 : 대학원의 일부 교육이론도서는 읽기가 매우 어렵습니다. 하지만 《신교육의 꿈》은 쉽게 풀이되어 있고, 설명이 잘 되어 있어 많은 중고등학교 교사들이 읽기에 매우 좋습니다. 아쉬운 점은 이와 같은 교육이론서가 많지 않다는 것입니다.

네티즌 : 현재 중국의 '입시교육' 속에서 어떻게 이러한 이념을 실현할 수 있을까요?

네티즌 : '즐거운 교육'이란 말에 반감을 갖고 있는 사람도 있는데, 이에 대해 어떻게 보십니까?

주 : 교육은 원래 반드시 즐거워야 하는 것입니다. 공부할 때 즐겁지 않습니까? 선인들은 "공부를 습관처럼 한다면, 어찌 기쁘지 않겠는가?"라는 말씀을 했습니다.

네티즌 : 교수님의 꿈을 보고 큰 감동을 받았습니다. 비록 꿈이지만, 이론적 기초가 있습니다. 교수님의 꿈의 근원은 인본주의입니까?

주 : 어떤 특정한 주의에서 비롯되었다고 할 수 없습니다. 중요한 기초 이론이 많습니다. 그리고 이러한 이론적 기초에서 저의 생각이나 사고 방식이 비롯된 것입니다.

네티즌 : 교수님은 5가지 실험을 동시에 진행한다고 하시는데, 그렇게 하면 교사와 학생에게 너무 큰 부담을 주지는 않나요?

주 : 교사와 교장의 교육 이념을 발전시키는 것은 매우 중요합니다. 단순히 체제 탓만 할 수 없습니다. 학생의 성장을 가장 우선 순위로 두고,

모두가 인문정신을 갖고 있어야 합니다.

네티즌 : 체제의 변화는 일시적인 것이 아닙니다. 하지만 교사와 교장의 이념은 단기간 안에 바뀌기 쉽지 않습니다. 이미 그러한 이념이 생활화되어 있기 때문이지요. 이것이 바로 입시의 현실이라고 생각합니다.

네티즌 : 주 교수님의 《나의 교육이상》과 《신교육의 꿈》이 많은 교사들의 인기를 끌었는데요, 네티즌을 위해 두 책의 다른 점과 연관성에 대해 소개해 주실 수 있으신지요?

주 : 신교육의 꿈 중에는 새로운 내용이 많이 첨가되었습니다. 도덕, 지성, 신체, 예술, 노동 등에 관한 내용을 넣었습니다.

네티즌 : 좁게 봤을 때, 교사와 교장의 교육이념을 높이기 위해서는 어떠한 것이 필요합니까? 예를 들어, 많은 교사들의 관점은 좋은 책을 가르쳐야 좋은 교사고, 교장은 학교에 아무 문제도 발생하지 않으면 교장이라는 직책을 오랫동안 유지할 수 있다고 생각하고 있습니다.

네티즌 : 주 교수님, 저는 신교육실험은 반드시 학교 책임자의 사상 전환부터 시작되어야 한다고 생각합니다. 교사의 사상 전환만으로는 부족하지 않을까요?

네티즌 : 저 역시 이 문제에 관해 말하고 싶습니다. 5개 실험은 학교와 교사, 심지어 학생들에게 어느 정도 스트레스가 될 수 있습니다. 하지만 실험 과정에서 점에서 면으로 확대되는 것처럼, 학교 교사와 학생들이 점진적으로 발전할 수 있을 것입니다. 그 밖에 하나의 기준이나 모델이 아니라, 학교의 상황, 학생의 상황, 그리고 교사의 상황에 맞게 실시되어야 한다고 생각합니다.

주 : 중요한 것은 학생의 성장을 가장 먼저 생각하는 것이라고 생각합니다. 물론 누구나 인문정신을 갖고 있어야 합니다.

네티즌 : 하지만 인문정신은 범위가 너무 광대하지 않습니까? 누구나 학생들을 아끼고 사랑해야 한다는 것을 알면서도, 장학금과 진학률, 순위 등을 생각하지 않을 수가 없습니다. 이 문제는 어떻게 해결하실 건가요?

네티즌 : 교육의 문제는, 특히 소양교육의 실시는 학교뿐만 아니라, 사회 전체의 참여와 관심이 필요합니다. 학교에게 있어서 물론 전체의 마음을 하나로 뭉치는 것이 필요하지요. 그래서 교장의 의식이 성숙되어야 한다고 말씀하신 것 아닌가요. 저 역시 그 관점에 동의합니다.

네티즌 : 교수님, 저는 신교육실험학교의 교사입니다. 교수님의 교육사상을 실천하면서 학생의 평생 발전에 분명 도움이 될 거라는 생각을 자

주 합니다. 하지만 개인적인 어려움도 없지 않아 있습니다. 실험과 일반 수업간의 관계를 어떻게 정립해야 할까요? 학생들은 대부분 시간이 부족한데 말입니다.

네티즌 : 교장, 교사들은 많은 이념에 대해 좋다고 생각합니다. 하지만 진학률이라는 잣대 앞에는 무력해집니다. 이 문제를 어떻게 보십니까?

주 : 가끔은 전체 교사와 교장의 이해와 지지를 받지 못할 때가 있지요.

네티즌 : "꿈"은 현실에서 비롯된다고 생각합니다. 하지만 "신교육의 꿈"이 만일 교사의 현실과 교육의 현실에 대한 고려가 부족하다면, 그저 유토피아에 불과하지 않나요? 주 교수님은 이에 대해 구체적으로 어떤 기대를 하고 계십니까?

네티즌 : 확실히 교수님께서 말씀하신대로, 제 개인은 이것이 매우 시스템적이고 거대한 작업과정이라고 생각합니다. 교수님께서는 본인이 그것을 실현할 수 있는 능력이 있다고 생각하십니까?

네티즌 : 최근 중점 중학교에서 교사를 모집할 때, 새로운 교육이념을 갖고 있는지가 아니라 입시 적중률이 어느 정도 되는지에 대한 능력을 가장 중시하고 있습니다.

주 : 소양교육은 입시를 두려워하지 않습니다. 현실이 마음대로 되지 않을 수도 있겠지만, 우리가 다 함께 바꾸려고 노력한다면 분명 좋은 효과를 거둘 수 있을 것입니다.

네티즌 : 우리는 이미 신교육실험에 많은 노력을 쏟고 있습니다. 걱정 마십시오. 우리가 열심히 노력할 테니까요!

네티즌 : 교육의 꿈을 실현하려면, 끊임없는 노력이 필요합니다.

주 : 교장 역시 관료가 아닙니다. 교장의 관료의식을 없애고, 서비스 정신을 강화해야 합니다.

네티즌 : 교육종사자로서 우리는 많은 노력을 하고 있습니다. 이런 노력을 앞으로도 지속하기 위해서는 훌륭한 방향 제시자가 필요합니다.

네티즌 : 신교육실험의 방법을 간략하게 소개해 주십시오.

주 : 누구보다 잘 이해하고 있는 창로우昌樓가 소개하도록 하겠습니다.

추창로우儲昌樓 : 네, 일단 '교육온라인'의 신교육실험논단을 방문해 보면 우리가 그동안 밟아온 발자취를 찾아보실 수 있을 것입니다.

네티즌 : 주 교수님은 교수님의 책에 나온 이상들을 실현시킬 수 있으신 가요?(중국에서)

네티즌 : 우리의 교육이상을 실현할 수 있다고 생각합니다. 우리는 부단히 진보하고 있으니까요.

네티즌 : 어제 문득 학교가 지속적으로 발전할 수 있을까라는 문제에 대해 생각해 보았습니다. 이 문제에 대한 교수님의 견해를 듣고 싶습니다.

네티즌 : 학교의 지속적인 발전을 위해서 먼저 학생의 지속적인 발전이 필요하다고 생각합니다.

주 : 우리는 가장 기층인 농촌학교부터 시작할 계획입니다. 그들이 할 수 있다면 다른 학교들도 당연히 할 수 있을 것입니다.

네티즌 : 교수님의 관점은 매우 정확합니다. 좋은 소양교육은 입시를 두려워하지 않습니다. 하지만 현재 우리의 교사들은 끊임없이 학생들을 위한 보충수업을 하고 있습니다. 나중에 가면 문제 풀이 방식으로 문제를 해결하려 하게 될 것입니다.

주 : 모두 그렇진 않을 것입니다. 이론 수준이 높아질수록, 실력도 더 향

상될 것입니다.

네티즌 : 만약 학부모의 입장에서 교사가 아이에게 체벌을 하길 원한다면 어떻게 하나요?

네티즌 : 한편으로 학부모의 요구를 만족시켜야 하지만, 또 한편으로는 학교의 규정을 준수해야 합니다.

네티즌 : 학부모의 그런 요구는 들어줄 수 없습니다.

네티즌 : 필요하면 신체 단련이 되는 체벌을 할 수 있겠지요.

네티즌 : 저도 아이가 있지만, 한 번도 아이를 때려본 적이 없습니다.

주 : 사람을 때리는 것은 위법입니다. 제가 '교육온라인'에 올려놓은 《체벌은 거의 아무런 효과가 없다》라는 글을 참고해 주시기 바랍니다.

네티즌 : 주 교수님의 교육이상과 실험 팀원들에 대해서 알고 싶습니다.

주 : 우리는 지금 실험을 하고 있는 과정에 있지만, 벌써부터 효과가 나타나고 있습니다.

네티즌 : 주 교수님의 《나의 교육이상》은 많은 사람들에게 감동을 주었습니다. 많은 사람들이 리전시에 대해 탄복하고 있습니다. 특히 교수님의 제자라는 사실을 알고 난 후에는 교수님에 대한 존경심이 더욱 커졌습니다.

주 : 사실 가장 감탄해야 할 대상은 여러분의 마음속에 있는 모든 일반 교사가 아닐까요?

네티즌 : 만일 중학생이 쑤저우에 이렇게 훌륭한 시장이 이러한 방식으로 그들의 교사와 소통하고 있다는 것을 알게 된다면, 얼마나 기쁠까요!

네티즌 : PC방을 학습을 위한 커뮤니티로 만들자는 생각에 대해 말씀해 주십시오.

네티즌 : PC방을 학습을 위한 커뮤니티로 만드는 생각은 줄곧 교수님께서 강조하신 것 아닌가요.

네티즌 : 비록 지금은 PC방 환경이 어느 정도 좋아졌지만, 여전히 온라인 게임에 중독되기 쉬운 곳입니다.

네티즌 : 우리는 대부분 학생들이 인터넷을 하지 못하도록 막고 있습니

다. 만일 우리가 인터넷의 좋은 부분과 인생의 좋은 부분을 그들에게 보여준다면, 어떤 효과가 나타날까요?

주 : 이미 적지 않은 중학생들이 인터넷을 통해 저와 만나고 있습니다.

네티즌 : 막는 것은 아무런 효과가 없습니다. 오히려 반항심만 키울 수 있습니다.

네티즌 : 주 교수님께서 정치적인 힘을 동원해서 교수님의 교육이상을 전국적으로 확대시키는 것은 어떨까요?

네티즌 : 그들에게 우리와 같은 새로운 것을 받아들이도록 하는 것이 어쩌면 현대 교육의 한 방향이 아닐까요.

주 : 제가 '교육온라인'에 올려놓은 《PC방을 학습 커뮤니티로 만들자》라는 글을 읽어 보시기 바랍니다. 아마도 교육 주관부처에서 우수한 교육자원을 많이 제공할 수 있을 거라고 생각합니다.

네티즌 : 지금의 PC방들은 지나치게 상업적입니다! 여건이 되는 학교라면 '교육온라인' 같은 PC방을 만들어야 합니다!

네티즌 : 학습은 즐거운 것입니다. 하지만 학생들이 좋아하는 것을 공부

할 때만 그렇지 않을까요?

주 : 우리의 교육이 잘 되지 않았다는 것을 보여주는 것이지요.

네티즌 : 하지만 우리의 시험 내용으로는 학생들의 흥미를 끌어낼 수 없습니다. 그래서 교수님께서 비판하셨던 방법인 '차단'밖에 할 수 없습니다.

네티즌 : PC방 문제는 확실히 좀 어려운 문제입니다. 하지만 우리가 노력하기만 한다면, 후회할 일은 없을 것입니다. 어떻게 생각하십니까?

주 : 저는 지금껏 학생들을 막은 적이 없습니다. 학생들이 원하기만 한다면, 그들이 좋아하는 것을 고를 수 있게 했습니다. 하지만 여기서 중요한 것은 반드시 자신의 선택에 책임을 져야 한다는 것이지요.

네티즌 : 현재 초중등학교 교사 중에는 진정으로 교육연구를 할 수 있는 사람이 많지 않습니다. 혹은 여건이 안 되서 연구를 할 수 없는 경우도 많습니다. 주 교수님, 쑤저우 시에는 이런 방면의 어떤 조치가 있나요? 그런 조치를 통해 교수님이 추구하는 교사의 꿈을 실현할 수 있나요?

주 : 이 이상은 분명 학생 한 명, 한 명에 대한 것입니다. 우리는 같은 기

준으로 모든 학생을 대하지 않습니다. 같은 기준으로 교육을 한다면, 일부의 학생은 다른 학생이 공부하는 데 보조적인 역할이 될 수밖에 없습니다.

네티즌 : 나쁜 학생은 없지만, 나쁜 교사는 있습니다. 하지만 열등생들은 여전히 관심 받지 못하고 있습니다. 그리고 교사들도 그렇게 관심을 기울일 만한 여력이 부족합니다.

네티즌 : 우리의 교육은 아이들을 지식을 담는 그릇이 아닌, 진정한 사람으로 키워야 합니다. 그것이 중요합니다.

네티즌 : 한 고등학교 교사가 두 개 반을 맡고 있는데, 하나는 열등생 반, 하나는 우등생 반이었습니다. 그런데 열등생 반을 가르칠 때마다 진도도 느리고 특히 힘이 들었습니다. 그런데 우등생 반에서는 항상 열정을 가지고 수업을 하게 되고, 아이들의 반응이 무척 활발해서 수업이 즐거웠다고 합니다.

네티즌 : 하지만 교사가 나쁘다고 비난할 수만은 없습니다. 그들도 어쩔 수 없을 때가 있습니다.

네티즌 : 이상적인 교사의 꿈을 실현하는 데 있어서 쑤저우 시는 어떤 조치를 실시하고 있나요?

주 : 우리에게는 실험학교가 있습니다.

사회자 : 오늘의 토론은 여기에서 마치겠습니다. 주 교수님과 참석해 주신 네티즌 여러분께 감사드립니다.

16. 우리의 교육에 희망을
─신랑왕新浪網 네티즌과의 대화

2003년 '양회'가 곧 베이징에서 개최한다. 대표위원과 네티즌의 교류를 지원하기 위해 신랑왕은 《인민정협보 교육사이트 주간지人民政協報·教育在線週刊》와 '교육온라인' 사이트와 연합하여 정협위원 주영신과 황샤오랑黃曉浪, 자오리훙趙麗宏 인민대표대회 대표 저우훙위周洪宇를 귀빈으로 모시고 네티즌들과 교육에 관한 다양한 화제에 대해서 토론을 했습니다. 이하는 토론을 녹취하여 정리한 내용입니다.

사회자 : 안녕하십니까, 네티즌 여러분. 먼저 오늘 이 자리에 참석하신 귀빈 네 분을 소개해 드리겠습니다. 전국정협위원이자 쑤저우 시 부시장, 쑤저우 대학 교수이신 주영신 위원님, 전국정협위원이자 사립 난창창세기종합학교南昌創世記綜合學校 교장이신 황샤오랑 위원님, 전국정협위원이자 유명 작가이신 자오리훙 위원님, 전국인민대회대표이자, 교육학자, 우한시 교육위원회 부주임, 화중사범대학 박사 지도교수이신

저우훙위 위원님이 이 자리에 참석해 주셨습니다.

먼저, 네티즌 여러분과 인사 나누시기 바랍니다.

자오리훙(이하 '자오') : 안녕하십니까.

저우훙위(이하 '저우') : 안녕하십니까, 저우훙위입니다. 신랑왕의 이번 토론회에 참석해서 여러분과 만나 토론할 수 있게 되어 매우 기쁩니다.

주영신(이하 '주') : 주영신입니다. 초청해주신 신랑왕 관계자 여러분께 감사드립니다.

황샤오랑(이하 '황') : 여러분과 만날 수 있는 이런 소중한 기회를 주셔서 감사드립니다.

사회자 : 그럼 오늘 토론을 시작하겠습니다. 네티즌 여러분도 귀빈들과 교육 관련 주제에 대해 적극적으로 토론에 임해주시기를 부탁드립니다. 모두 사전에 저희 사이트 게시판을 보셨겠지만, 오늘 첫 번째 토론 주제는 인터넷 사이트와 관련한 것입니다. 주 선생님께서도 '교육온라인'이라는 사이트를 개설하셨습니다.

네티즌 : 주 교수님께서는 21세기 중국교육의 발전에 어떠한 중요한 계기가 있다고 보십니까? '교육온라인'이 중국에서 큰 영향력을 지닌 교

육사이트가 될 수 있다고 생각하시는지요?

주 : 21세기 교육발전의 중요한 계기는 바로 인터넷이 교육의 수단으로
바뀌는 데에 있습니다. 우리가 개설한 '교육온라인'은 작년 6월 18일
처음 열었습니다. 방금 전까지 확인한 결과 이미 37만 명 이상이 방문
을 했고, 가입자 수는 7천만 명을 넘었습니다. 더욱 중요한 것은 많은
젊은 교사들이 인터넷을 통해 성장하고 있다는 것입니다.

쑤베이의 한 교사는 인터넷을 하기 전에는 한 번도 글을 써본 적이
없었습니다. 하지만 인터넷을 사용한 후로는 매일 게시판에 글을 쓰기
시작했고, 이미 4개월 넘게 계속 댓글을 쓰고 있습니다. 그리고 4~5천
자의 글을 교육 주간지에 매월 연재하고 있습니다. 그는 인터넷이 그에
게 새로운 생명을 가져다주었다고 말했습니다. 때문에 저는 인터넷이
중국의 교육을 바꿀 수 있다고 생각합니다.

얼마 전에 《인민일보人民日報》에 PC방을 학습화 커뮤니티로 만들자
는 글을 실은 적이 있습니다. 저는 우리가 교육정보를 위한 플랫폼을
만들고, 국가가 가장 좋은 교육 소프트웨어를 구입해서 무료로 전국의
모든 학교와 가정, PC방에 제공해야 한다고 생각합니다. 그렇게 한다
면 학교간의 차이, 지역 간의 교육 격차를 빠르게 줄여나갈 수 있고, 우
리의 교육방식을 변모시킬 수 있습니다. 인터넷은 우리의 생활, 나아가
우리의 교육을 바꿀 것입니다.

사회자 : 방금 인터넷이 우리 교육을 바꿀 것이라고 하셨는데, 현재 교

육에 대한 인터넷의 역할이 어느 정도라고 보십니까? 이러한 역할을 통해 인터넷교육이 모든 교사에게 평등한 발언권을 가져다주는 등의 변화를 가져올 수 있을까요? 새 시대 교사들은 이미 인터넷을 통해 성장한다고 하는데, 이에 대해 동의하시는지요?

주 : 새 시대 교사들이 인터넷을 통해 성장하고 있다는 말은 이미 우리의 '교육온라인'을 통해서도 볼 수 있습니다. 과거 교육영역에서 침묵을 지키던 다수의 교사들이 '교육온라인'을 통해 두각을 드러내고 전국 교육 미디어의 관심을 받고 있습니다. 하지만 아직은 많이 부족합니다. 인터넷은 교사양성에 있어 중요한 역할을 합니다.

하지만 더욱 중요한 것은 교실 내 학습 내용을 인터넷 도입을 통해 아이들이 인터넷을 통해 공부하도록 하고, 아이들이 인터넷교육의 주체가 되도록 하는 것입니다. 교육소프트웨어, 예를 들어 유아원과 초등학교, 중학교에서 대학교까지의 많은 학습내용을 국가가 무료로 인터넷으로 보급해야 합니다.

교실 내 수업을 녹음 기록한 내용이나 다양한 훈련학습 내용 등을 컴퓨터와 랜선만 있으면 농촌과 산간지역의 더 많은 학교들이 최선의 교육을 받을 수 있도록 해야 합니다. 이렇게 한다면 현재 일부 어려운 지역에 부족한 교사를 채워줄 수 있습니다.

학생이 자주적으로 학습하는 것은 인터넷교육의 가장 중요한 특징입니다. 아이들은 인터넷을 통해 스스로 공부할 수 있습니다. 오늘 학교에서 배운 내용을 이해 못했을 때, 방과 후 바로 인터넷을 통해 한 번 더 공부할 수 있습니다. 많은 학생들이 자신의 능력에 맞게 공부를 할 수 있습니다. 학습능력이 뛰어난 학생은 한 단계 공부를 남들보다 빠르게 마칠 수 있고, 학습능력이 뒤처지는 아이들은 더 많은 시간을 이용해서 보충학습을 할 수 있습니다.

아마도 앞으로 학부모가 아이에게 "PC방 가서 공부해라."라고 말하는 날이 오게 될 것입니다. 그렇게 아이들이 자율적으로 학습할 수 있는 공간이 확보된다면 우리의 교육은 아마도 비교적 이상적인 모습을 갖추게 될 것입니다.

네티즌 : 현대화 사회에서 첨단 과학기술이 발전함에 따라 전통학습과 독서방식에 큰 영향을 일으키고 있습니다. 자오 교수님, 두 가지의 관계에 대해 어떻게 보십니까?

자오 : 방금 주 교수님께서 인터넷의 중요성과 교육에 대한 인터넷의 촉진 작용에 대해 말씀하셨는데, 저 역시 동의합니다. 하지만 인터넷은 사실 일종의 수단에 불과합니다.

중국교육의 근본적인 문제는 역시 체제 문제입니다. 또 가장 우수한 인재를 교육에 종사하도록 하는 것입니다. 인터넷은 여기에서 보조적인 역할을 할 수 있습니다.

중국에서 현재 실시하고 있는 교육체제로는 최우수 인재들을 교사로 양성할 수 없게 되어 있습니다. 이는 매우 안타까운 일입니다. 앞으로는 이러한 상황이 개선될 것으로 믿습니다. 이 문제는 1980년대 초기부터 생각해 왔습니다. 어째서 가장 우수하고 최고의 교육을 받고 머리가 좋은 사람들이 교사가 되지 않는 것인가.

최근 몇 년 동안 교사의 지위를 높이자고 외쳐왔습니다. 교사의 사회적 지위나 정치적 지위 외에도, 더욱 중요한 것은 경제적 지위입니다. 이 세 가지 지위가 모두 올라갈 때, 가장 우수한 인재를 교사로 양성할 수 있다고 생각합니다. 하지만 중국은 아직 실천하지 못하고 있습니다. 중국에서 가장 우수한 학생들은 고등사범대학교를 포함해서 사범학교에 그다지 매력을 느끼지 않습니다. 매우 안타까운 일이 아닐 수 없습니다. 프랑스의 경우, 고등사범학교에는 최우수의 학생들만이 입학합니다. 앞으로는 우리도 최우수 학생들이 사범학교를 자원할 수 있는 체제가 마련되길 바랍니다.

주 선생님께서 인터넷이 지식보급과 독서율 증가에 매우 효과적인 역할을 하고 있다고 말씀하셨는데요, 얼마 전에 어떤 이는 인터넷 문학이 전통문학을 대체하게 될 것이라고 단언한 적이 있습니다. 저는 이 말에 그다지 동의하지 않습니다. 전통적인 문학은 인터넷 문학과 다릅니다. 세계 명작을 읽는 것과 우리가 종이 매체를 인터넷에서 읽는 것은 다릅니다.

두 가지는 서로 대체될 수 없습니다. 인터넷 문학도 확실히 좋은 역할을 합니다. 기존의 문학에 관심이 없던 사람들이 인터넷을 통해 문학을 접하고, 이후에는 전통 문학에까지 관심을 갖고 읽는 경우도 있습니다.

네티즌 : 한편으로 학생들은 대학에 진학하기 위해 경쟁하고, 다른 한편으로는 또 졸업 후 취업하기 위해 경쟁합니다. 교수님들께서는 이 문제를 어떻게 보십니까? 중국 대학원은 모집 정원수가 너무 많은 것이 아닌가요? 구체적인 지표가 있나요? 본과생이 취업난에 허덕이고 있는 시점에서 국가는 어떤 해결방안을 갖고 있나요?

주 : 모집정원 수를 늘리면, 크게 봤을 때 소비를 진작할 수 있고, 동시에 많은 인재를 양성할 수 있는 장점이 있습니다. 저는 모집 정원을 늘리는 것이 어느 정도 긍정적인 영향이 있다고 생각합니다.

하지만 과거 대학생의 취업에 대한 생각은 매우 큰 문제가 있습니다. 대부분 계획경제시대로 돌아가 대학생이 졸업 후 국가의 인사부에서 취업 자리를 안배해주길 바랍니다. 물론 나쁘지 않습니다. 하지만 이런 관념을 깨버려야 합니다. 이를 위해 두 가지 문제를 해결해야 합니다.

첫째, 창업에 대한 개념을 세워야 합니다. 모든 학생이 취업할 수는 없습니다. 더 중요한 것은 스스로 일자리를 만드는 것입니다. 빌 게이츠는 대학을 졸업하기도 전에 많은 일자리를 만들었습니다. 어떻게 일자리를 만들 것인지는 또 다른 문제입니다. 대학에서 창업에 관한 수업을 개설하고, 학생들에게 자극을 주는 것도 좋은 방법입니다.

둘째, 대학생은 모두 공무원이 되거나 모두 직장인이 될 수는 없습니다. 그래서 고등교육을 받은 인재는 스스로 창업하는 것 외에도 전 사회 통틀어 약 360여 개 되는 업종에 취업할 수 있습니다. 업종마다 인재가 부족한 곳이 있는가 하면, 인재가 넘쳐나는 곳도 있습니다. 실제로 중국 내 업종간의 인재 부족과 인재 과잉으로 인한 모순이 나타나고 있습니다. 이는 일종의 구조적인 모순입니다.

전체적으로 평가해 볼 때, 고등교육을 받은 중국 학생과 인도 학생을 비교하면, 중국이 인도보다 뒤쳐져 있습니다. 하지만 아직도 발전할 수 있는 가능성이 있습니다. 대학원생 정원 확대 역시 좋은 방법입니다. 인재 구조로 봤을 때도 문제없습니다. 이는 빠르게 성장하는 사회입니다.

동시에 더욱 중요한 것은 현재 모두가 대도시에 집중되어 있는 데 반해 일부 멀리 떨어진 지역에는 대학생이 턱없이 부족하다는 사실입니다. 이로 인해 적지 않은 문제가 나타나고 있습니다. 그렇다면 국가가 이런 지역에 어떻게 투자를 늘릴 수 있을까요?

제가 알기로 빈곤지역의 교사는 자질이 부족하거나 교수자체가 매우 부족하다고 합니다. 더욱이 남아 있는 교사조차 떠나려고 하고 있습니다. 하지만 만일 국가가 재정 지원을 보장한다면, 대학생들도 그러한 지역에서 근무할 수 있고, 그쪽 지방의 경제 발전도 추진할 수 있을 것입니다. 관건은 우리가 단순하게 일부 수치에 매혹되어서는 안 된다는 것입니다. 구조적인 모순을 분석해서 문제 해결 방법을 제시해야 합니다.

저우 : 주 교수님의 관점에 동의합니다. 하지만 학생들이 취업에 대한 개념을 바꾸는 것 외에도, 학부모와 기업들도 취직과 채용에 대한 개념을 바꿔야 한다고 생각합니다. 오랫동안 학부모들은 공부를 많이 할수

록 취업의 기회가 더 많아진다고 생각해 왔습니다. 하지만 실제로 우리 사회는 분화되어 있습니다. 특히 산업은 각 산업마다 필요한 인재가 각각 다릅니다. 기업의 경우, 전체적으로 보면 인재가 필요하지만 필요하지 않는 기업도 있습니다. 그리고 더욱 중요한 것은 그 기업이 어떠한 인재를 원하는가입니다.

우한시 교육국은 최근 대학교 인재구조 조정을 위해 합자기업을 방문했습니다. 창페이長飛, 우한안카이武漢安凱 등의 기업인들은 작년에 400명의 본과 졸업생을 뽑았는데, 그중 100명 이상이 일 년 후 그만두었다고 합니다.

많은 대학생들은 합자合資기업에 취직하길 원하는데, 사실상 그들이 맡을 수 있는 직책은 일반 직원과 비슷합니다. 그 학생들이 받은 학력을 따져보았을 때 마땅히 고임금을 받아야 하는데, 그렇지 않기 때문에 일을 그만두는 것입니다.

현재 특히 발전해야 할 부분이 바로 기술인재를 양성하는 것입니다. 고등교육기관이 모집정원 수를 확대하는 것 외에도, 내부구조에 대한 개혁이 필요합니다. 특히 고등교육기관의 기술교육에 대한 개혁이 필요합니다. 선진국을 보면, 독일, 일본의 경우 현재 직업교육을 매우 중시하고 있으며, 이를 통해 양성한 인재들은 다시 국가 경제 발전에 많은 기여를 하고 있습니다.

황 : 독일에서 가장 인기 있는 인재는 대학 본과생이 아니라 바로 전문대를 졸업한 학생입니다. 전문대의 특징이 무엇이라고 생각합니까? 실

용성과 융통성이 높다는 점입니다. 그리고 전문대에서는 각 기업과 기관에서 필요로 하는 인재를 양성합니다. 사실 중국 고등학교의 교육은 여전히 전통적인 교육방식의 영향을 받고 있어서, 이론적인 부분이 많이 차지하기 때문에 시장과 사회의 수요와는 거리가 있습니다. 이런 문제를 해결하기 위해서는 다양한 홍보수단을 통해 학생과 학부모가 적절한 전공과 학과를 선택할 수 있도록 해야 합니다.

또 다른 한편으로 학생과 학부모의 입장에서 보면 아이가 적절한 일자리를 찾지 못하는 이유는 처음에 전공을 잘못 선택했기 때문인 경우도 있습니다. 사실 아이들은 진정으로 원하거나 이상을 실현하기 위해서 선택한 전공이 아니기 때문에, 막상 사회에 진입하게 되면 자신이 원하던 현실이 아닌 것을 발견하는 경우가 종종 있습니다. 이 때문에 현재 실업률도 매우 심각합니다. 이 문제를 해결하기 위한 방법도 생각해 봐야 합니다.

그렇다면 자신의 전공과 실제 직업 간의 편차가 생기는 까닭은 무엇일까요? 한 가지 원인은 바로 사회에 대한 정확한 이해가 부족했기 때문입니다. 대학에 진학하기 전, 혹은 졸업 후에도 공장이나 기관, 사회와 접해본 적이 없기 때문에 사회에 어떠한 직업이 있는지, 어떠한 업종이 있는지, 무엇이 자신의 개성과 이상에 부합한지, 무엇을 통해 자신의 이상과 현실을 모두 실현할 수 있는지 잘 알지 못하는 경우가 많습니다. 이러한 기본적인 개념 없이 직업을 선택했기 때문에 문제가 되는 것입니다.

저는 정협위원으로서 한 가지 해결책을 제시하고 싶습니다. 고등학교 졸업 후 대학 진학 전에 반 년 혹은 1년 동안 군 복무를 하는 시기에 여러 대책을 마련하여 학생들이 곧 진입하게 될 사회에 대해 이해할 수 있도록 하고, 자신이 전공하려는 분야의 장점에 대해서 생각할 수 있는 환경을 조성해주어야 한다고 생각합니다.

주 : 아직 대학 자체에서는 원인을 찾지 않고 있습니다. 대학교육에도 문제가 있습니다. 특히 체제문제가 심각합니다. 대부분의 대학은 정부가 세운 것으로 국립학교의 형태를 띠고 있어서 주동적으로 시장을 개척해야 하거나 체제를 개혁해야 한다는 등의 압력을 받지 않습니다. 그래서 제가 말씀드리고 싶은 것은 이미 정식으로 건의하기도 한 제안인데, 바로 부분적으로 대학의 체제를 전환하는 것입니다. 중국 내 상당 부분의 대학을 민영으로, 지분제로 바꿔서 시장에 내놓아야 합니다.

이렇게 하면 두 가지 좋은 점이 있습니다. 첫째, 대학 체제가 더욱 유연해집니다. 둘째, 상당한 예산을 의무교육, 초중등교육에 투자할 수 있습니다. 교육부가 그 많은 대학의 체제를 전환할 수 있을까요? 체제 전환 이후에는 베이징 대학, 칭화 대학과 견줄 수 있는 대학을 만들 수 있습니다. 세계 고등교육 시장에서도 진정한 경쟁력을 갖춘 대학을 세울 수 있습니다.

민영대학은 학생에게 어떠한 좋은 점이 있을까요? 시안西安의 통번역 대학원이나 외교대학원의 경우 다른 수많은 국립대학보다 인기가 높습니다. 이러한 대학원들은 유연한 체제를 통해 학생에게 취업을 위한 최고의 서비스를 제공합니다. 이처럼 취업문제의 배경에는 대학 체제문제가 있다고 생각합니다.

주 : 우리는 아직 대학에서는 문제점을 찾으려고 하지 않고 있습니다. 하지만 저는 대학 자체에, 특히 체제에 문제가 있다고 생각합니다. 대부분의 대학은 정부가 설립한 국립대학입니다. 때문에 적극적으로 시장을 개척하거나 체제를 바꾸려고 하지 않습니다. 그래서 제안을 하나 하고 싶습니다. 이미 정식으로 제출된 안건인데요, 바로 일부 대학의 체제를 바꾸는 것입니다. 저는 정부에 상당수의 대학 체제를 바꿔서 민영화하고 지분제를 실시한 후 시장에 내놓아야 한다고 제안했습니다.

여기에는 좋은 점이 두 가지 있습니다. 첫째, 대학의 체제가 더욱 유연해집니다. 둘째, 상당한 경비를 초중등학교 의무교육에 투자할 수 있습니다. 교육부가 그렇게 많은 대학의 체제를 바꿀 수 있을까요? 체제를 바꿔야 비로소 베이징대학, 칭화대학에 대적할 수 있는 학교를 만들 수 있습니다. 그리고 세계 대학교육의 무대에 진정한 활력을 띠는 대학을 만들 수 있습니다. 저는 민영 대학은 학생에 대한 지원을 먼저 고려해야 한다고 생각합니다. 시안의 경우, 통역대학원도 그렇고, 외교대학원도 국립 대학원보다 인기가 많습니다. 체제의 유연성 때문에, 학생을 위한 최고의 서비스를 제공할 수 있어서 그만큼 많은 학생을 모집할 수 있는 것이지요. 그래서 취업 문제의 배경에는 사실 대학의 체제문제도 숨어 있습니다.

네티즌 : 대학입시에서 농촌의 외동자녀에게 가점을 주는 이유는 무엇

입니까? 이는 농촌 외 지역 외동자녀들에게 매우 불공평하다고 생각합니다.

주 : 이러한 정책이 있다는 말은 들어본 적이 없습니다. 소수민족, 해외교포에게는 가점이 있지만, 농촌가정의 외동자녀에게는 없다고 생각하는데요, 아마도 그건 그 지방만의 법규일 가능성이 있습니다.

저우 : 현재 소수민족 입시생에 대한 가점 문제에 매우 관심을 갖고 있습니다. 하지만 오랫동안 소수민족지역에 취업한 학생들, 특히 소수민족지역의 주변 지역에서 취업한 학생들에 대해 어떠한 가점도 없습니다. 교육부에서는 이 점을 좀 더 진지하게 고려해야 하지 않을까 생각됩니다.

네티즌 : 안녕하세요, 자오 선생님. 저는 농아학교의 교사로, 선생님이 저술한 《너를 위해 문을 열어라 爲你打開一扇門》라는 교과서로 수업을 했습니다. 그러자 학생들이 사범학교의 문은 어째서 농아학생들에게 닫혀 있는 것인지에 대해 많은 질문을 해왔습니다. 이 문제에 대해 어떻게 보십니까?

자오 : 저는 중국의 특수교육에 대한 이해가 높지 않습니다. 하지만 대부분의 교육계가 이를 위해 노력하고 있다고 생각합니다. 이와 관련된 이야기를 하나 들려 드리겠습니다.

제 친구 중에 시각 장애인인 친구가 있는데, 그녀는 문학을 매우 좋아해서 어렸을 때부터 시를 암송했습니다. 시각장애인학교에 입학한 후에는 제 책을 점자로 만들었습니다. 그때 제가 낸 책 중에서 가장 두꺼운 책이었습니다. 근성 있는 이 여학생은 졸업 후에 아나운서가 되고 싶어 했습니다. 저 역시 방송국 국장과 PD를 찾아가서 부탁했지만, 시각장애인은 아나운서 일을 할 수 없다고 고개를 저었습니다. 결국 그녀는 나중에 마사지를 배웠고, 또 매우 잘했습니다. 하지만 그녀는 마사지 전문가보다는 다른 일을 하고 싶었던 거지요. 어느 대학도 그녀에게 입학을 허가해주지 않았습니다. 그 후 그녀는 영어학교에 들어가서 최고 성적으로 졸업하기 위해 보통 학생들과 똑같이 공부했습니다. 그녀에게는 시각장애인을 위한 컴퓨터를 발명해서 수업시간에 사용할 수 있도록 하고 싶은 꿈이 있었습니다. 친구는 지금 미국의 한 시각장애인학교의 교사가 되었습니다.

저는 모든 장애인들에게 더 나은 학습 환경을 제공해야 한다고 생각합니다. 장애인들도 분명 저마다의 능력을 가지고 있습니다.

주 : 우리 사이트에는 특별논단이 있습니다. 특수학교 문제에 관해, 일반적으로 농아나 시각장애인을 모아서 하나의 학교를 세운 후에 주류 사회에는 되돌려 보내지 않다고 생각하고 있습니다. 하지만 오늘날 국제적인 흐름은 장애인들도 정상인과 똑같이 교육을 받는 것입니다. 이들 장애인의 생활이 지나치게 고립된다면, 사회에 진입해서 적용하기 매우 어렵습니다. 하지만 장애 학생이 일반 학생들과 마찬가지로 학교

에 진학해서 공부하고 생활한다면, 마치 진짜 사회에서와 같은 경험을 쌓을 수 있습니다.

그렇다면 어째서 대부분의 대학교에서 그들의 입학을 거부하는 것일까요? 선생님이 없기 때문입니다! 보통 고등학교와 대학교는 이 분야의 교사도 없고, 교재도 없습니다. 대부분은 농아학교에 집중되어 있기 때문입니다. 이번에 제가 특수교육에 대해 건의하고 싶은 바는, 농아교육에 대한 연구를 강화하고, 그들을 위한 교육 서비스를 제공하는 것입니다.

예를 들어, 사회적으로 자막 서비스를 실시해서, 보통 사람들과 마찬가지로 재밌게 텔레비전을 볼 수 있게 하는 것입니다. 자막만 있다면 텔레비전을 시청하는 데 무리가 없을 것입니다. 현재 일반인의 경우 수화를 할 줄 아는 사람이 매우 드뭅니다. 하지만 선진국에서는 수화를 할 수 있는 일반인이 매우 많고, 다양한 영역에서 종사하고 있습니다.

예를 들어, 속기원도 그러한 일을 하는데 아무런 문제가 없습니다. 이 역시 교육체제의 문제로, 장애인들에게 불공평한 상황이 아닐 수 없습니다. 탕우환唐無歡이라는 장쑤성 친구가 있습니다. 그는 상하이 교통대학에서 박사과정을 공부하고 있습니다. 그는 청각 장애인이지만, 자신이 정상인에 비해 뒤처지지 않는다고 생각합니다. 그 역시 박사, 석사 과정을 졸업했습니다.

이처럼 청각장애인들도 잠재력과 학습능력을 갖고 있음에도 사회의 관심에서 멀어져 있습니다. 우리가 그들을 일반인의 기준에서 바라보기 때문에 그들의 재능과 능력이 빛을 발휘되지 못하고 사장되는 것입니다.

저우 : 지역에 따라, 사람에 따라 다른 대책을 만들어야 합니다. 자신감이 강한 친구에게는 정상인의 반에서 공부할 수 있도록 해야 합니다. 이미 일부 지역에서는 이와 같이 하고 있습니다. 물론 해외에서는 이러한 청각장애인을 정상인들과 같은 반에서 함께 교육시킵니다. 소위 '전체교육'이라고 하는데, 이를 위해서는 자원이 필요합니다.

방금 주 교수님이 말씀하신 것처럼, 교사와 설비, 교재 등이 필요합니다. 현재 중국은 이 방면이 매우 부족합니다. 물론 체제 문제도 중요한 문제입니다. 앞으로 많은 노력을 기울여야 할 것입니다.

장애인들의 생존공간에 대해서도 관심을 기울여야 합니다. 중국에는 현재 12억 8,400만의 인구 중 6천여 명의 장애인이 있습니다. 전체 인구의 5%로, 약 2~3억 명의 가정에 장애인이 있습니다. 그들의 생존과 발전도 사회에서 매우 중요한 부분입니다. 때문에 교육적인 방면 외에도, 생존환경에서 그들을 위한 여건을 마련해주어야 합니다.

예를 들어, 시각장애인을 위한 길을 만들어 주거나, 길가에 음향시설을 설치하고, 낮은 공중전화 부스를 설치하고, 전용 화장실이나 표지판 등을 만들어 주는 일이 있습니다. 이는 선진국에서는 비교적 잘되어 있습니다. 저는 예전에 뉴욕 콜롬비아 대학에서 공부를 했는데, 교내에 장애인들을 위한 시설이 매우 잘 정비되어 있었습니다. 정부와 사회 각계에서도 이제 다시 노력을 해야 합니다.

네티즌 : 대표 교수님과 위원들께서 특수교육과 사회 약자들을 위해 이처럼 관심을 가져주시니 매우 감사합니다.

네티즌 : 현재 대학교에서 약속을 이행하지 않거나, 심지어 위법적인 행동을 하고 있고, 또 학생에게만 너무 많은 의무를 부과하고 있습니다. 하지만 학생이라는 신분으로는 학교에 저항할 수 있는 능력이 없습니다. 이 문제는 앞으로 어떻게 해결해야 할까요?

저우 : 학생이 단체로 변호사를 선임해서 집단 소송을 걸어 자신의 권리를 보호할 수도 있습니다.

네티즌 : 대학의 전공이 현실 사회의 수요와 맞지 않은 문제는 어떻게 해결할 수 있나요?

황 : 먼저 과학적인 정책이 필요합니다. 현재는 행정적인 방법으로 교육문제를 해결하고 있습니다. 결정을 내리면 하부에 통지하고, 그 다음 그 결정을 이행합니다. 그렇게 실시한 조치가 과학적인지, 사회에 부합한지, 미래 발전에 맞는지 어떠한 시장 조사나 인증 절차를 거치지 않습니다. 먼저 이러한 행정 시스템을 과학적 인증 시스템으로 대체해야 합니다.

주 : 이는 체제문제와도 관계가 있습니다. 정부는 예산만 집행하기 때

문에 학교에서 어떤 전공을 개설하는지 전혀 개입하지도 않고, 때문에 학교간의 경쟁도 치열하지 않습니다.

자오 : 이 역시 계획경제와 시장경제의 문제입니다. 우리는 직업교육을 강화해야 합니다. 이는 취업 문제를 해결할 수 있는 좋은 방법입니다.

저우 : 모집정원을 늘리는 한편 국가가 교육의 구조를 재정비하는 방법도 있습니다. 동시에 학교 내부부서를 포함한 교육부서가 학교의 교육체제와 교과 내용, 교육방식을 전면 개혁하여, 좀 더 사회와 실제에 부합할 수 있도록 해야 합니다. 다만 정부의 주관 부처가 아닌, 학생의 미래 발전을 우선적으로 고려해야 합니다.

네티즌 : 현재 대학입학은 지역적 제한이 비교적 심각합니다. 일종의 차별이라고 생각되는데요, 앞으로 이러한 상황이 바뀔 수 있을까요?

주 : 바뀔 수 있다고 생각합니다. 이 역시 공평한 교육을 실현하는 것입니다. 하지만 중국은 땅이 넓기 때문에, 일부 떨어진 지역, 소수민족 지역에 대한 지원을 통해 그 지역의 인재를 양성해야 합니다. 하지만 발달된 도시에 대한 감점은 불공평합니다.

유일한 방법은 바로 도시 내에 대학을 만들어서, 도시 내 시민의 세금으로 세운 대학은 시민들의 자녀가 진학하는 경우 감점제를 실시하고, 정부에서 세운 국립대학에서는 감점제를 실시하지 않는 것입니다.

베이징의 사범대학은 베이징 내 학생을 모집할 때 감점을 할 수 있고, 강소 대학은 강소 사람들에게 감점을 할 수 있습니다. 투자한 사람이 감점을 할 수 있도록 하는 것입니다.

저우 : 매사추세츠 주의 보스턴 대학은 세계 일류대학이라는 명성에 걸맞도록 높은 학생 수준을 유지해야 하기 때문에, 같은 지역에 거주하는 시민의 자녀들에게 특별 우대조치를 제공하지 않습니다. 하지만 보스턴의 다른 대학들은 시민인 경우 우대를 해줍니다.

　베이징 대학과 칭화 대학 역시 세계일류대학이 되고 싶다면, 베이징 지역의 학생들만을 우대하거나, 모집비율은 지나치게 확대해서는 안 됩니다. 이것은 세계일류대학이 되기 위한 최소한의 조건입니다.

네티즌 : 황 선생님, 국립대학들이 입학생을 모집하는 데 어려움을 겪고 있는 상황에서, 사립학교는 어떻게 현 상황을 극복하고 생존과 발전을 지속할 수 있을까요?

황 : 국립대학이 학생 모집에 어려움을 겪고 있다는 것은 좋은 징조입니다. 왜냐하면 학교가 시장을 결정하는 것이 아니라 시장이 학교를 결정하고 있다는 것을 의미하기 때문입니다. 또한, 충분한 학생을 확보하지 못한 학교는 사회의 수요와 동떨어져 있기 때문에 이후 고객(학생)을 찾지 못할 것이라는 점을 의미합니다. 이런 현상은 앞으로 지속되어야 합니다. 그래서 대학교마다 교육 방향의 새 혁신을 모색할 수 있도

록 자극제가 되어야 합니다.

　민영교육은 이러한 국립학교와 사회수요의 이탈 현상 속에서 생존 공간을 찾아 나가고 있습니다. 동시에 민영교육은 교육 시장에 새로운 체제를 형성하고 있습니다. 전문가들도 여러 번 언급해 온 이 체제는 국립학교와 국립학교의 개혁을 추진할 수 있을 것입니다.

　이렇게 민영교육이 발전하게 되면 현 교육의 부족한 점을 보완하면서, 중국의 고등교육구조를 변화시킬 것입니다. 때문에 사회 역시 이러한 현상을 받아들이고 앞으로 민영교육이 발전을 적극 지원해야 합니다.

주 : 방금 말씀하신 사립학교문제는 민간교육의 발전 문제이기도 합니다. 《민간교육촉진법》이 발표되고 법적인 여건은 만들어졌지만, 아직 구체적으로 실행되지는 않은 상황입니다. 또한 관련 조례나 구체적인 규정을 만드는 일도 남아 있습니다. 민간교육이 발전하는 데 있어서 두 가지 문제점이 있습니다. 하나는 소위 ‘가짜’ 민간 교육입니다.

　사실 공교육에서도 일부 민간 교육을 보조적으로 실시하기도 하고, 대학에서 제2학원을 만들어서 민간학교라는 미명 하에 민간학교보다 약간 저렴한 학비라는 메리트를 내걸고 공교육의 자원을 이용하여 민간교육과 경쟁하고 있습니다. 그 결과, 성 지역의 민간대학에서는 학생 모집이 어려워, 일부 대학의 제2학원으로 흡수되는 상황이 발생하고 있습니다.

　많은 성시에는 유명한 사립학교가 비교적 많고, 또 많은 초중등학교에서 자체적인 민간교육을 실시하고 있습니다. 이러한 학교들은 학교 내 문제를 직접 해결해야지, 공교육에 의지하거나 결탁해서는 안 됩니다. 국립이면 국립, 사립이면 사립이여야 합니다. 두 가지를 결합한다거나 반씩 실시하는 형태가 되어서는 안 됩니다. 이 문제를 해결하지 못하면, 민간교육 발전도 기대할 수 없습니다.

다른 하나는 많은 사립학교는 법인자격을 갖추었고 교육을 실시하는 주체임에도 불구하고, 위 정부에서 하달되는 문건을 제대로 받지 못하고 있는 상황입니다. 시험평가에 참여하지 않고, 교사 평가도 실시할 길이 없습니다. 그래서 학교를 법인화한 후에는 모든 학교에 법인 자격을 부여해야 하고, 정부의 문건도 동등하게 공유해야 합니다. 이 두 가지 문제가 해결된다면, 사립학교가 안고 있는 주요 갈등 문제도 해결될 수 있을 것입니다.

네티즌 : 교사의 수는 대학교에서 학생 정원을 늘리는 것처럼 늘릴 수는 없을 텐데, 이는 어떻게 해결할 수 있나요? 일부 교사는 일선교사가 되기에 자격미달임에도 불구하고 교사가 부족해서 직접 수업을 진행하고 있습니다. 이렇게 되면 교육의 질을 보장할 수 없을 거라고 생각합니다.

저우 : 확실히 대학교 정원을 늘리면 교사의 질을 보장하는 데 어려움이 생길 것입니다. 교사 수가 그만큼 많아야 정원도 늘릴 수 있고 학생 수도 증가하는데, 그 이면에는 적지 않은 문제가 있습니다. 비유를 들어

볼까요. 굉장히 진한 차를 만들었다면, 이제 물을 좀 더 많이 부어서 희석시킬 수 있습니다. 한편으로는 기존 교사의 자질을 더욱 계발해서 강의 수준을 높여야 하고, 한편으로는 각 종 루트를 통해 더 많은 교사를 단시간 내에 양성해야 합니다.

황 : 대학 교사는 중고등학교 교사와는 다릅니다. 중국 대학의 교사들은 공급원이 매우 단순합니다. 대학 내에서 한 청소년이 받는 교육은 기초지식만이 아닙니다. 이 시기에 학생은 사고를 배우고, 연구를 하고, 창조를 합니다. 만일 차세대 아이들이 이러한 것들을 반드시 배워야 한다면, 교사들은 당연히 그만한 자질을 갖춰야 합니다. 이 자질은 어떤 학과를 하나 전공했다고 해서 갖출 수 있는 것이 아닙니다.

사회에는 다양한 사람들이 있지만, 그중에는 매우 뛰어난 지혜와 풍부한 경험, 높은 창의성을 갖춘 인재가 있습니다. 우리가 만일 기업에서 매우 우수한 기업가들을 교수로 초빙한다면 어떨까요? 그렇게 한다면 고등교육기관의 교사 구조가 달라질 것이고, 지식구조도 바뀔 수 있을 것입니다. 그리고 이러한 지도는 학생들을 또 다른 방향으로 지도할 수 있는 힘이 될 수 있을 것입니다. 즉 돌 하나로 여러 마리의 새를 잡을 수 있는 격이지요.

주 : 해외 사례를 예로 들어 보겠습니다. 일본의 대학은 강의에 매우 성심을 다합니다. 사회적으로 명망 있는 인사들은 대학에 초빙하고, 그들이 뛰어난 분야의 강의를 맡깁니다. 그리고 일본대학은 전체적으로 교

사의 자질을 매우 높습니다.

'교육온라인'에 등록된 수많은 네티즌들의 수준은 현 대학 교사보다 높습니다. 사실 우리 대학 교사는 지금껏 초중등학교에서 선생님을 해본 적이 없습니다. 그들에게 교육 연구를 맡기는 것보다, 초중등학교의 일선에서 풍부한 경험을 쌓은 사람이 직접 교육을 연구하는 것이 훨씬 나을 것입니다.

과거 많은 대학 교사들과 중고등학교 교사들은 상호 교류가 없었습니다. 저는 초중등학교의 우수한 교사들은 대학에서 교사를 할 수 있는 충분한 자격을 갖추었다고 생각합니다. 대학 교사들도 초중등학교에서 수업을 직접 실시해봐야 합니다. 이렇게 한다면, 초중등학교의 질을 높임과 함께 대학의 질도 향상될 것입니다.

저우 : 사범대학교는 일선의 우수 교사들을 자주 초빙하는 것 외에도, 이미 정년퇴임했지만 아직 건강하고 교육적 경험이 풍부한 교사들을 다시 교사에 임명하고 있습니다. 이러한 우수 교사들이 교사로서의 역할을 충분히 해냄으로써 우리 고등교육에도 많은 도움이 되고 있습니다.

네티즌 : 이 자리에 계신 선생님들께서는 현재 교육 관련 공무원 선발 및 임명, 파면 상황에 대해 어떻게 보십니까? 이번 회의를 통해 덕과 재능을 겸비한 교사들을 교육 공무원에 임명하는 제의를 하실 생각이 없으신지요?

저우 : 현재로서는 없습니다.

황 : 하지만 교사도 공무원 시험을 봐서 합격한다면 가능하다고 봅니다.

저우 : 현 교사들에 대한 대우는 많이 향상되었기 때문에, 공무원 시험을 칠 생각이 없다고 생각합니다. 오히려 지금은 일부 학교에서 공무원을 교사로 임명하길 원하고 있고, 교육 공무원 역시 교육의 일선에서 일하고 싶어 합니다. 과거와는 많이 달라졌습니다.

네티즌 : 기초교육에 대해 선생님들의 견해를 듣고 싶습니다.

주 : 저는 이번 기회를 통해 두 가지 제안을 드리고 싶습니다. 하나는 기초교육 발전에 관한 것이고, 다른 하나는 의무교육 발전에 관한 것입니다. 중국교육이 발전하는 데 있어서 몇 가지 여건이 필요합니다. 첫째는 기초교육에 있어서 필요한 기초 시설과 설비가 갖춰져야 합니다.

둘째는 교사가 갖춰야 할 기본적인 자질입니다. 영화 《나의 큰 발 Pretty Big Feet》 속에 등장하는 인물처럼 자질은 형편없으면서 사업적인 욕심만 강한 교사가 나와서는 안 됩니다. 국가가 교육의 기준을 만들어야 합니다. 학교를 세울 거면, 반드시 어떠한 기준을 만족해야 합니다. 몇 개의 교실이 있는지, 면적은 어떤지, 어떠한 기초 설비가 있는지 등의 기준을 갖춰야 합니다.

많은 해외 국가에서는 정부에서 이러한 기준을 만들어서 실시하고 있습니다. 도시나 지방과 상관없이 모두 이 기준을 갖춰야 합니다. 도시에서는 학교를 지으려면 몇 억씩 필요한 곳이 있는 것에 반해, 농촌에서는 몇 천 위안만 투자하면 가장 싼 건물을 세울 수 있습니다. 이런 차이가 없으려면, 국가가 직접 기준을 만들어야 합니다.

교사도 마찬가지입니다. 기초교육을 담당하는 교사는 그 만한 자질을 갖춰야 합니다. 사범대학은 사범대학 강의 기준에 부합한 교사들을 양성해야 합니다. 전국적으로 이러한 문제를 해결하고, 국가가 보장해 주어야 합니다.

현재 지역적으로는 현급 재정으로 지원하고 있습니다. 하지만 대부분의 현급 정부는 재정이 많이 부족합니다. 심지어 그 위의 시 정부에서도 지원할 수 있을 만한 재정이 턱없이 부족한 경우도 많습니다. 때문에 성에서 이들을 모두 관할해야 하고, 성이 안 되면 국가가 해결해야 합니다. 중앙정부에서 빈곤지역에 더 많은 재정을 지원해야 합니다. 그리고 그중에서 교육에 전용으로 쓰이는 재정을 정부가 부담해야 합니다. 교사 월급, 건물, 학생의 학비, 교재비 등 정부가 부담하게 된다면, 중국 기초교육이 안고 있는 문제는 어느 정도 해결될 것입니다.

자오 : 정부가 교사의 임금을 책임지지 못한다면, 이건 정부의 책임 문제로 이어진다고 생각합니다. 아무리 재정이 부족한 지방이라도 그 지역 정부는 잘 돌아가고 있습니다. 이는 국가의 돈으로 일부 관료가 호위호식하고 있다는 것을 말해주는 것일 수 있습니다. 저는 어떤 지역

정부를 막론하고 교사의 임금을 부담하지 못하는 곳을 책임을 지어야 하며, 교육 담당 공무원의 책임을 물어야 한다고 생각합니다. 이것은 그야말로 정부의 수치입니다.

저우 : 가장 중요한 것은 세제개혁 후, 농촌의 의무교육 재정체제도 바뀌어야 한다는 점입니다. 세제개혁의 취지는 농민의 부담을 줄이는 것에 있습니다. 실제로 실시 후 농민의 부담은 줄었지만, 농촌의 기초교육이 그 여파로 흔들리게 되었습니다. 과거 농촌의 기초교육에는 정부의 재정지원 이외에도, 농민이 교육의 부가적인 지원을 받고 있었는데, 지금은 이것이 사라졌습니다.

농촌의 의무교육을 보면 상당히 큰 문제가 있습니다. 얼마 전 부성장을 모시고 후베이湖北 농촌의 몇 몇 초중등학교를 시찰했습니다. 상당히 심각한 문제들이 있더군요. 특히 멀리 떨어진 지역의 초등학교는 교육환경이 매우 좋지 않았습니다. 때문에 농촌의 기초교육에 대한 투자를 늘려야 합니다.

오랫동안 교육 투자에 많은 문제가 있었습니다. 그중 하나는 의무교육에 대한 총 투자가 너무 적다는 것입니다. 기초교육 현황을 살펴보면, 기초교육을 받는 학생은 약 2억, 의무교육도 2억에 가깝습니다. 학생 수는 각 급 학생의 78%를 차지합니다. 하지만 각 종 투자는 50% 정도에 지나지 않습니다. 지금껏 60%를 넘어본 적이 없습니다. 78%의 학생 중 50%만 투자하는 것입니다. 그러니 문제가 되지 않겠습니까?

또 하나는, 분배 구조입니다. 중앙정부에서 성, 시, 지地, 현급 이상의 정부에 대신 부담하는 재정은 전체 농촌교육비의 22%밖에 되지 않습니다. 78%는 현급 이하, 즉 향鄕, 촌村급에만 지급됩니다. 방금 말씀드렸듯이, 세제개혁 후 이 부분의 지원이 줄어들었습니다. 재정을 분배하는 데 있어서 중앙에서 각 성, 시 등에 맞게 명확한 비율을 정해야 합니다. 방금 주 교수님께서 말씀하셨듯이 수요가 어느 정도인지 그 정확한 비율을 알아야 합니다.

그 밖에 또 도시와 농촌간의 불균형 문제가 있습니다. 전국 학교 중 낡은 건물, 위험한 건물 중 85% 이상이 농촌 지역입니다. 도시에는 그런 건물의 학교가 드뭅니다. 그렇다면 건물을 개조할 비용은 어떨까요? 이 비용은 도시에 책정된 재정은 많은데, 농촌은 적습니다. 그러므로 이 세 가지 불균형, 비합리적인 문제를 해결해야 합니다.

자오 : 어려울 때 지원정책을 늘리고, 과시하기 위한 허울뿐인 조치를 줄여야 하겠죠.

네티즌 : 감독기구는 진정한 행정기구가 될 수 있나요? 교육감독기구는 어떤 성격을 가져야 하나요? 현재의 교육기구를 관리할 수 있나요?

주 : 정부 기구라는 명목 때문에 교육행정부처에 의지하고 있는 경우가 많습니다. 하지만 교육행정부처를 감독하기에는 여전히 많은 어려움이 있습니다. 반드시 민간 교육감독기구를 만들고 교육평가기구를 세워야 합니다. 또한, 교육감독부처는 교육행정부처가 맡는 것이 아니라, 독립

적인 형태가 되어야 합니다. 최소한 교육행정부처와는 병행되는 교육기구여야 합니다. 더 이상 교육부처가 실질적으로 감독기구를 관리해서는 안 됩니다. 반드시 독립적인 형태의 교육감독기구가 만들어져야 합니다.

네티즌 : 교육복권을 발행해서 부족한 교육비를 지원할 가능성도 있나요?

저우 : 교육복권을 발행하자, 교육은행을 만들자 등등 몇 년 전부터 이런 문제들이 언급되고 있는데요, 아직까지 실현되진 않았습니다. 저 역시 인민대회人民大會대표나, 정협政協의원들이 이러한 문제에 대해 확실한 답과 설명을 해주길 바라고 있습니다.

황 : 중국은 개혁개방 20년 동안, 산업에 관한 정책들은 빨리 결정하고 즉각 실행해 왔습니다. 단지 교육에 관해서만 정책 결정도 느리고, 실천도 더뎠습니다. 다른 산업과 비교해서 대부분 느리게 진행되었습니다.

주 : 직접 교육복권을 발행하지 않아도 됩니다. 현재 있는 복지복권과 스포츠복권 중 일부를 교육에 투자할 수 있는 방법이 있습니다. 일반인들이 다양한 종류의 복권을 모두 구입하기에는 무리가 있으니까요. 스포츠복권의 내용이나 항목을 늘릴 수도 있겠죠. 이렇게 스포츠나 복지

복권 중 일정한 비율을 정해서 기초교육에 투자한다면 이러한 문제를 해결할 수 있을 것입니다.

네티즌 : 학교 내에 있는 속성반과 만학반을 어떻게 생각하십니까?

황 : 이 문제는 여러 차원에서 생각해 봐야 합니다. 첫째, 교육의 공평성과 평등권의 관점에서 보면 이러한 교육방식은 좋지 않습니다. 하지만 교육의 실효성, 인재양성의 의미로 보면, 이러한 분류교육 방식은 적합하다고 볼 수 있습니다. 초등학교의 경우, 우수한 학생과 낙후된 학생이 있긴 하지만 아이큐 차이가 제한적이고, 또한 이 시기에는 한 반에서 공부하는 것이 아이들에게 더 좋은 점이 많기 때문에 분류교육을 실시하지 않습니다. 하지만 고등학교 입시, 대학 입시가 시작되면 문제는 달라집니다. 먼저 사회와 학부모, 아이들이 분류교육을 원하는 경우가 생깁니다.

둘째, 우리 역시 일반 교육을 실시하면서도 엘리트 교육의 필요성을 느낍니다. 이것이 현실입니다. 단순히 일종의 이념이나 이상으로 이러한 현실을 무시할 수는 없습니다.

서방국가들은 분류교육을 일찍부터 실시해 왔습니다. 독일의 경우, 초등학교 4학년 때부터 학급이 나눠지고, 6학년 때에는 철저하게 점수별로 학급을 분류합니다. 아이들을 세 개의 학급으로 나누는 것에 대해 아직 공평성 논란이 있긴 합니다. 하지만 독일의 교육제도는 분류교육 덕분에 높은 효과를 보았고, 우수한 연구인재가 초등학교 4학년 때부터 양성되기 때문에 매우 경제적이고 효율적인 교육 방식이라고 볼 수 있습니다.

주 : 분류도 분류지만, 분류 교육을 실시하면서 일종의 연결다리가 필요합니다. 처음에 반이 나누어졌다고 해도, 이후에는 다시 모아져야 하는데 그렇지 않기 때문에 이러한 폐쇄적인 교육방식이 많은 부작용을 낳고 있습니다. 개방적인 분류 방식일 경우에는 좋은 장점들이 많을 거라 생각합니다.

자오 : 아이들의 성장에 있어 분류식 교육이 어느 정도 영향을 미칠 것입니다. 저학년인 경우, 자신의 아이큐가 그렇게 높지 않다고 생각하는 학생이 있는데 사실 그렇지 않습니다. 학교 성적이 좋지 않아도 아이큐가 높은 경우가 있습니다. 분류식 교육이 아이들의 인격 형성에 좋지 않은 영향이 생기지 않도록 주의해야 합니다.

네티즌 : 고등교육기관을 감독하는 자금을 효율적으로 운용할 수 있는 방법은 없을까요? 이들 기관의 부패현상에 대해서는 어떻게 보십니까?

저우 : 저는 교육국에 몸담고 있는 한편, 대학교에서도 일하고 있습니다. 분명 대학교의 자금운용에는 어느 정도 문제가 있습니다. 이를 위해 먼저 감독시스템을 만들어서, 내부적으로 감독해야 합니다.

둘째는 국가에서 전용자금을 지원해서 각 학과에 필요한 경비에 대해 관리감독을 실시해야 합니다. 그 밖에, 사회적으로 혹은 민간기구의 여러 중간 조직을 통해 관리 감독하는 방법이 있습니다. 물론 이러한 관리는 정당과 법률 등 여러 방면의 관리 감독이 함께 실시되어야 하겠죠. 각 방면에서 모두 관리 감독을 실시하고, 내부에서 외부로 이어지는 연동 시스템이 이루어진다면, 자금운용문제가 해결될 수 있을 것입니다.

주 : 몇 년 전 서양에서 기업정신으로 정부를 바꿔야 한다는 말이 나온 적 있습니다. 기업정신으로 학교를 바꾸자는 것도 같은 성격의 문제로 볼 수 있습니다. 학교 내부에서 어떻게 시장시스템을 도입하고, 경쟁의식을 심고, 특히 엄격한 관리를 할 수 있을 건지가 매우 중요합니다. 교장 한 사람의 말로 운영되는 시스템을 민주적으로 바꾼다면 방금 말한 문제도 어느 정도 해결될 수 있을 거라고 봅니다.

네티즌 : 해외 우수 대학을 보면, 교장은 다른 일보다 지원금을 모으는 데 주력하고 있습니다. 이렇게 하면 경비문제를 해결할 수 있지 않을까요? 중국도 이러한 것을 실시해 보면 어떨까요?

저우 : 중국에서 요구하는 대학교장의 역할은 첫째로 정치가, 둘째로 교육가, 셋째는 아마도 경영자일 것입니다. 하지만 서양에서는 첫째가 경영자입니다. 서양에서는 교장에 대한 경영자로서의 개념이 매우 강합니다. 때문에 그의 첫 번째 임무가 바로 지원금을 모으는 것이고, 두 번

째는 교사를 발굴하는 것입니다. 두 가지가 서로 연관이 있죠.

예를 들어, 콜롬비아 대학의 경우, 교장은 매년 자신에 대한 임무 목표를 세웁니다. 학교 예산을 위해, 기업에 가서 지원금을 끌어옵니다. 특히 동문들에게 요청을 많이 하는 편이지요. 교장에게는 관리 목표가 있는데, 지원금을 모으지 못하는 경우 사직을 해야 합니다. 그 후에는 어느 학교의 어떤 훌륭한 교수가 있는지 관찰하고 연구합니다. 교수를 초빙할 때는 그야말로 온갖 수단과 방법을 가리지 않습니다.

저는 매년 대부분의 시간을 비행기에서 보내고, 카페에서 보내며 많은 교수들을 만납니다. 사례를 들어보자면, 교장이 어떤 교수를 임용하느냐에 따라 학교의 순위가 달라집니다.

미국의 피츠버그대학University of Pittsburgh에서는 학과 내 교수 한 명의 수준이 매우 높지만, 교수 한 명에 불과합니다. 예일대학Yale University에는 우수한 교수가 많지만, 전미 대학 순위는 3위입니다. 이에 반해 피츠버그대학은 1위입니다. 예일대학은 피츠버그대학의 교수를 스카우트하기 위해서 그에게 더 좋은 대우를 제시하고 피츠버그대학보다 두 배로 월급을 주고 교수를 끌어 왔습니다. 피츠버그대학에서 이 일을 알고 어떻게 했을까요? 예일대와는 반대로 예일대 교수에게 편지를 써서 자기네 학교로 끌어 왔습니다. 그 결과, 피츠버그는 예일대 교수와 몇몇 전도유망한 젊은 교사를 끌어 왔고, 예일대 유명 잡지도 뺏어 왔습니다. 다음 해 예일대는 3위에서 50위 순위권 밖으로 밀려났습니다. 즉 서양대학의 교장은 자금뿐만 아니라 교수 임용에도 막중한 책임이 따릅니다.

네티즌 : 현재 높은 대학의 학비가 가정에 큰 부담이 되고 있습니다. 교수님들은 이에 대해 어떻게 생각하십니까?

주 : 세계 각국의 대학 학비는 대부분 지나치게 높은 편입니다. 하지만 중요한 것은 빈곤가정 학생도 고등교육을 받을 수 있는 환경을 만드는 것입니다. 정부가 장학금제도를 실시하는 방법이 있습니다.

　쑤저우에서는 쑤저우 지역에 진학하는 학생들은 우리가 학비지원을 보장해주고 있습니다. 우리는 은행과 기금을 만들어서 필요한 경우 학비를 대출해 줍니다. 만일 학생이 어떠한 특수 상황으로 인해 상환을 할 수 없는 경우, 정부와 은행, 학교가 학생 대신 상환해 주는 체제인 것이지요. 이렇게 하면 비싼 학비는 더 이상 문제되지 않을 것입니다. 왜냐하면 졸업 후 사회에서 몇 년 동안 일을 하면서 점차 갚아 나가면 되기 때문입니다. 특히 빈곤한 가정에 대해서는 기타 보조금이나 학비의 20%를 감면해 주는 지원을 통해 해결할 수 있습니다.

저우 : 고등교육의 경우 장학금과 지원금을 제공하고 있습니다. 하지만 고등학교 교육은 의무교육이 아니기 때문에 이 부분의 지원금이 부족합니다. 빈곤한 고등학생의 경우 어떠한 방법이 있을까요? 이 방면에서 국가의 학비 지원이 절대적으로 필요합니다.

주 : 물론 의무교육은 아니지만, 대학에서 실시하는 제도를 똑같이 적용할 수 있습니다. 하지만 여기서 지방정부의 역할은 더욱 커질 것입

니다.

사회자 : 마칠 시간이 거의 다 되었습니다. 마지막으로 한마디씩 부탁드립니다.

자오 : 중국교육은 아직 희망이 있습니다. 하지만 시간이 필요합니다. 앞으로 우리의 이상과 목표를 실현하는 과정에서 많은 어려움과 문제에 부딪힐 것입니다.

저우 : 중국교육이 중국의 모든 학생, 학생의 모든 것을 위한 것이길 바랍니다.

주 : 중화민족의 경쟁력, 미래는 오늘의 교육에 의해 결정된다고 생각합니다. 미래를 위해, 우리 전체 당과 사회가 함께 교육의 중요성을 깨달아야 합니다.

황 : 현재 중국은 국제사회의 치열한 경쟁세계에 놓여 있습니다. 이 기회 속에서 빠르게 발전해 나가야 합니다. 이는 곧 중국교육이 발전해야 한다는 것을 의미합니다. 하지만 최근 몇 년간 우리의 교육은 발전 속도가 너무 느렸습니다. 만일 중국의 교육발전이 최근 몇 년과 비슷한 속도로 발전한다면, 전체 국가의 발전, 중화민족의 부흥에 심각한 영향을 미칠까 우려가 됩니다.

사회자 : 바쁘신 중에도 참석해서 이 자리를 빛내주신 네 분의 교수님께 깊은 감사드립니다. 그리고 오늘 토론에 적극적으로 참여해 주신 네티즌 여러분께도 감사드립니다. 오늘 토론은 여기서 마치겠습니다. 감사합니다.

부록

시성과 이상을 함께
-주영신 교수 학술 평전

타이후Lake of Tai에서 《내 마음속 이상적인 교사》에 관한 성공적인 강연이 끝난 후 2년이 지났습니다. 정확하게 2002년 7월 14일, 주영신을 베이징 사범대학 개교 100주년 전국 초중등학교 교장 포럼에서 또 한 차례 강연회를 열었습니다. 이번의 강연 제목은 《내 마음속 이상적인 교장》이었습니다.

다음은 주영신 교수의 강연 내용 중 일부분입니다.

첫째, 이상적인 교장은 성취에 대한 동기를 가져야 합니다. 송대 저명한 학문가인 장자이는 "의지가 크면, 재능이 크고, 사업이 크게 번성한다. 의지가 오래 지속되면, 힘이 오래 지속되고, 인성도 오래 간다."라는 말을 했습니다. 장자이는 첫 학문연구 대상으로, 학문을 하면서 발표한 첫 논문으로, 《장자이의 학습심리이상》을 발표했습니다. 주 교수가 인용한 장자이의 말은 현장에 있던 교장들에게 모두 큰 자극이 되었습니다. 주 교수는 그만의 교육 규칙은 "할 수 있다고 말하면 반드시 된다."는 것입니다. 교장은 교사에게 할 수 있다고 말하고, 교사는 학생에게 할 수 있다고, 동시에 자기 자신에게도 할 수 있다고 말해야 합니다. 즉 자기 자신을 믿어야 합니다. 이렇게 성취에 대한 강한 의지를 갖고 있다면, 분명 성공할 수 있습니다.

둘째, 이상적인 교장은 서비스 의식을 가져야 합니다. 학생뿐만 아니라, 학부모를 위한, 정부를 위한, 그리고 교사를 위한 서비스 정신이 필요합니다. 주 교수는 많은 교장들은 교사들이 자신을 위해 서비스를 하고, 교사의 성과로 자신이 존재를 증명하고 있다고 냉정하게 지적했습니다. 많은 학교와 교장은 배우 중에서도 주연배우입니다. A역할만 하는 것으로는 성에 차지 않아 다른 사람이 B역할도 못하게 막고 있습니다. 다른 교사들이 자신의 재능을 발휘하고 두각을 나타낼 기회를 주지 않습니다. 주 교수는 최근 몇 년 쑤저우에 외지 교장과 교사들을 초빙했다면서, 작년에 이중에서만 쑤베이 4급 특급교사를 발굴했다고 말했습니다. 그는 교장에게 정말 너무했다고 말했는데, 이에 교장은 이렇게 답했습니다. "주 시장님, 상하이나 선전에 가는 것보다 그 교사를 쑤저우에 있도록 하는 게 낫지 않습니까?" 하지만 그 다음부터 그는 반박할 만한 답을 찾지 못 했습니다. 교사의 전출에 대해 많은 사람들이 경제적 사정이 원인이라고 하지만, 심층적으로 보면 사실 경제적 원인 때문만은 아닙니다. 많은 교사들이 교장의 그림자에 가려서 빠져나가지도 못하고 자신의 재능도 발휘하지 못하고 있습니다.

셋째, 이상적인 교장은 인문정신을 가져야 합니다. "많은 교장은 자신이 사회를 위해 헌신하고 있다고 생각하지만, 사실은 그렇지 않습니다. PC방을 예로 들어보겠습니다. PC방이 청소년들에게 이처럼 유해한 곳인데, 학교는 도대체 어떤 조치를 취했습니까. 여기 오기 전에 우리의 교육국장에게 중국 학교는 학생들을 위해 가장 좋은 인터넷 서비스를 제공해 줄 수 없는 것인지에 관해 물었습니다. 토요일, 일요일에 인터넷을 개방할 수는 없나요? 건전하고 유익한 게임을 설치하면 안 되나요? 어째서 아이들이 그런 곳에 가야 하나요? 학교는 학생의 정신세계가 건전하게 발전할 수 있도록, 인성의 올바른 성장을 위해 가장 좋은 서비스를 제공해야 하지 않나요? 이는 우리 교장들이 책임감을 갖고 반드시 고려해야 할 문제들입니다. 하지만 교육을 보면, 학교간의 경쟁, 학생들의 경쟁밖에 남은 것이 없습니다. 정말 소수의 사람들만이 진지하고 실질적으로 학생들의 인문정신 양성을 위해 노력하고 있습니다."

넷째, 이상적인 교장은 교육 자질을 가져야 합니다. 주 교수는 여기서 특히 흥분을 감추지 못했습니다. "미국 《뉴스위크Newsweek》는 80년대에 세계에서 가장 좋은 교육을 실시하는 학교 10곳을 선정했습니다. 어째서 그 10개 학교가 선정되었을까요? 그 학교들은 저마다의 특색을 갖고 있었습니다. 예를 들면, 일본 도쿄대학의 특징은 바로 창조와 발명입니다. 모든 아이들은 자신이 직접 발명품을 만들어서 특허를 갖고 있었습니다. 이 분야에서는 도쿄대학이 세계 제일입니다!"

"쑤저우에서도 특색 있는 학교가 있습니다. 쑤저우 제6중학교는 원래 쑤저우에서 가장 꼴찌 학교였습니다. 하지만 나중에 두 가지 특색학급을 양성했습니다. 쑤저우에서 가장 훌륭한 미술, 음악, 체육 교사를 초빙하고, 대부분 대학 교수들이 이 두 반의 수업을 맡았습니다. 3년 정도 지난 후 그 효과는 정말 놀라웠습니다. 대부분의 학생들이 대학에 입학했고, 대학을 못 가도 쑤저우 각 계에서 그 학생들을 적극 채용했습니다. 그 후 그 학교는 성 내 중점학교가 되었고, 국가급 모범학교로 뽑혔습니다. 꼴찌였던 학교가 학부모와 사회가 가장 좋아하는 학교가 되었습니다!”

“우지앙에 툰춘屯村 중심 초등학교가 있습니다. 농촌학교인데 그 학교의 특징이 무엇인지 아십니까? 바로 글쓰기입니다. 모든 학생들과 모든 교사들은 정말 아름다운 필체를 갖고 있습니다.”

“오늘 쑤저우에는 이런 학교가 생겼습니다. 청둥城東 중심 초등학교의 모든 사람은 두 가지 이상의 전통 악기를 다룰 줄 압니다. 핑즈平直 중심 초등학교는 1학년부터 일기를 씁니다. 저는 이러한 교육이 학교에 매우 필요하다고 생각합니다. 많은 교장들이 제게 어떤 특색을 만들어야 할지 물어봅니다. 하지만 그것은 교장 스스로가 열심히 고민해야할 문제입니다. 특색은 교장의 교육사고의 재현에서 나온 것이라고 할수 있습니다.”

다섯째, 이상적인 교장은 소통 능력을 가져야 합니다. 정부와 소통하고, 기업과 소통하고, 다른 학교와도 소통해야 합니다.

이상적인 학교, 이상적인 교사, 이상적인 교장, 이상적인 학생, 이상적인 학부모…… 어떤 사람은 주영신 교수가 《나의 교육이상》으로 교육의 태양성을 쌓았다고 말합니다.

　이상적인 인성교육, 이상적인 지성교육, 이상적인 체육교육, 이상적인 예술교육, 이상적인 노동기술교육…… 어떤 사람은 주영신 교수가 《신교육의 꿈》으로 교육이 유토피아를 세웠다고 말합니다.

　사람들이 '유토피아'에 편견을 갖고 있는 것은 밀란 쿤데라Milan Kundera가 한 말 때문입니다. 밀란 쿤데라는 '천당의 큰 문을 비집고 들어가려고 온갖 애를 쓰는데, 막상 자신의 뒤에서 문이 닫혔을 때 자신이 지옥에 있다는 것을 깨닫는다.'는 말을 했습니다.

　사람들은 여기에 새로운 의미를 부여할 수 있다는 것을 잊고 있습니다. 즉 공상을 버리고 이상을 가져야 한다는 것, 그리고 꿈을 좇는다면 그 꿈이 현실이 된다는 것입니다. 주영신 교수의 《신교육의 꿈》에 나오는 이상들은 결코 닿을 수 없는 꿈도 아닐뿐더러, 반드시 실현해야 할 것들입니다.

　이상적으로 주영신 교수의 '이상 시리즈'를 보면, 《나의 교육이상》에서든, 《신교육의 꿈》이든지 모두 교육의 '상식'이자, '지침'이라고 부를 수 있다는 점을 알 수 있습니다.

　만일 당신이 교사라면, 그 책들을 통해 자신의 평범한 교사의 위치에서 일과 교육, 생활에 충분한 이상과 열정과 자신감을 갖고 끊임없이 혁신을 추구하고 자신을 성숙시켜 나간다면 학생의 사랑과 존경을 받는 우수한 교사가 될 수 있다는 것을 알 수 있습니다.

　만일 당신이 교장이라면, 그 책들을 통해 한 학교의 장으로써, 어떠한 감화력과 단결력을 가질 수 있을지를 알 수 있고, 이를 바탕으로 인문정신과 헌신정신을 갖고 독특한 교육 성격과 이념을 갖추어 성공한 교육의 '배우'가 될 수 있을 것입니다.

만일 당신이 학부모라면, 그 책들을 통해 아이에 맞는 생활과 동심을 아이들에게 다시 심어주고, 아이의 편안한 친구가 되고, 칭찬으로 아이를 장려해줌으로써 교육의 지혜를 가진 '훌륭한 가장'이 될 수 있을 것입니다.

하지만 이러한 '상식'과 '지침'이 독자들에게 깨우침을 줄 수 있는 원인은 어디에 있을까요?

《나의 교육이상》과 《신교육의 꿈》을 펴보면, 주영신 교수가 갖고 있는 이상적인 교육에 대한 열정이 단순히 좋은 교육에 대한 동경이 아니라, 현실 교육에 대한 심층적인 분석과 비판을 바탕으로 만들어졌다는 것을 알 수 있습니다.

《이상적인 도덕교육》에서 작가는 이렇게 비판하고 있습니다. "학생이 가장 불만을 갖고 있는 부분은 교실에서 하는 말과 교무실에서 하는 말이 다른 교사입니다. 가장 싫어하는 교사가 바로 학생들을 무시하고 학생들 위에 군림하려는 교사입니다." 그래서 이상적인 도덕교육은 영혼과의 소통을 중시해야 하며, 가르치는 것이 아닌 교류, 마음의 거리가 없는 대화가 허심탄회하고 자유로운 분위기에서 실시해야 합니다.

《이상적인 교사》에서 작가는 이렇게 비판하고 있습니다. "우리의 적지 않은 교사들은 사랑하는 마음이 없습니다. 아이들을 교육하는 역할을 맡고 있는 것이 아니라, 마치 '교육의 경찰' 역할을 하고 있는 것 같습니다. 성적을 칭찬하기 보다는 결점만 찾고 있습니다. 저는 우리의 많은 교사들이 마치 '사형 집행인'같은 역할을 하는 것 같습니다." 작가는 비판을 바탕으로 이상적인 교사는 반드시 사랑하는 마음을 갖고 학생들의 존경을 받는 교사라고 말했습니다. 교육의 중요한 전제는 바로 사랑하는 마음입니다. 사랑이 바탕이 되어야 비로소 자신의 모든 힘을 쏟을 수 있고, 청춘과 지혜를 아무런 후회 없이 아이와 교육 사업을 위해 기여할 수 있습니다.

《이상적인 예술 교육》에서 작가는 이렇게 비판하고 있습니다. "저는 천진무구한 아이들이 곤충들끼리 서로 죽이는 모습을 관찰하고, 지렁이가 길바닥에 밟힌 모습, 다친 박쥐가 치료를 받지 못한 채 떨고 있는 모습을 관찰하는 모습을 종종 봅니다. 이러한 아이들이 학교에서 어떤 인성을 기를 수 있을까요. 아마도 성장 과정에서 성격적 결함이 발생할 것입니다."

교육문제에 대한 주영신 교수의 비판은 교육 사업에 종사한 지 20여 년이 지나면서 시시각각 교육을 관찰하고 대안을 제시하는 것에서 비롯되었습니다. 그러한 비판은 학생이자 교사로서, 교육연구가이자 교육행정관료로서 이러한 다양한 역할 속에서 교육을 공부하고 연구하고 관리하면서 나온 깊은 사랑의 결정체입니다. 그렇기 때문에 교육의 '병태'를 직접적으로 비판할 수 있으며, 우리들에게 큰 깨달음을 줄 수 있는 것입니다.

주영신 교수는 교육이란 직업을 본질적으로 이상적인 사업이라고 말했습니다. 중국 전체 교육현장을 살펴보면, 중국 교사들은 시인의 기질, 이상적인 추구, 청춘의 활력, 그리고 창조하고자 하는 의욕이 부족합니다. 하지만 그런 것이야말로 이상과 관련이 있는 중요한 요소들입니다. 이상이 없는 사람은 오래 갈 수 없습니다. 이상이 없는 학교도 오래 갈 수 없습니다. 이상 없는 교육은 더더욱 오래 갈 수 없습니다. 교육이상의 경지는 학생이 성장의 즐거움을 느끼는 이상적인 곳, 교사가 전문성을 기를 수 있는 이상적인 곳, 학교가 교육의 질을 높일 수 있는 이상적인 곳, 학생과 교사, 학교가 공동으로 발전할 수 있는 이상적인 곳을 만드는 것입니다. 하지만 교육이상만으로는 부족합니다.

《나의 교육이상》이 출판된 후, 일부에서는 이상은 이상에 불과할 뿐, 오늘과 같은 입시지옥에서 주영신 교수의 유토피아가 과연 실현될 수 있는지에 대한 의문을 제기했습니다.

《신교육의 꿈》이 나온 후에는 그런 의문이 더욱 커졌습니다. 즉 주영신 교수조차 자신의 이상을 '꿈'이라고 했는데, 그것이 과연 가능할까에 대한 의문이었습니다.

사실 《나의 교육이상》을 저술할 때, 주 교수는 이미 자신의 이념이 과연 현실화 될 수 있을지를 생각했습니다. 《신교육의 꿈》을 쓸 때에는 마음속에 늘 현실에 대한 관찰이 끊이지 않았습니다. 이론을 정리할 때도 이미 앞으로 실천할 계획을 구상하고 있었습니다. 《신교육의 꿈》이 나올 무렵, 주영신 교수가 기획한 신교육실험이 쑤저우 쿤샨의 한 학교에서 정식으로 실시되었습니다.

2002년 10월 28일, 외부 확장형 경제가 발전하고 있는 쑤저우 쿤샨에서 설립된 지 1주일 밖에 안 된 위펑실험학교에서 '신교육실험학교'의 명패가 벽에 걸렸습니다. 실험의 주최자로서, 주영신교수는 개회식에서 뜨거운 열정의 연설을 하였습니다.

저는 이 학교를 저의 교육사상과 이념을 위한 실험 기지로 삼았습니다. 저는 신교육실험학교의 아이들이 이 학교를 떠날 때, 최소한 가장 기본적인 5가지를 완성하길 바랍니다. 첫째, 교과서 외의 책을 최소 100권 읽어야 합니다. 아이들이 인생 초기단계에서 가장 경전이 되는 책을 읽는다면, 나중에 아이들이 대가와 만나고, 인류의 가장 우월한 문화유산, 문화적 부와 소통을 할 수 있게 될 것입니다. 이는 아이들의 평생의 자산이 될 것입니다.

둘째, 매일 일기를 써야 합니다. 최근 아이들이 '교육온라인'에 일기 같은 댓글을 쓰기 시작한 것을 보고 저는 매우 감동했습니다. 많은 아이들이 이 사이트를 통해서 빠르게 성장하고 있습니다. 처음에는 쓸 줄도 모르고, 무엇을 써야 할지도 몰랐지만, 지금은 자신의 주관이 뚜렷하게 담긴 글들을 자신의 동심을 담아 생생하게 써 내려가고 있습니다. 우리의 《무지개 공원》이란 책이 이미 출판되었습니다. 아마도 2권, 3권이 계속 나올 것입니다. 현재 많은 아이들이 인터넷에 쓴 글에 대해서 학부모들도 읽어 보고 검토해 줄 것을 바랍니다. 그렇게 하면 아이들의 성장의 큰 자산이 될 것입니다. 왜냐하면 그것은 단순한 쓰기 연습을 넘어서, 자신과의 대화이자, 소통이며, 자신을 스스로 감시하는 인생의 도덕을 논할 수 있는 장소이기 때문입니다.

셋째, 저는 위펑실험학교의 아이들은 최소한 100회 이상의 강연회에 참석하길 바랍니다. 쿤샨에 있는 유명 인사들을 모두 우리 학교로 모서서 아이들이 어렸을 때부터 훌륭한 분들의 경험을 듣고 그것을 통해 자극을 받길 바랍니다. 그것을 통해 아이들의 지식이 한층 더 풍부해지고, 혁신 정신과 창조정신을 기르고 재능을 키워나갈 수 있을 것입니다.

넷째, 우리 학교 졸업생들은 중국어와 영어 2개 국어를 유창하게 할 줄 알아야 합니다.

다섯째, 모든 아이들은 컴퓨터 사용법을 익혀야 합니다. 능숙한 컴퓨터 활용능력을 통해 자신이 찾고 싶은 정보는 무엇이든지 찾아내고, 다른 사람과 온라인을 통해 교류할 수 있어야 합니다.

이 다섯 가지는 신교육실험에서 가장 기본적인 것들입니다. 물론 앞으로 더욱 다양해지겠지요. 저는 우리와 함께하는 교사와 학생, 학부모들이 신교육의 미래를 함께 개척해 나갈 수 있길 바랍니다. 우리 역시 위펑실험학교가 신교육의 기치 아래 더욱 밝은 미래를 향해 도약하기를 기도 합니다. 우리는 창립 2주년, 3주년이 되었을 때도 우리 학교가, 그리고 우리의 학생들과 교사들이 끊임없이 성장할 수 있길 바랍니다. 우리의 학교를 '무지개 학교'로 만듭시다!

주영신 교수의 연설이 끝나자, 행사에 참석한 교사와 학생, 학부모 대표들은 오랫동안 박수갈채를 보냈습니다. 사실 위펑 사람들은 이 날 처음 5가지 선언을 들은 것이 아니었습니다. 이미 2002년 8월 여름, 한창 더운 정오에 주영신 교수가 연휴를 이용하여 위펑실험학교에서 교사들과 오늘날의 교육 현실에 관해 토론하면서 그의 신교육실험 행동관을 제시했습니다. 그 행동관의 주제가 바로 이 5가지 선언이었습니다. 9월에 또 있었던 연휴기간에도 위펑 사람들과 함께 독서 활동, 일기교육, 2개 국어 교육에 대해 일선 교사들과 함께 심도 있는 토론을 했습니다. 그의 박학다식하고 친화적이고 실무적인 태도는 위펑 신교육실험에 좋은 실험 분위기를 만들어 주었습니다.

많은 업무를 담당하고 공사가 다망한 시장은 이때부터 자신의 연휴를 그가 사랑하는 교육과 그의

'신교육의 꿈'을 실현하는 데 모두 바쳤습니다. 그는 꿈을 현실로 바꾸고 싶었습니다. 반년도 안 지나서 신교육의 씨앗은 전국 각지의 학교로 퍼져 나갔습니다. 신교육이론은 주영신 교수의 노력 속에서 점차 개선되고 퍼져 나갔습니다. 많은 학교들이 가맹을 신청했고, 교사들도 실험항목을 실천했습니다. 주 교수는 각 지역을 방문할 때마다 열정적인 연설을 했습니다. 하지만 강의료는 한 푼도 받지 않았고, 심지어 학교에거는 명패조차 자비로 만들었습니다. 주영신 교수는 신교육실험학교를 위해 만든 10차례 강연회에서 자신의 '업무'를 잊지 않고 알렸습니다.

저는 여기 앉아 계신 한 분 한 분의 교사들에게 보험회사를 만들어 주고 싶습니다. 그것은 바로 교육성공보험회사입니다. 우리가 추구하

는 꿈이 있다면, 그리고 그 꿈을 실현하기 위해 노력 한다면, 10년 안에 반드시 성공할 수 있습니다. 보험금으로 1위안을 내도 좋고, 1만 위안을 내도 좋습니다. 어쨌든 제가 모두 10배로 불려줄 것입니다. 1위안을 내면, 10위안으로, 10위안을 내면 100위안으로 불려 드리겠습니다. 1,000위안을 내면 10,000위안, 10,000위안을 내면 100,000위안으로 만들어 드리겠습니다. 성공하지 못한다면 저를 찾아오세요(청중들은 모두 눈을 크게 뜨고 경청하고 있었다).

하지만 조건이 하나 있습니다. 보험에 가입한 교사는 매일 자신의 꿈을 기억하고, 자신의 사고, 생각, 행동들을 기록해야 합니다. 그리고 매일 1,000자 이상의 자신을 반성하는 교육일기를 써야 합니다(청중들은 웃고 있다).

10년이 지나, 제게 "주 교수님, 저는 성공하지 못했습니다."라고 말한다면 제가 10만 위안을 보상해 드리겠습니다. 그때는 기꺼이 보상해 드릴 것입니다. 물론 지금 제가 여러분을 속여서 돈을 벌려는 것은 아닙니다. 돈은 제가 갖는 것이 아니라 교장이 갖고 있을 것입니다. 교장은 바로 제 보험회사의 보증인입니다. 만일 제가 보상을 해야 된다고 해도 기쁠 것입니다. 왜냐하면 그것은 바로 우리 중국에 그만큼 우수한 교사들이 많이 있다는 것을 입증해 주기 때문입니다. 하지만 대부분의 교사들이 해내지 못할까봐 두렵습니다(청중들의 웃음소리가 커졌다).

웃을 일이 아닙니다. 10년이면 3,650일이고, 총 3,650편의 일기를 써서 제출해야 합니다. 교장선생님들, 보증인이 될 수 있으시겠습니까? 여러분들이 넓은 이상을 가슴에 품고, 부단히 최고를 꿈꾸고 노력한다면 분명 성공할 수 있을 것이고, 중국교육에도 희망이 생길 것입니다. 저 역시 분명 이상을 추구하는 젊은이들, 이상을 추구하는 교사들이 있고, 그들의 노력이 밝은 빛을 발할 것으로 믿습니다!

그는 마지막 말을 하면서 가볍지만 힘 있는 손짓을 했고, 청중들은 이미 웃음소리를 멈춘 상태였습니다. 분명 그 순간 그 자리에 있던 교사들은 깊은 사색에 빠져 미래를 설계하고 있었을 것입니다.
주 교수의 눈썹에는 강한 자신감이 역력하게 나타났습니다.

2003년 7월 장난은 뜨거운 태양 아래 더운 공기가 하늘을 가득 메우고 있었습니다.
그렇지만 장쑤성 최동쪽 부유하고 조용한 소도시, 쿤샨시는 사람들의 열기가 날씨보다 더욱 뜨겁게 타오르고 있었습니다.
7월 21일부터 23일까지 쿤샨 위평실험학교에서 주최한 "2003년, '신교육실험'의 첫 포럼"에는 애초 200명 규모를 예상했으나, 개막식 날 전국 각지에서 몰려든 대표가 400명이 넘었습니다. 이로 인해 쿤샨시 교육국 건물 직원들은 며칠 내내 "현장 공문"을 들고 분주하게 뛰어다녔습니다.

이 포럼의 가장 큰 특징은 바로 회의에 참석한 400명이 모두 주영신 교수가 개설한 '교육온라인'에서 활동하는 교사들이라는 점입니다. 이는 중국 네티즌들이 처음으로 모이는 포럼이었습니다. 이상은 하나의 횃불처럼, 같은 이상을 가진 사람들을 모을 수 있습니다.

신교육실험의 '신'은 무엇일까요? 회의 첫날 발표회에서 주영신 교수는 개회사로 자신이 주장하는 바를 소개했습니다. 그는 21세기 들어 중국교육이 어떻게 발전하고, 시대적 특징을 가진 '신교육'을 어떻게 구축하는지가 이미 의식이 깨어 있는 사람들의 중대한 관심사가 되었다고 말했습니다.

한 학자는 신세기 신교육의 특징을 평화발전교육, 평생소양교육, 과학인문교육 이 세 가지라고 지적했습니다. 신교육은 "세계로 뻗어 나가는 중국인"을 양성해야 한다고 말하는 학자도 있습니다.

또한, "신교육"은 반드시 산업화 교육에서 정보화 교육으로 전환되는 특징을 갖추고, 기술적인 변화, 교육목적의 변화, 교육내용의 확장, 교육방식의 다양화, 교육공간의 개방, 교육관계 조정, 평가기준 교체 등의 내용을 담고 있어야 한다고 말하는 학자도 있습니다.

하지만 그는 인간의 발전에 관한 마르크스 학설과 수호믈린스키의 "개성의 전면적이고 조화로운 발전" 이론, 로저스ROGERS의 인문주의 교육이론, 타오싱즈의 혁신교육과 민주교육이론을 기초로, 《신교육의 꿈》 속에 명시한 신교육이론을 지도이론으로, 구체적인 기획과 실천단계에서 '캠퍼스'와 '커뮤니티'의 건설을 위해 노력하고, '성장'과 '초월'을 본질적인 추구방향으로, '전방위적 교육'과 '전과정 교육'에서 '전인 교육'을 실현하는 것을 주장하고 있습니다.

그는 신교육이론의 실천과 확대에 관한 연구는 행동 연구라고 말했습니다. 그의 이론가설은 신교육실험을 통해 중국교육, 특히 기초교육의 개혁, 혁신, 발전을 효과적으로 촉진하고, 학생과 교사, 학교가 함께 성장하여, 이상적인 교육으로 "인류문명의 현대인을 양성하자."입니다.

그의 핵심이론은 모든 사람을 위한, 사람의 모든 것을 위한 교육입니다. 그의 목표는 이상을 추구하고 자아를 초월하자입니다. 그의 주요 관점은 학생과 교사의 잠재력을 무조건 믿고, 학생 평생에 유익한 것을 가르치며, 정신 수양을 중시하고 성공적인 체험을 강조하며, 개성적인 발전과 특색 있는 교육을 지향하고, 사제간 인류의 숭고한 정신적 대화를 할 수 있도록 하자는 것입니다.

그의 6가지 행동계획은 책 향기 나는 학교를 만들고, 교사와 학생이 함께 일기를 쓰며, 외부의 소리를 경청하고, 능숙한 2개 국어를 구사하며, 디지털 커뮤니티를 세우고, 특색 있는 학교를 만드는 것입니다. 여기에는 10가지 영역이 포함되어 있습니다. 이상적인 도덕교육, 이상적인 지성교육, 이상적인 체육교육, 이상적인 예술교육, 이상적인 노동기술교육, 이상적인 학교, 이상적인 교사, 이상적인 교장, 이상적인 학생, 이상적인 학부모입니다.

신교육실험의 주요 실험은 다음과 같습니다.

1. 책 향기 나는 학교를 만들어야 합니다 : 《신교육문고》에서 제시한
   교사 필독서 100권을 읽는 것과 함께, 독서 관련 토론 활동을 실시

해야 합니다; 학생의 독서활동을 계획적으로 실시하고, 《중화경전 명편송독본》, 《영문명편송독본》 등 암송 활동을 해야 합니다.

2. 교사와 학생이 함께 일기를 써야 합니다 : 매일 교육과 학습생활에 관한 수필(일기) 형식의 글을 쓰면서, 생활을 체험하고, 자신을 반성하고, 자신을 뛰어넘을 수 있도록 해야 합니다.

3. 외부의 소리에 경청해야 합니다 : 학교 강연회를 열고, 외부의 교육자원을 충분히 활용하며, 학생이 사회에 관심을 갖도록 지도하고, 학생이 다원화된 가치관을 형성하고 창조에 대한 열정을 갖도록 해야 합니다.

4. 2개 국어 훈련을 해야 합니다 : 중국어와 영어 말하기 듣기 훈련을 통해, 학생들이 유창한 중국어와 영어 실력을 갖추고, 평생 유용하게 쓸 수 있는 구술능력을 기르도록 해야 합니다.

5. 디지털 커뮤니티를 구축해야 합니다 : 학교 내외적으로 인터넷자원을 통합하고, 학습형 디지털 커뮤니티를 만들어 교사와 학생이 인터넷사와 학생학습하고 교류할 수 있어야 하며, 인터넷 활용을 통해 교사와 학생의 정보 활용능력을 길러야 합니다.

6. 특색 있는 학교를 만들어야 합니다 : 개성화 교육을 강조하고, 학교와 교사, 학생의 개성과 창의성을 개발하고, 학교와 교사, 학생이 모두 개성을 갖고 재능을 기를 수 있도록 해야 합니다.

그는 신교육실험은 현재 전국 교육과학의 '제10차 5개년 계획'의 중점 과제라고 말했습니다. 실험의 주최자이자 행동가로써, 실험에 참가

하는 학교에 대해 높은 기준을 요구하고 있습니다. 그중 가장 중요한 것은 보이기 위한 행동, 즉 학교가 진정으로 실험을 하지 않은 경우 즉각 실험 자격을 박탈하겠다는 조건을 내건 점입니다. 중국의 많은 과제와 실험들이 제대로 실시되고 있지 않은 이유는 많은 사람들이 체면적인 것만 중요하게 여기기 때문입니다.

객관적으로 신교육실험은 아직 많이 성숙했다고 할 수는 없지만, 최소한 건설과 행동 두 가지를 중시한다는 특징을 갖고 있습니다. 건설을 중시한다는 것은 적극적인 태도로 건설적인 일을 하는 것입니다. 중국 교육은 현재 많은 폐단을 안고 있습니다. 하지만 그저 말뿐인 질책과 힐난은 문제 해결에 전혀 도움이 되지 않습니다. 건설을 통한 비판이 훨씬 좋습니다. 건설이 있어야 대안이 있는 비판이 될 수 있습니다. 신교육은 바로 건설을 위한 비판입니다. 행동을 중시한다는 것은 말로만 그치지 않고 "일로써 말을 실천한다."는 뜻입니다. 현재 말뿐인 이론가들이 너무 많습니다. 하지만 진정으로 실질적인 행동을 하는 실천가들은 너무 적습니다. 신교육실험은 행동에 입각한 것으로, 이해조차 하기 힘든 '이론' 체계를 추구하기 보다는, 먼저 행동한 다음 말하는, 실천 속에서 사고를 개선하는 형태의 실험입니다.

과제팀의 핵심 구성원으로써, 리전시 박사는 현재 실천효과에 대해 언급하면서 신교육은 이미 실험과정을 통해 그 의의를 충분히 보여주었다고 말합니다. 첫째, 교육이념을 교육실천으로 바꿔 놓았습니다. 이념은 지금껏 이념으로만 머무르지 않고, 실천을 통해 구체적으로 재현되었습니다. 둘째, 교육실천을 교육의 과학적 연구로 바꿔 놓았습니다.

교육실천과 교육의 과학적 연구라는 두 가지 문제를 해결했습니다. 셋째, 교육의 과학적 연구를 보완했습니다. 즉 교육의 과학적 연구의 주체는 교사이고, 연구의 매개체는 실천이며, 전지는 바로 학교입니다. 넷째, 순수한 교육의 과학적 연구가 마음속에 스며들었습니다. 여기서 '마음'은 바로 학생과 교사의 마음을 가리킵니다. 학생의 발전과 교사의 자질 향상은 진정한 교육과학연구의 목적입니다. 학생의 일기 한 편한 편에, 그리고 교사의 수필 한 편을 통해 신교육실험이 '사람의 마음'의 성장에 얼마나 중요한 역할을 하고 있는지 보여주고 있습니다!

독서를 강조하고, 책 향기 나는 학교를 만드는 것은 주영신 교수가 늘 추구하는 지향점입니다. 그는 전에 《안데르센 동화》를 얼마나 많은 초등학생이 읽었는지 아느냐고 물었습니다. 그 책을 읽으면 진실한 마음이 무엇인지, 무엇이 선한 것인지 금방 이해할 수 있습니다. 《노트르담 드 파리》를 본 중학생이 과연 얼마나 될까요? 그것을 보면 아름다움과 추함을 구별할 수 있고 선과 악에 대해 잘 알 수 있습니다. 공부자의 책을 읽은 대학생은 몇이나 될까요? 그 책들을 읽지 않으면 중국 문화의 뿌리를 알 수 없습니다. 우리의 교사들은 어떤가요? 진지하게 공자를 읽고, 수호믈린스키를 읽고, 타오싱즈의 책을 읽은 교사들은 몇이나 될까요? 그러한 문화적 지식이 없다면 인문정신을 어떻게 다음 세대에게 전해줄 수 있을까요? 중국교육을 돌아보는 과정에서 주영신 교수는 기초 건설 작업을 특히 중시하고 있습니다. 그는 전문가와 학자를 초빙하여 교사와 다른 연령대의 학생들을 위한 기본 독서—《신교육문고》 400권을 제공했습니다. 또한, 금년부터 앞으로 5년 내에 매년 신교육실험에 참여하는 교사들의 수기(시리즈), 학생 일기(시리즈), 학교보고서(시리즈) 한 권씩을 출판하고, 신교육실험학교의 성과 전시회와 국내외 경전암송대회 등 개최를 계획하고 있습니다. 행동으로 실천한다면 분명 성과가 있을 것입니다. 신교육실험은 사람들의 열정을 끌어 올렸고, 현실교육을 개선하고 초월할 수 있는 동기와 활력소가 되었습니다.

실험을 실시한 지 1년도 되지 않은 위평실험학교을 보면, 초등학교 1, 2학년 학생들에게 비교적 간단하고 이해하기 쉬운 당시 100수를 외우도록 하고, 3, 4학년 학생에게는 경전 고시 100수, 5, 6년 학생은 어느 정도 난이도가 있는 경전고시 100수를 외우도록 하고 있습니다. 중학생의 경우는 이해하기 어려운 고시 100편을 외우도록 합니다. 필독서 목록에는 각 학년별로 학기마다 필독해야 되는 추천서 3~8권이 들어 있습니다. 학생들은 매일 한 편씩 일기도 써야 합니다. 교사들의 경우, 매년 학교에서 추천하는 책 10권을 읽고, 그중 4권을 정독해야 합니다. 교사들은 또한 독후감을 써야 하는데, 일주일에 적어도 2편 이상을 써야 하고, 매년 최소한 4편의 독후감을 천 자 이상 써서 컴퓨터에 입력하여, 학교 교과실의 교사논문에 제출해야 합니다. 학교는 매년 《위평실험학교 교사 우수 독후감》을 모아 놓은 책을 출판하고 있습니다. 또한 교사는 교육 수필을 써야 합니다.

교육수필 쓰기를 통해 교육 관련 행동을 반성하는 것은 교사 모두 자주적으로 실시해야 할 교육의 과학적 연구방식이자, 생동적으로 살아 숨 쉬는 과학적 연구 활동입니다. 장쑤 와이저우 바이지 중심 초등학교의 한 교사는 교육 수필을 쓰기 시작한 후로 학생들을 대하는 자신의 표정이 달라졌다며 매우 감탄했습니다. 교육에 대한 과학적 연구는 이제 전처럼 어렵고 힘든 방식을 벗어났습니다. 더 이상 상부의 감찰 때문에 갑작스레 자료를 정리하지 않아도 되고, 대외적으로 보여주기 위해 대조반과 실험반을 나누지 않아도 됩니다. 그렇게 어려운 이론과 비교했을 때, 이런 실험들이야말로 정말 실질적으로 유용하며 즐거운 방법입니다! 교사들은 실험 과정에서 늘 사고하고 성장하고 있습니다.

주영신 교수는 교육이상의 씨앗을 더 넓고 먼 곳에까지 전하고 있습니다.

교육에는 영원히 가장 좋은 것이 없습니다.

교육은 끝없는 탐구 속에서 자아를 만들고, 끊임없이 발전하면서 자아를 성장시킬 뿐입니다.

교육은 영원히 아름다운 꿈입니다.

주영신 교수는 꿈을 좇고 있습니다.

학자와 관료라는 두 가지 역할을 모두 잘해내고 있습니다.

그는 교육의 이상을 통해 이상적인 교육을 실천하고 있습니다.

창콩長空

2003년 10월

즐거운 '전도사'가 되고 싶다(후기)

7월 말, '교육온라인'의 몇몇 교사들과 윈난의 안닝과 귀저우의 준의를 방문하여 그곳의 교사들을 위한 의무교육지원에 나섰습니다. 많은 교사들이 매일 산을 넘어 강의를 들으러 왔습니다. 그들은 평생토록 이렇게 훌륭한 강의는 들어 본 적이 없다며 매우 감탄했습니다.

준의에서 당시 홍군 총정치부였던 건물 옆에서 낡고 큰 교회를 보았습니다. 교회를 보고 있는데 갑자기 제 눈앞에 검은색 가방을 매고 남루한 옷을 입고 산을 오르는 전도사의 그림자가 나타났습니다. 저는 같이 동행했던 교사에게 그들이 전하려는 내용이 어떻든 간에 그들이 갖고 있는 사명감은 정말 존경할 만하다고 말했습니다. 물론 저는 전도사가 아닙니다. 종교적인 신앙도 없습니다. 저는 단지 교육을 위해, 아이들을 위해, 그리고 국가의 미래를 위해 전도사가 되고 싶습니다.

최근 몇 년 저는 전국 각지를 돌아다니며 교육문제에 관한 강연을 100여 차례 열었습니다. "어떻게 이상적인 교사가 될 수 있는가"에서부터 "어떻게 이상적인 학교를 만들 수 있는가"까지, "중국교육에는 무엇이 부족한가"에서 "성공의 6글자"까지, "신교육실험의 실천과 확대"부터 "독서, 민족 정신 부흥의 시작"까지……. 매번 강연을 열 때마다 저는 일부러 시간을 쪼개어 교사들과 학생들과 함께 직접 대면하고 대화할 수 있는 교류의 시간을 가졌습니다. 그리고 수천 명의 교사와 학생들의 질문에 모두 성실하게 답해 주었습니다.

저는 특히 문답형식을 좋아합니다. 문답형식은 그 질문에 대해 필요한 답을 하기 때문에 교사 개인이 갖고 있는 의문점들을 하나하나 풀어 줄 수 있습니다. 또한 상호 작용성이 높아서, 교사와 학생들이 직접 토론에 참여함으로써 강연회 분위기가 자연스럽게 고조됩니다. 더 중요한 것은 이런 형식은 강연자 자신에게도 하나의 도전이 된다는 점입니다. 현장에서 실시간 질문과 답을 주고받을 때에는 교과서식의 답변을 할 수 없고, 사전에 질문에 대한 답을 준비할 수도 없기 때문에 바로 순간순간에 답할 수 있어야 합니다. 이러한 분위기 속에서는 새로운 영감도 생기고 더 큰 열정을 가질 수 있습니다. 저의 많은 사상과 지혜 모두 이러한 분위기 속에서 생겨나고 다듬어 진 것입니다.

저는 제게 많은 영감과 열정을 갖게 해준 교사와 네티즌들에게 이 자리를 빌려 감사의 말씀을 전하고 싶습니다. 그들의 수많은 질문과 도전이 없었다면, 그리고 서로간의 사상 충돌이 없었다면, 이 책이 나올 수 없었을 것입니다. 사실 '전도사'가 전도 과정에서 즐겁지 않다면, 계속 할 수 없을 것입니다.

이 책에는 저와 일부 기자의 대화 내용도 수록되어 있습니다. 정말 다행인 것은 최근 몇 년 동안 저는 자신의 일을 사랑하고 좋은 사상을 가진 기자 친구들을 많이 알게 되었다는 점입니다. 그들이 인터뷰 속에서 보여준 지혜와 민첩성 등은 정말 감탄하지 않을 수 없을 정도였습니다. 이 자리를 빌려 그 친구들에게 감사의 말씀을 전하고 싶습니다.

마지막으로, 주창로우 선생과 창콩 선생, 마웨이동 선생에게 감사의 말을 전하고 싶습니다. 창로우 선생은 쳰지아, 가오즈양, 리우은자오 등 교사들과 함께 최근 20년간의 영상기록과 문서 기록 등을 정리하는 것을 도와주었습니다. 완성을 앞두고 컴퓨터가 고장 나, 다시 처음부터 시작할 수밖에 없었을 때에도 그들은 전력을 다해 도와주었습니다. 창콩 선생은 저의 학술 생애를 위해 단계적인 정리를 해 주었습니다. 웨이동 선생은 각 부분마다 초고를 작성하고, 미사여구를 선별해 주었습니다. 일부 사실을 수정한 것 외에도 그의 작업은 매우 존경스러운 것이었습니다.

이제 교육문집의 마지막 단락입니다. 저는 제 독자 친구들에게도 무한한 감사와 사랑을 전하고 싶습니다. 사실 작가의 가장 큰 즐거움은 독자가 생기는 일이고, '전도사'의 가장 큰 즐거움은 청중과 신도들이 생기는 일입니다. 제 강연을 들어주는 사람이 없었다면, 제 목소리도 그만큼 빛을 발할 수 없었고, 제 생명도 아무런 의미가 없었을 것입니다.

주영신

2003년 8월 12일

중국 주영신 교육문집 10

시와 이성 —중국교육 문답록

초판 1쇄 발행일 ㅣ 2009년 12월 15일

저자 ㅣ 주영신
역자 ㅣ 최영준
펴낸이 ㅣ 박영희
표지 ㅣ 강지영
편집 ㅣ 이선희, 장슬기
교정·교열 ㅣ 이은혜
책임편집 ㅣ 강지영
펴낸곳 ㅣ 도서출판 어문학사
　　　　132-891 서울특별시 도봉구 쌍문동 525-13
　　　　전화: 02-998-0094 / 팩스: 02-998-2268
　　　　홈페이지: www.amhbook.com
　　　　e-mail: am@amhbook.com
　　　　등록: 2004년 4월 6일 제7-276호

인 지 는
저 자 와 의
합 의 하 에
생 략 함

ISBN 978-89-6184-091-0 94370
　　　　978-89-6184-081-1 (set)

정가 ㅣ 27,000원

※ 잘못 만들어진 책은 교환해 드립니다.